後藤新平の全仕事
GOTO SHIMPEI

高野静子 編著

往復書簡 後藤新平－徳富蘇峰 1895－1929

藤原書店

後藤新平
(1857〜1929)

徳富蘇峰
(1863〜1957)

往復書簡

後藤新平－徳富蘇峰　1895-1929

目次

はじめに　007

I　往復書簡　後藤新平－徳富蘇峰　1895-1929　011

1　後藤新平の徳富蘇峰宛書簡　012
（全53通　1895.12.24～1928.11.30）

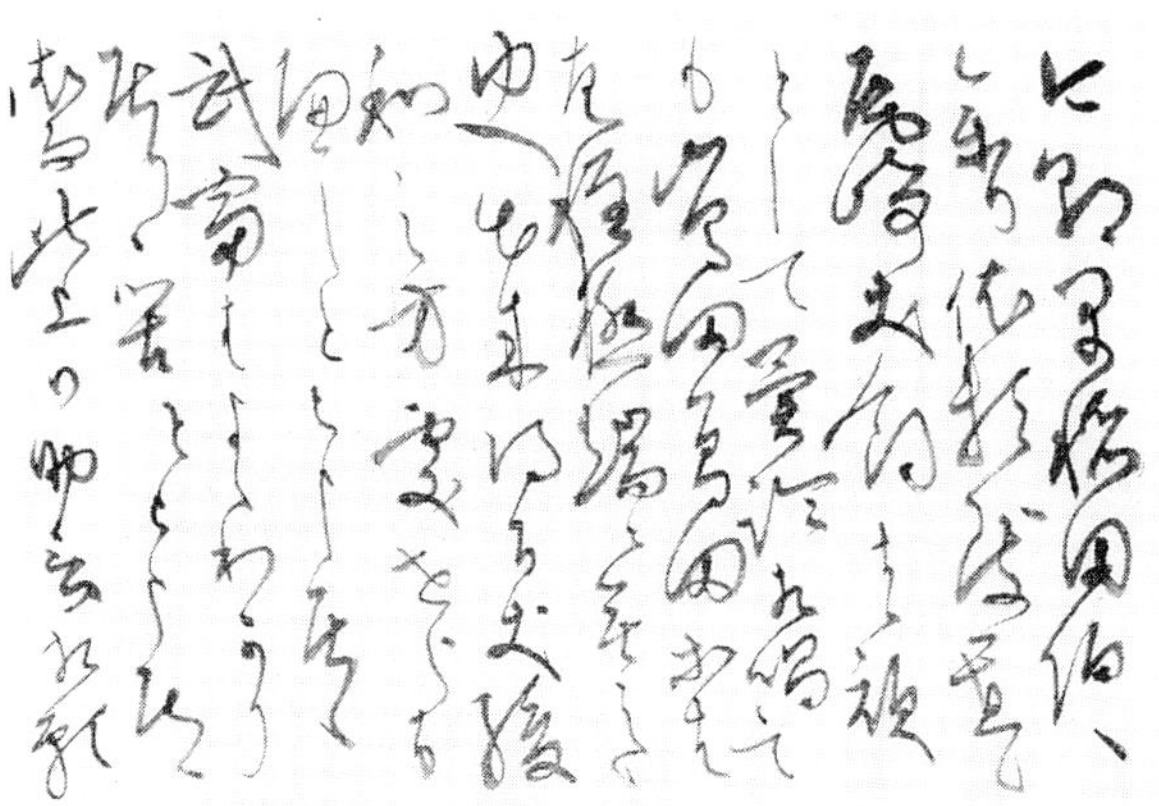

2　徳富蘇峰の後藤新平宛書簡　055
（全18通　1910.5.26～1929.1.30）

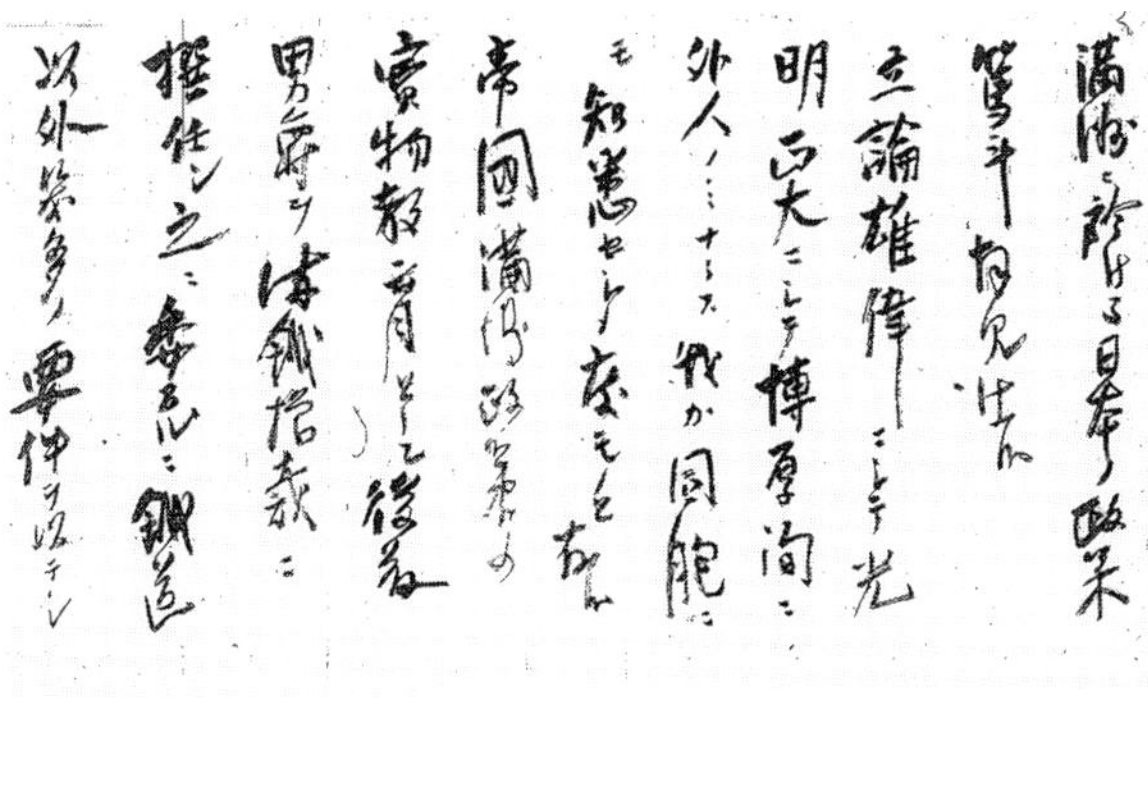

II 後藤新平と徳富蘇峰 071

1 出会いから台湾赴任まで（1895-1898） 073
後藤新平と徳富蘇峰
後藤新平の建議
横井小楠という共通項
蘇峰の師父、勝海舟
「予會て後藤を大隈に紹介す」

2 台湾総督府民政長官時代（1898-1906） 085
児玉源太郎と後藤新平
蘇峰の人選に高給で応える
後藤新平の台湾での活躍
蘇峰が見た台湾
「人材は益必要」
欧米巡遊の旅
日露戦争の時代に

3 満鉄総裁時代（1906-1908） 112
満鉄総裁就任
伊藤博文と二葉亭四迷の死
後藤の漢詩への憧憬

4 棲霞先生と蘇峰仁兄（1910-1920） 126
明治の終わりに

『日本膨脹論』を蘇峰に進呈
後藤新平の読書と頭脳
第一次大戦と戦後の欧米視察
文明の土産話

5 東京市長時代（1920-1923） 146

「本年ハ市政刷新」
上杉慎吉と徳富蘇峰
東京市政調査会

6 晩年の交流（1924-1929） 156

後藤新平の『日本膨脹論』と徳富蘇峰の『大日本膨脹論』
大谷光端と徳富蘇峰
「新渡戸ノ桃モ今カ喰頃」
補遺

7 今、後藤新平を想う 173

レールの音
後藤新平と正力松太郎
『吾等の知れる後藤新平伯』
後藤の筆跡

参考文献 190
おわりに 191
〈資料〉『秘　臨時外交調査委員会要義』（一九一七年六月六日の後藤新平の徳富蘇峰宛書簡） 195
後藤新平‐徳富蘇峰　関係年譜（1857-1957） 206

往復書簡　後藤新平－徳富蘇峰　1895-1929

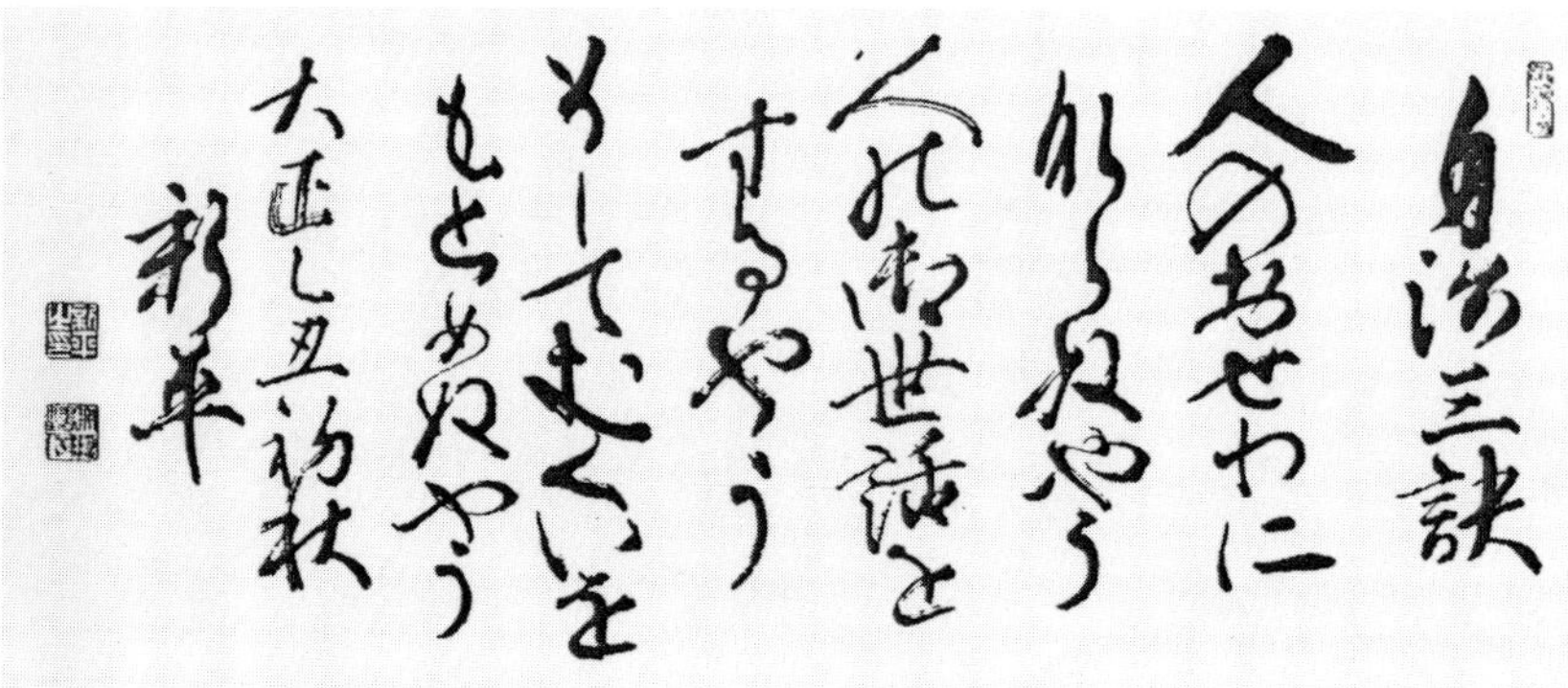

自治三訣

人のおせわにならぬやう
人のお世話をするやう
そしてむくいをもとめぬやう

新平

はじめに

明治はドラマの連続のようであった。文明開化の活力を支えたものは、国民が持っていた報国の意気と、好奇心と、向学心と、文化の華やかさへの驚嘆と憧れであった。その中で、「大風呂敷」といわれながら、己の信念を貫き、夢と理想を現実のものにしようと命をかけた男がいた。彼の夢の何十分の一かは実現された。彼の世紀をかけた仕事であったからである。百年先が見えていた男の幸、不幸を論じるわけではないが、楽しみながら走り続けた彼の背後には、彼を支える人々があった。彼の名は後藤新平（ごとうしんぺい）（安政四（一八五七）年六月四日―昭和四（一九二九）年四月十三日）。彼の気魄ある行動が、目に見えるものでは「昭和通り」となり、「旧台湾総督官邸（現台北賓館）」となり、「新幹線（東京〜下関間）」となり、明治の百年後に人々が後藤新平を思い出すきっかけとなっている。

後藤新平の後半生の役職だけでも挙げてみると、内務省衛生局長（明治二十五年）、日清戦役の臨時陸軍検疫部事務官長（明治二十八年）、台湾総督府民政長官（明治三十一年）、初代満鉄総裁（明治三十九年）、鉄道院総裁（明治四十一年）、東京市長（大正九年）、関東大震災後の帝都復興院総裁（大正十二年）などがある。常人では思いつかなかった規模で日本の将来を思い、無鉄砲ともとられる「大風呂敷」という愛称と共に生きた後藤新平は、多くの人々の記憶のどこかに生きているのではなかろうか。百年先を見越した後藤新平の計画を実現していくには、後藤を理解できる大きさと、愛情を持った人が必要であった。後藤新平の周りには伊藤博文、大隈重信、山県有朋、桂太郎、児玉源太郎、長与専斎、石黒忠悳、安場保和、星一、新渡戸稲造、中村是公のような人々がいた。後藤の発想とそれを実現して行こうとするエネルギーはどこから来ていたのであろう。

「花も嵐も踏み越えて、行くは男の生きる道」という歌を聞くと、私の脳裏には後藤新平が浮んでくる。

明治十五（一八八二）年四月六日、自由党総理板垣退助（一八三七―一九一九　天保八―大正八）が岐阜において刺客に刺され、「板垣死すとも、自由は死せず」と叫んだという話はよく知られている。負傷した板垣を手当したのが、県立愛知病院長の後藤新平であった。後藤は自由党の内藤魯一*からの電請で板垣の傷の手当を依頼された。当時県外に出るには役人の許可が必要であったが、後藤は進退を賭けて駆けつけ、手当をした。そのとき板垣は、二十五歳の後藤を「彼は毛色の変わった人物である。彼をして政治家たらしめざるを惜しむ」とまわりの人に言ったという。後にその予言は当たった。

これより四年後の明治十九（一八八六）年の夏、出来たばかりの『将来之日本』の原稿を携え、新島襄**（一八四三―一八九〇　天保十四―明治二十三）の添え状を持って高知の板垣退助を訪ねたのが、二十三歳の徳富蘇峰（とくとみそほう）であった。蘇峰の出世作ともなった『将来之日本』を、最初に見せたかったのが板垣退助であったという。しかし板垣は『将来之日本』の原稿よりも、蘇峰という青年に興味を示し、「頻りに、予に向ってその同志たるべく促された」（『蘇峰自伝』中央公論社、昭和十年）という状況であった。板垣が後藤と蘇峰に明治十五年と十九年にそれぞれ出会い、政治の世界に欲しい青年であると感じたことは面白い。時に明治十九年、板垣四十九歳、後藤二十九歳、蘇峰二十三歳であった。

神奈川県二宮町にある徳富蘇峰記念館には、徳富蘇峰（猪一郎　文久三（一八六三）年一月二十五日―昭和三十二（一九五七）年十一月二日）に宛てた四万六千通余の書簡が所蔵されている。差出人数でいうと約一万二千人にわたる。蘇峰が如何に書簡を大切に思っていたかは、蘇峰の著書『近世日本国民史』百巻が、多くの書簡を駆使して歴史を、そして人物を描いていることからも窺える。今回、医師で内務省衛生局を振り出しに台湾総督府民政局長・満鉄総裁・東京市長を歴任した明治・大正の政治家、後藤新平の徳富蘇峰宛書簡五十三通を紹介するにあたり、まず書簡を所蔵している徳富蘇峰記念館を紹介しよう。

徳富蘇峰記念館は、蘇峰の晩年の秘書であった私の父、塩崎彦市が昭和四十四（一九六九）年、蘇峰の十三回忌に自身の邸内に設立したものである。塩崎は大東亜戦争中、戦後、そして昭和三十二年に蘇峰が亡くなるまで身辺に侍し、「私は蘇峰大学に通っています」と、三百六十五日、熱海の晩晴草堂（ばんせいそうどう）***に通っていた。そのような父に、蘇峰は大切に保存していた書簡を、最後に遺言で託した。政治家、軍人、文学者、文筆家、実業家、宗教家、教育者、ジャーナリスト、芸術家等、幅広いジャンルの人々からの書簡の価値を、誰よりも知っていたのは蘇峰自身であったであろう。これらの書簡はある程度まで父の手で整理されていた。当時記念館の史料整理に尽力下さった東京大学教授伊藤隆氏は、塩崎の整理中の書簡「な行」の箱を見て、「二宮の記念館には、中江兆民から中曽根康弘までの書簡がある」と驚かれた。父の死後、記念館を財団法人として設立し三菱財団の助成も受け、伊藤隆・坂野潤治東大教授、酒田正敏明治学院大学教授をはじめとして、成田賢太郎、柴崎力栄、梶田明宏等諸先生と大学院の学生諸氏の協力によって、仮目録までが出来上がった。昭和五十六年東洋文庫の理事長榎一雄先生が理事長に就任し博物館としての形を整え、現在の第四代竹越起一理事長、宮崎松代・和田千枝両職員の協力を得て整理を続け、平成七（一九九五）年に『財団法人徳富蘇峰記念塩崎財団所蔵　徳富蘇峰宛書簡目録』（徳富蘇峰記念館発行）全四二〇頁を出すことができた。蘇峰の死から三十八年後のことであった。

書簡について、蘇峰自身「ある意味に於いて、書簡はその人の自伝なり。特に第三者に披露する作為なくして、只だ有りのままに書きながしたる書簡は、其人の最も信憑すべき自伝なり」（『蘇翁言志録（そおうげんしろく）』明治書院、昭和十一年）と語っているように、書簡には人の生きてきた重み、人格がある。当館所蔵の書簡の年代は、明治十二（一八七九）年の、同志社の先輩で、心理学者となった元良勇次郎****からの英文書簡から、蘇峰が亡くなる昭和三十二（一九五七）年十一月の古書肆（こしょし）一誠堂からの『ミルトン全集』の入荷案内までの、七十八年間の書簡が網羅されている。日清戦争、日露戦争、第一次世界大戦、日中戦争、大東亜戦争、戦後の時代を、人々は何を考えて何を目標に生きて来たのか。

有名、無名の人を問わず、蘇峰宛の書簡は生きていて面白い。

私は、昭和五十三年に学芸員となり、それ以後徳富蘇峰記念館で仕事を続けている。いままでに目を通した蘇峰宛書簡は約一万通ぐらいであろうか。それらの書簡を通して出会った魅力ある人々のことをまとめて上梓した拙著二冊の目次を紹介し、自己紹介にかえさせていただく。

『蘇峰とその時代』(中央公論社、一九八八年)——勝海舟・新島襄・徳富蘆花・坪内逍遥・森鷗外・山田美妙・内田魯庵・中西梅花・幸田露伴・森田思軒・「文学会」・宮崎湖処子・志賀重昂・佐々城豊寿・酒井雄三郎・小泉信三・松岡洋右・中野正剛・大谷光瑞。

『続・蘇峰とその時代』(徳富蘇峰記念館、一九九八年)——与謝野鉄幹、与謝野晶子と吉屋信子との出会い・杉田久女・夏目漱石の一通の手紙・森鷗外・竹崎順子・徳富久子、静子・矢島楫子・潮田千勢子・植木枝盛・依田学海・野口そ恵子・吉野作造・瀧田樗陰・麻田駒之助・山本実彦・菊池寛・島田清次郎・賀川豊彦・小伝鬼才の書誌学者島田翰。

*内藤魯一(ないとう・ろいち)弘化三—明治四十四(一八四六—一九一一) 福島県。明治時代の自由民権家。大井憲太郎らと共に自由党再建に参画。愛知県会議長を四期つとめた。

**新島襄(にいじま・じょう)[徳富蘇峰宛書簡十三通。以下同]天保十四—明治二十三(一八四三—一八九〇) 江戸。明治時代のキリスト教の代表的教育者。アンドーバー神学校卒。同志社創立。蘇峰・蘆花・小崎弘道らを世に出す。遺言は蘇峰が口述筆記した。

***晩晴草堂 昭和十八年に購入した蘇峰の熱海の本宅。清浦奎吾の別荘を買った。戦後から昭和三二年に亡くなるまでここで過ごした。生涯の最後を晴れやかに終わりたいとの願いから、「晩晴草堂」と命名したという。

****元良勇次郎(もとら・ゆうじろう)[七通]安政五—大正元(一八五八—一九一二) 兵庫県。ボストン大学、ジョンズ・ポプキンス大学で心理学・哲学・社会学を学び、帰国後東大教授。特に科学的な心理学研究の開拓と教育における功績は大きいといわれる。

I

往復書簡　後藤新平－徳富蘇峰　1895-1929

1 後藤新平の徳富蘇峰宛書簡

1 明治二十八（一八九五）年十二月二十四日
2 明治二十九（一八九六）年一月十一日
3 明治三十一（一八九八）年六月八日
4 六月三十日
5 七月九日
6 明治三十二（一八九九）年二月二十四日
7 三月三日
8 六月二十四日
9 明治三十三（一九〇〇）年八月二十日
10 明治三十四（一九〇一）年九月二十四日
11 明治三十五（一九〇二）年六月二十六日
12 十月二十四日
13 明治三十六（一九〇三）年三月十四日
14 九月五日
15 九月二十二日
16 明治三十七（一九〇四）年九月二十七日
17 明治三十八（一九〇五）年八月二十七日
18 九月九日
19 十二月十八日
20 明治四十一（一九〇八）年一月二十一日
21 一月二十二日
22 二月五日
23 二月七日
24 三月五日
25 七月十六日
26 大正一（一九一二）年八月一日
27 大正四（一九一五）年一月七日
28 二月二十日
29 大正五（一九一六）年二月十四日
30 二月十五日
31 大正六（一九一七）年六月六日
32 大正九（一九二〇）年二月二十七日
33 三月五日
34 三月五日
35 十月十八日
36 大正十（一九二一）年一月十日
37 二月七日
38 大正十一（一九二二）年二月二十二日
39 十月七日
40 十月二十日
41 大正十三（一九二四）年九月五日
42 大正十四（一九二五）年十月十四日
43 昭和二（一九二七）年三月二十五日
44 昭和三（一九二八）年九月一日
45 十一月（三十）日
46 （年不明）一月十五日
47 （年不明）二月二十二日
48 （年不明）三月十日
49 （年不明）三月十二日
50 （年不明）十月二十八日
51 （年不明）十一月十七日
52 （明治二十八年か）十二月十六日
53 （年月日不明）

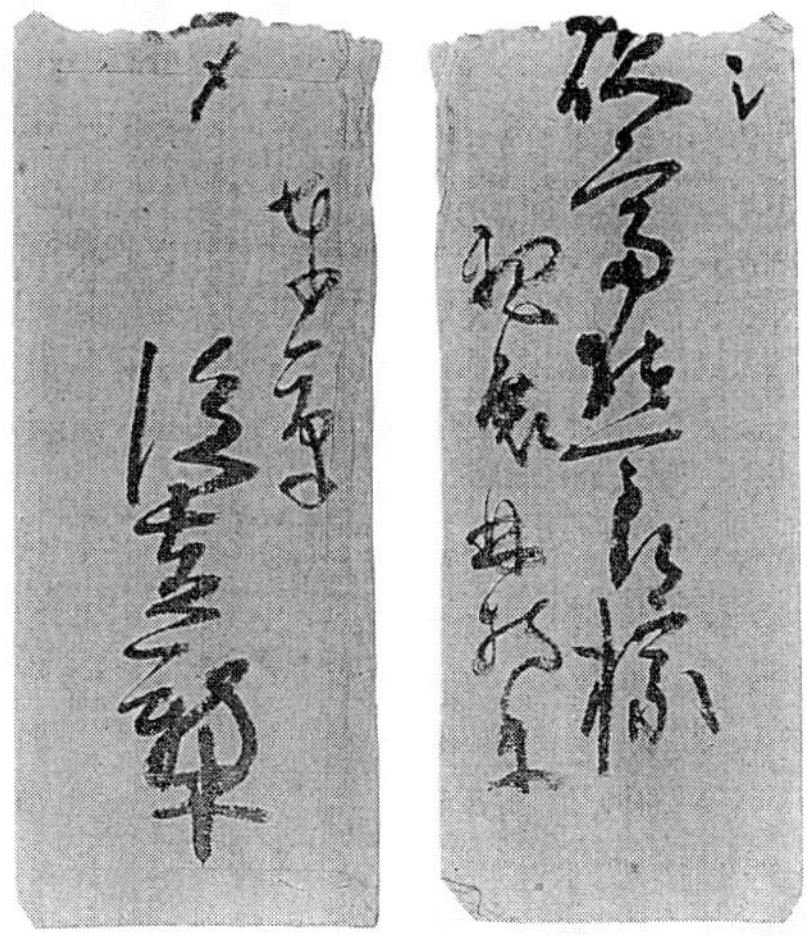

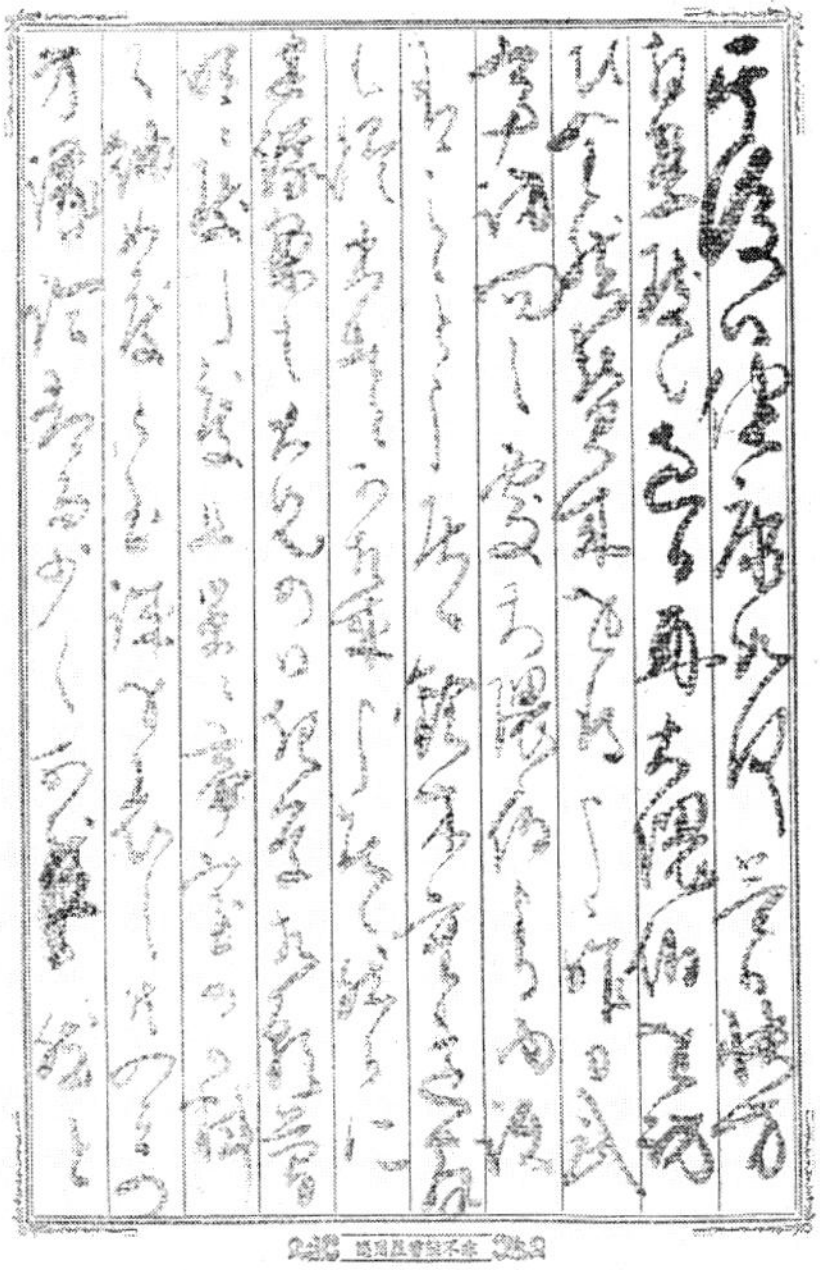

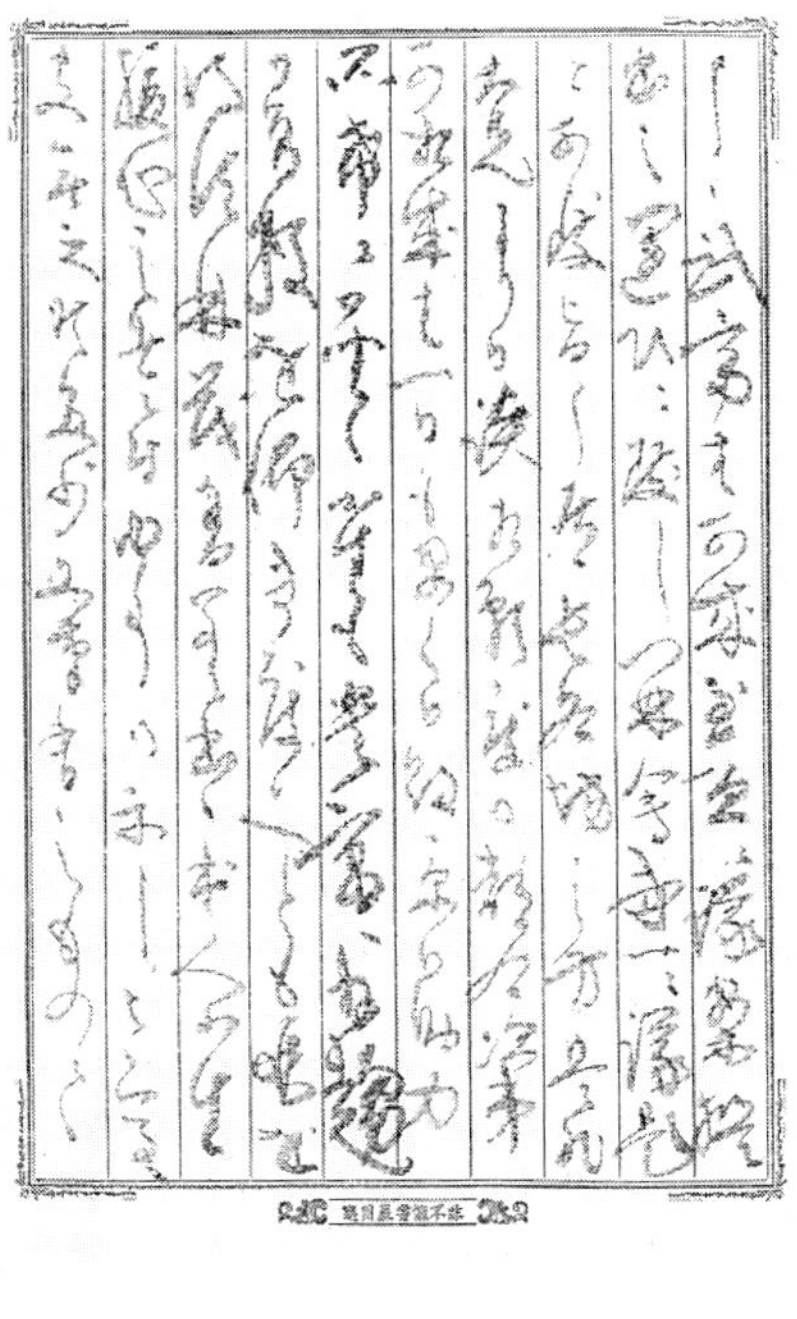

2

明治二十九（一八九六）年一月十一日

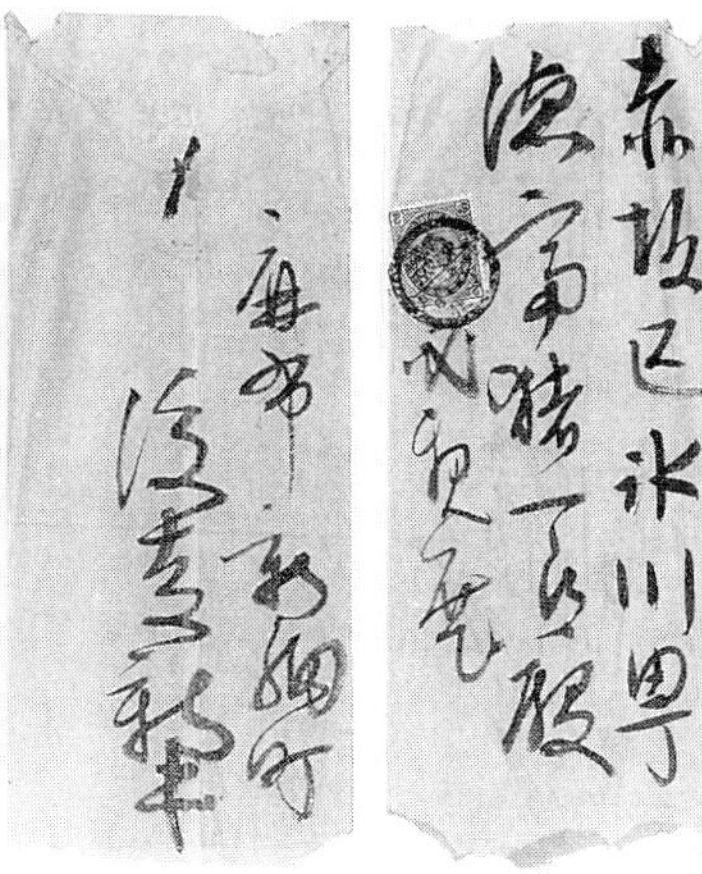

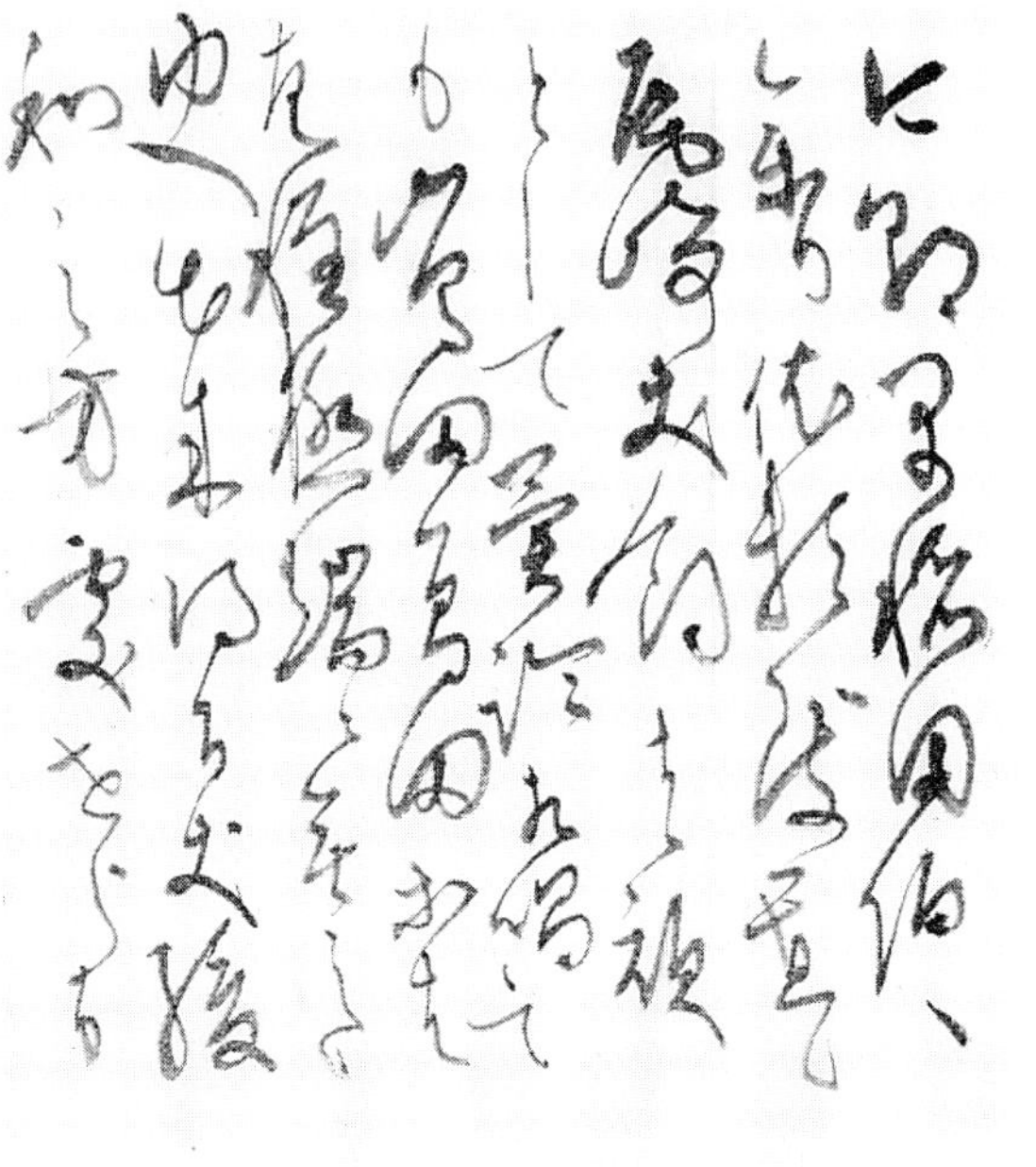

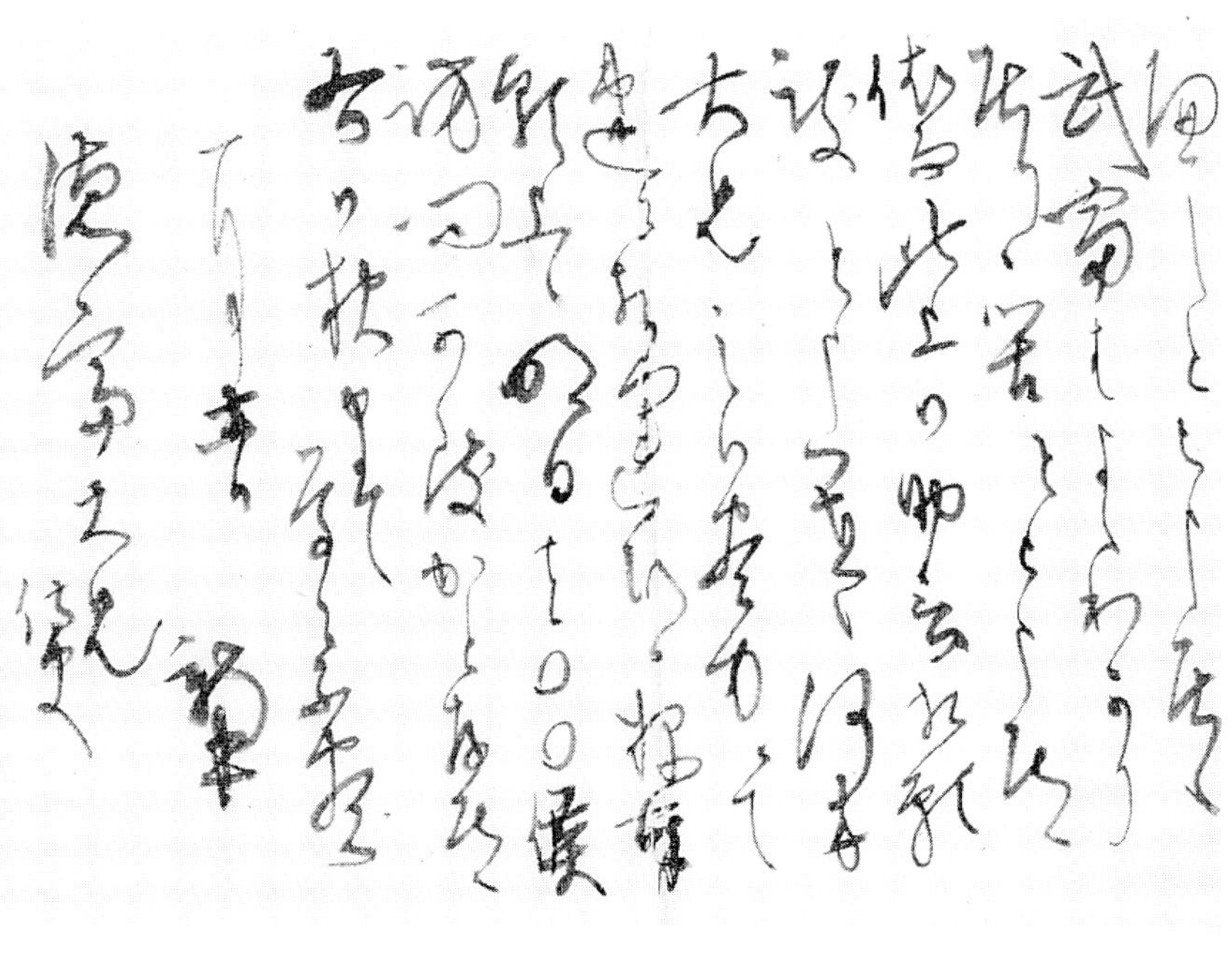

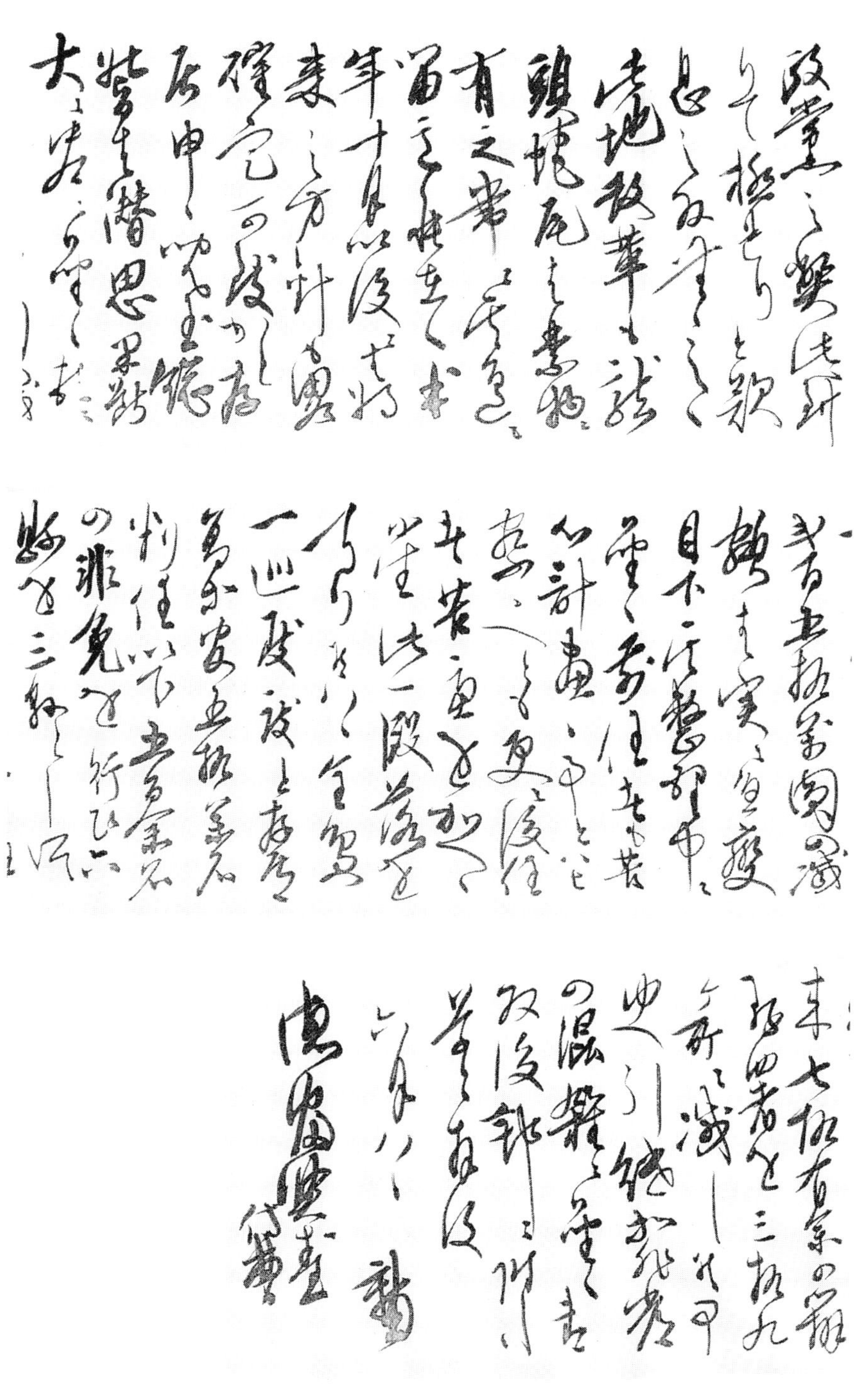

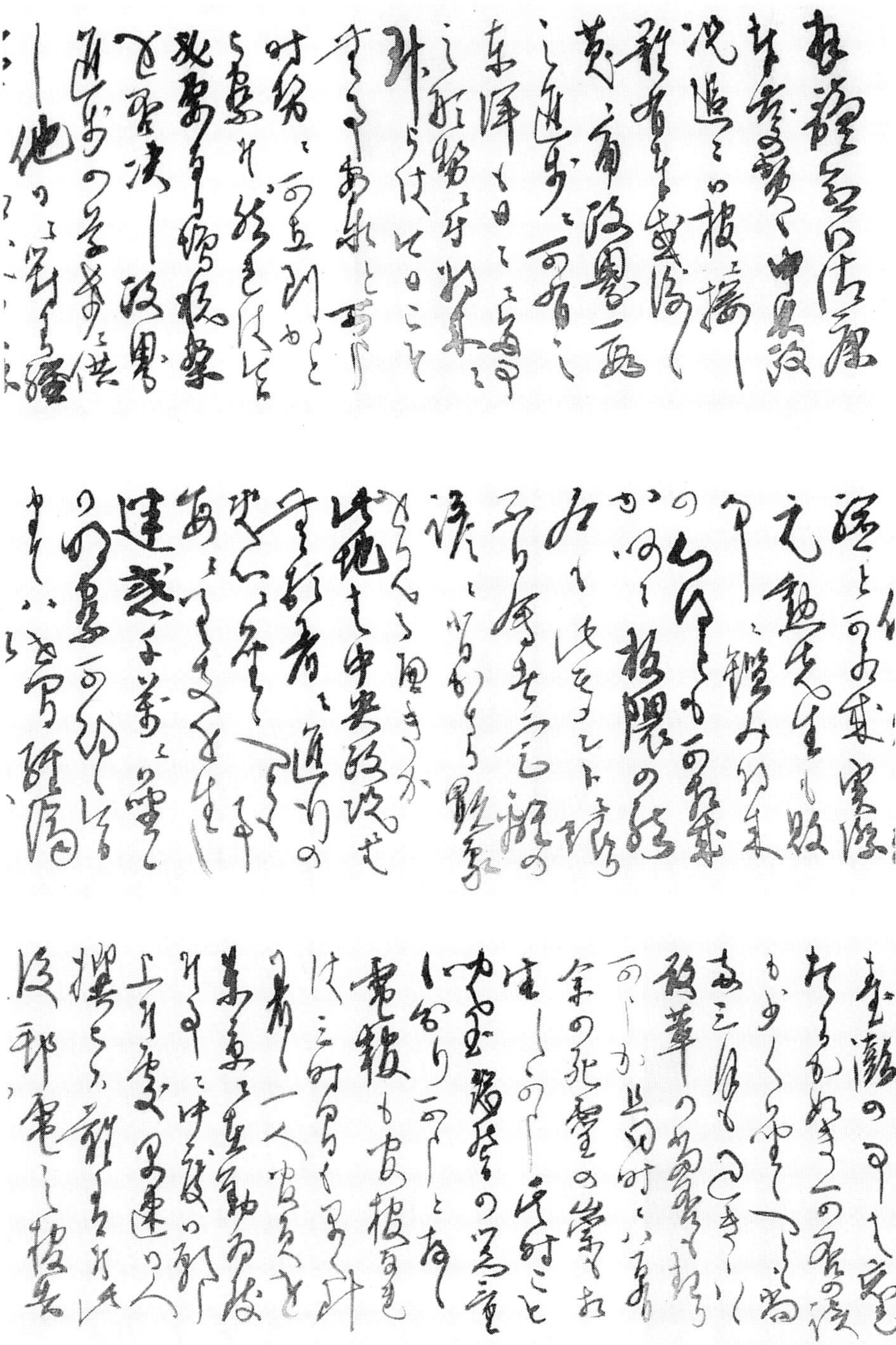

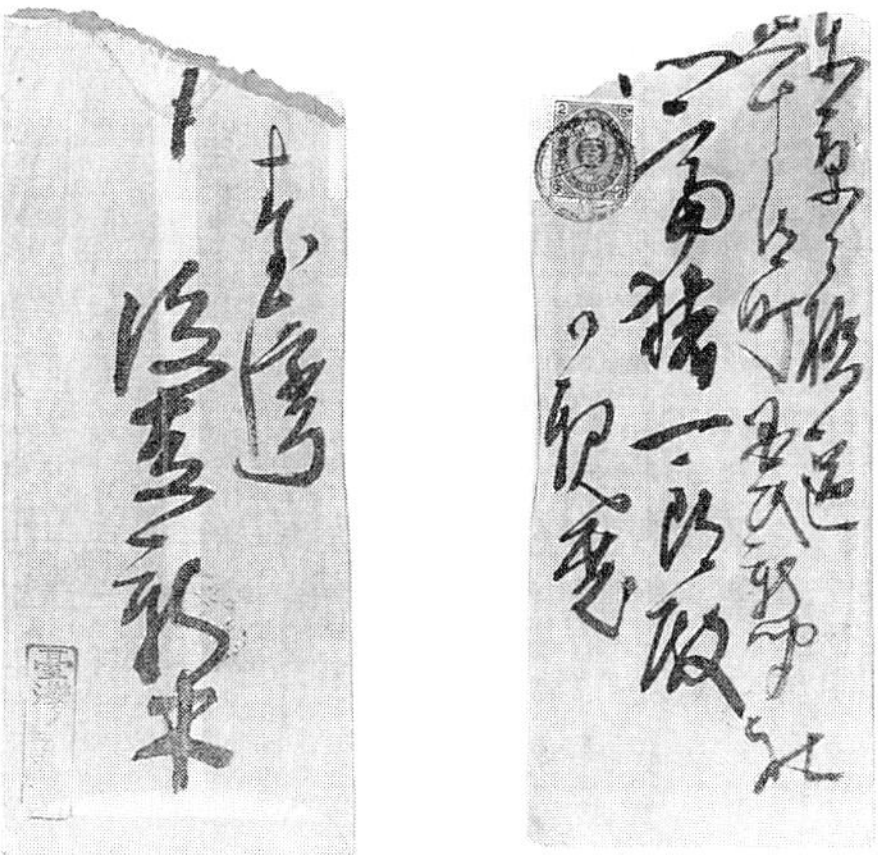

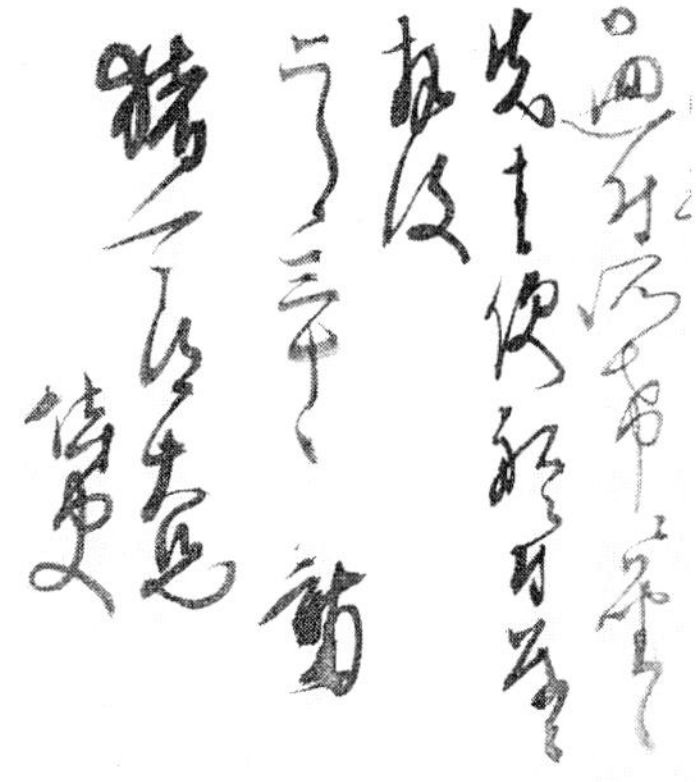

5　明治三十一（一八九八）年七月九日

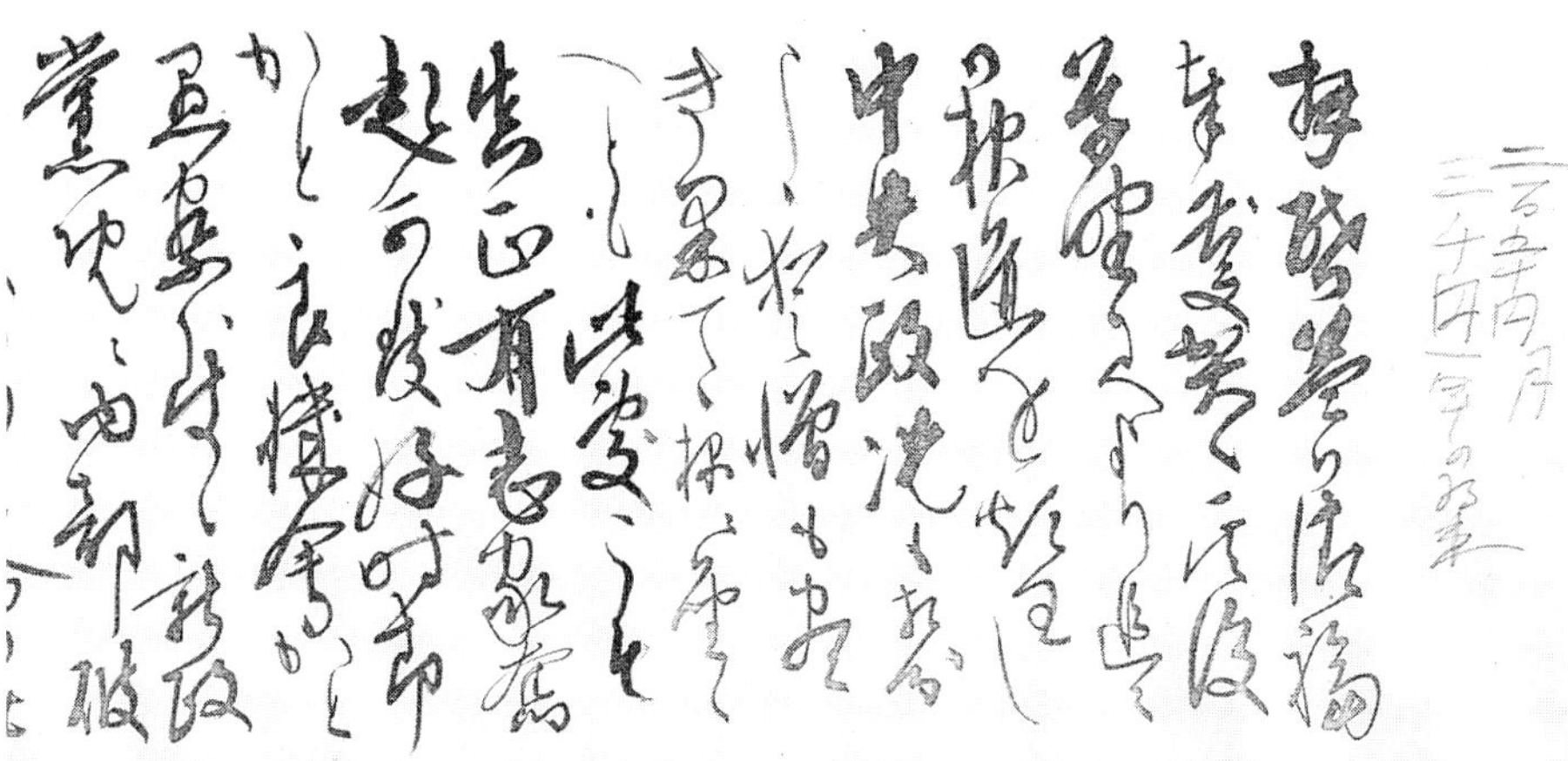

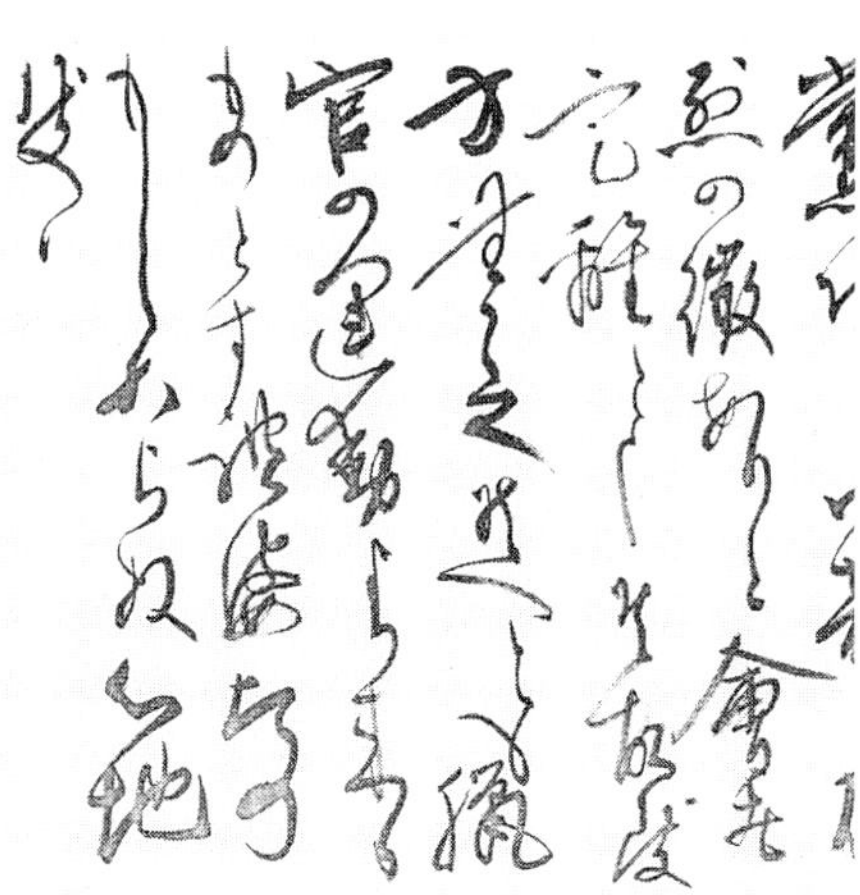

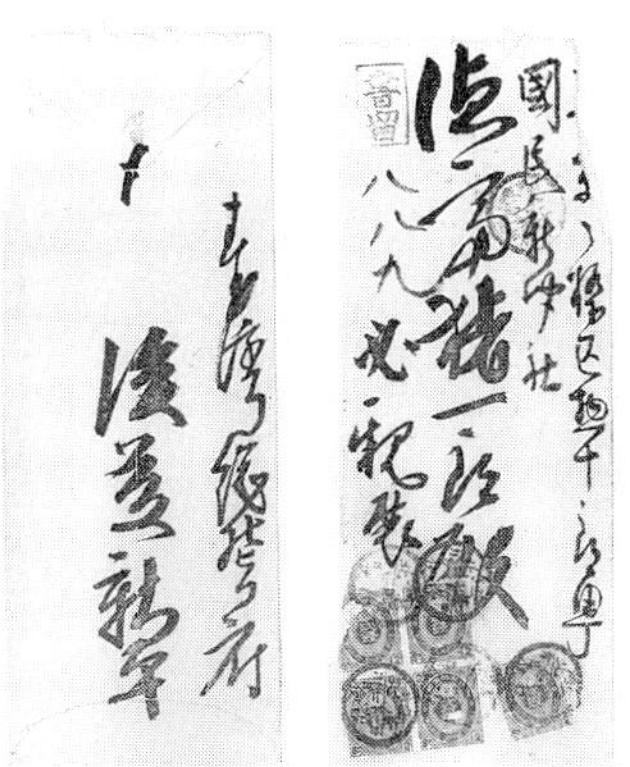

6　明治三十二（一八九九）年二月二十四日

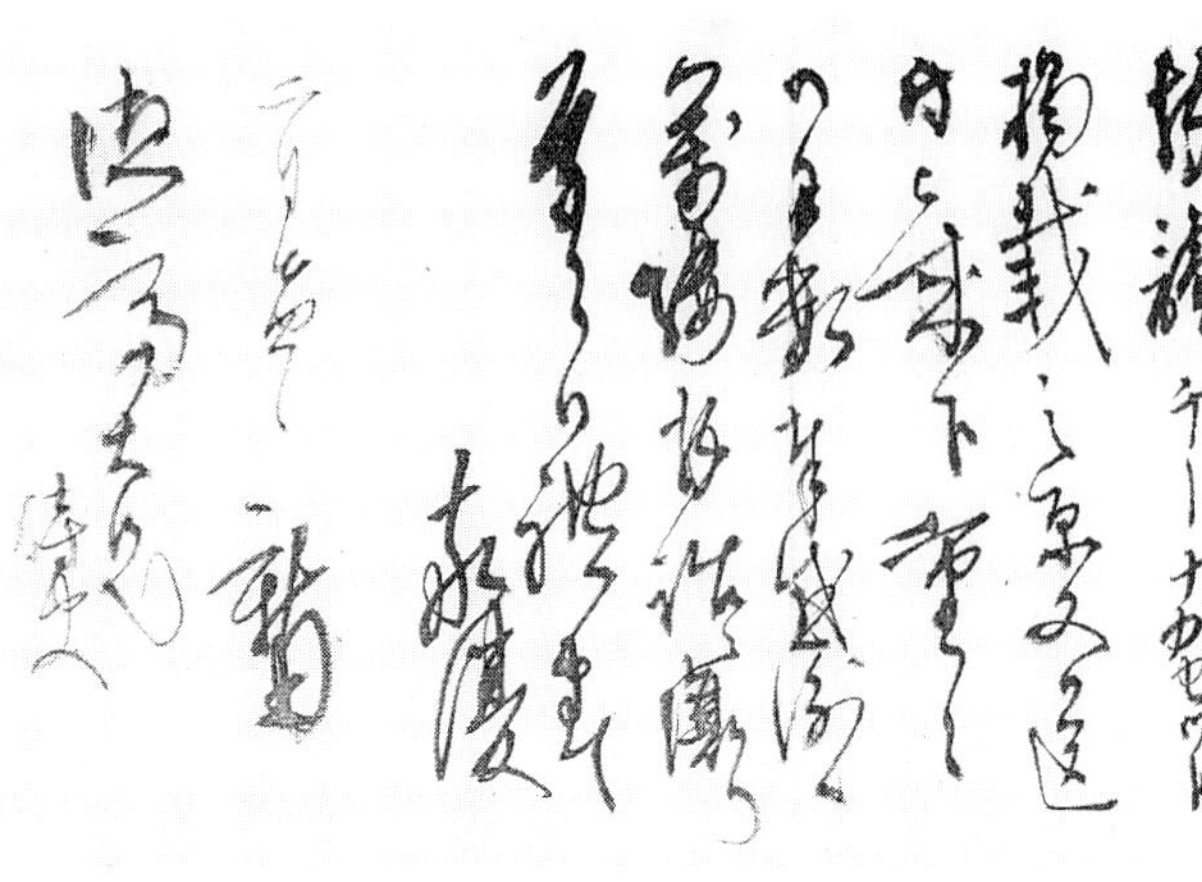

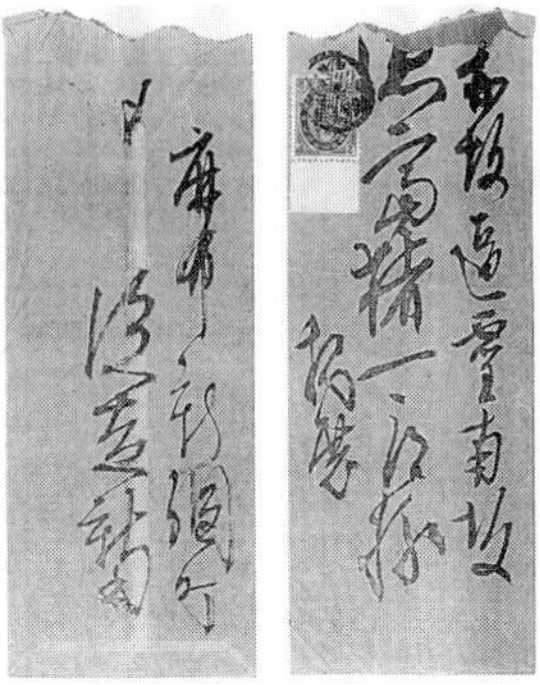

7　明治三十二（一八九九）年三月三日

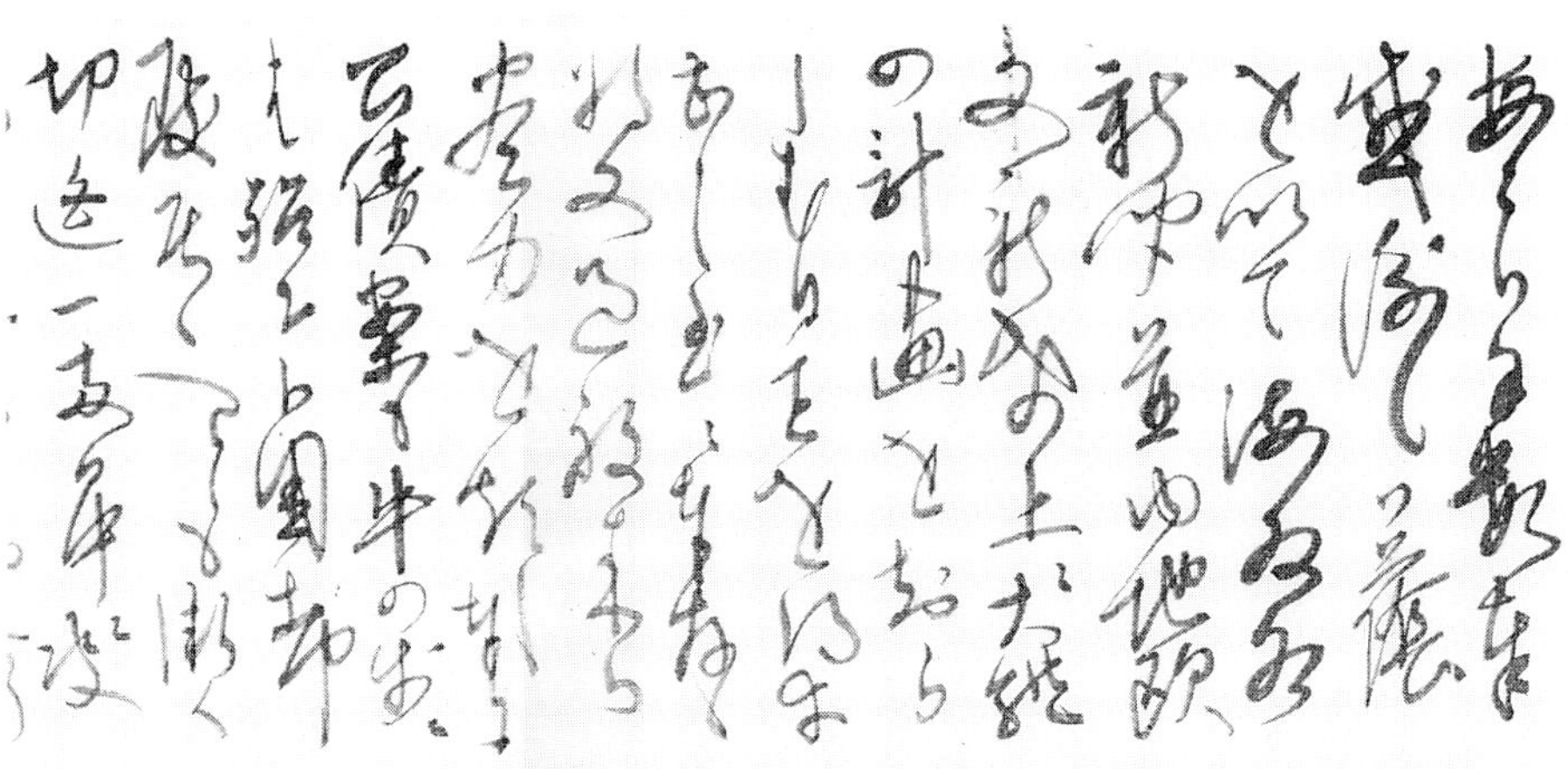

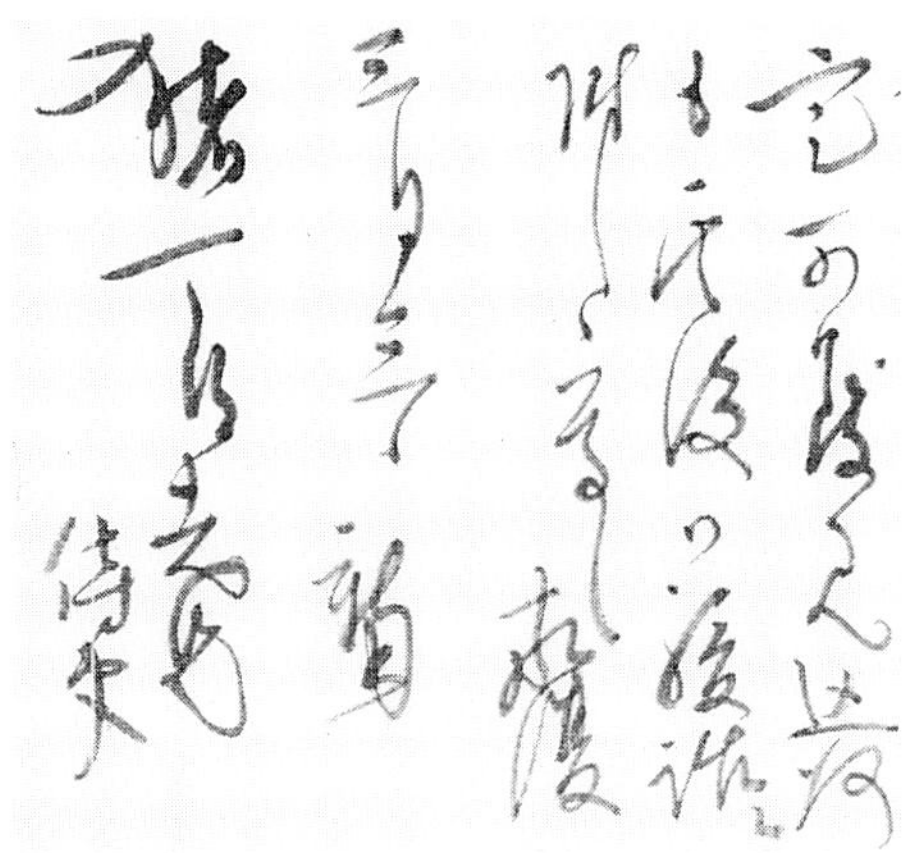

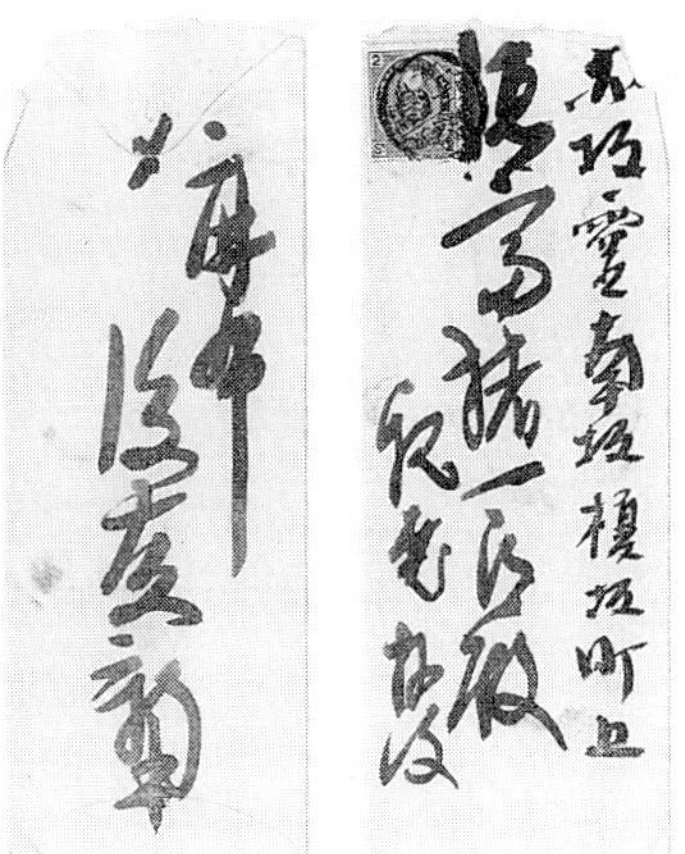

8　明治三十二（一八九九）年六月二十四日

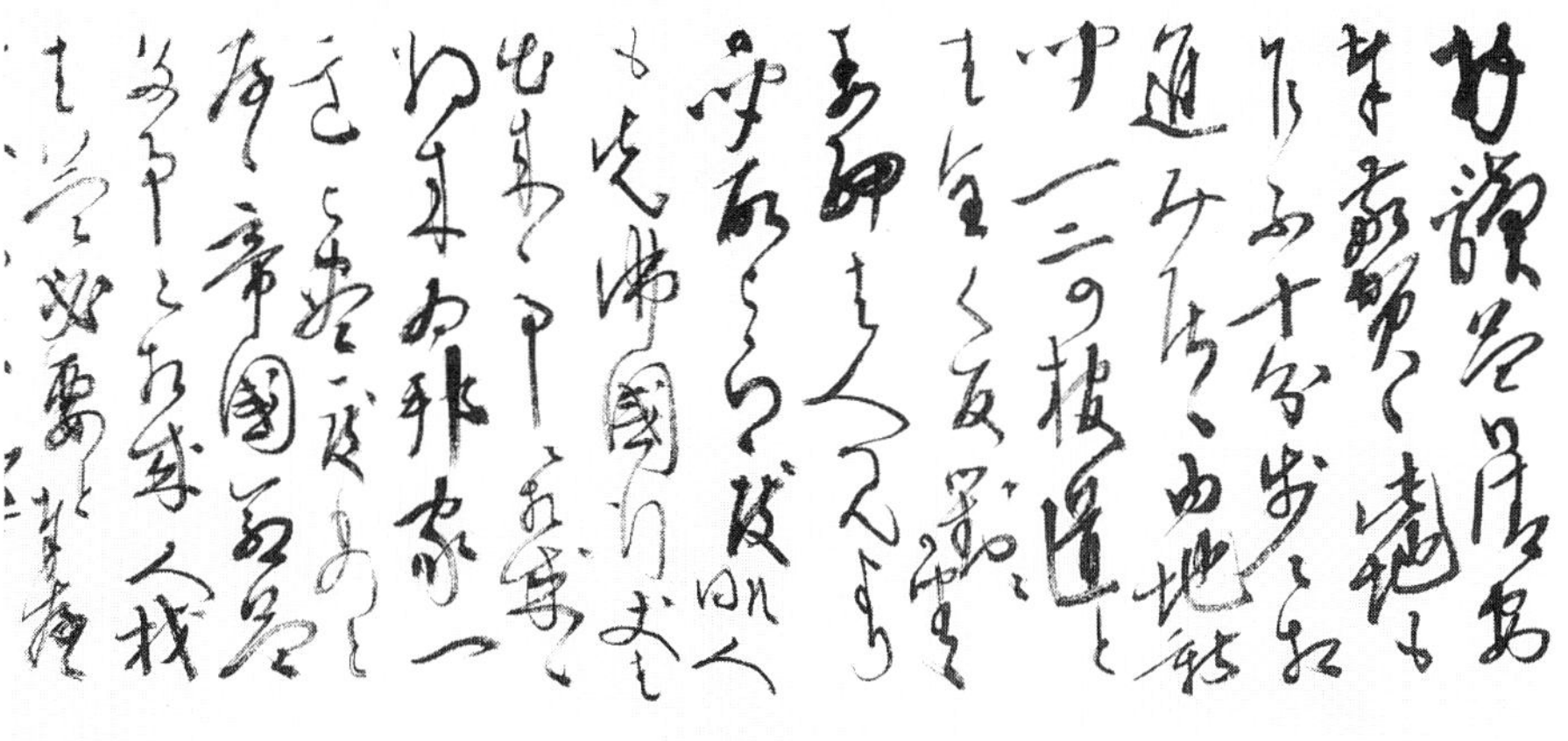

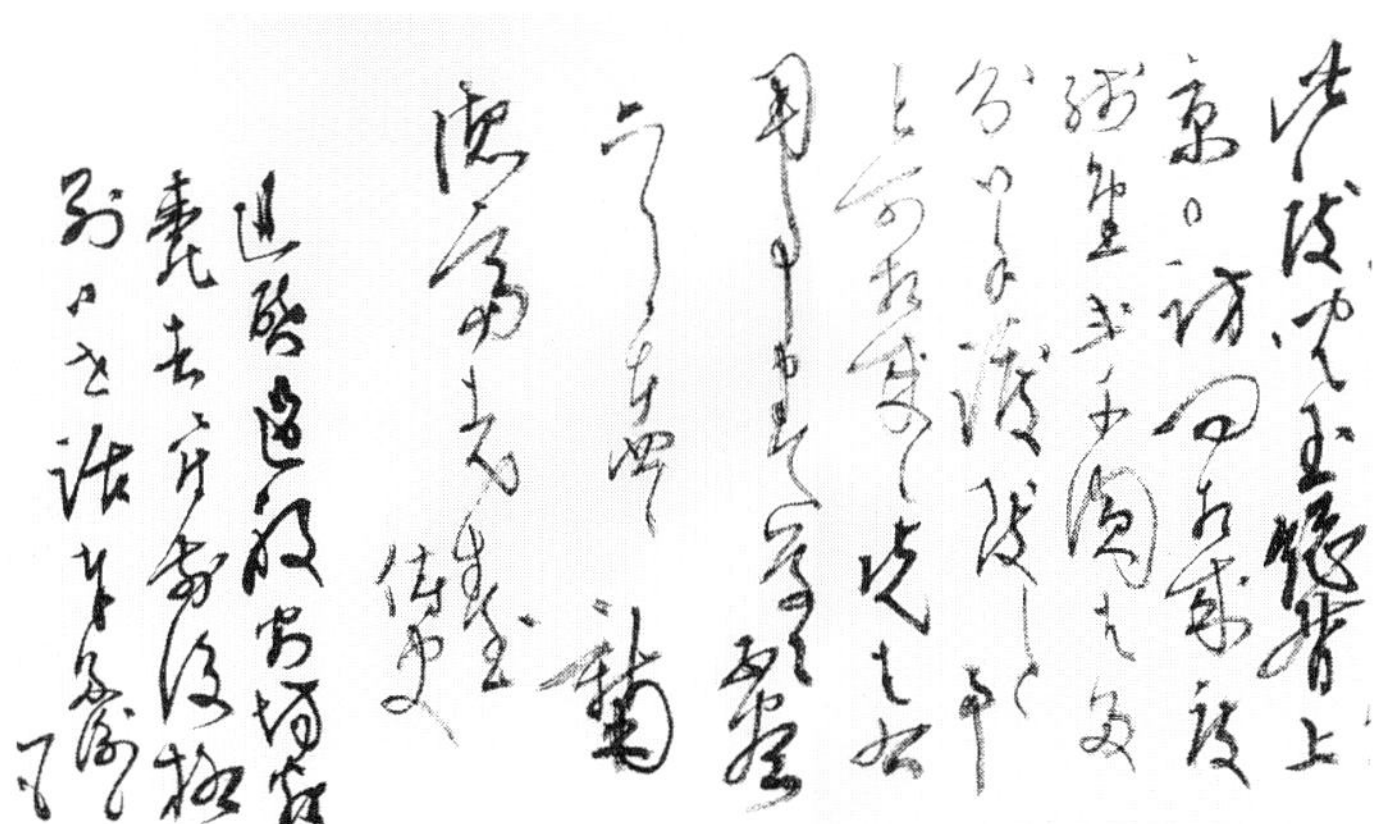

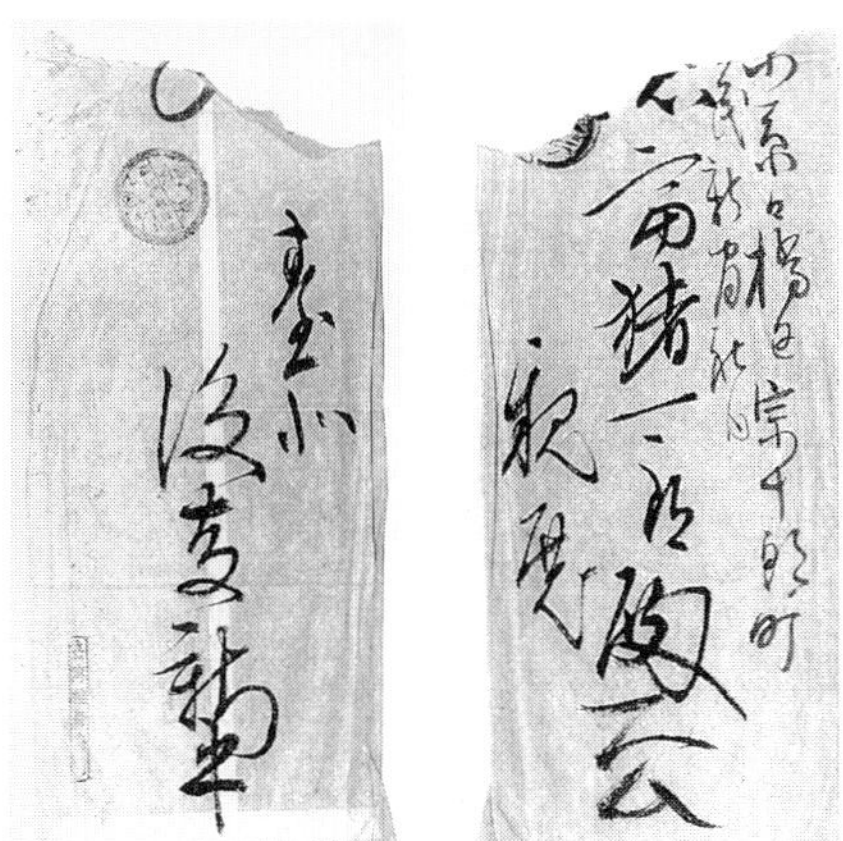

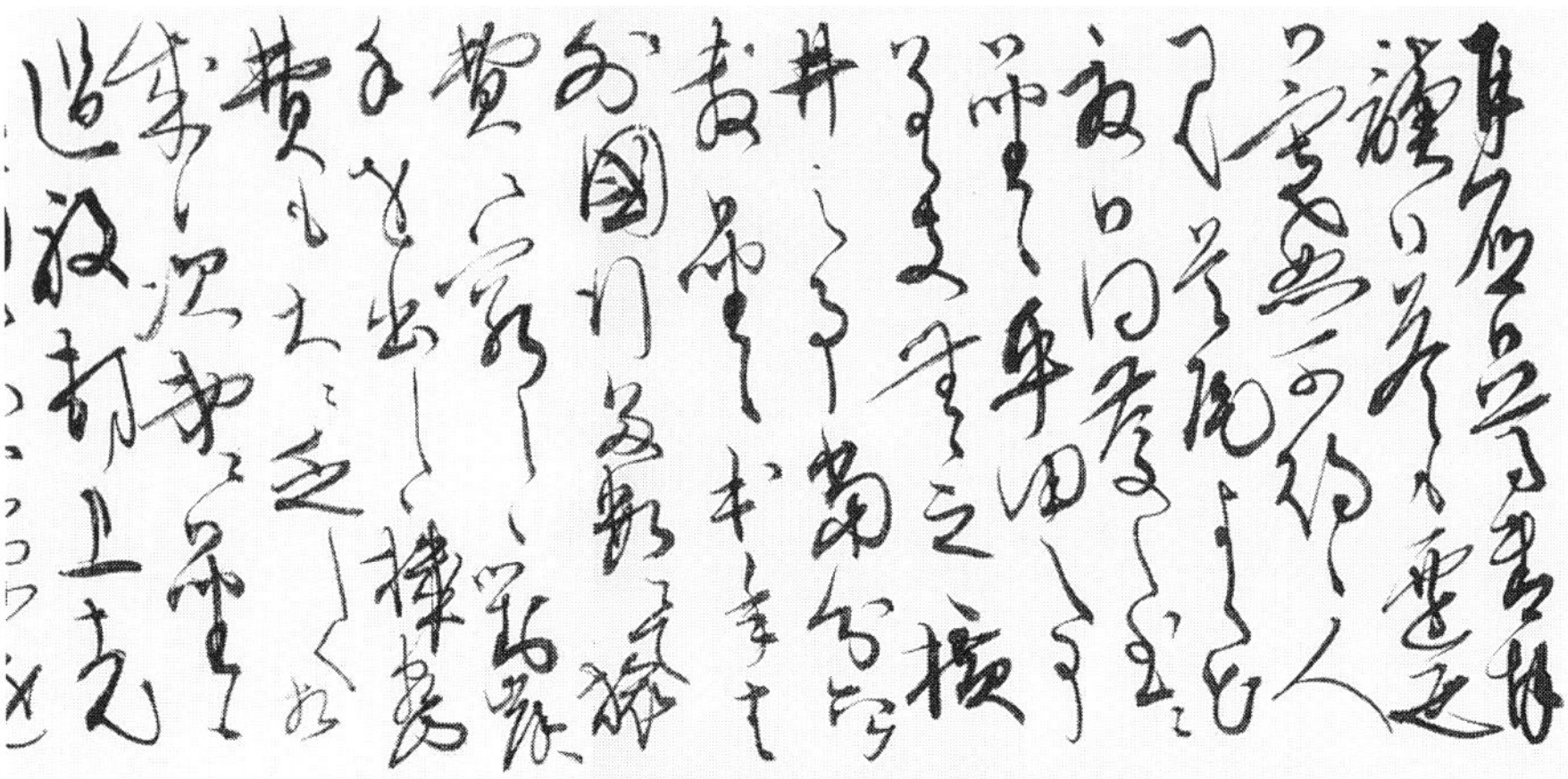

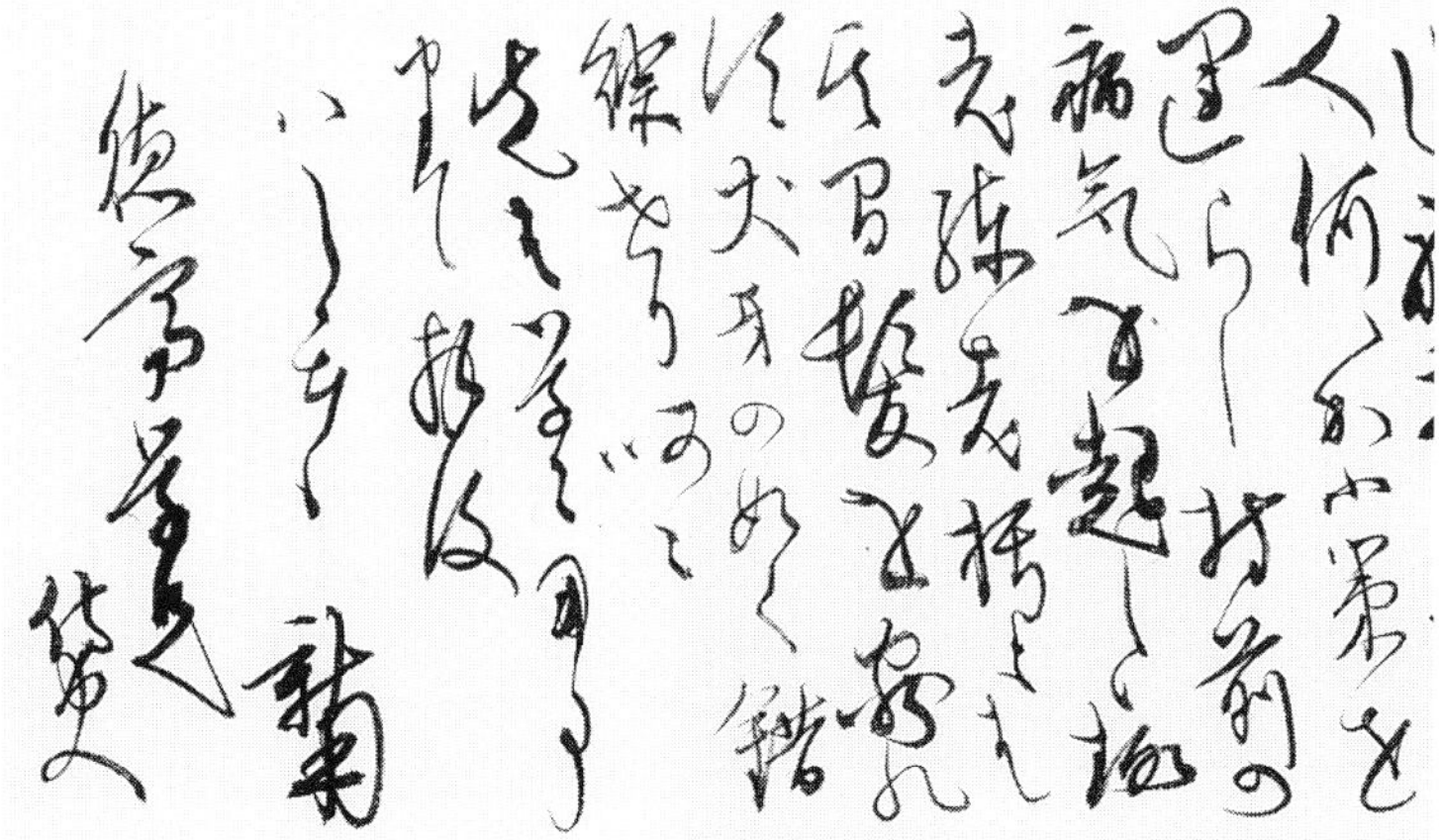

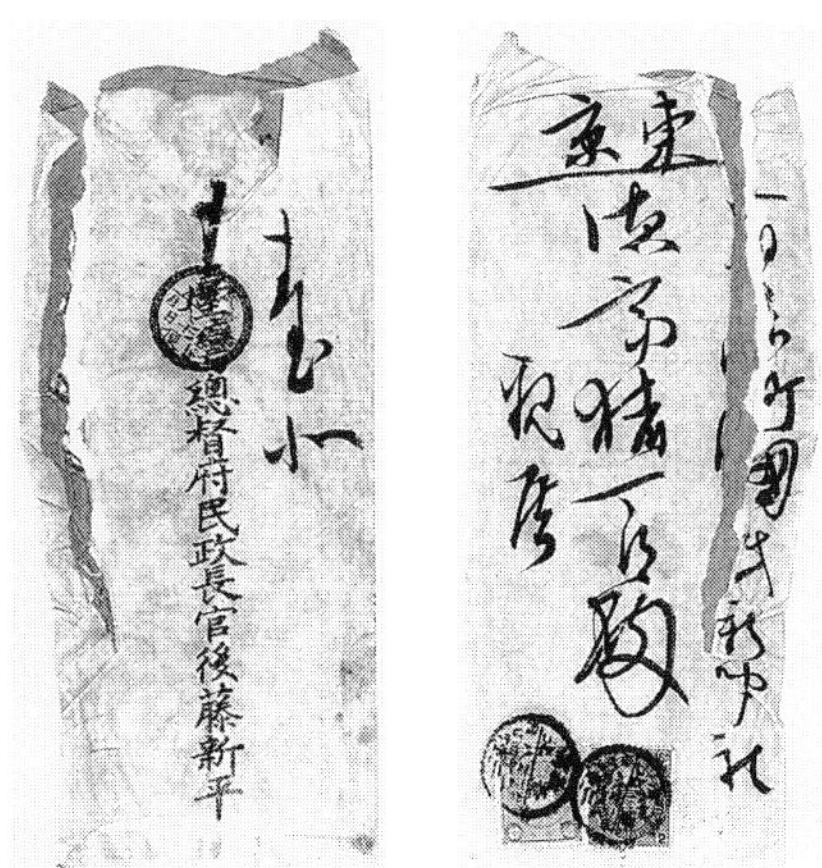
總督府民政長官後藤新平

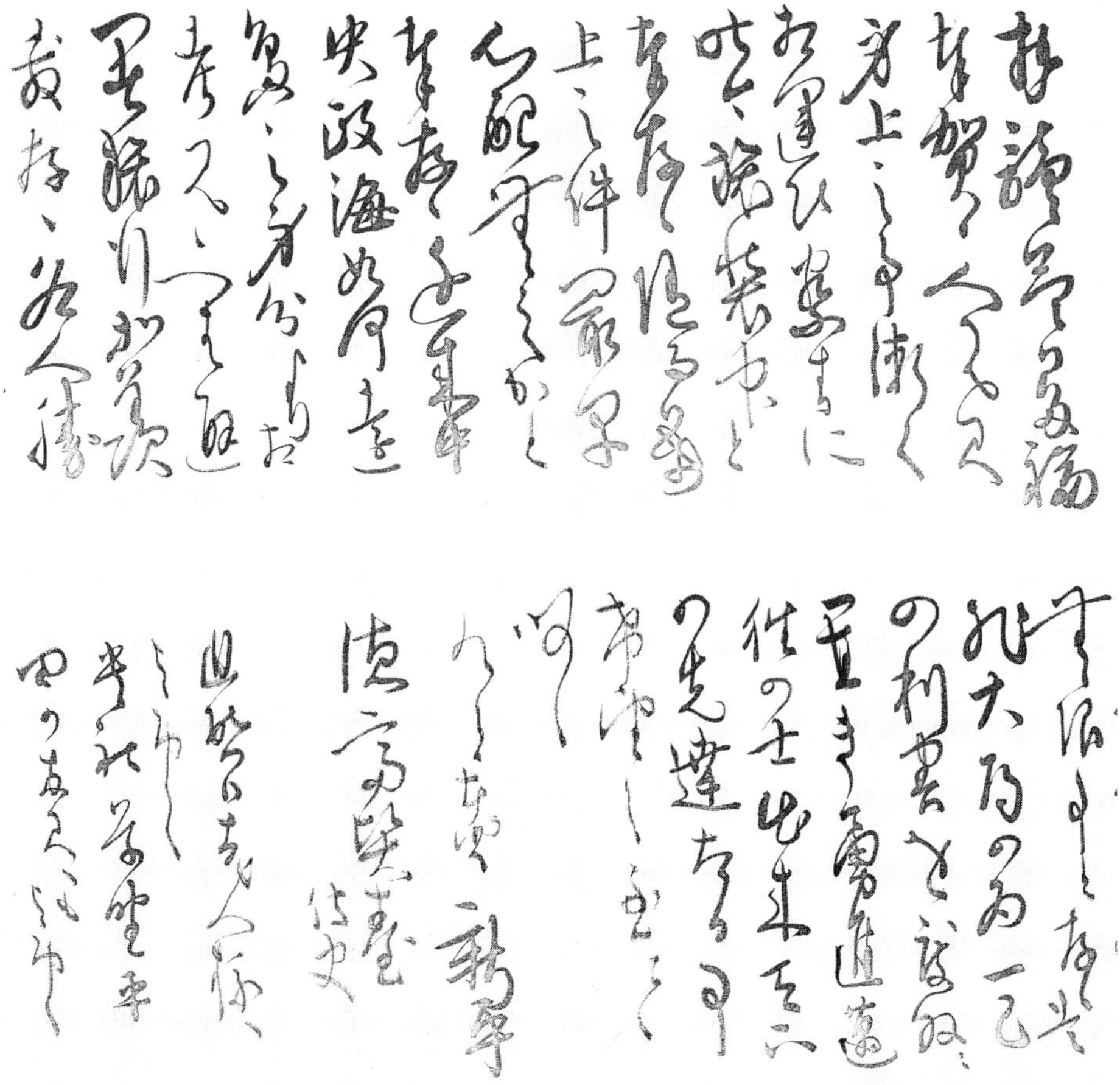

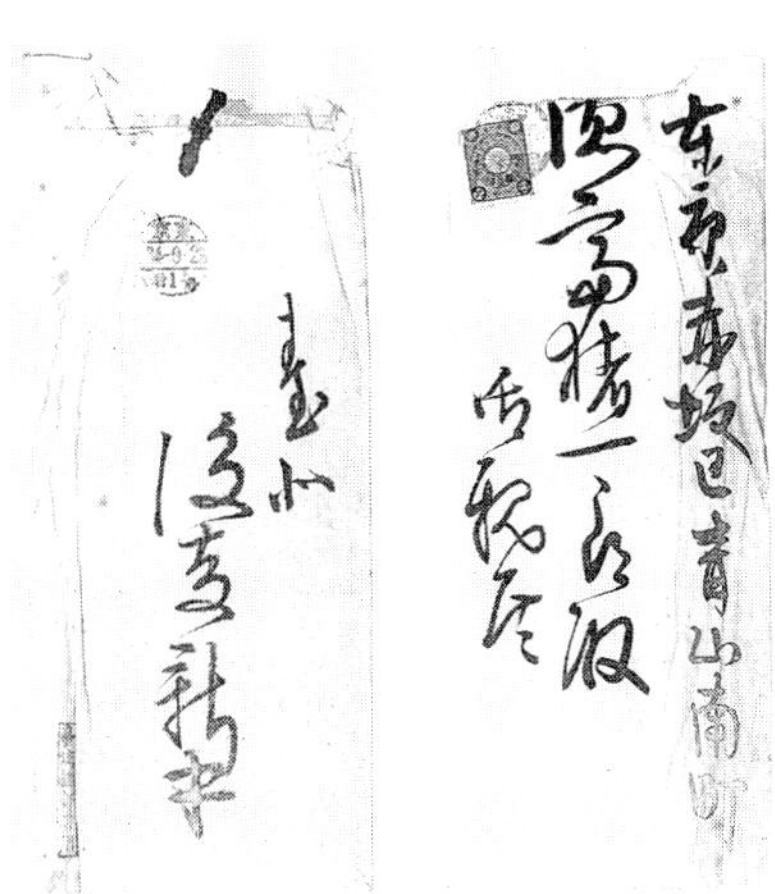

11 明治三十五年（一九〇二）年六月二十六日

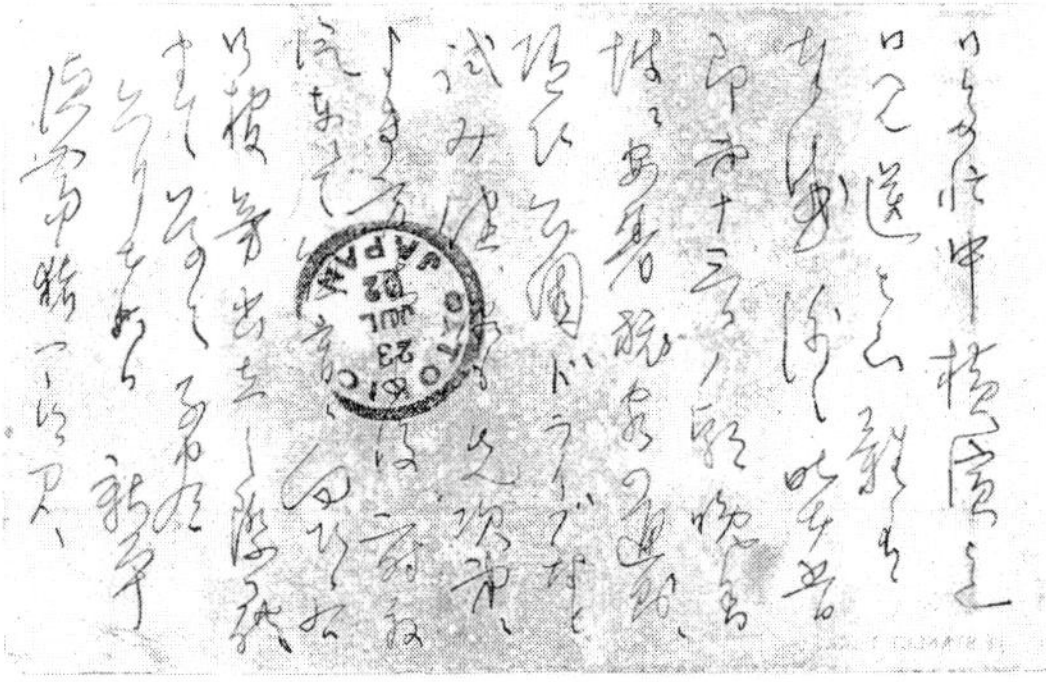

12 明治三十五（一九〇二）年十月二十四日

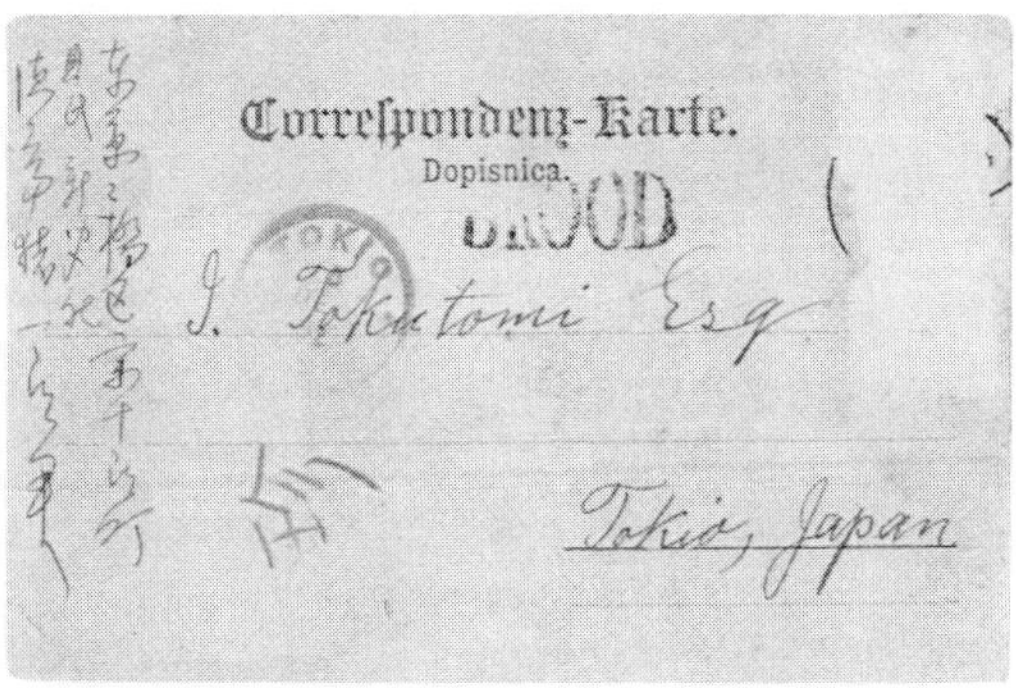

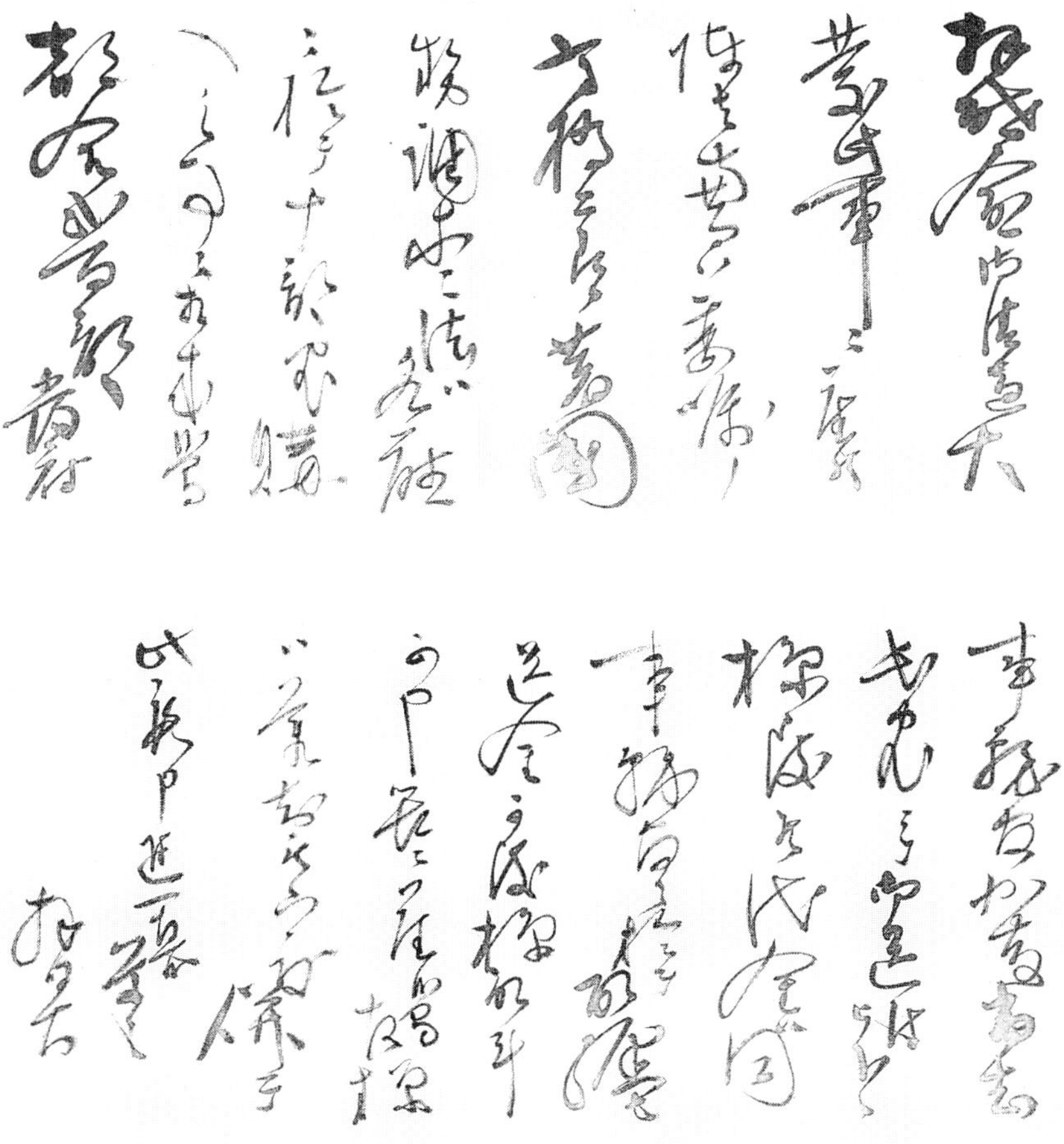

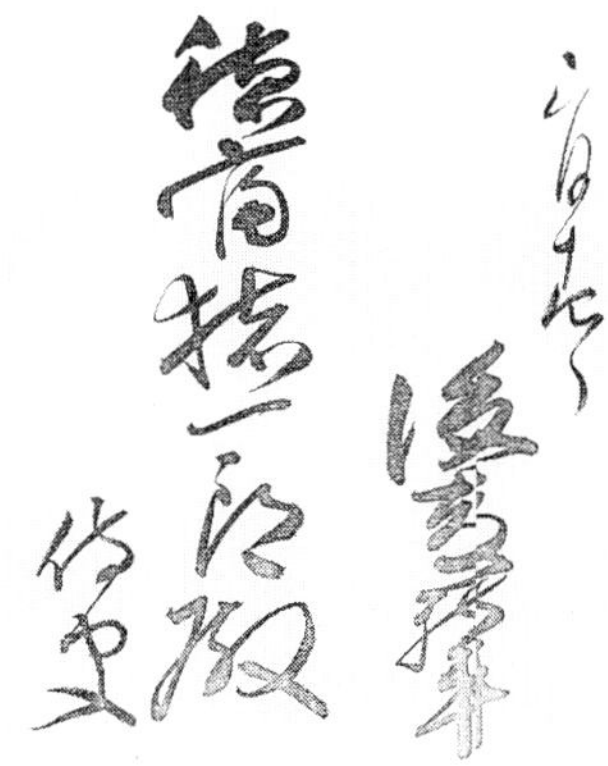
後藤新平
徳富猪一郎殿

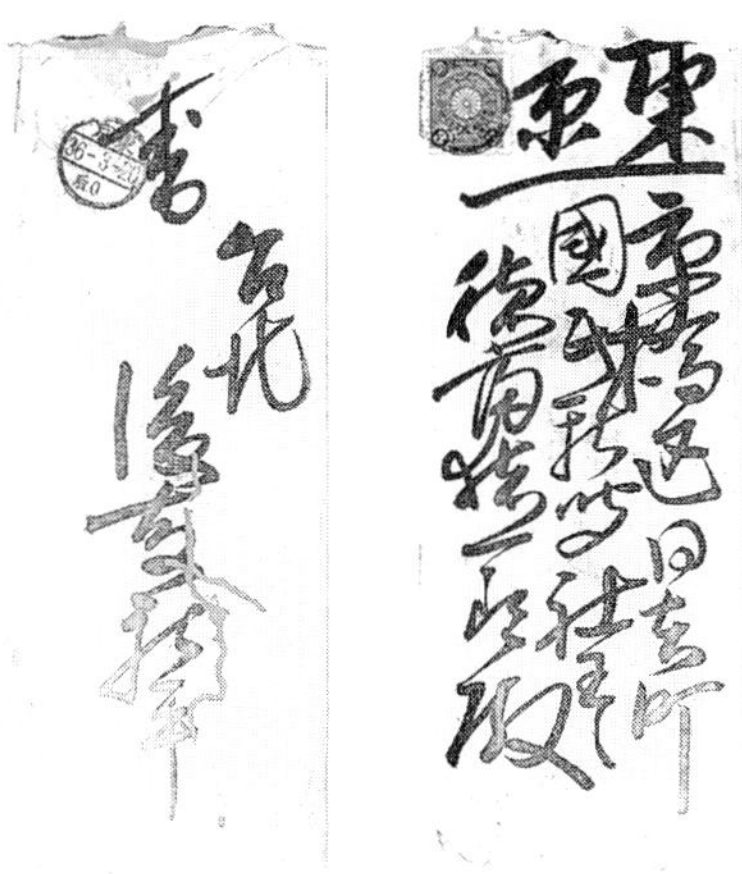
東京
麹町区日吉町
国民新聞社
徳富猪一郎殿
後藤新平

14　明治三十六（一九〇三）年九月五日

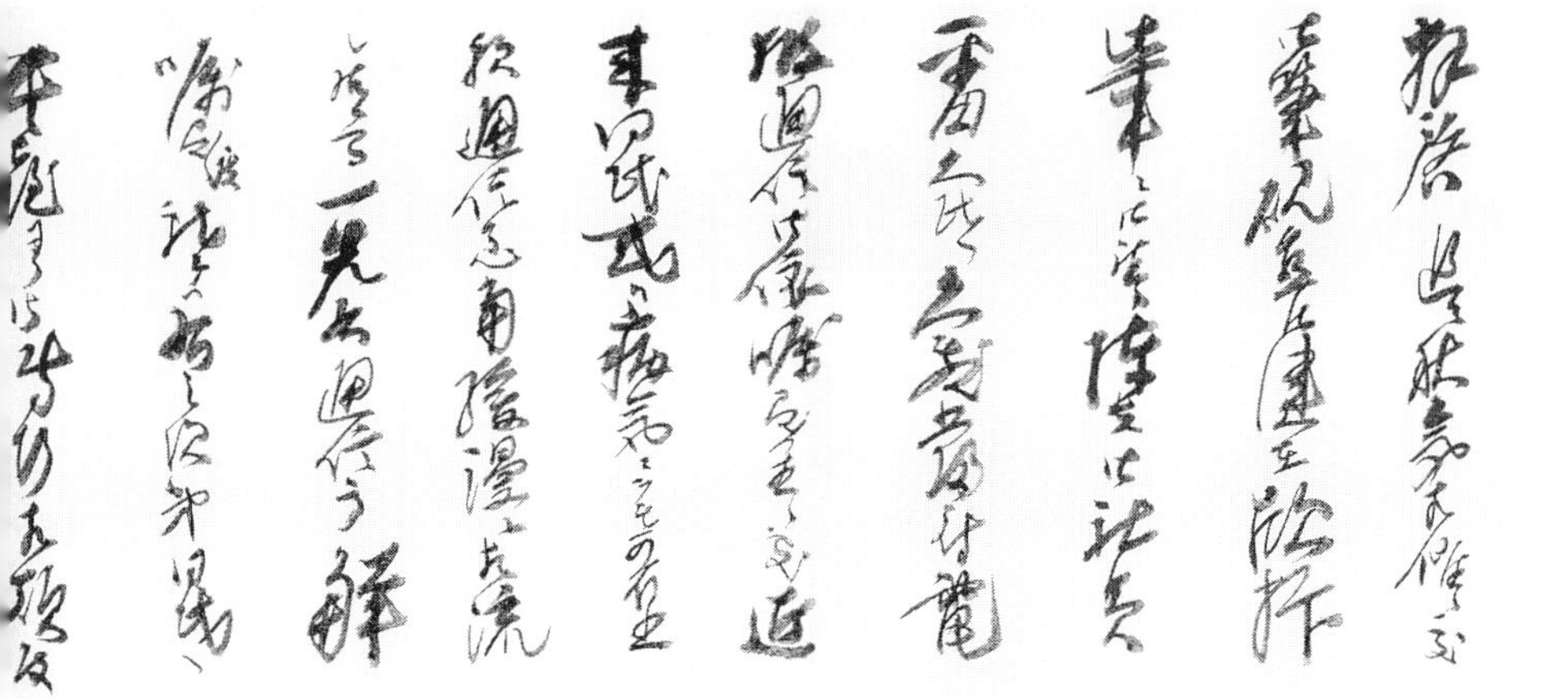

15　明治三十六（一九〇三）年九月二十二日

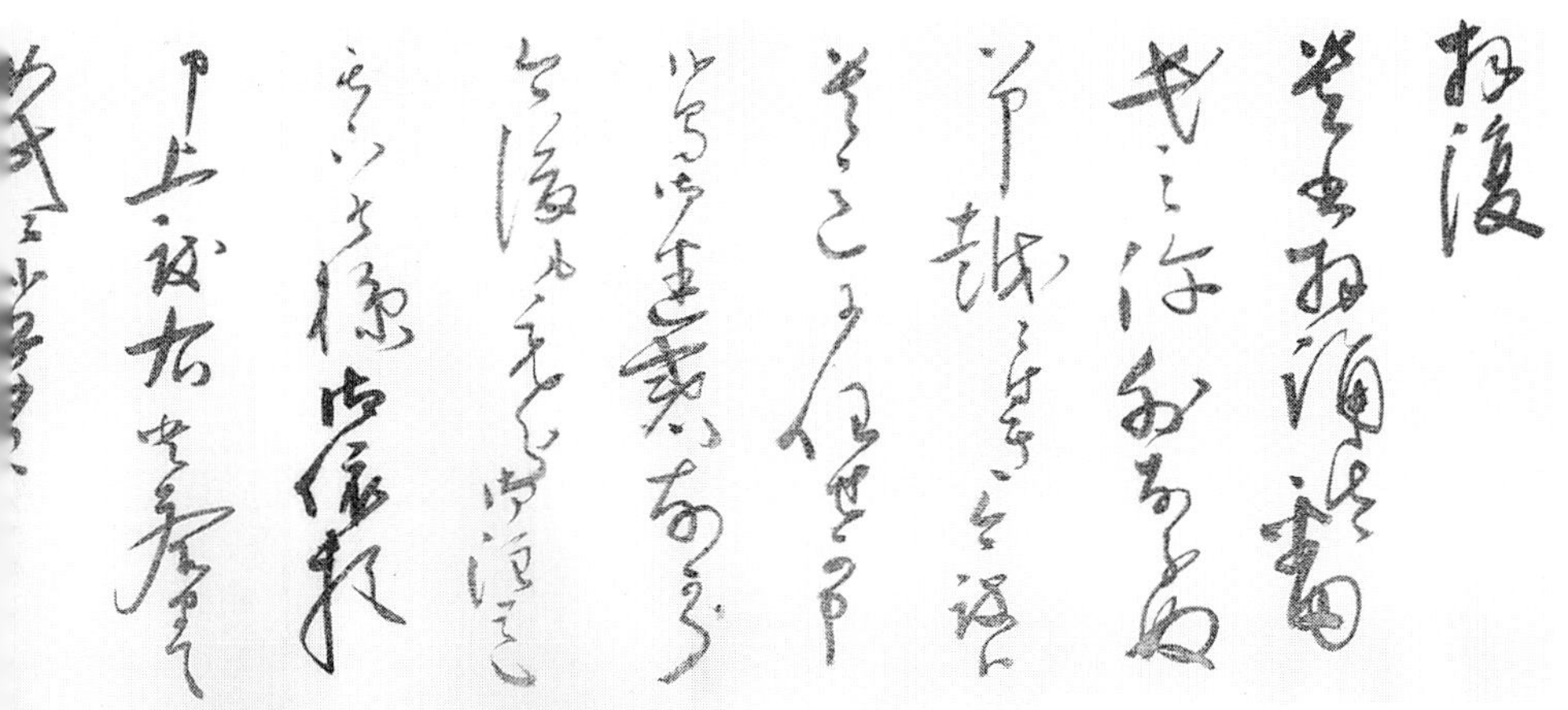

16　明治三十七（一九〇四）年九月二十七日

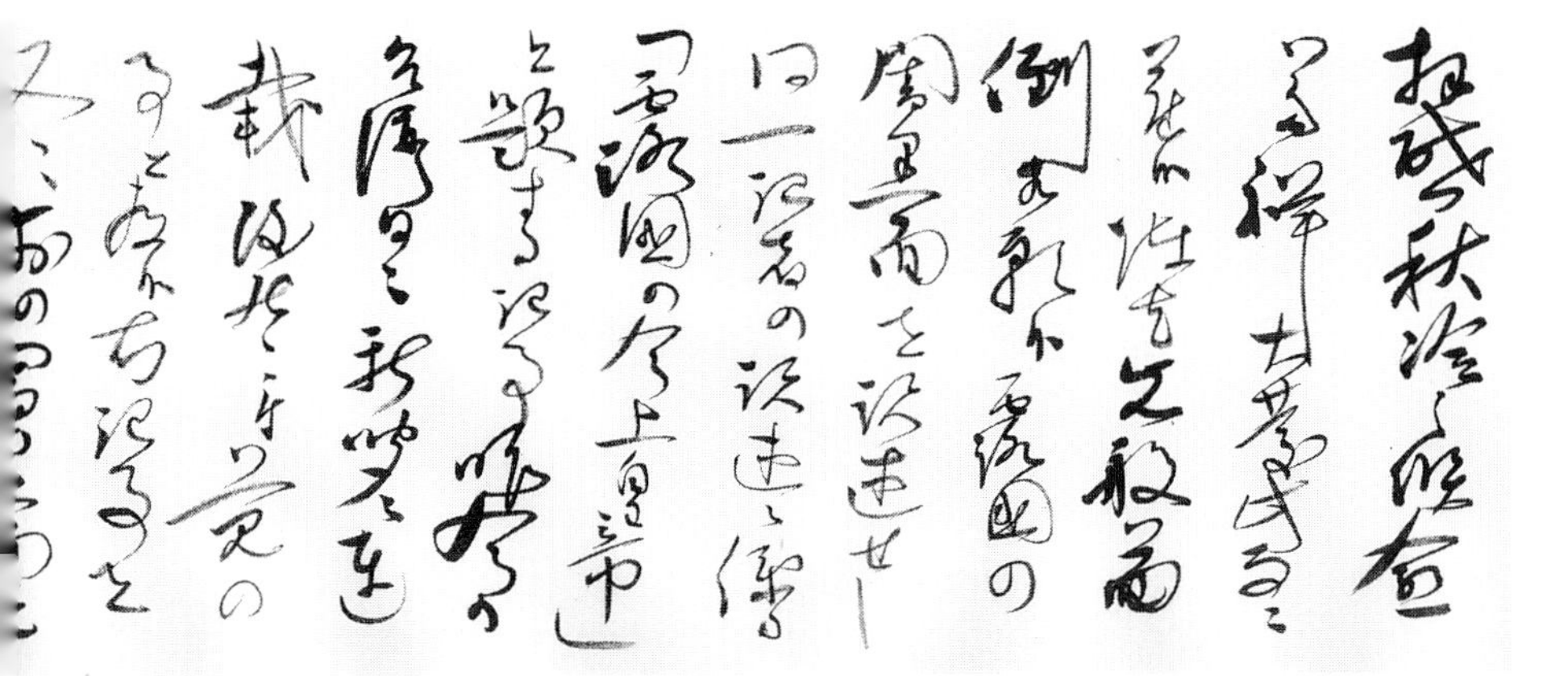

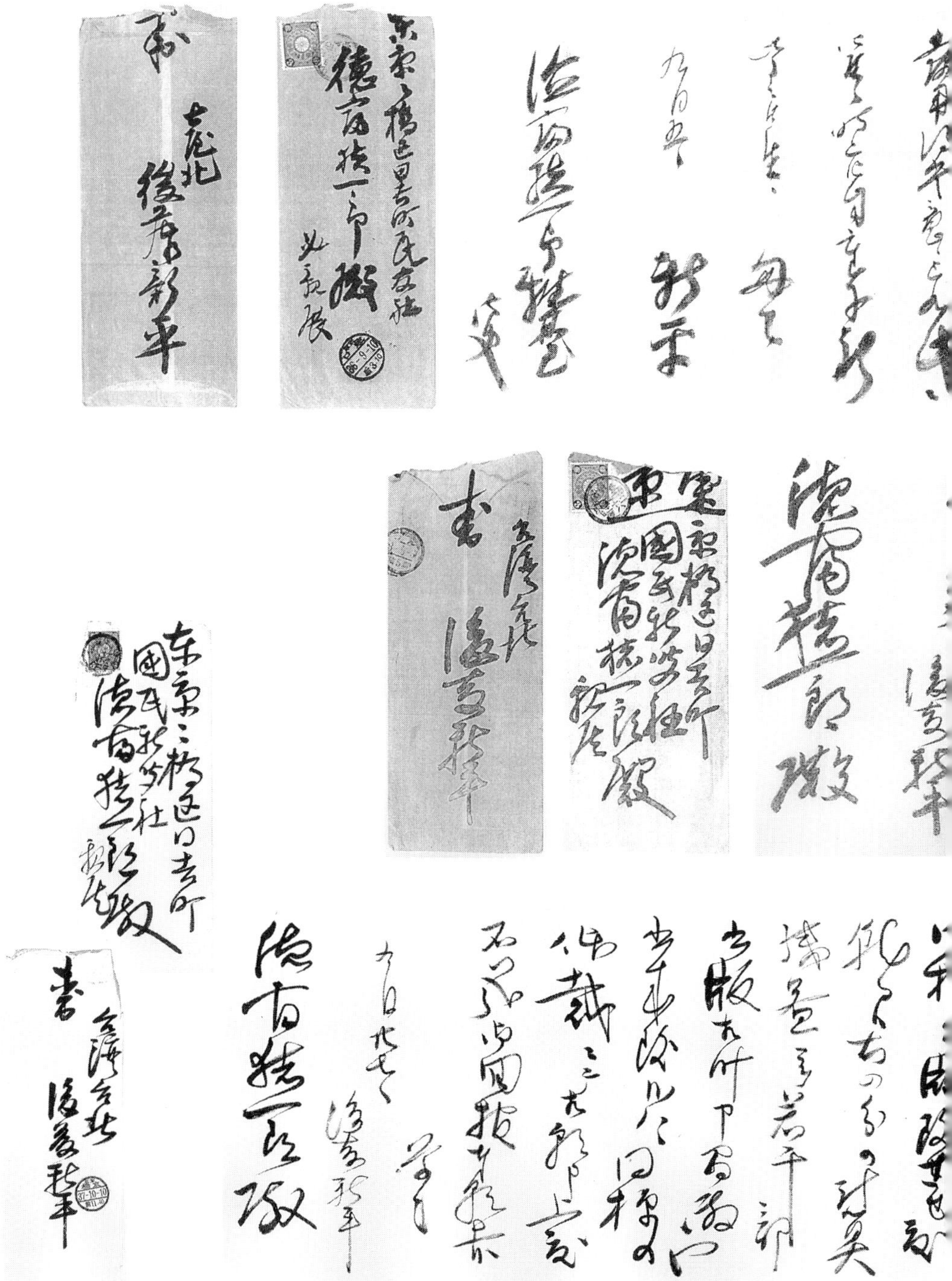

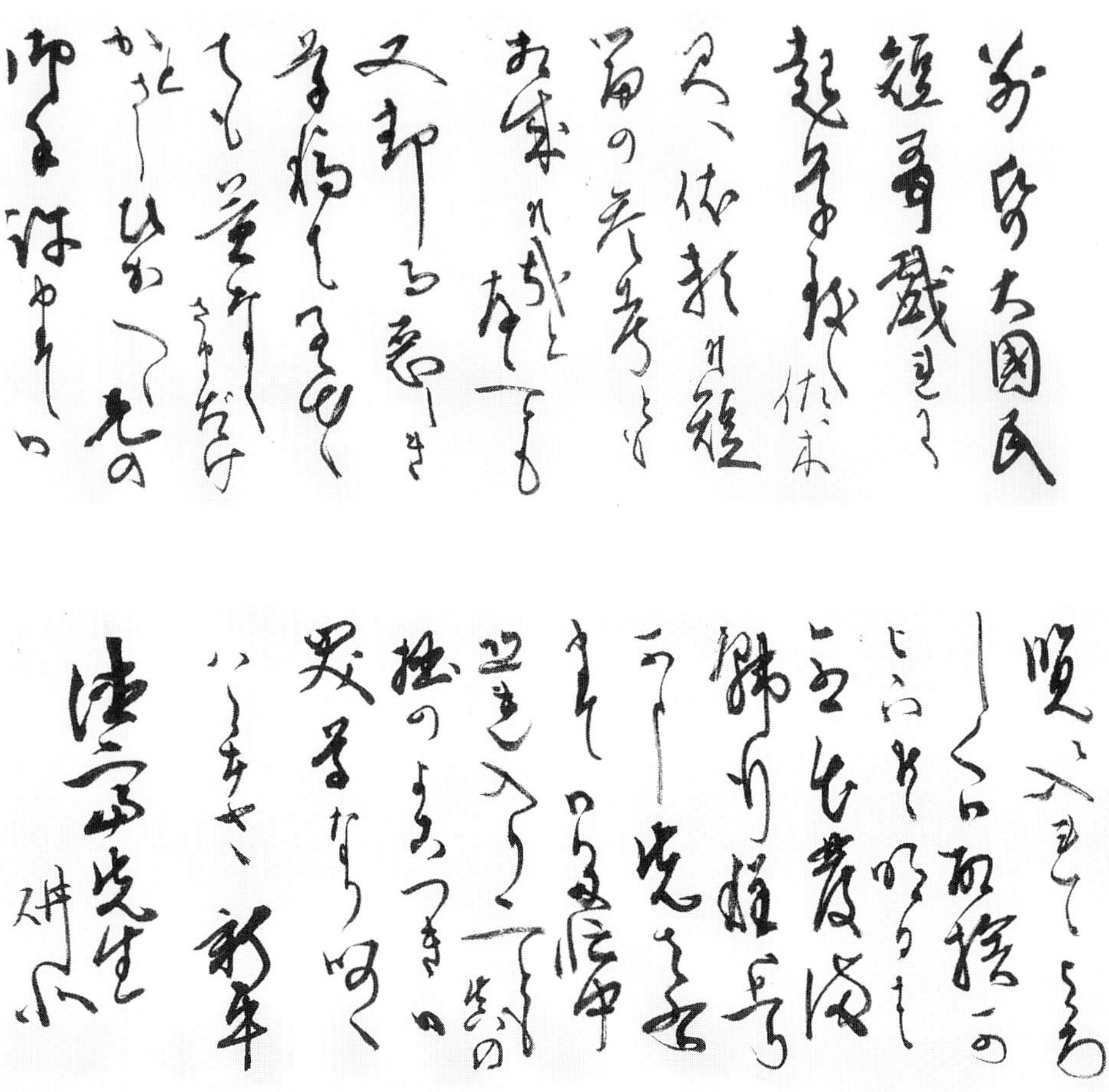

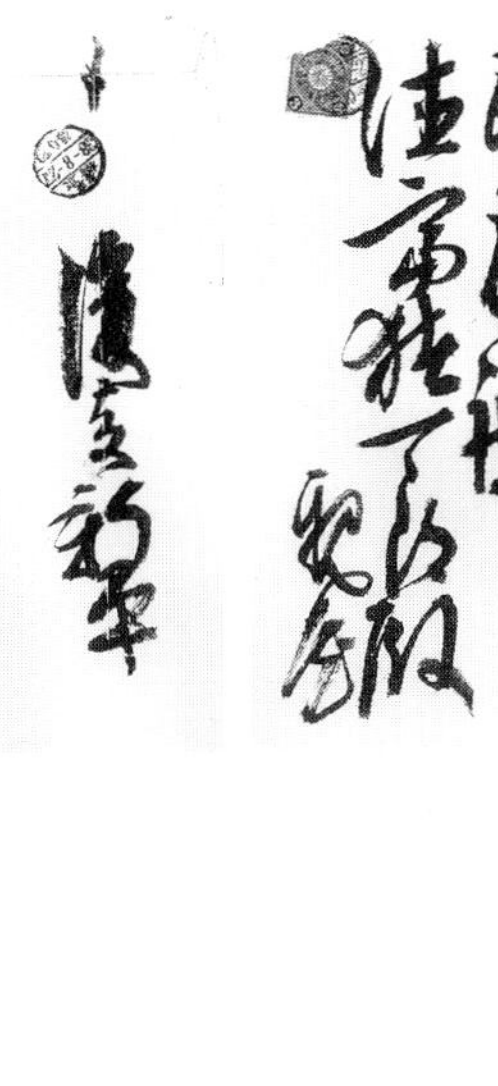

大国民歌

國の光りのかゞやきて
國に仁義の乏しきハ
見よや仁義の我國を
國威いやます三千年
海も陸も勝ちに勝ち
東洋平和の基礎と
南新附の臺湾島
北は樺太いましに
光りかゞやく日の御旗
遠き近きもおしなべて

仁義に富むぞ大國民
大国とても何かせん
上下心を一にして
いまぞ眞の大國民
仁義の師敵やある
我はなびてやむべしや
恩威並びに行はれ
かへる御世こそうれしけれ
我が大國のすぐるゝも
靡け御国の旗風に

18　明治三十八（一九〇五）年九月九日

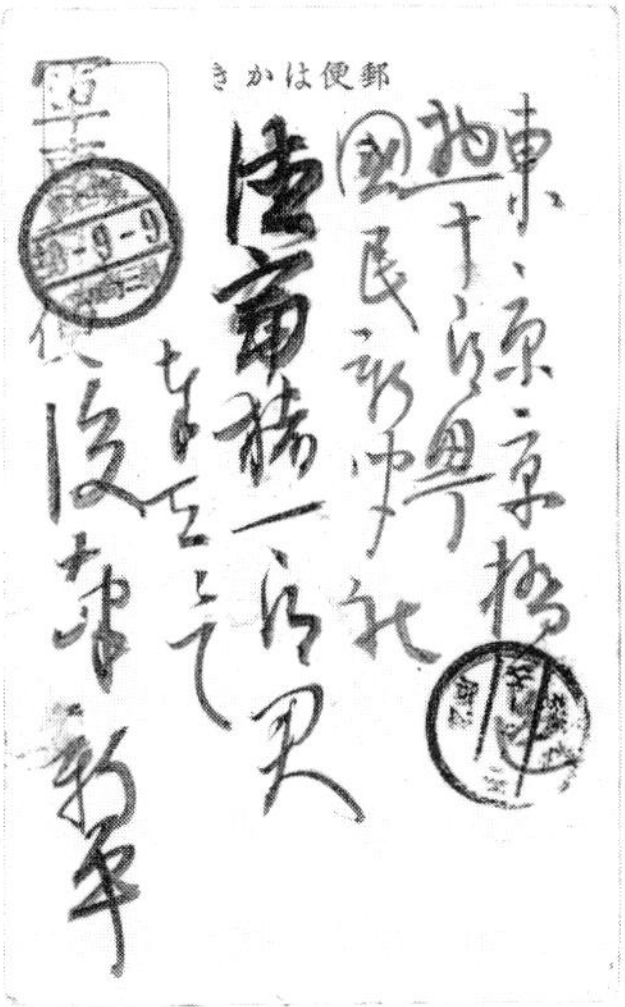

19　明治三十八（一九〇五）年十二月十八日

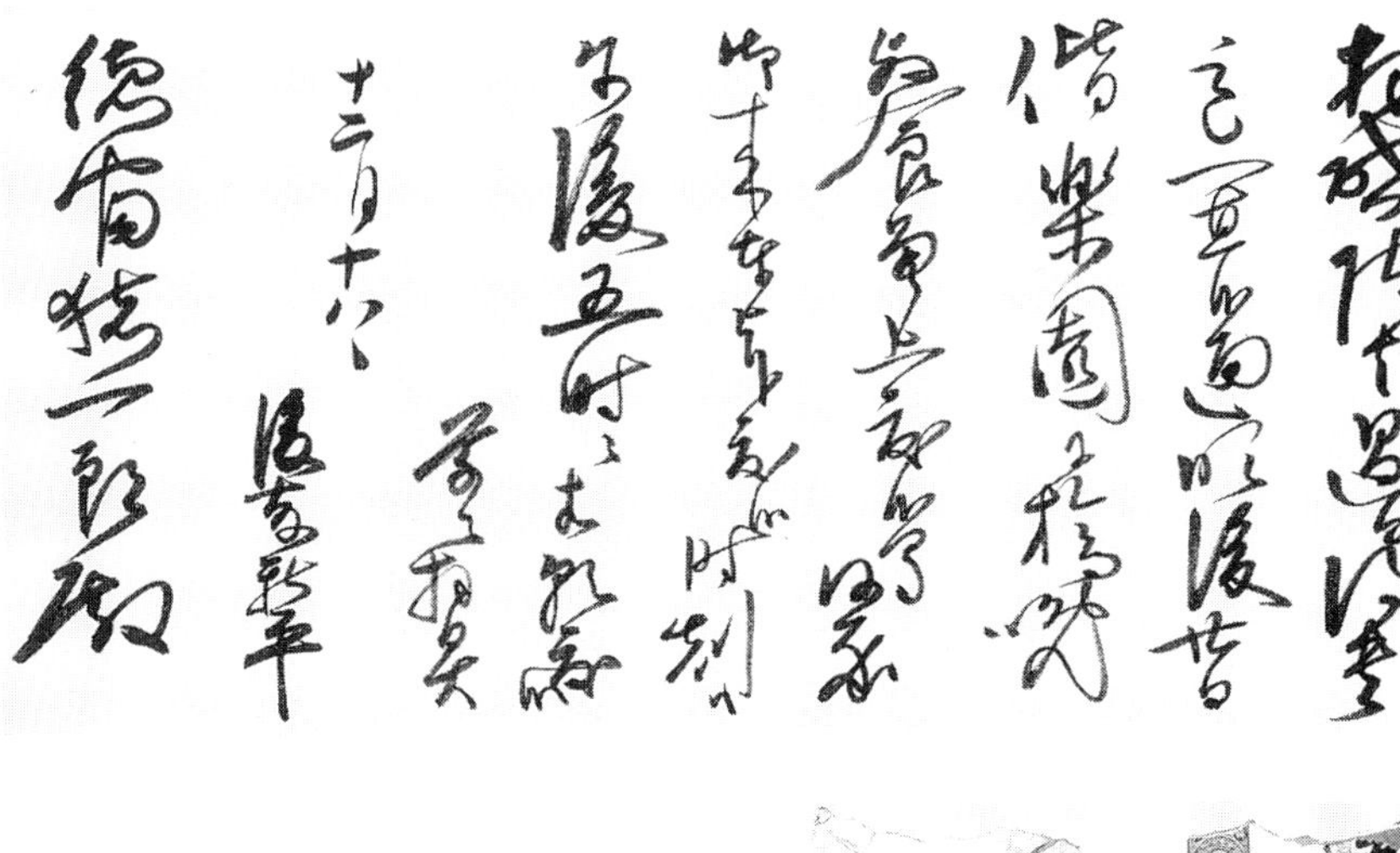

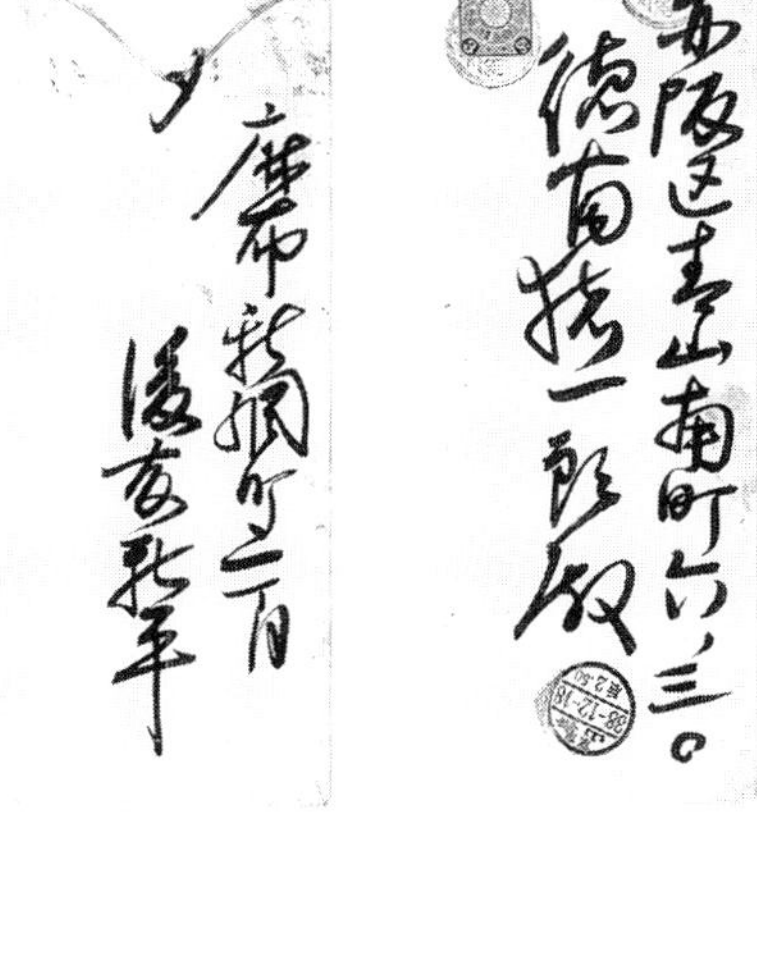

20　明治四十一（一九〇八）年一月二十一日

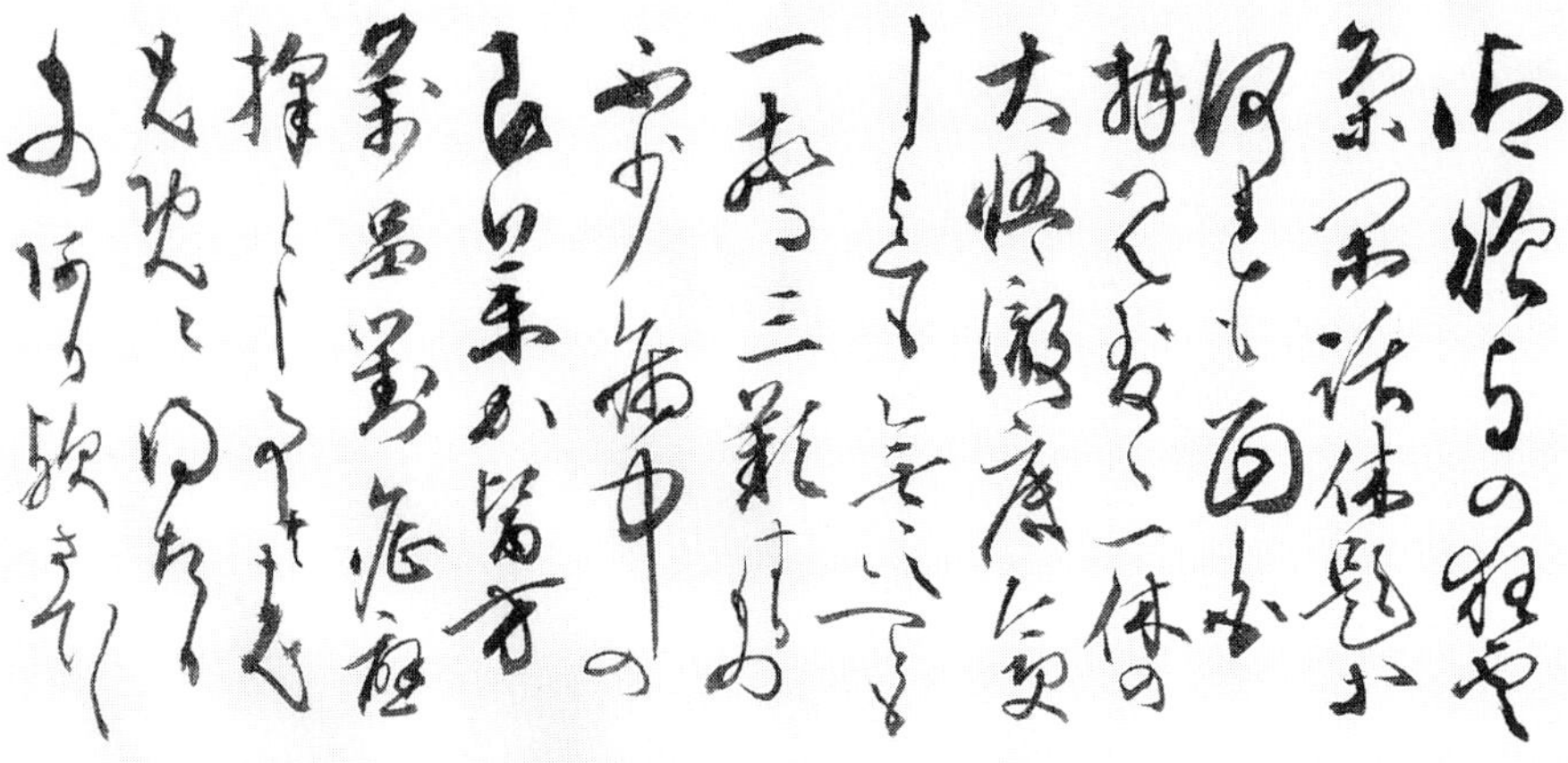

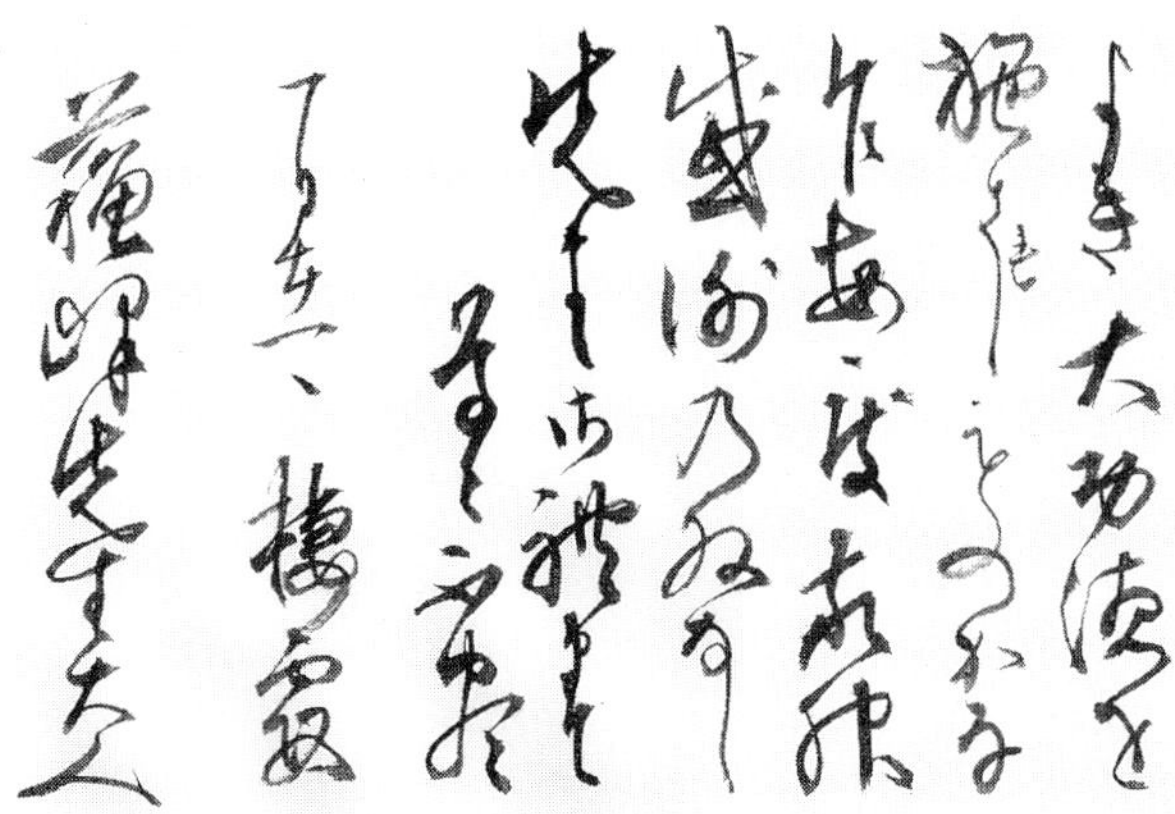

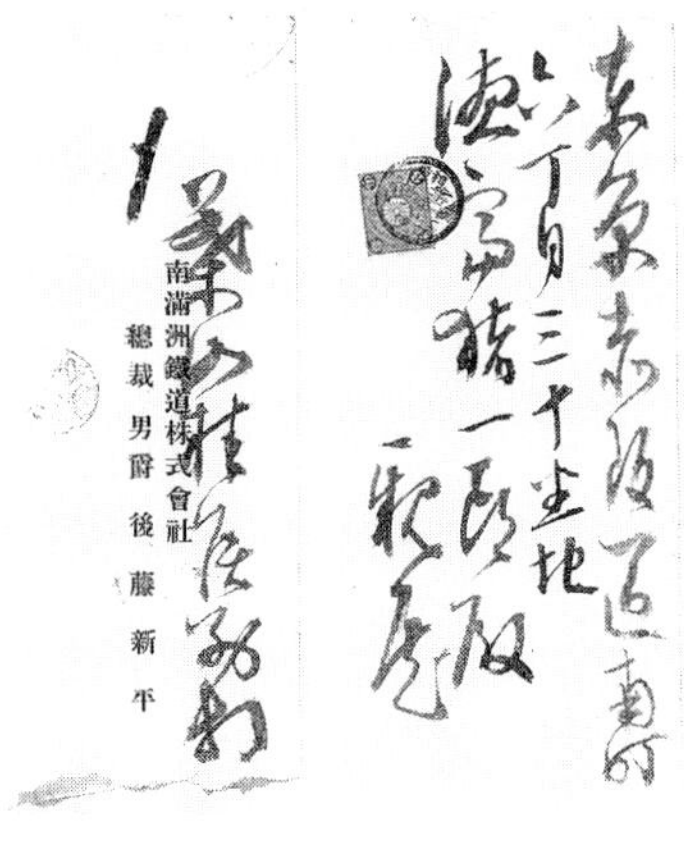

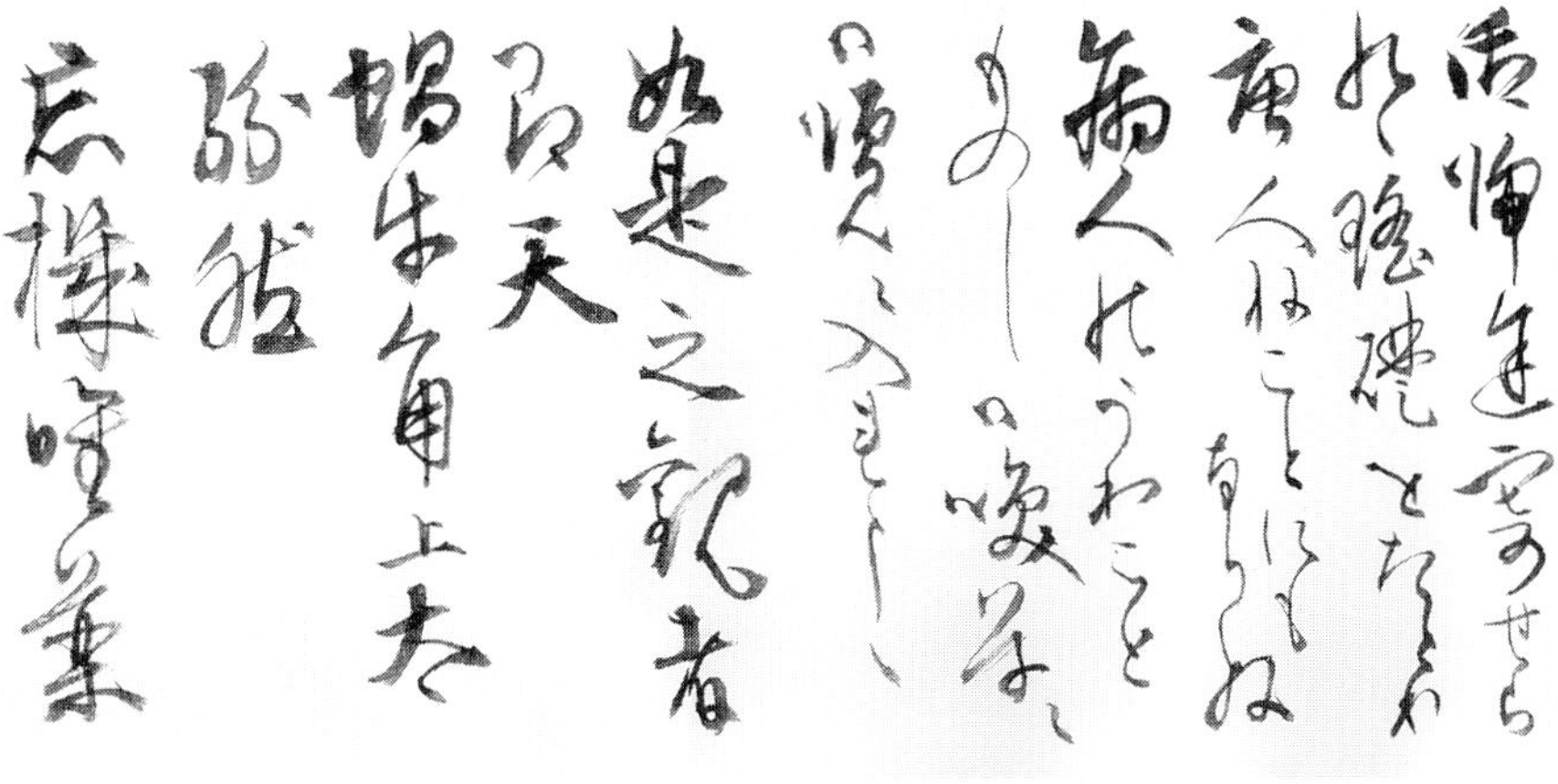

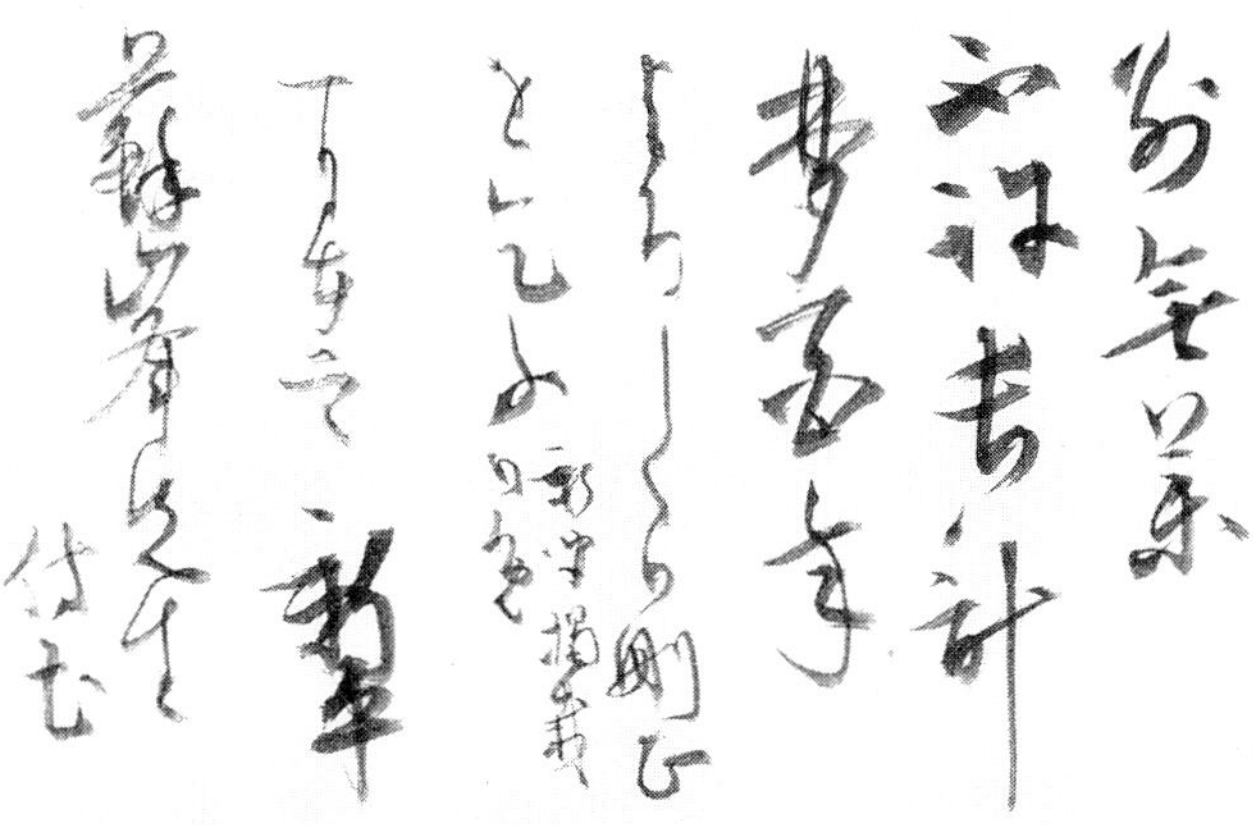

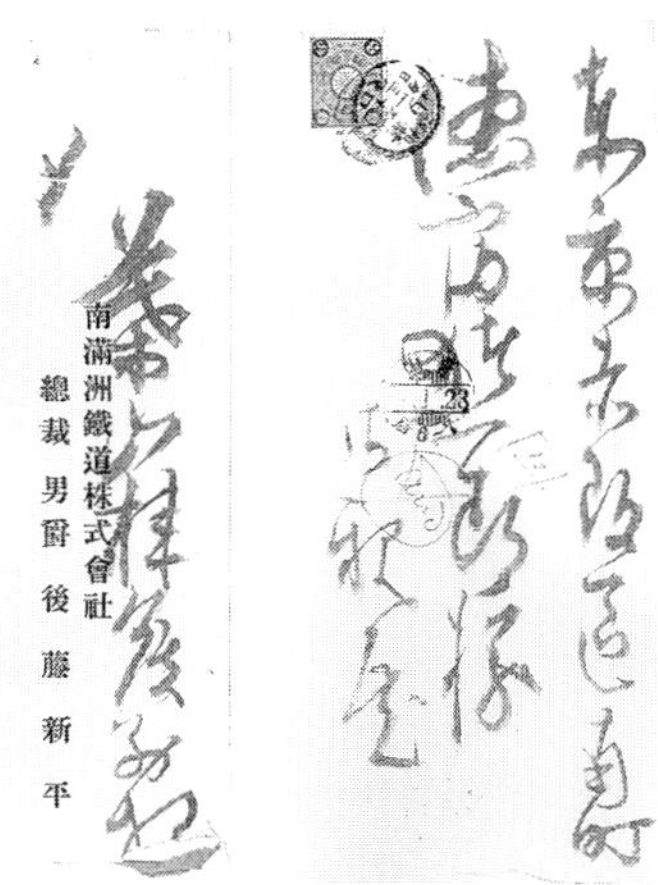
南滿洲鐵道株式會社
總裁 男爵 後藤新平

22　明治四十一（一九〇八）年二月五日

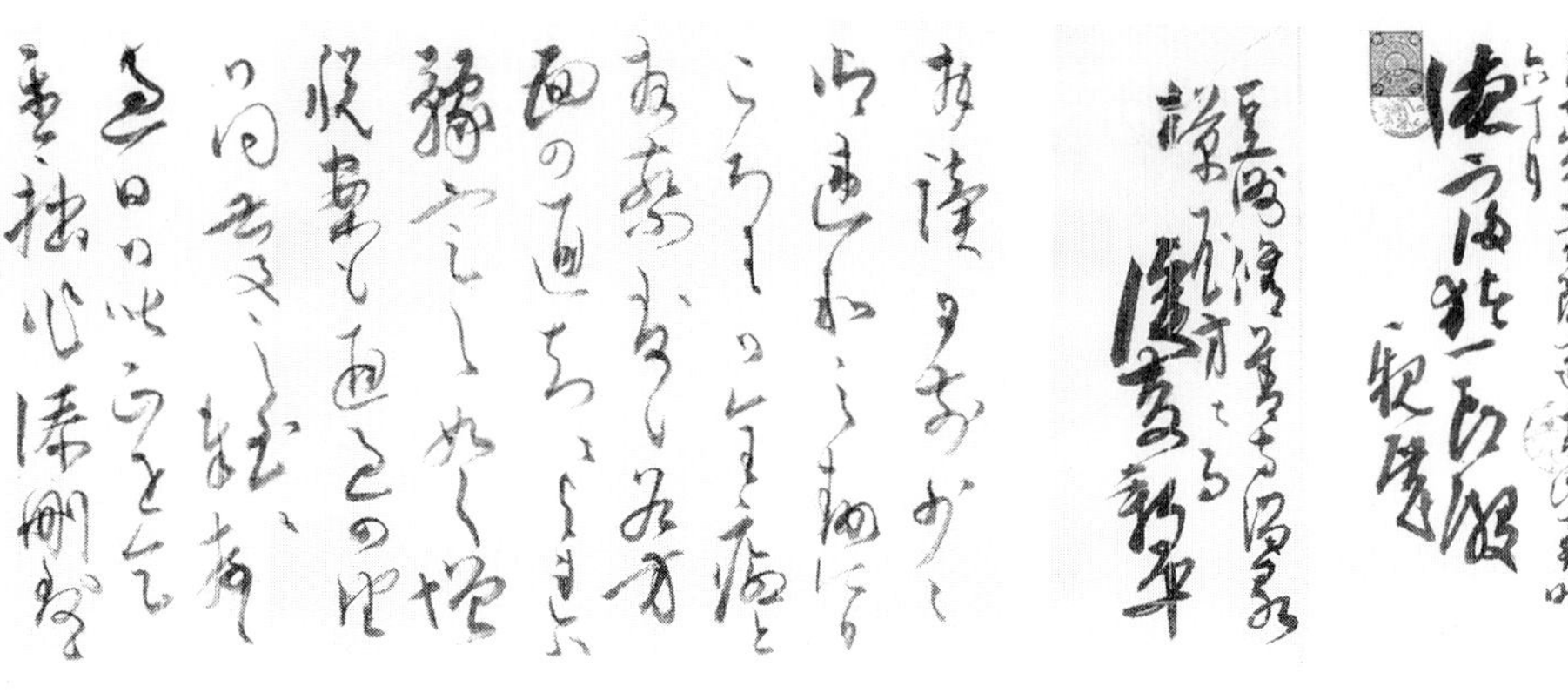

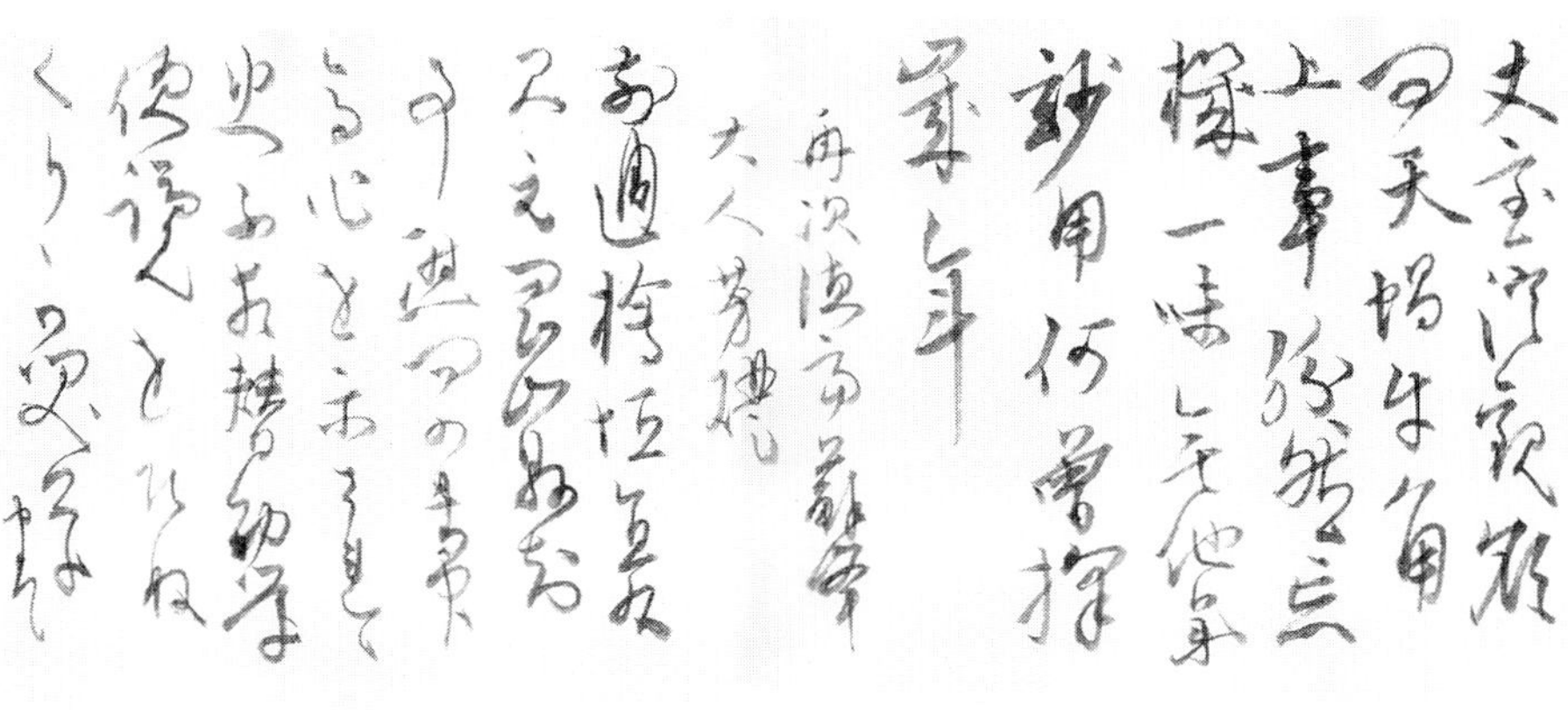

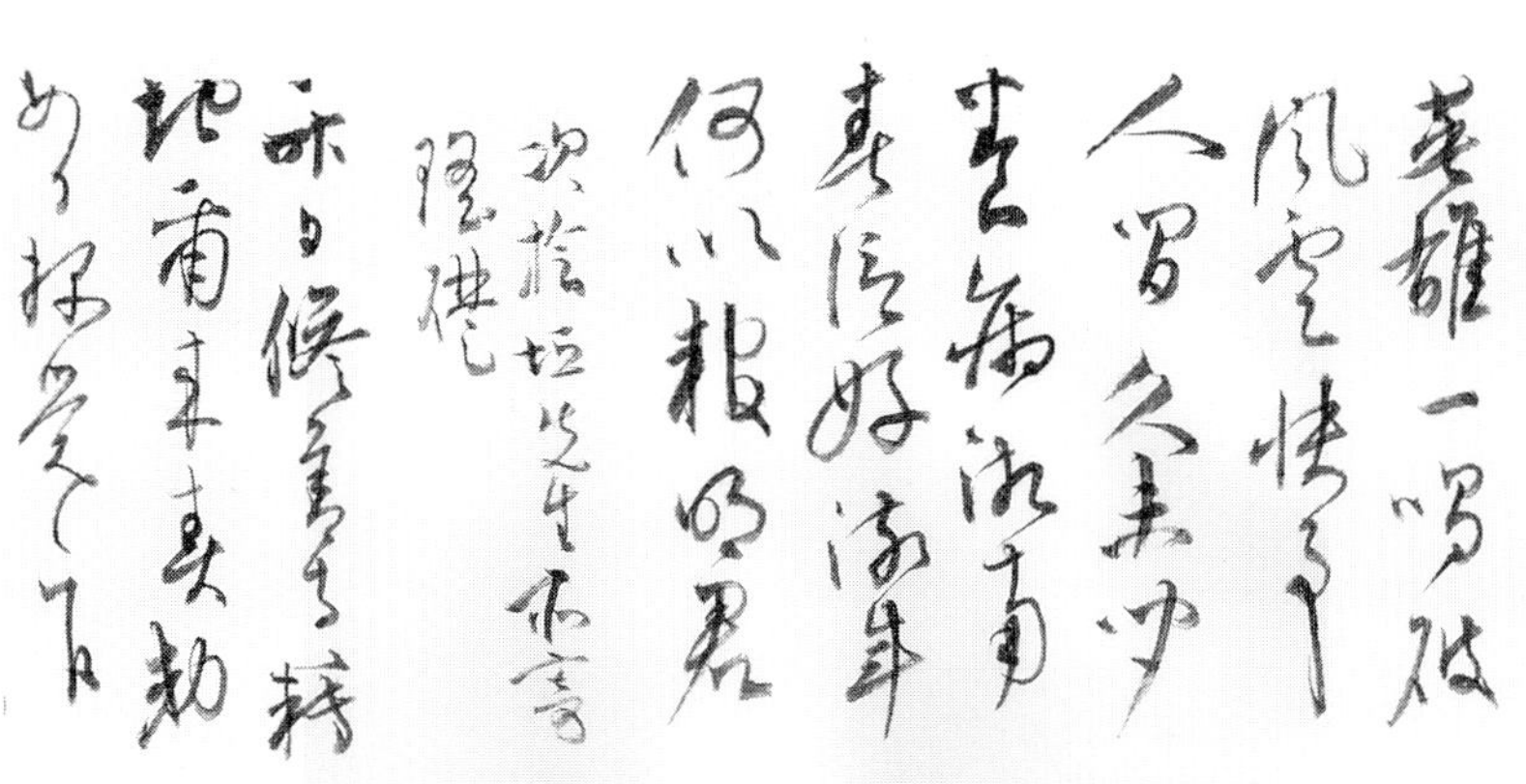

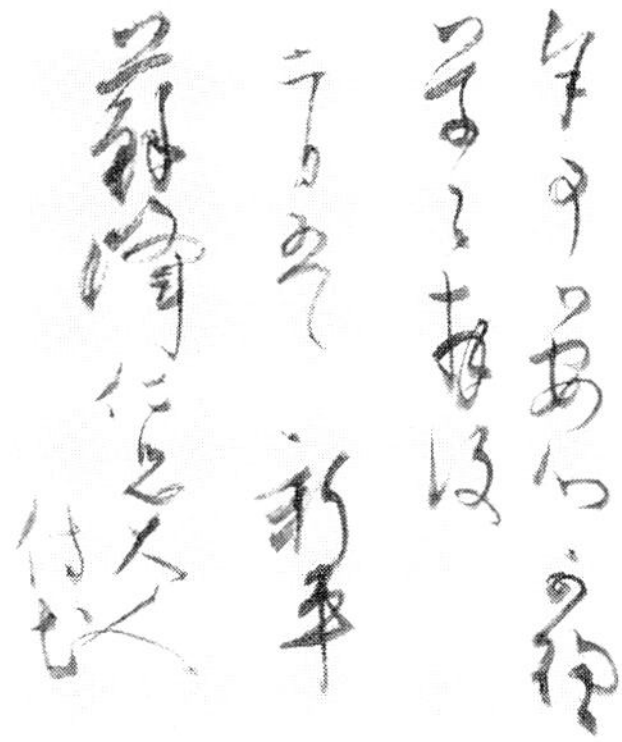

23　明治四十一（一九〇八）年二月七日

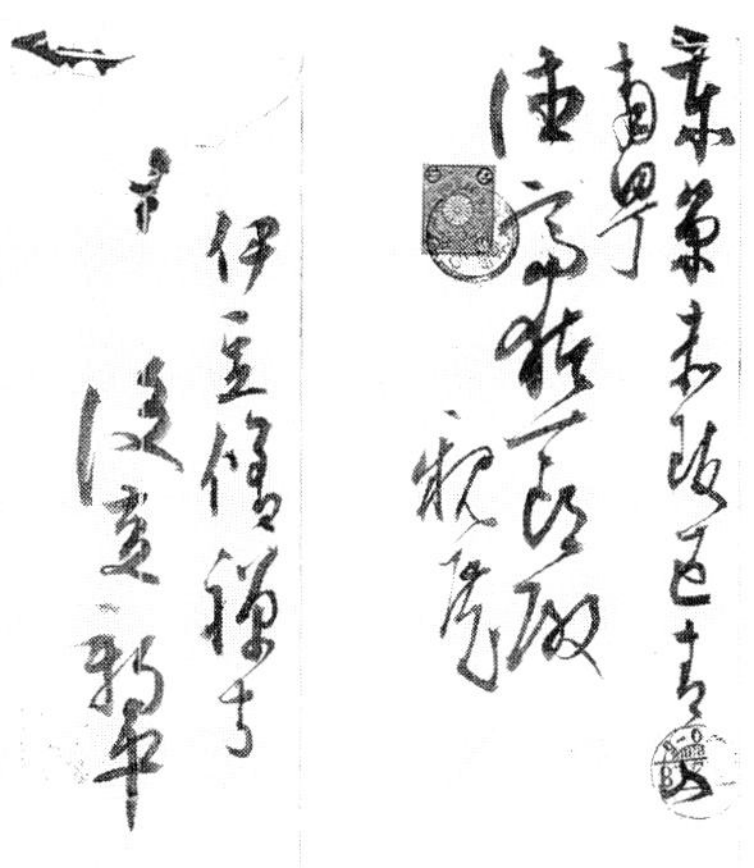

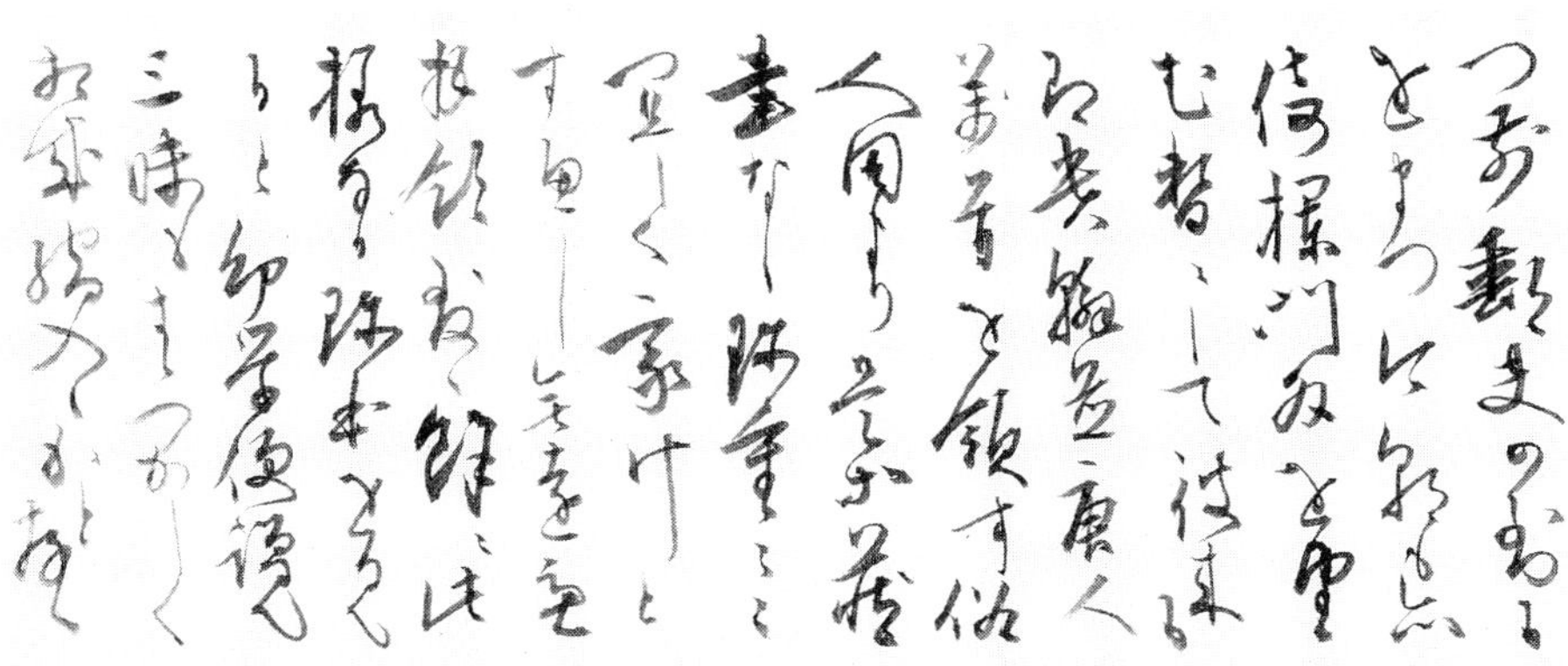

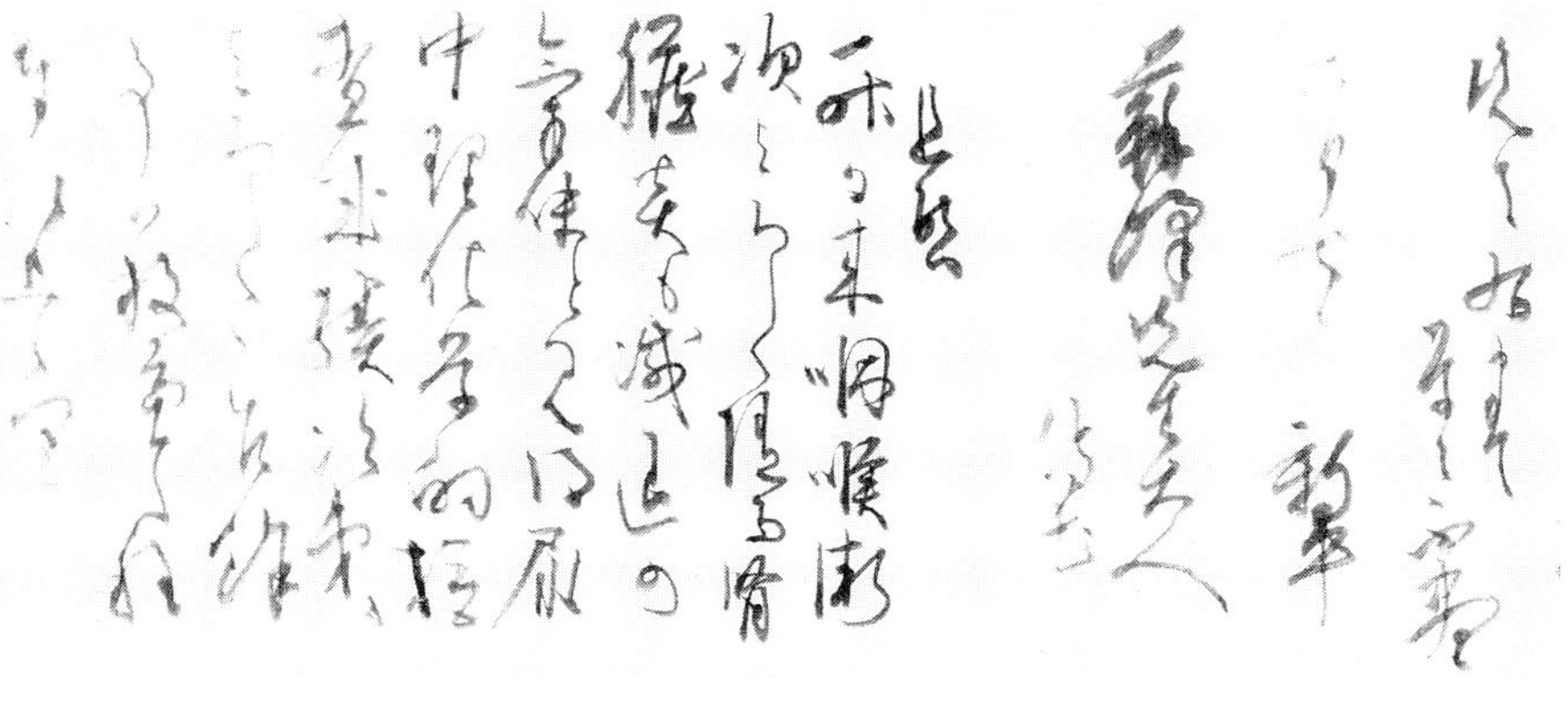

24　明治四十一（一九〇八）年三月五日

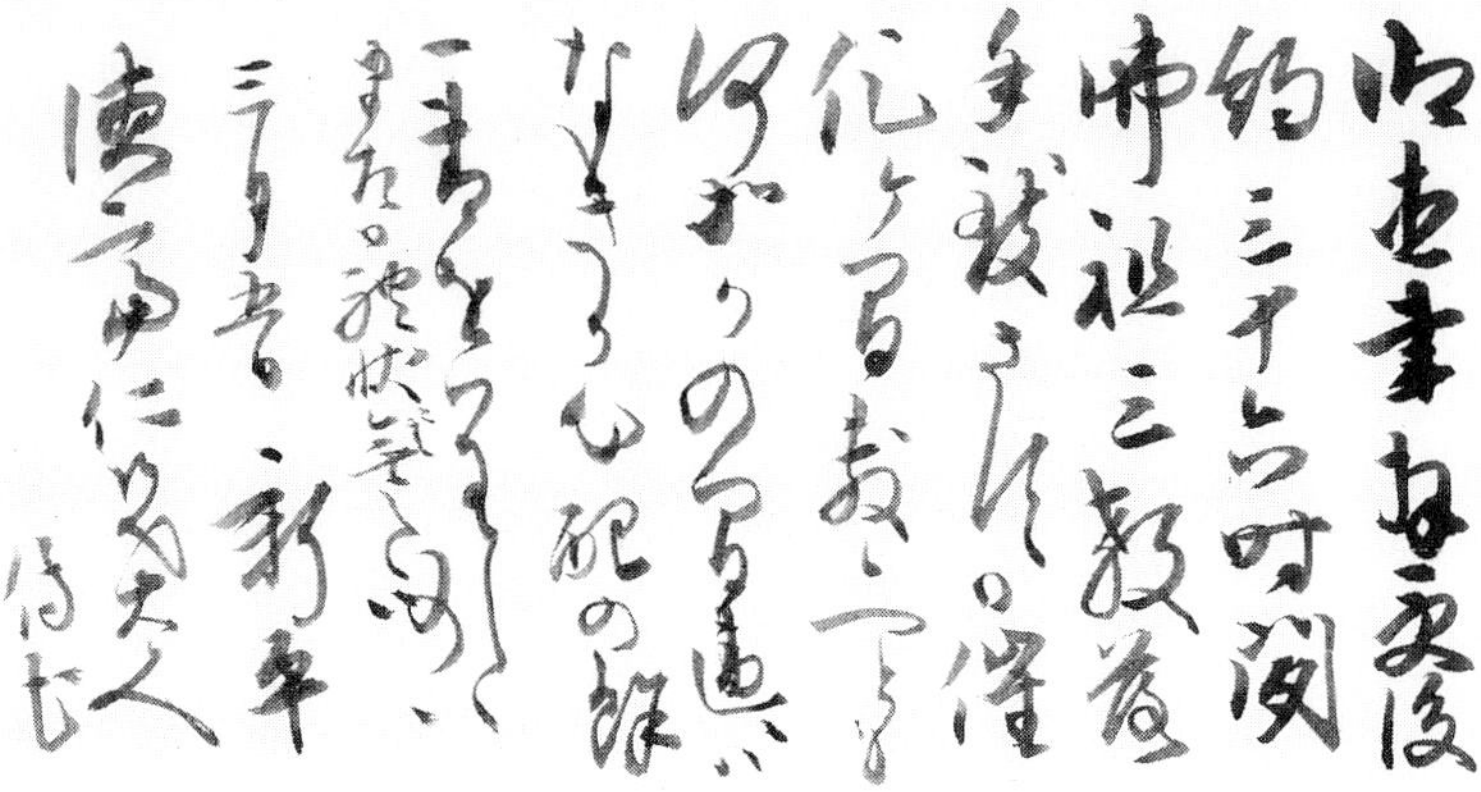

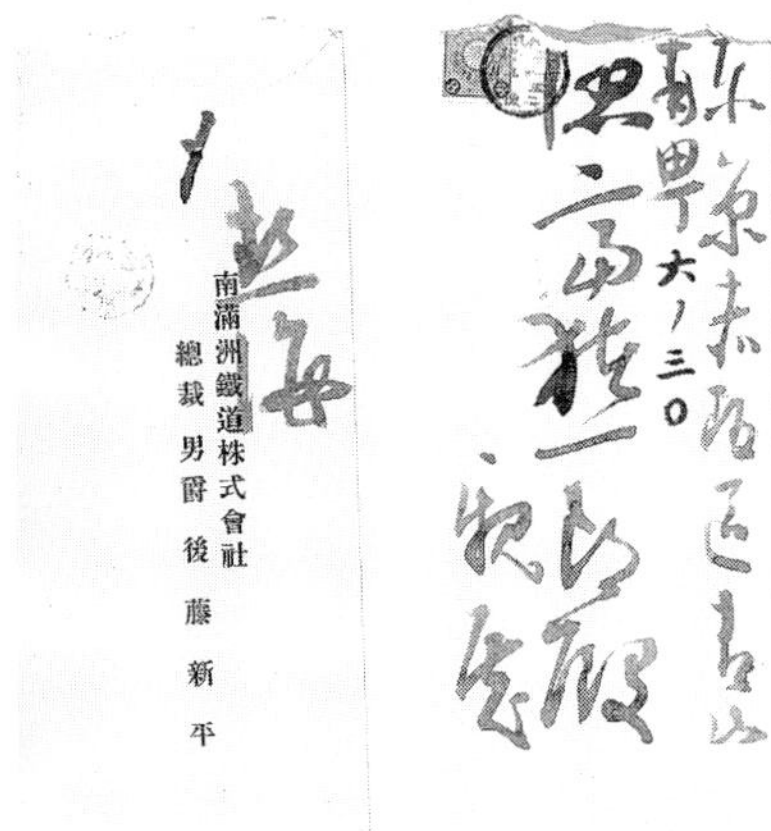

25　明治四十一（一九〇八）年七月十六日

謹啓今回小生遞信大臣ニ被任候ニ付
御丁寧御祝詞賜ハリ御芳情奉感謝候
右御禮迄奉得貴意候頓首

明治四十一年七月十六日

男爵 後藤新平

德富猪一郎殿

聖彼得堡ヨリノ尊翰篤ト拝誦仕候陳レハ豫テ新聞ニ於テ承知シタル如ク愈ヨ貴國ニ御引返ノ事確實ト相成従テ我カ独逸ニモ御立寄ト存シ御待受申上候處餘儀ナク御中止ノ段甚タ以テ遺憾至極ニ奉存候實ハ小生モ貴國　天皇陛下御不例御重態ノ報ニ接シ恐ラクハ多年期待シタル閣下ト再會ノ機ナカルベシト心配罷在候次第今更痛恨ノ至リニ御座候

却説小生ハ貴國ノ偉大ナル　天皇陛下ノ崩御ニ際シ不取敢閣下及ヒ貴國ニ於ケル知友諸君ニ對シ這回貴國ノ遭遇セラレタル一大悼事ニ附キ深厚ナル弔意ヲ申述候蓋シ貴國　天皇陛下ノ崩御ハ世界ニ於ケル一大歴史的人格ノ忽焉トシテ有限ナル現世ヨリ幽界ヘ移轉セラレタルモノニシテ此ノ幽界中其ノ國土ノ異同貴賤ノ差等アルモ要スルニ惣テノ人皆ナ無限無窮ニ入ルモノト存候小生等独逸人ノ愚考ニハ貴國ニ於ケル　先帝陛下ハ恰モ独逸ニ於ケル維廉老帝ノ如キカト存候其ノ國家ヲ統一シ國威ヲ發揚シ茲ニ一大強國ヲ樹立セラレタル点ニ於テ而シテ其ノ手段ト武畧トハ只タ始終一徹自己ヲ棄テ、忠實ニ天職ニ殉セラレタルノ一事ニ歸著スル点ニ於テ而シテ與ニ旧世紀ノ終ヨリ新世紀始ニ亘リ東西共通ノ歴史ノ開始セラレタル時運ニ際シ卓絶ナル英雄ニシテ偉大ナル君主タリシ点ニ於テ其揆ヲ一ニシタルモノト存候

匆々頓首

八月一日ウォルドンゲンニ於テ

フオン、トルツベル

後藤男爵閣下

27　大正四（一九一五）年一月七日

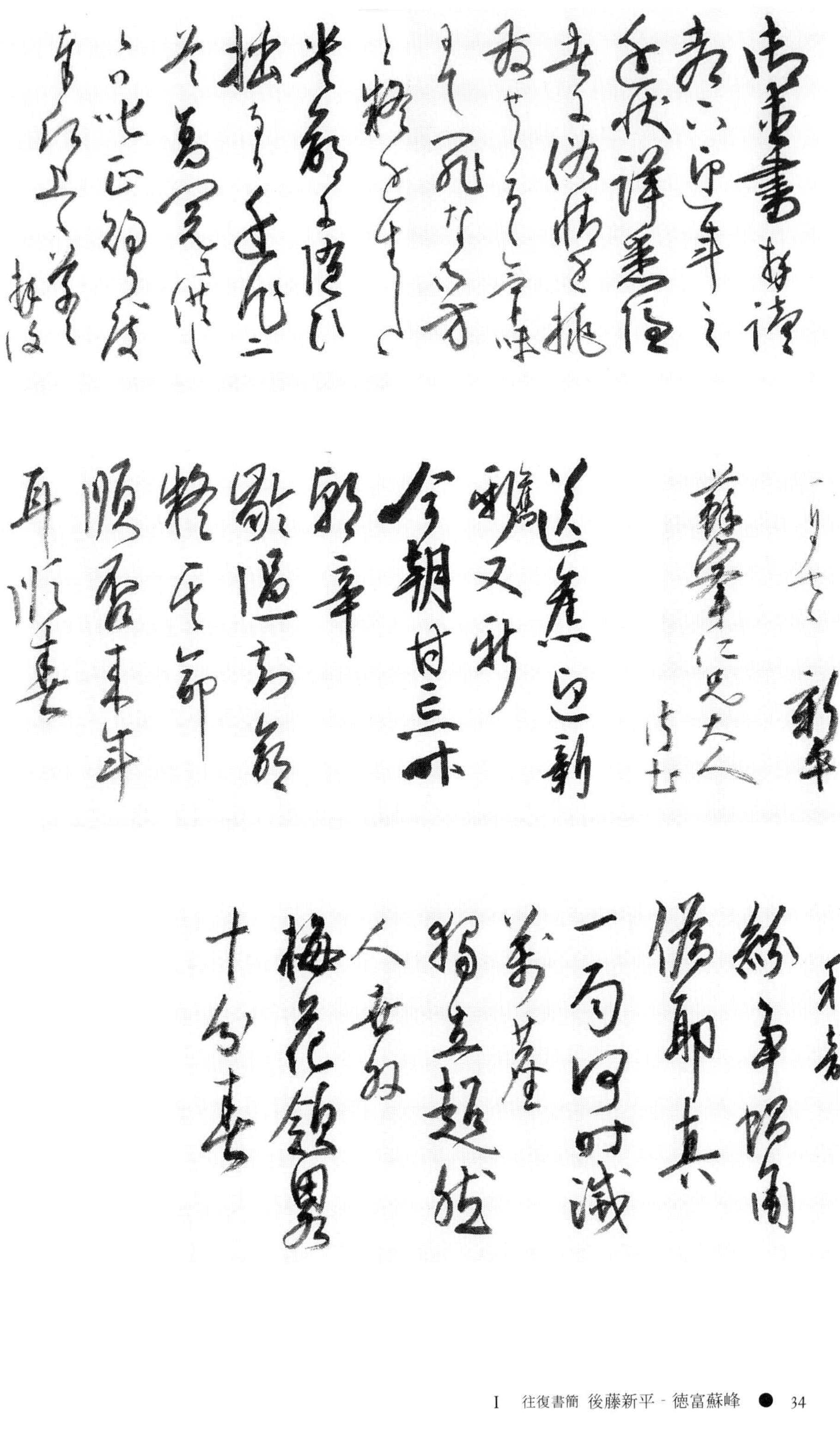

28

大正四（一九一五）年二月二十日

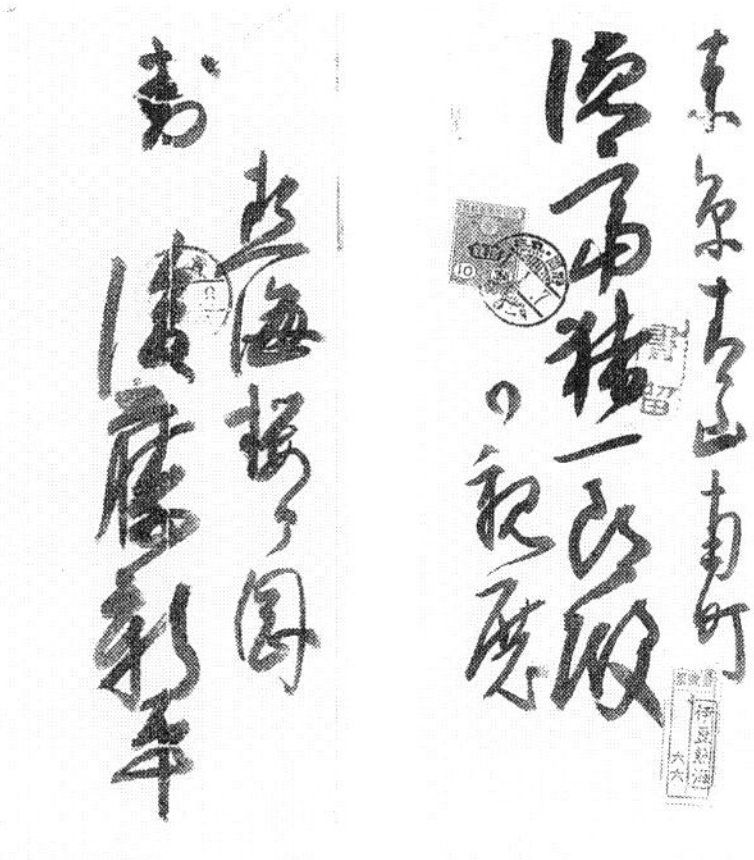

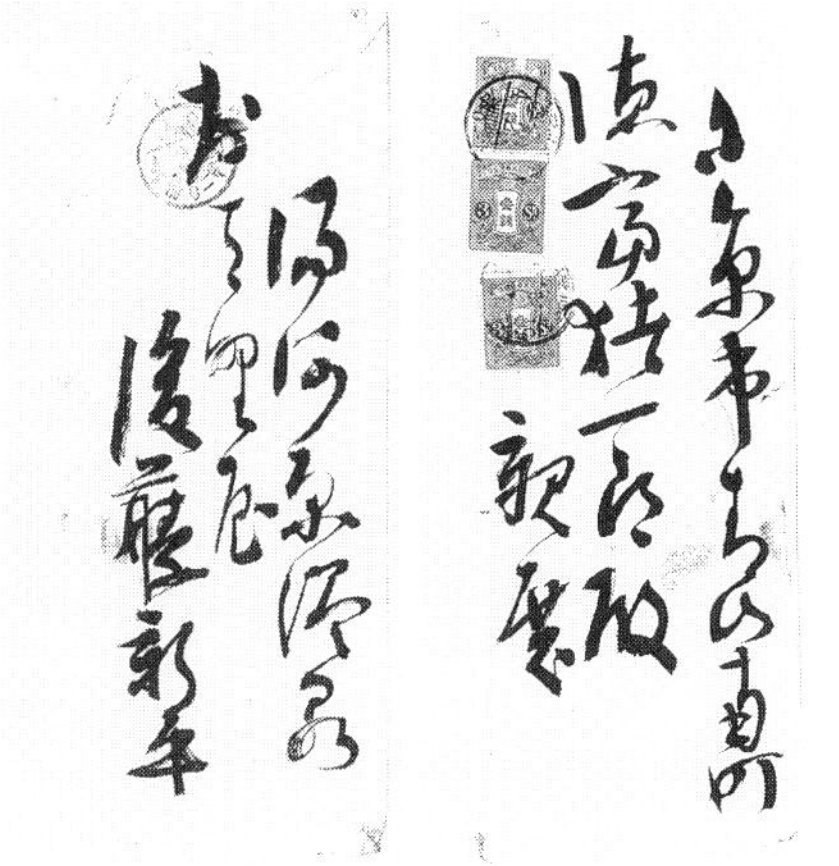

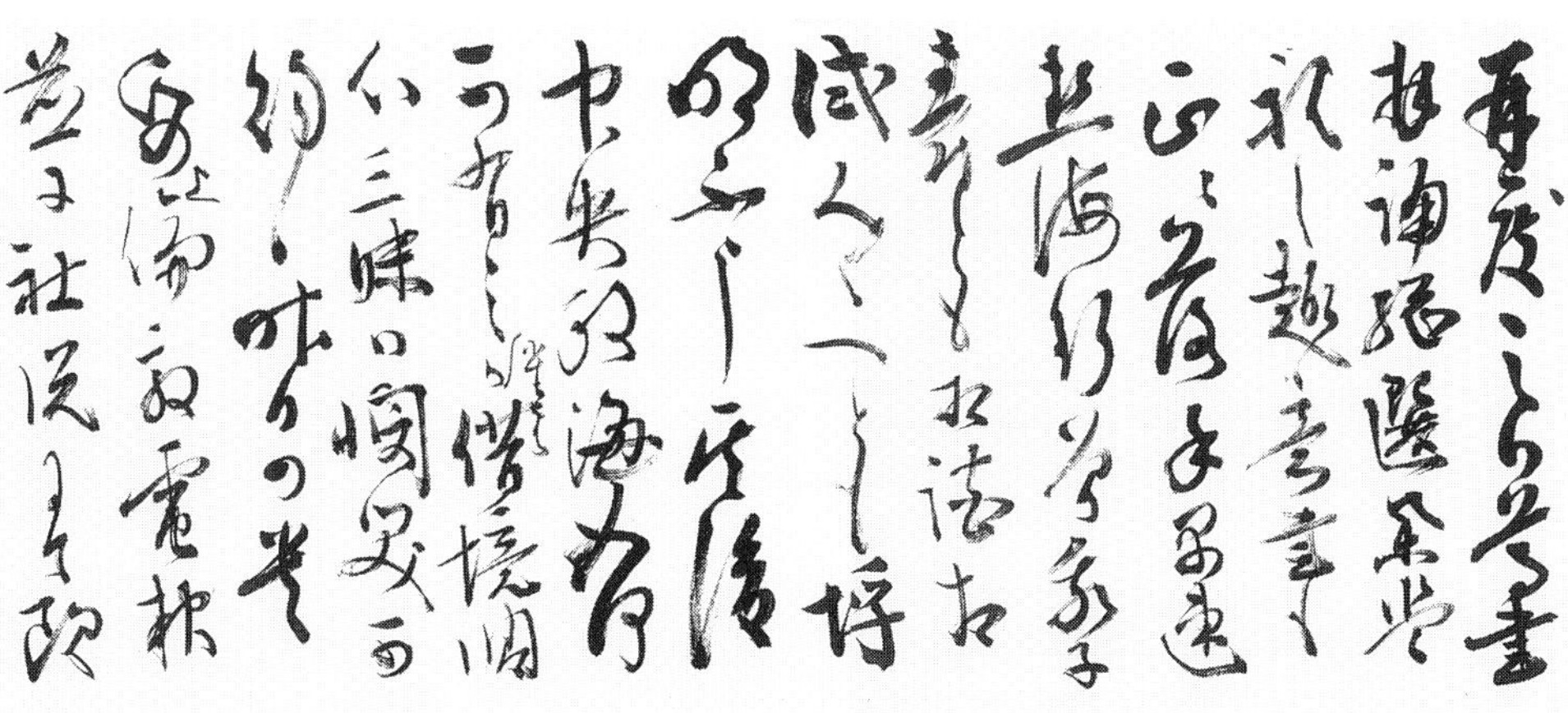

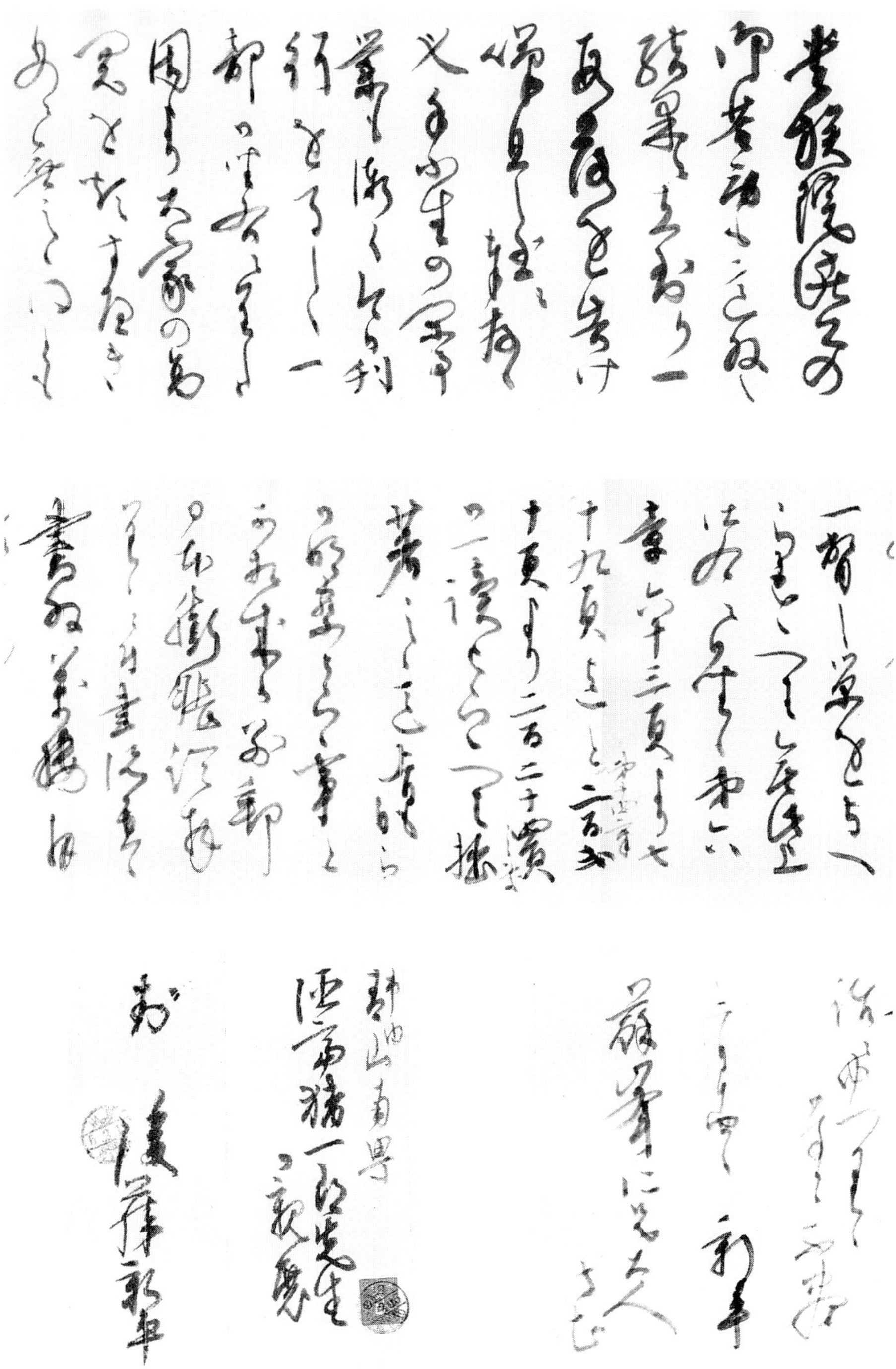

30 大正五（一九一六）年二月十五日

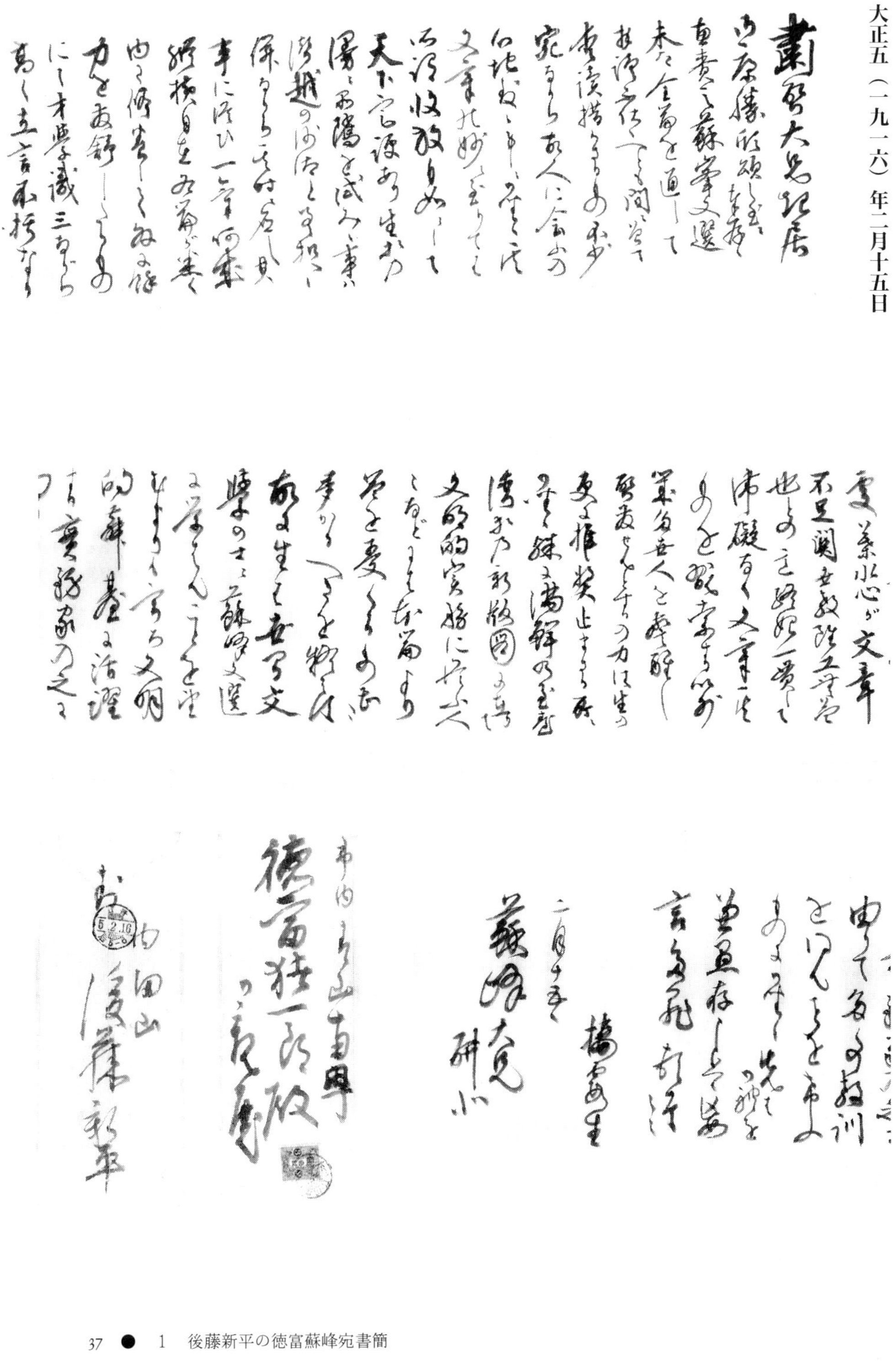

31　大正六（一九一七）年六月六日

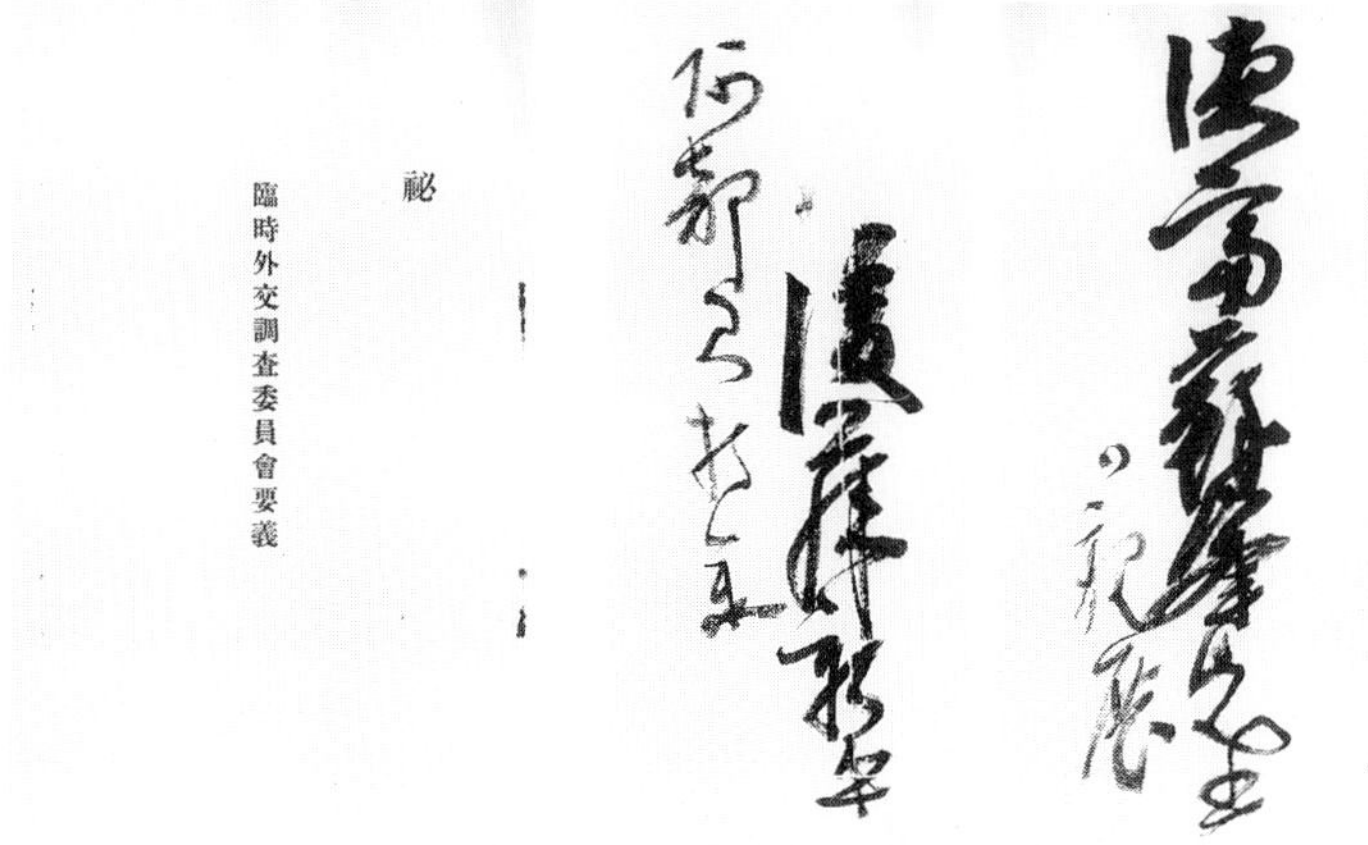

＊全文は巻末資料として収録

32　大正九（一九二〇）年二月二十七日

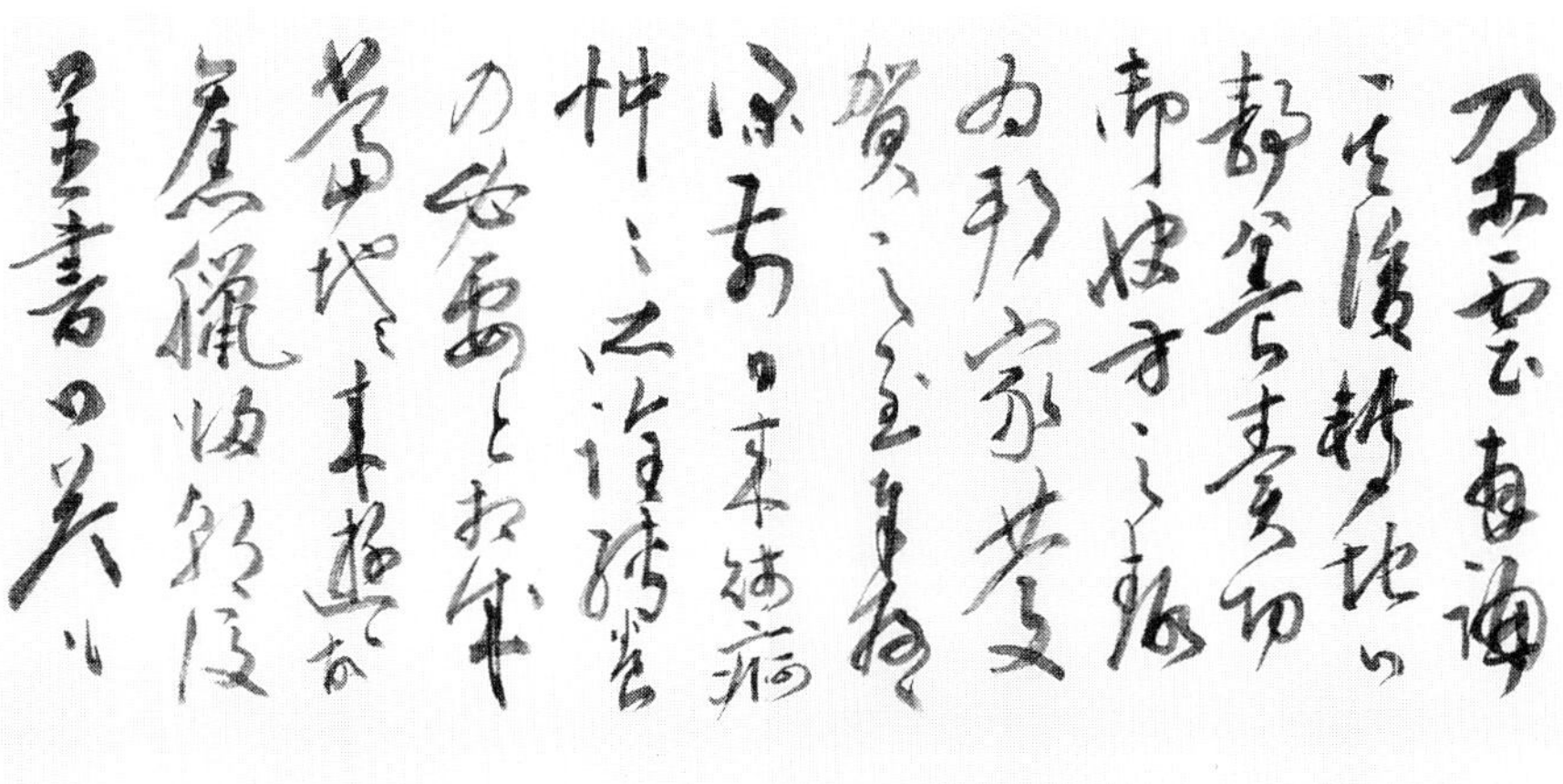

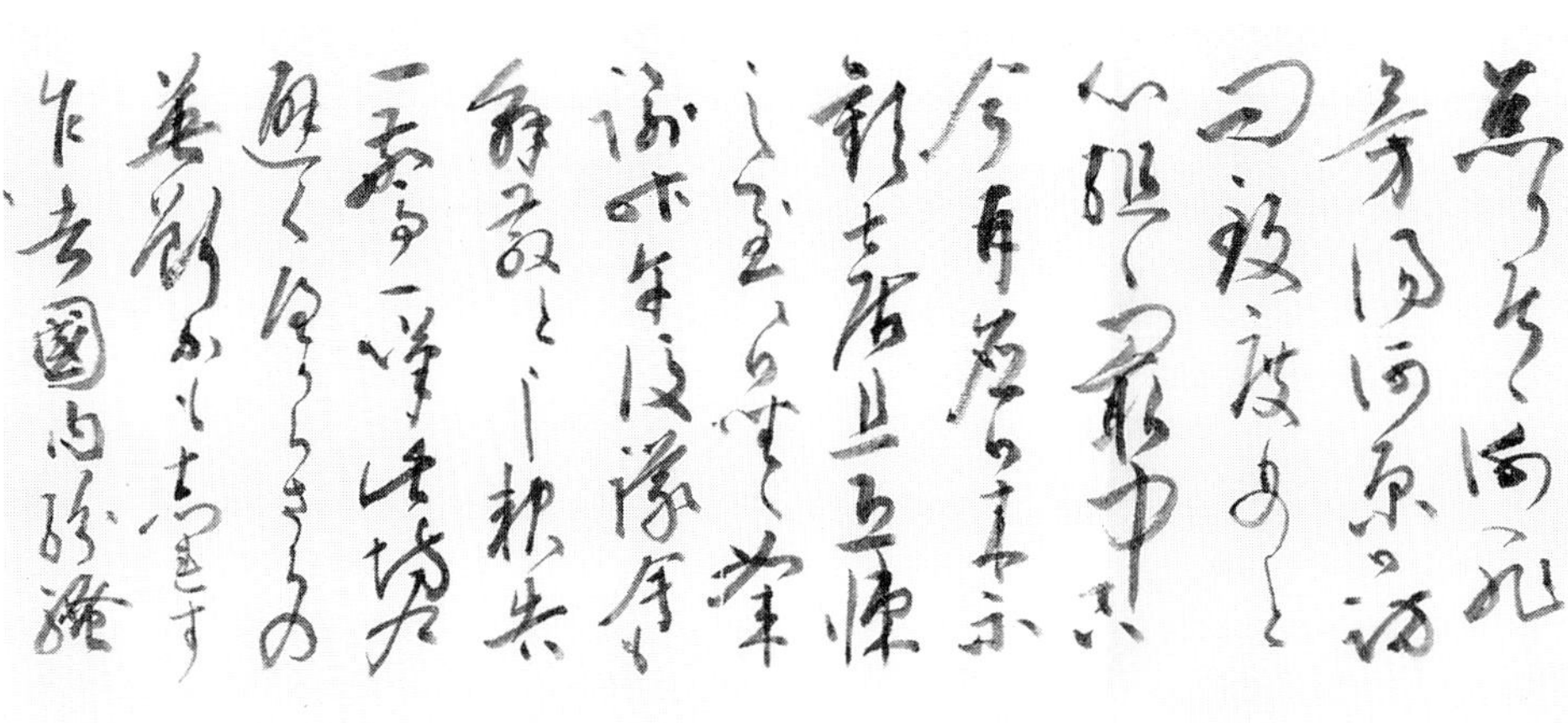

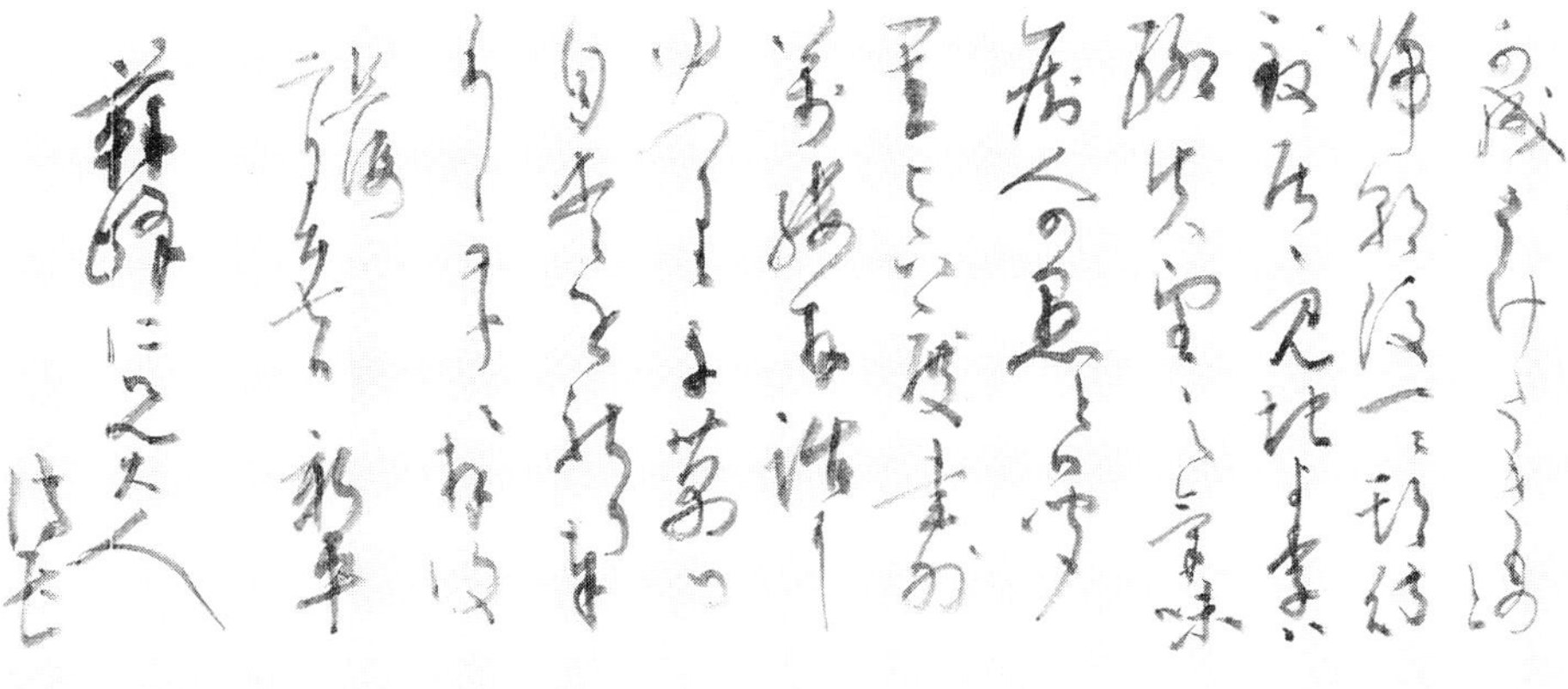

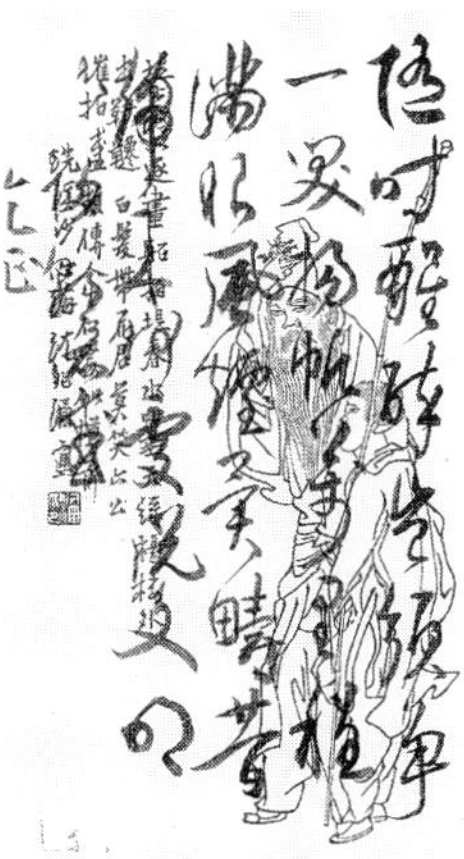

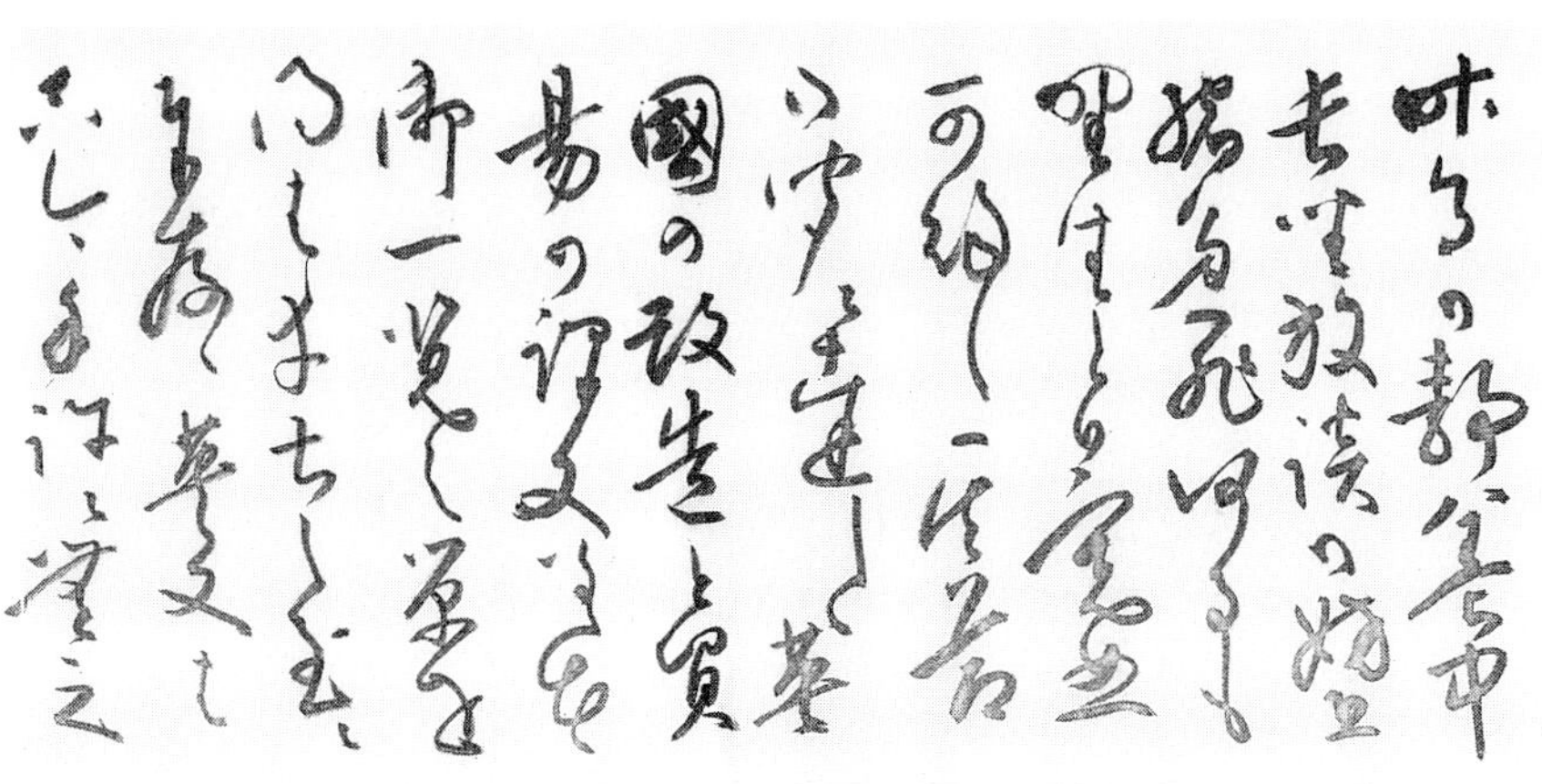

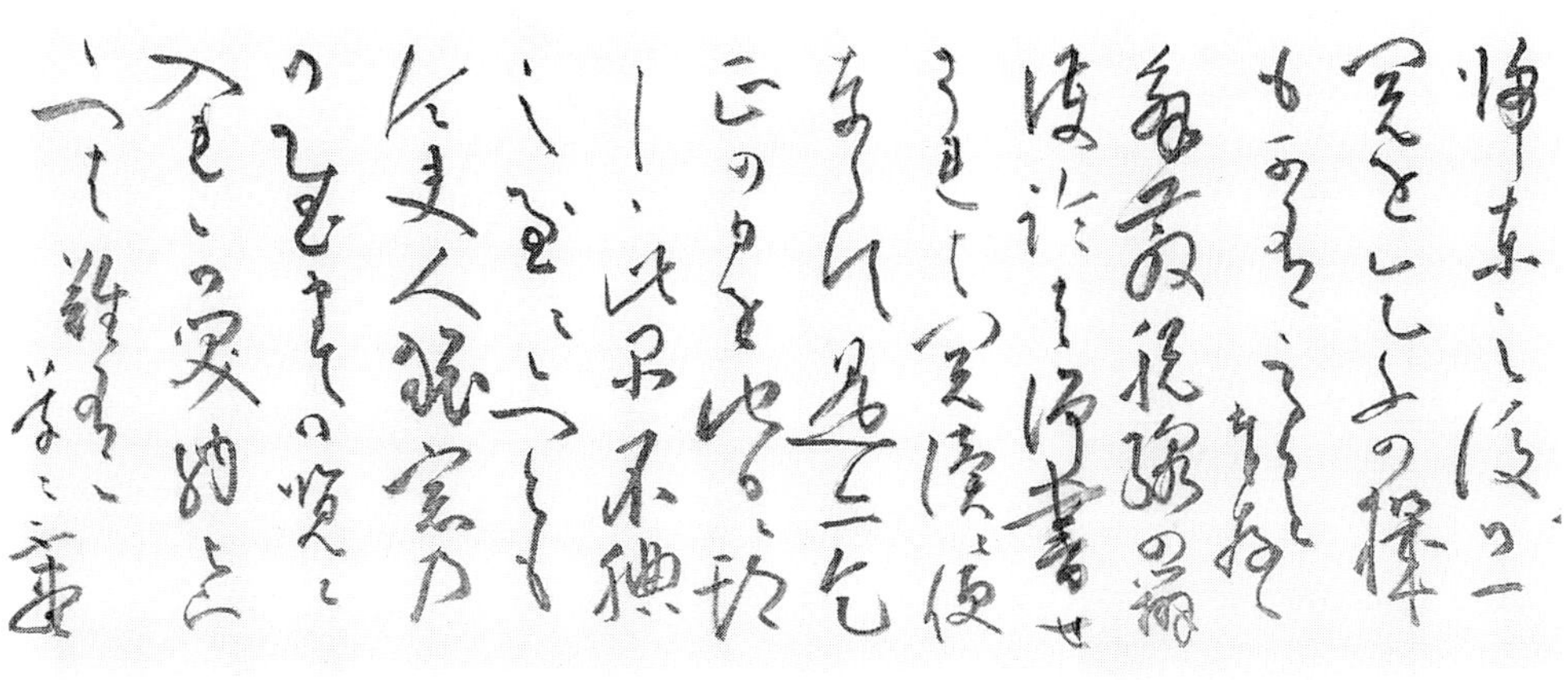

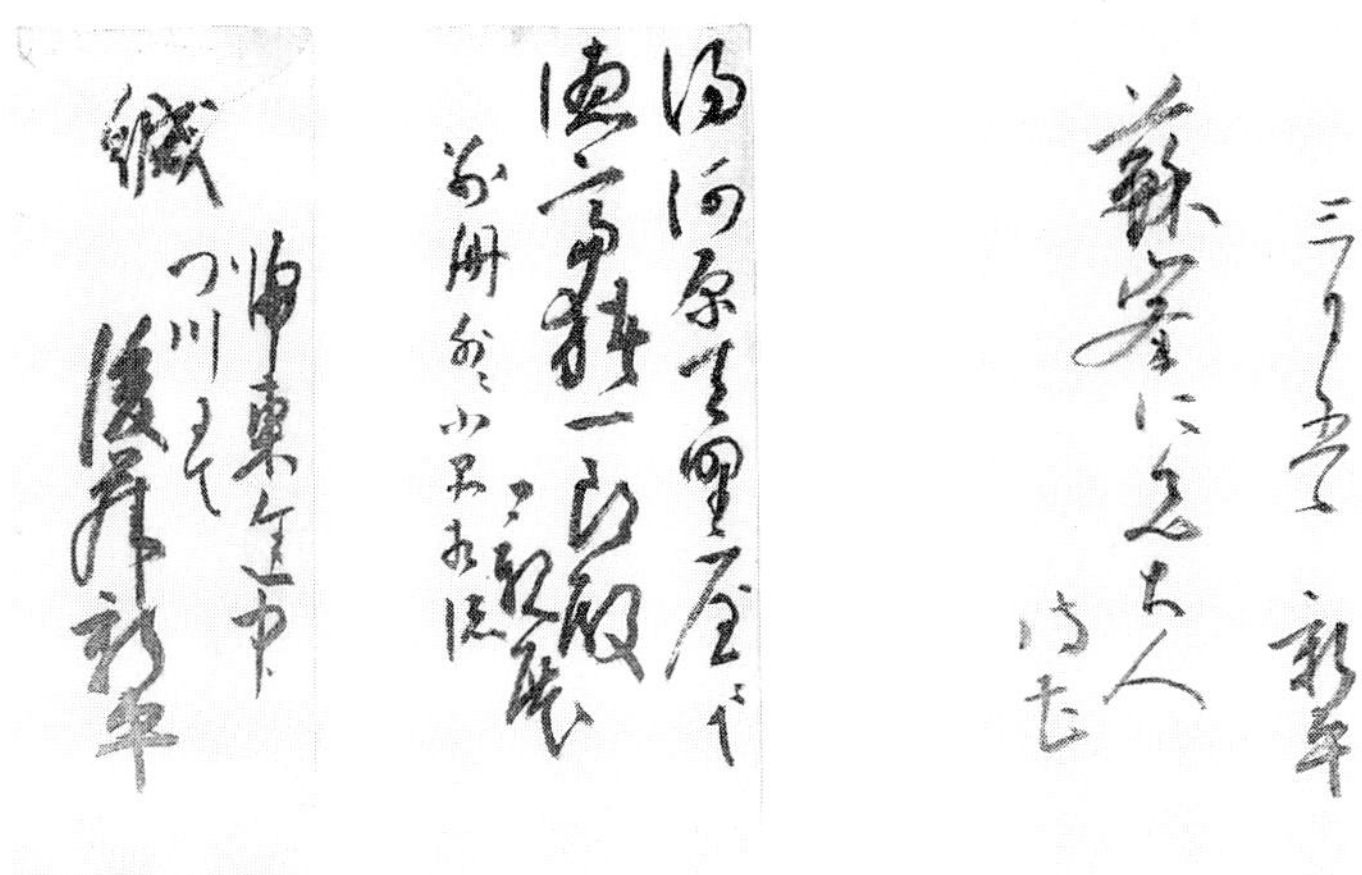

34　大正九（一九二〇）年三月五日

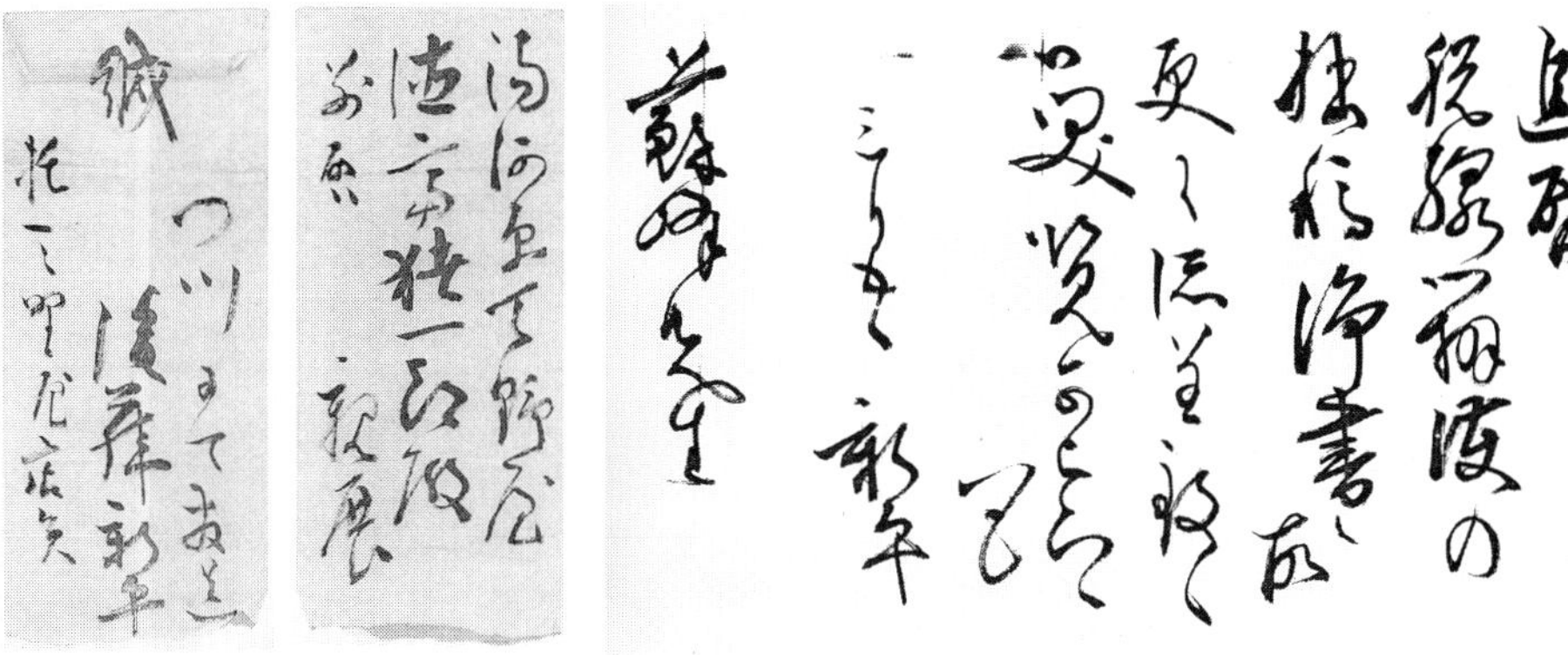

35　大正九（一九二〇）年十月十八日

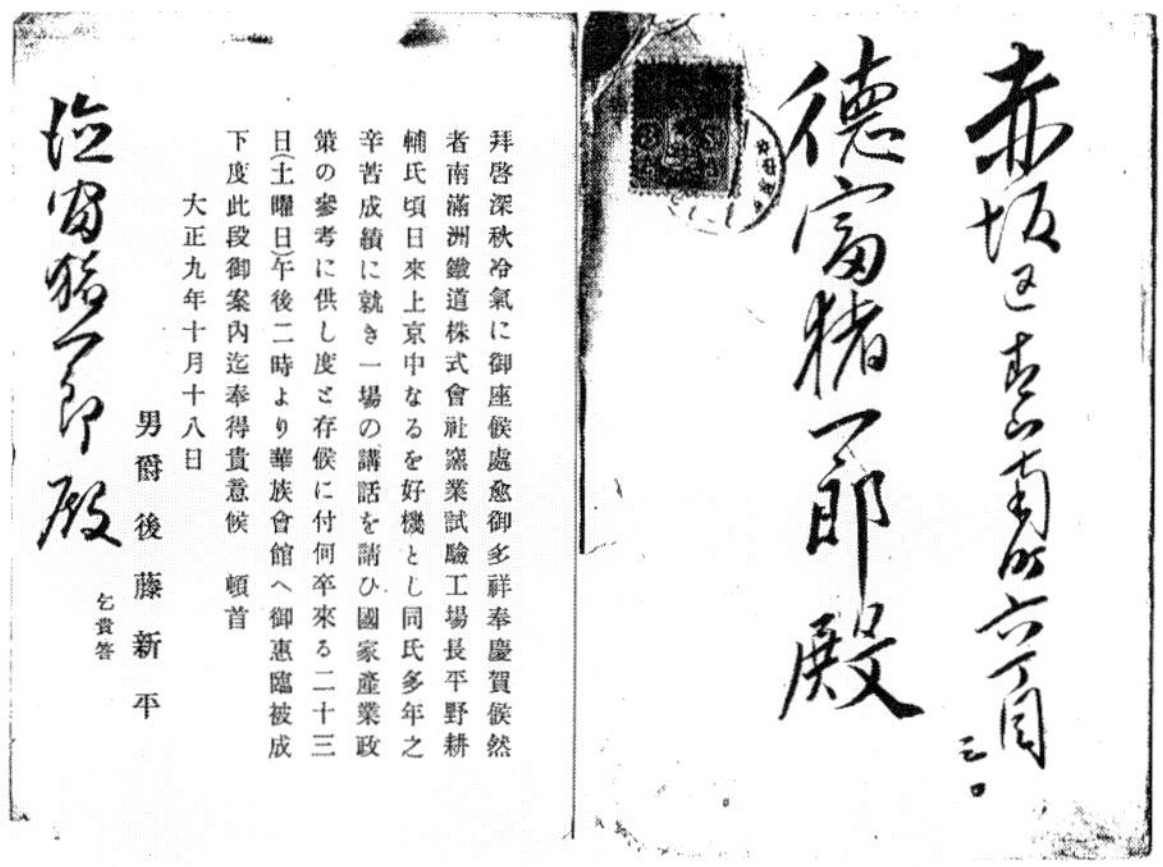

拝啓深秋冷氣に御座候處愈御多祥奉慶賀候然者南滿洲鐵道株式會社窯業試驗工場長平野耕輔氏頃日來上京中なるを好機とし同氏多年之辛苦成績に就き一場の講話を請ひ國家産業政策の參考に供し度と存候に付何卒來る二十三日(土曜日)午後二時より華族會館へ御惠臨被成下度此段御案内迄奉得貴意候　頓首

大正九年十月十八日

男爵　後藤新平

乞貴答

徳富猪一郎殿

大正十（一九二二）年一月十日

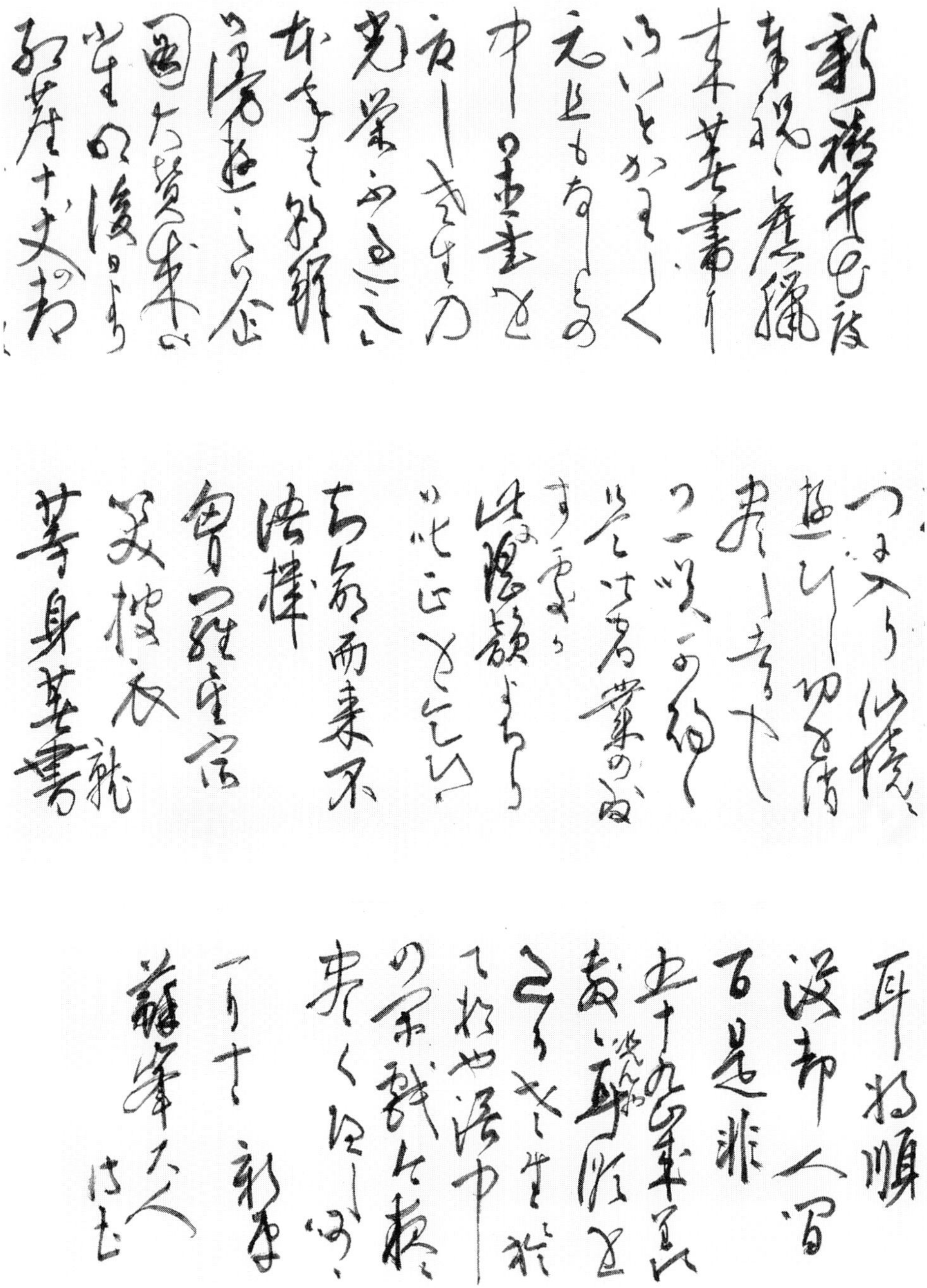

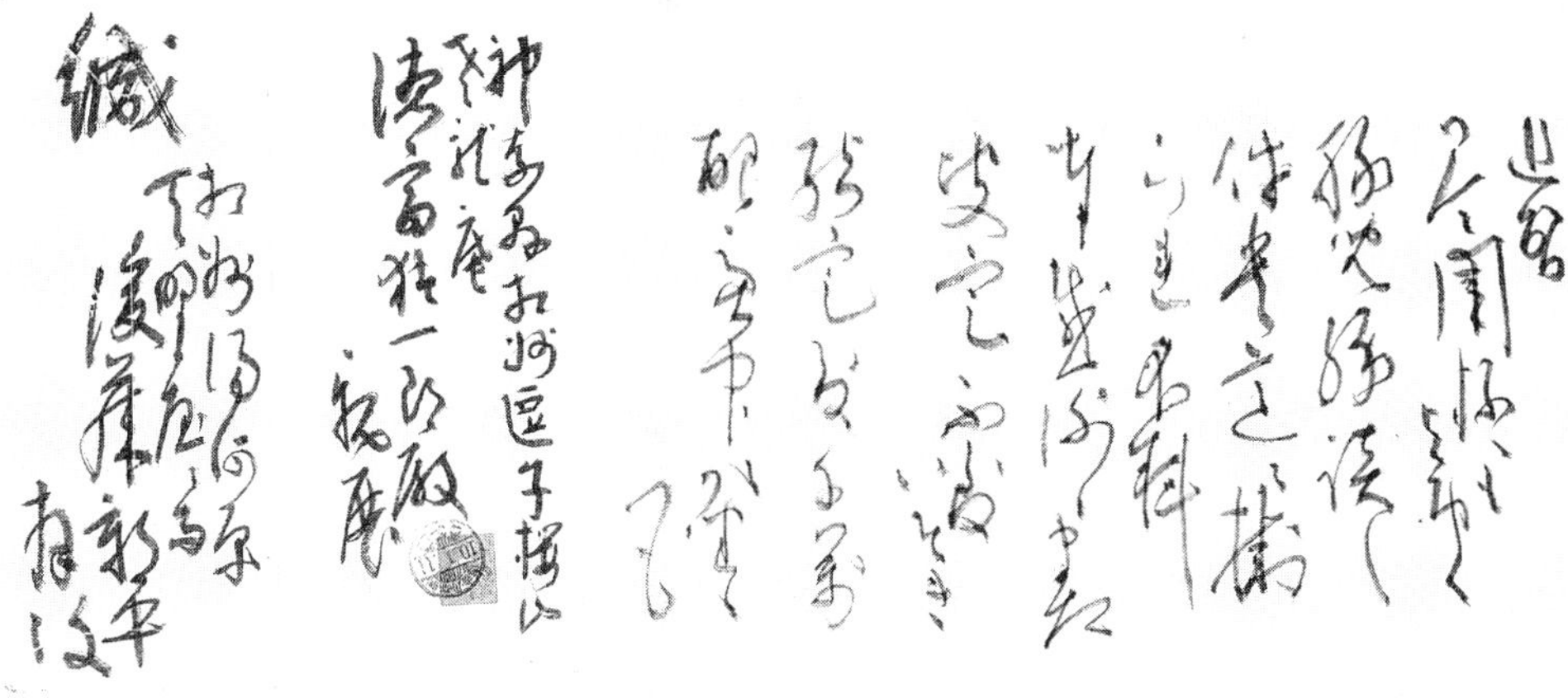

37　大正十（一九二一）年二月七日

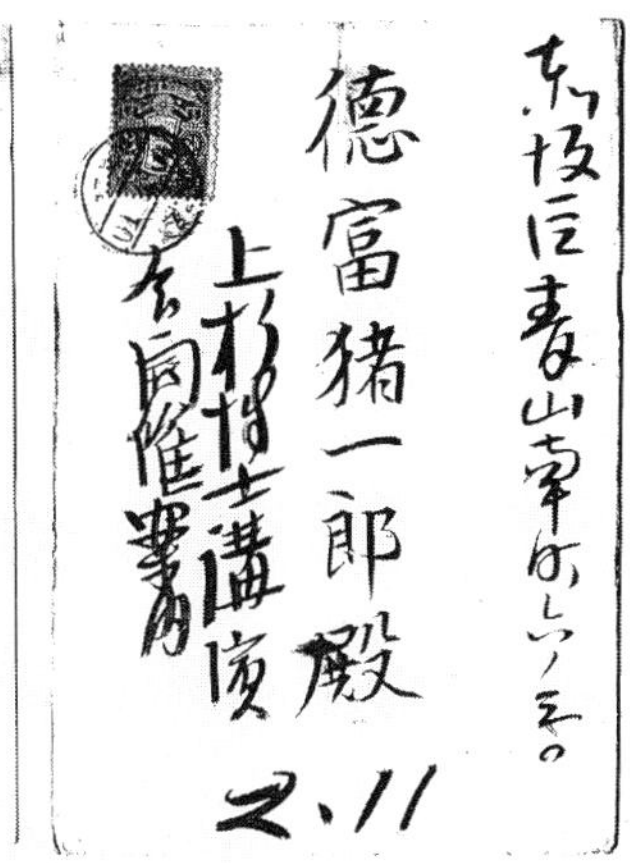

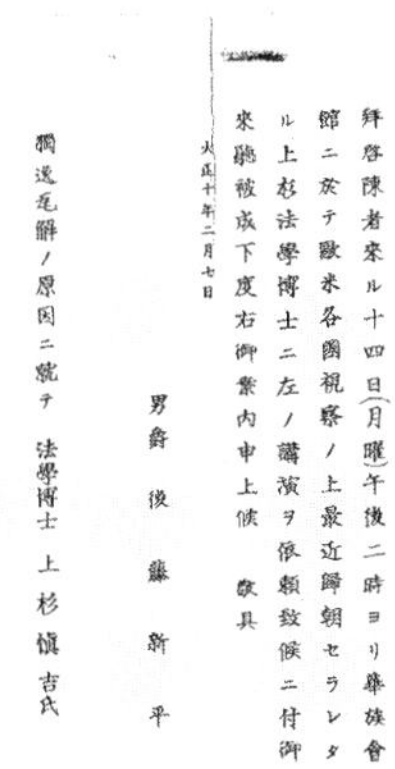

拝啓陳者来ル十四日（月曜）午後二時ヨリ華族會館ニ於テ歐米各國視察ノ上最近歸朝セラレタル上杉法學博士ニ左ノ講演ヲ依頼致候ニ付御來聽被成下度右御案内申上候　敬具

大正十年二月七日

男爵　後藤新平

獨逸瓦解ノ原因ニ就テ　法學博士　上杉愼吉氏

38　大正十一（一九二二）年二月二十二日

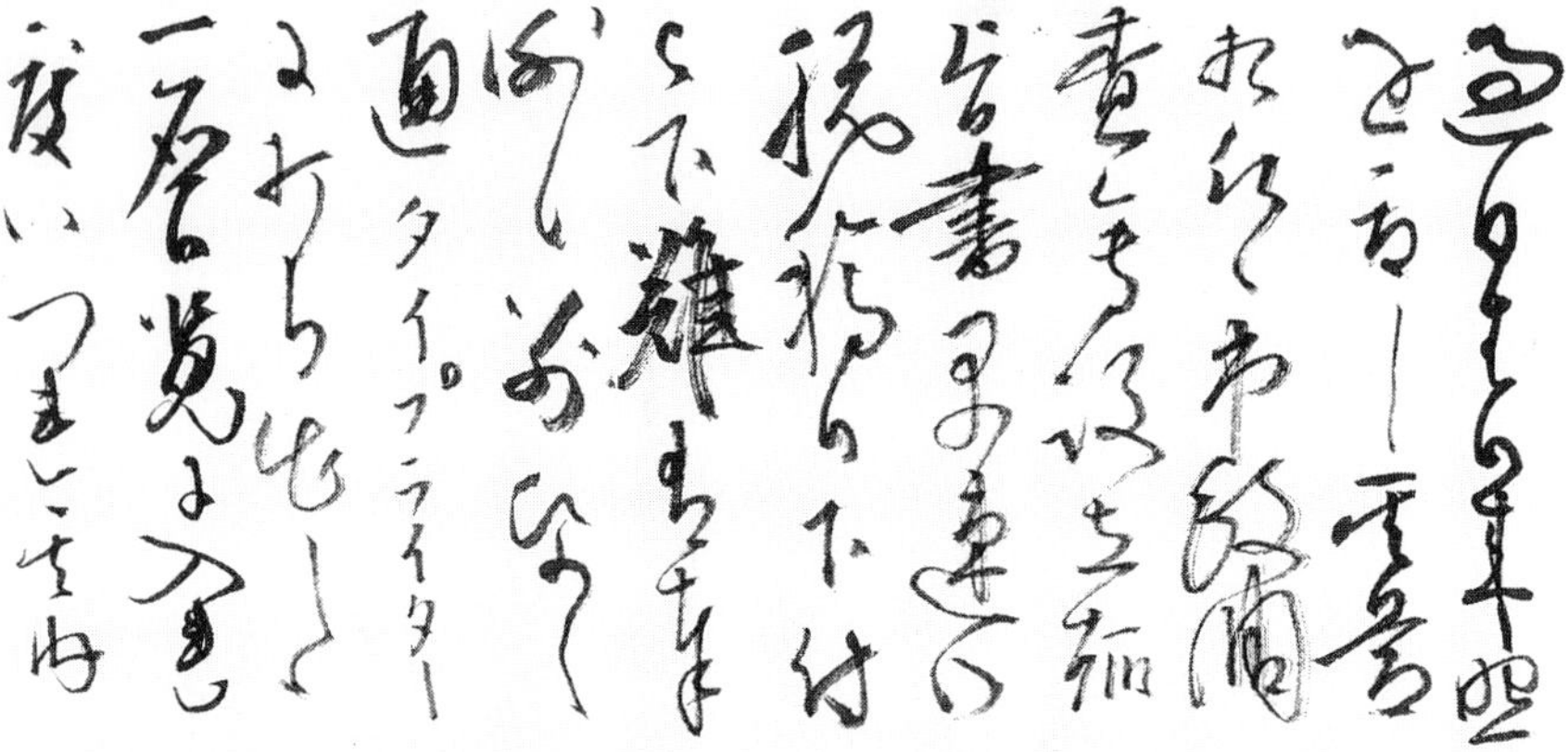

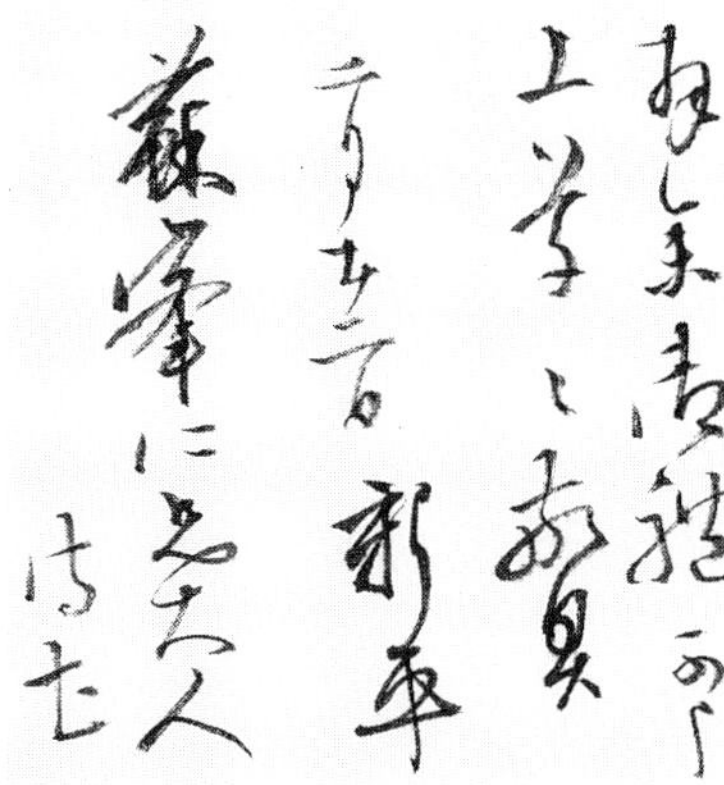

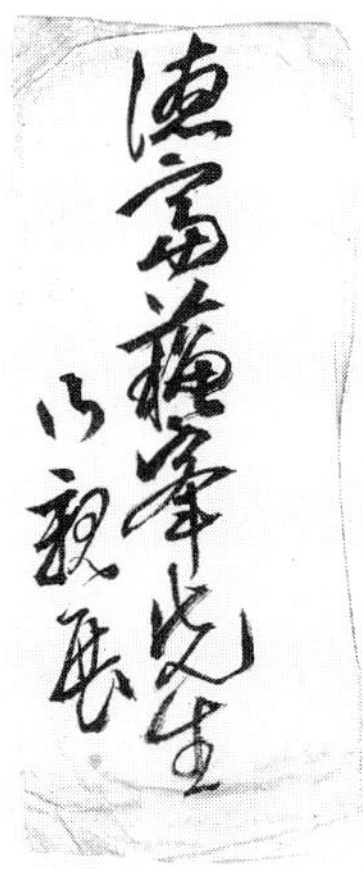

39　大正十一（一九二二）年十月七日

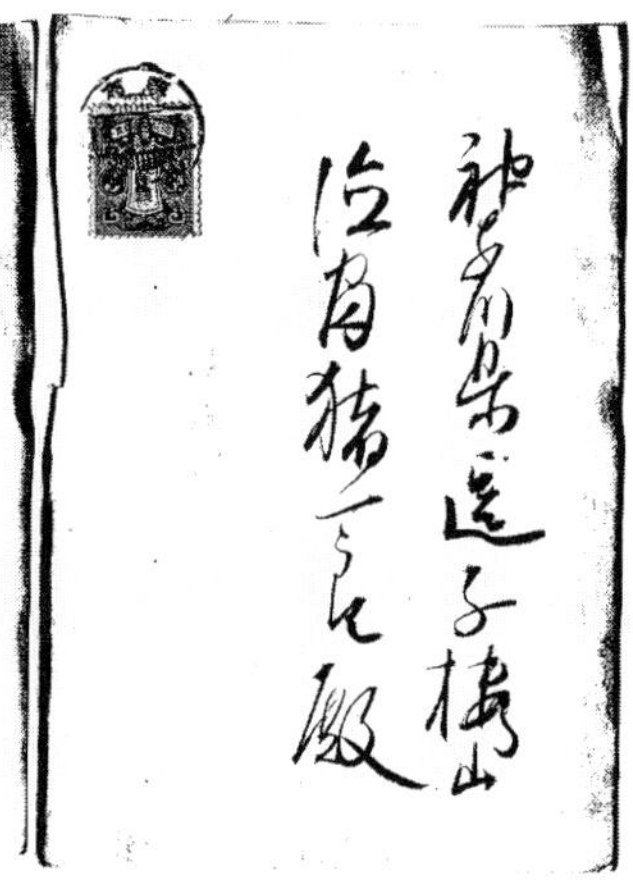

謹啓金風爽和之候倍々御清福奉欣頌候
次に小生儀今回不圖陞爵之　恩命候
に付早速御祝詞並佳品賜り御盛意不勝
感謝候右不取敢御禮迄奉得貴意候
頓首
大正十一年十月七日
子爵後藤新平
徳富猪一郎殿

後藤新平の会 創設！

二十一世紀日本の新しい展開を考えるために

二〇〇五年は日露戦争終戦百年、太平洋戦争終戦六十年の節目の年に当ります。しかし、国内外における動揺は続き、日本の進路は未だ定まらぬ状態が続いています。

二〇〇四年秋より藤原書店では、後藤新平生誕百五十周年記念大企画「後藤新平の全仕事」を刊行致しております。後藤新平の全体像をはじめて浮彫りにした『時代の先覚者・後藤新平 1857-1929』予想以上の反響を得て版を重ね、『〈決定版〉正伝 後藤新平』（全8巻・別巻1）も着々と読者を得ております。この間、少なからぬ人々から、今の時代にこそ後藤新平のような人物が必要だ、とのご意見を戴きました。そのためわれわれとしましては、出版は言うに及ばず、後藤新平の仕事に関心をもつ人々が出会える「場」を作りたいと思い、このたび「後藤新平の会」を創立することに致しました。後藤の業績を正しく評価していくための研究活動を行ない、その遺産を継承し発展させてゆくゆるやかな結合体を考えております。

皆様のご参加を心より期待する次第です。

発起人一同

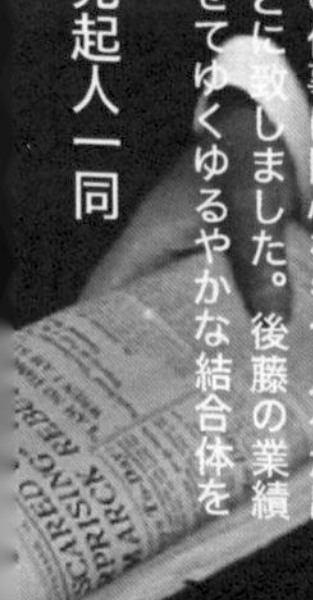

発起人（五十音順）

青山　佾（作家、元東京都副知事、明治大学大学院教授）
生田正治（日本郵政公社総裁）
岩見隆夫（政治評論家、毎日新聞東京本社編集局顧問）
植松治雄（日本医師会会長）
梅棹忠夫（人類学者、国立民族学博物館顧問）
梅原　誠（シチズン時計社長）
及川正昭（水沢市立後藤新平記念館館長）
大宅映子（作家）
粕谷一希（評論家、都市出版相談役）
加藤丈夫（富士電機ホールディングス相談役）
加藤登紀子（歌手）
川本三郎（評論家）
草原克豪（拓殖大学副学長）
佐々木隆男（胆江日日新聞社社長）
佐野眞一（ノンフィクション作家）
椎名素夫（前参議院議員）
篠田正浩（映画監督）
下河辺淳（元NIRA理事長・国土事務次官）
新村　拓（北里大学教授）
高橋光夫（水沢市長）
辻井　喬（作家、詩人）
鶴見和子（社会学者、上智大学名誉教授）
鶴見俊輔（哲学者）
中田　宏（横浜市長）
西澤潤一（首都大学東京学長、東北大学名誉教授）
塙　義一（日産自動車名誉会長）
平野眞一（名古屋大学総長）
福田康夫（衆議院議員）
藤原作弥（元日本銀行副総裁、日立総合計画研究所社長）
松岡滿壽男（前参議院議員、（財）満鉄会理事長）
松田昌士（JR東日本会長）
三浦　宏（岩手日報社社長）
御厨　貴（東京大学教授）
養老孟司（北里大学教授、東京大学名誉教授）
吉田直哉（演出家、文筆家）
吉田瑞男（水沢市・後藤新平顕彰会会長）
李　登輝（台湾・前総統）
藤原良雄（藤原書店社長）

■活動内容 ……………………………………

【定例行事】・年一回の大会（公開シンポジウム）
　　　　　・年二回の「会報」発行
【年 会 費】5,000円（個人）　50,000円（法人）
【事 務 局】藤原書店内

■入会方法 ……………………………………

ご希望の方は、入会ご希望の旨をお書き添えの上、下記口座番号までご送金下さい。　［振替 00100-4-537717　後藤新平の会］

〒162-0041　新宿区早稲田鶴巻町523 藤原書店内
TEL 03-5272-0301　FAX 03-5272-0450
http://goto-shimpei.org/

後藤新平の会

40 大正十一（一九二二）年十月二十日

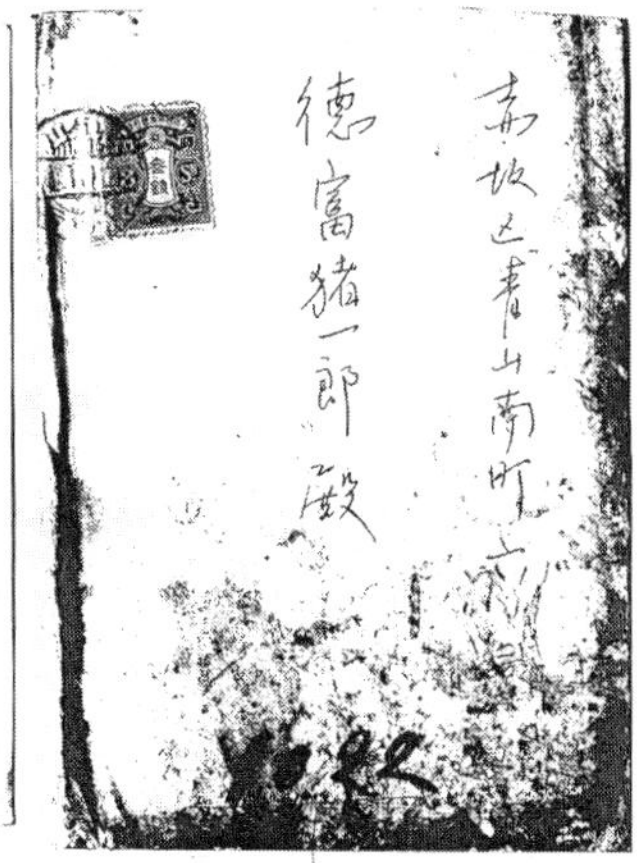

赤坂区青山南町

徳富猪一郎殿

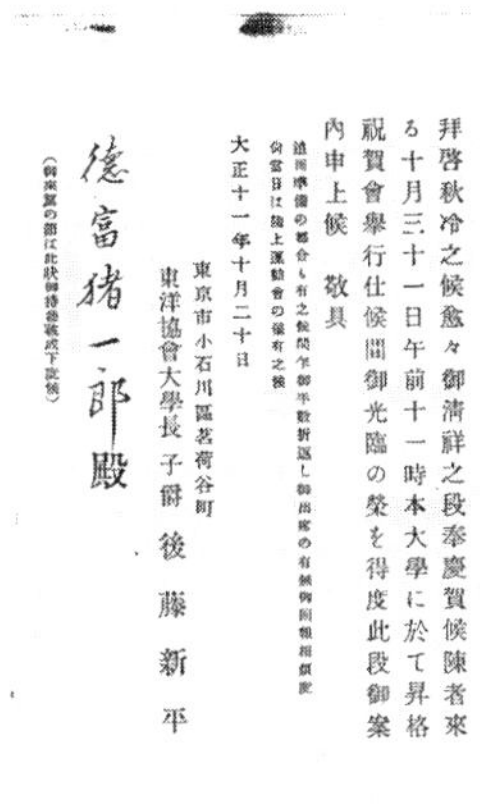

拝啓秋冷之候愈々御清祥之段奉慶賀候陳者來る十月三十一日午前十一時本大學に於て昇格祝賀會擧行仕候間御光臨の榮を得度此段御案内申上候　敬具

追而準備の都合も有之候間乍御手数折返し御出席の有無御回報相煩度
尚當日は陸上運動會の催有之候

大正十一年十月二十日

東京市小石川區茗荷谷町
東洋協會大學長子爵　後藤新平

徳富猪一郎殿

（御來駕の節は此狀御持參被成下度候）

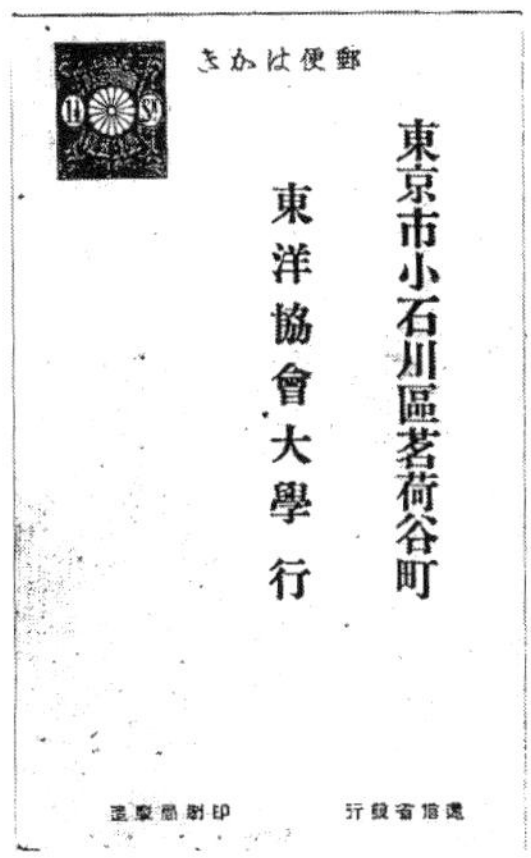

郵便はかき

東京市小石川區茗荷谷町
東洋協會大學　行

遞信省發行　印刷局製造

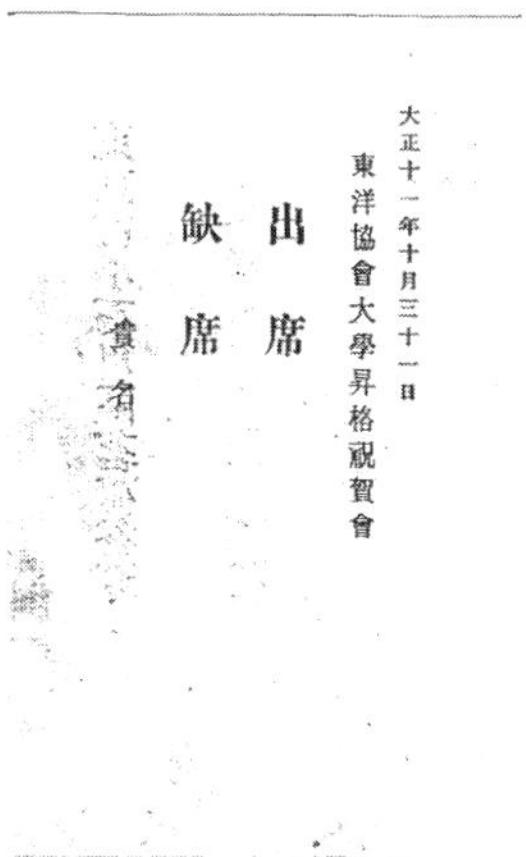

大正十一年十月三十一日
東洋協會大學昇格祝賀會

出席
缺席

貴名

41 大正十三（一九二四）年九月五日

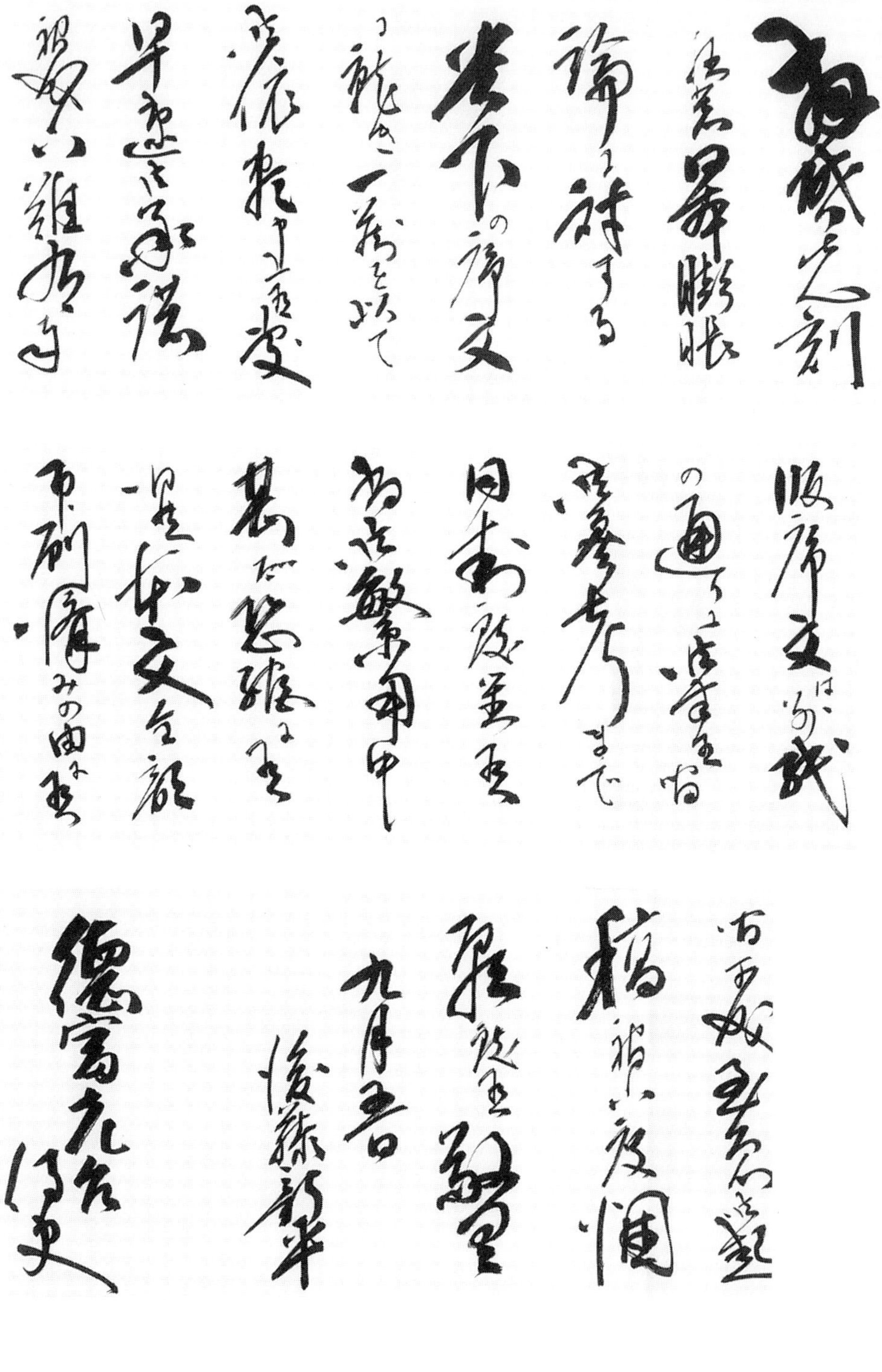

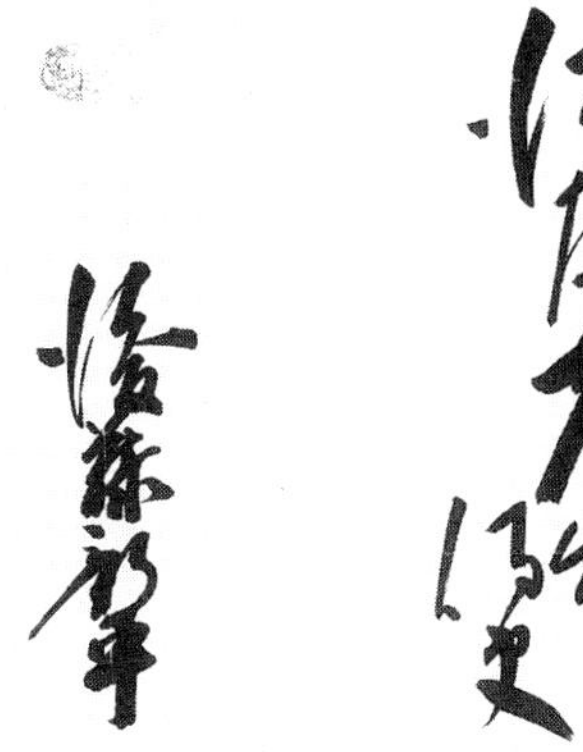

42　大正十四（一九二五）年十月十四日

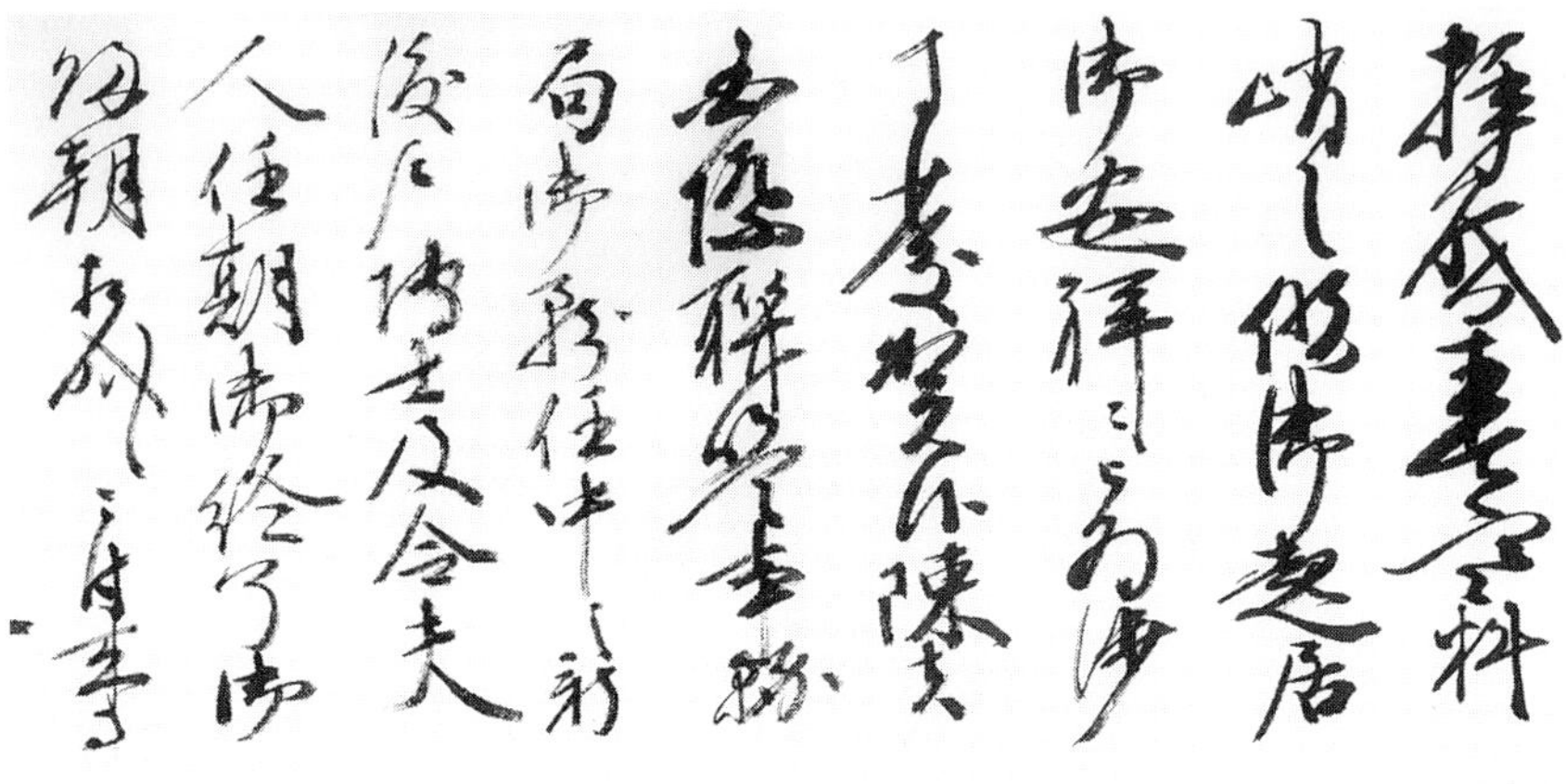

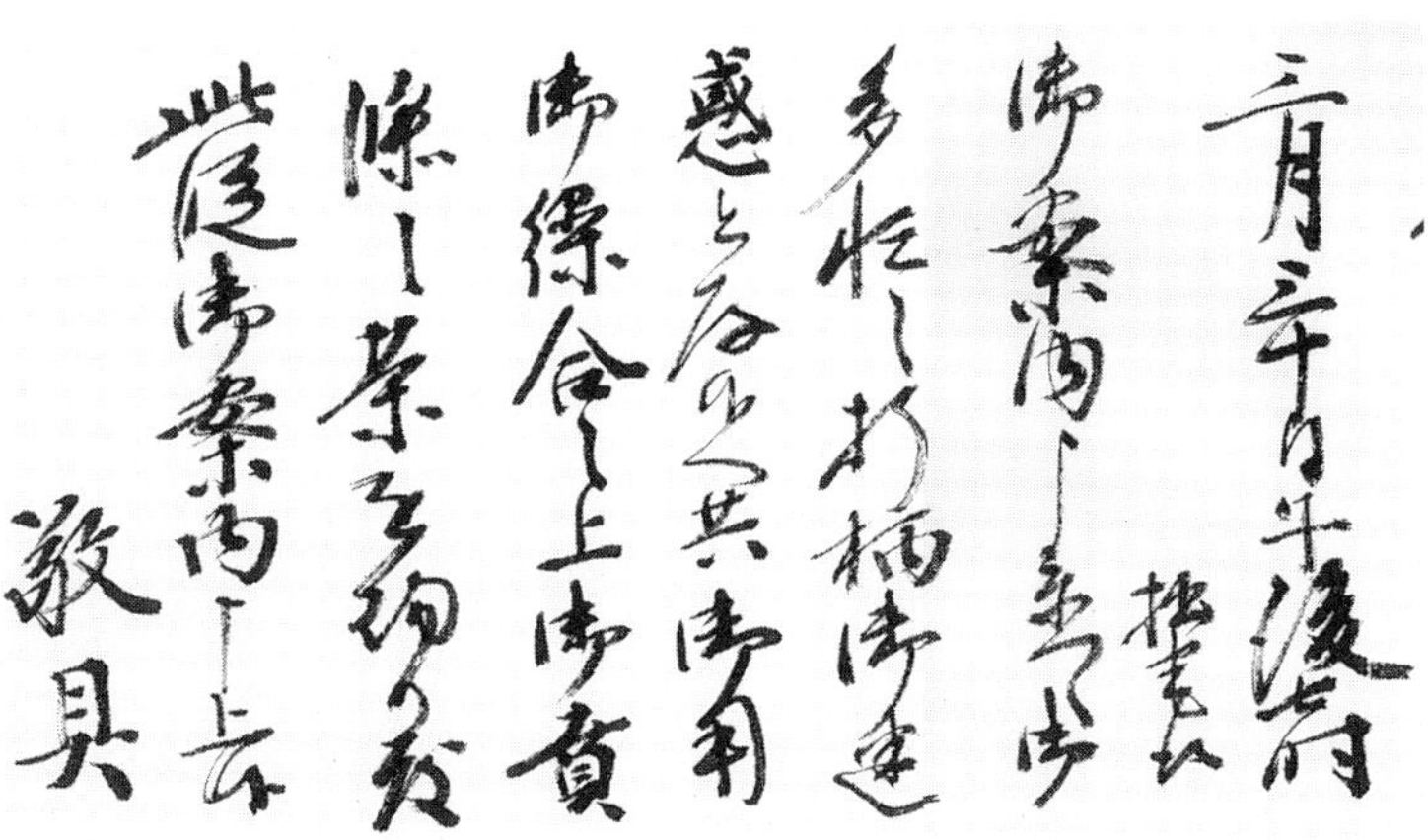

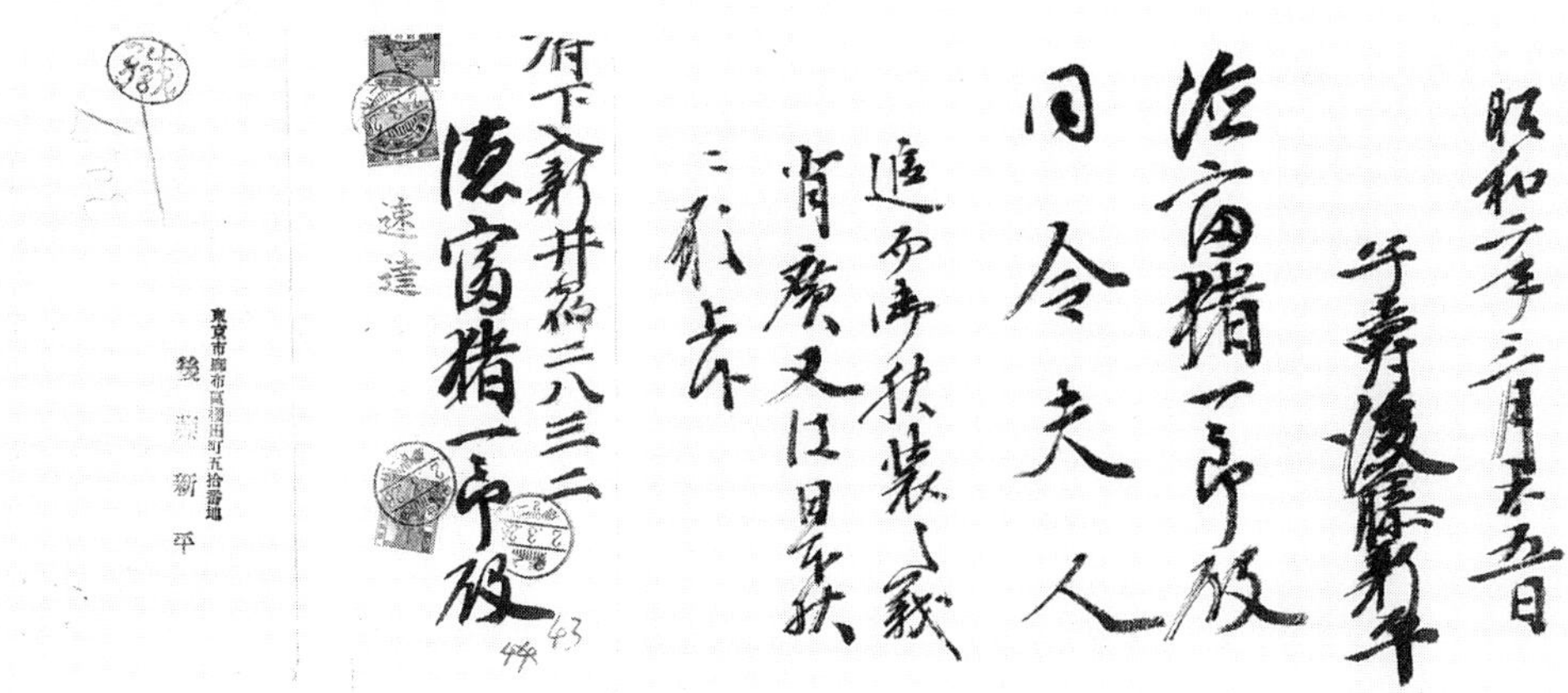
昭和二年三月廿五日
後藤新平
徳富猪一郎殿
同令夫人
府下入新井二八三二
徳富猪一郎殿
速達
東京市麻布區桜田町五拾番地
後藤新平

44　昭和三（一九二八）年九月一日

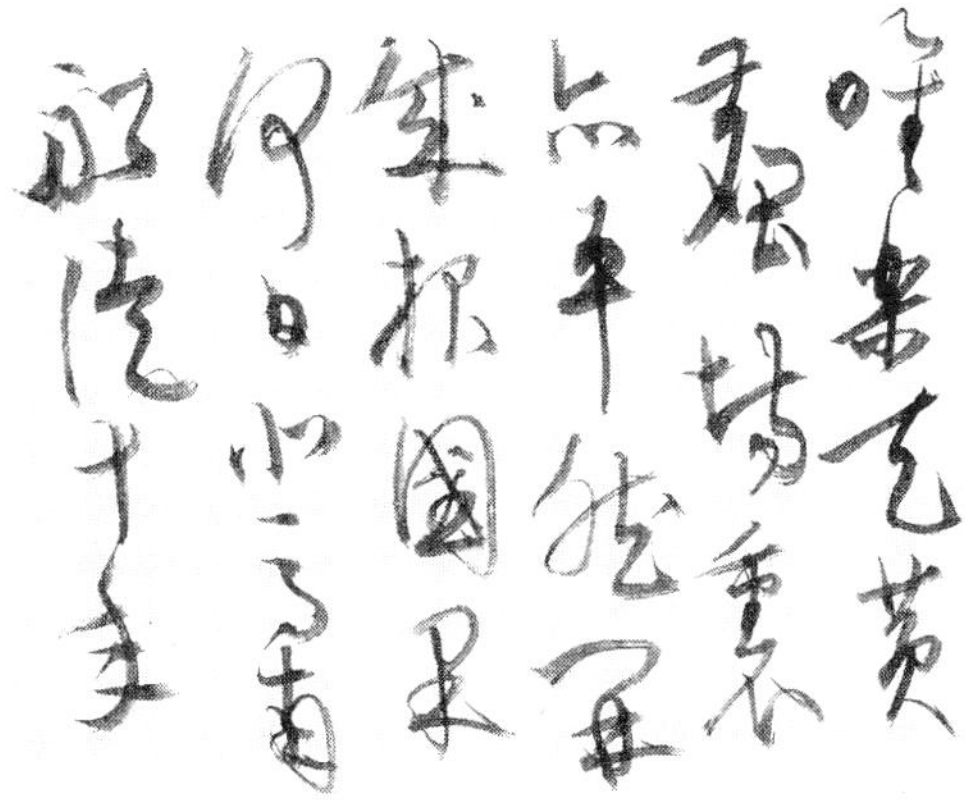

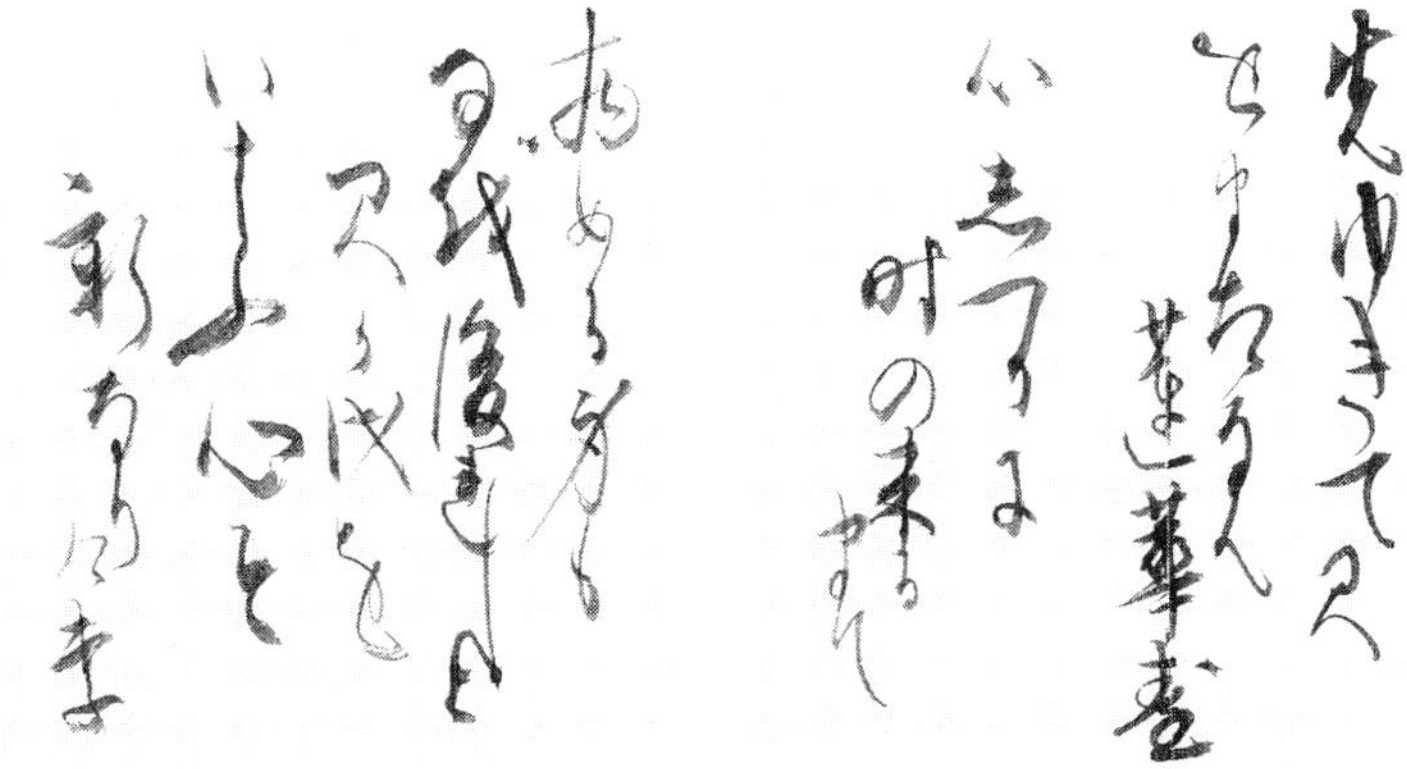

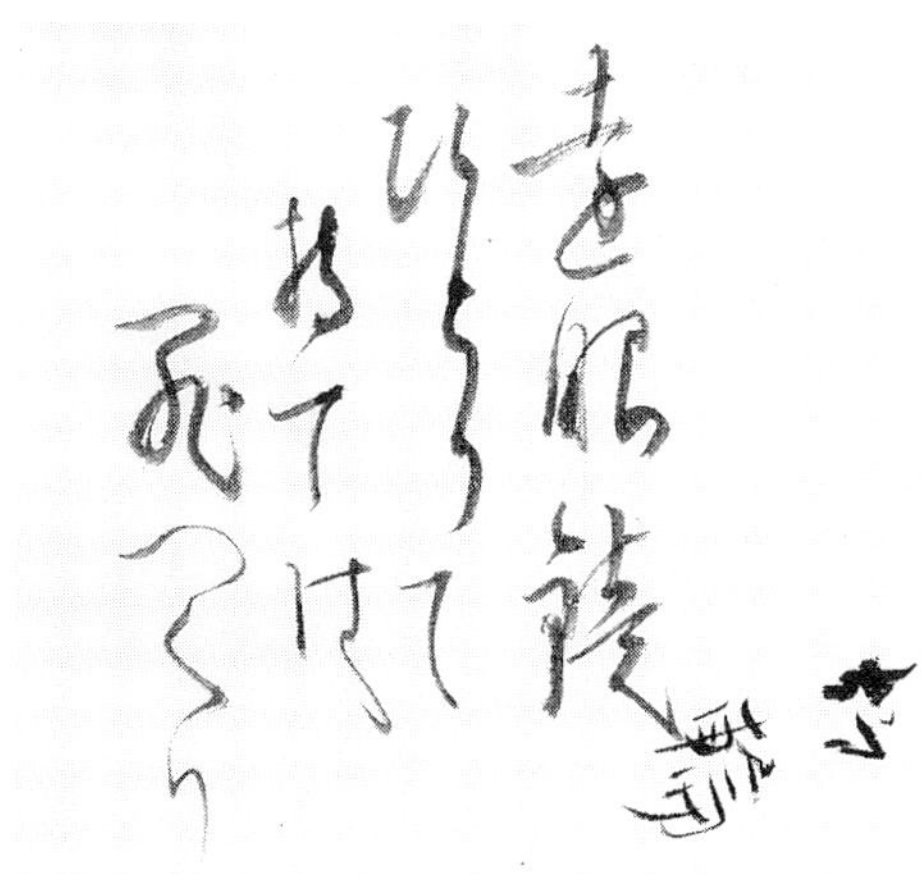

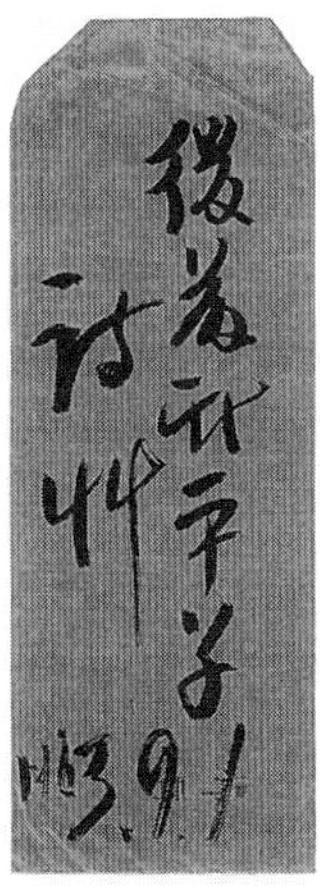

45 昭和三（一九二八）年十一月（三十）日

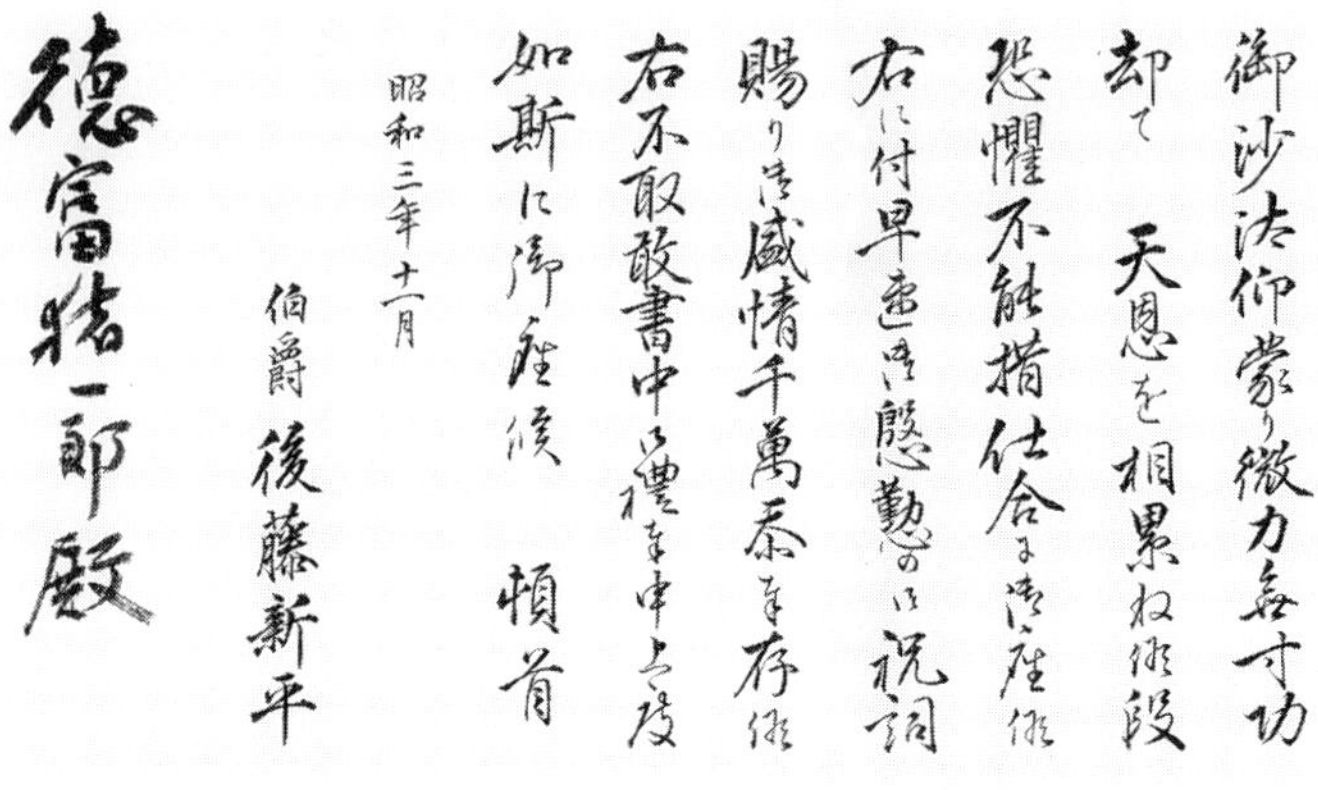
謹啓晩秋冷氣之候御座候處
益々清福被為在恐悦奉申上候
偖此度　御大禮を被為行候
之際不肖不計も特陞爵の
御沙汰仰蒙り微力無寸功
却て　天恩を相累ね候段
恐懼不能措仕合ニ御座候
右ニ付早速御懇勤の御祝詞
賜り御盛情千萬忝ク存候
右不取敢書中御禮申上度
如斯に御座候　頓首
昭和三年十一月
伯爵　後藤新平
徳富猪一郎殿

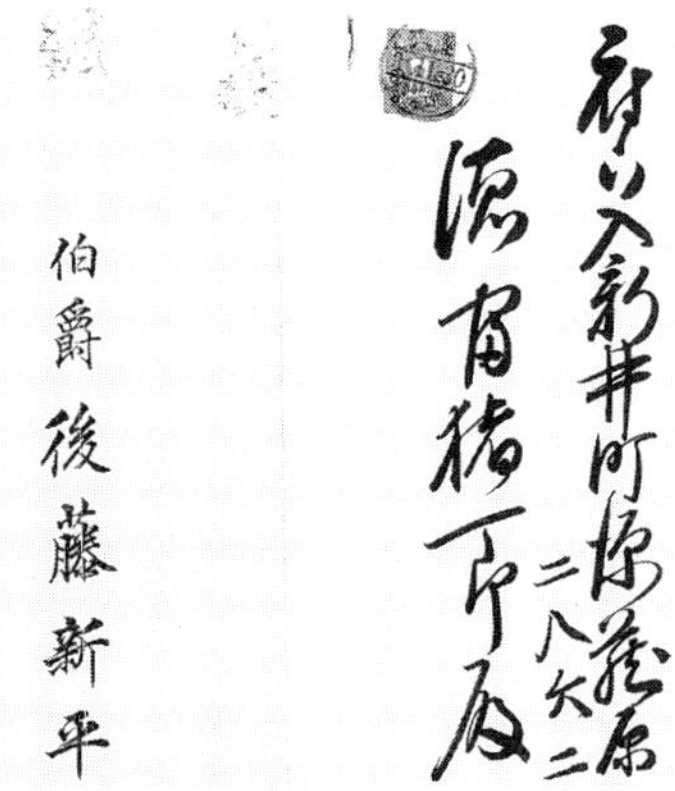
府下入新井町□原二八六二
徳富猪一郎殿
伯爵　後藤新平

46（年不明）一月十五日

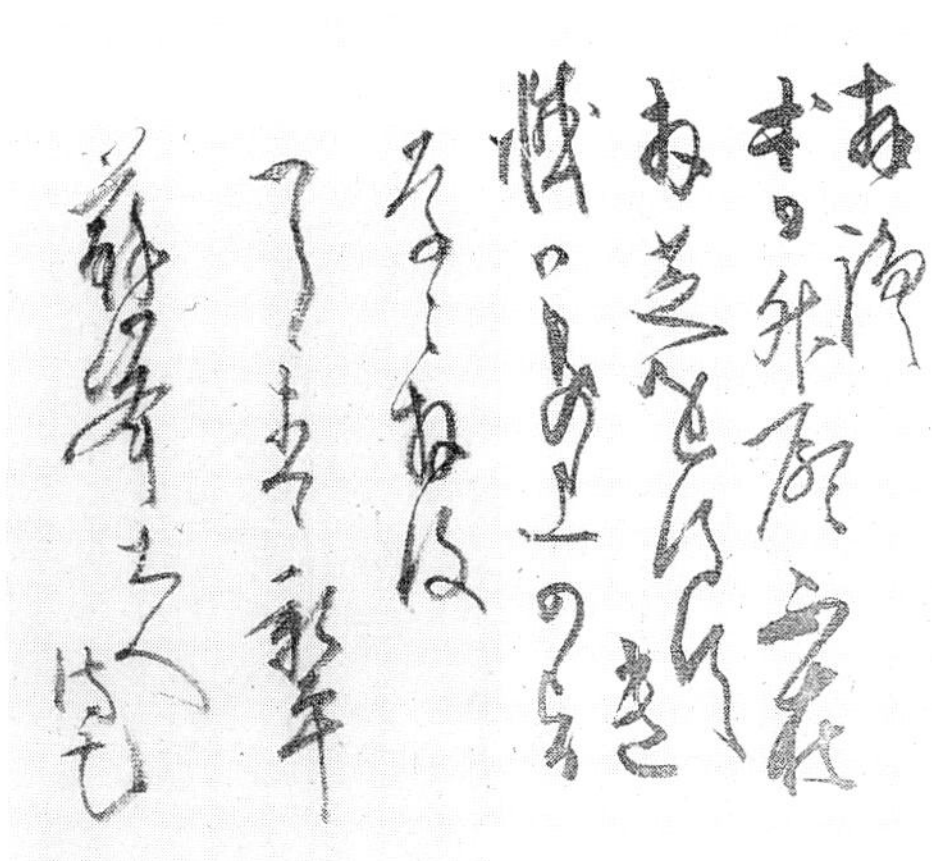

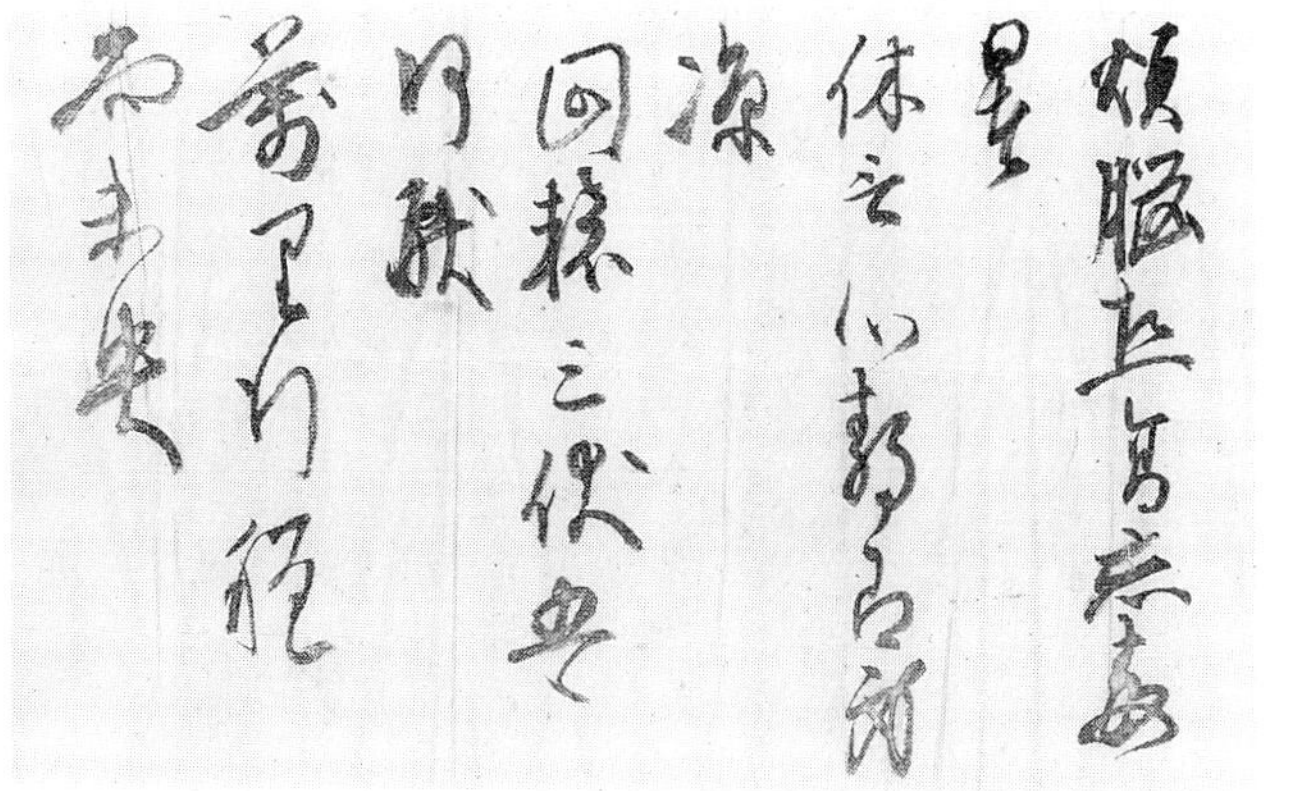

47（年不明）二月二十二日

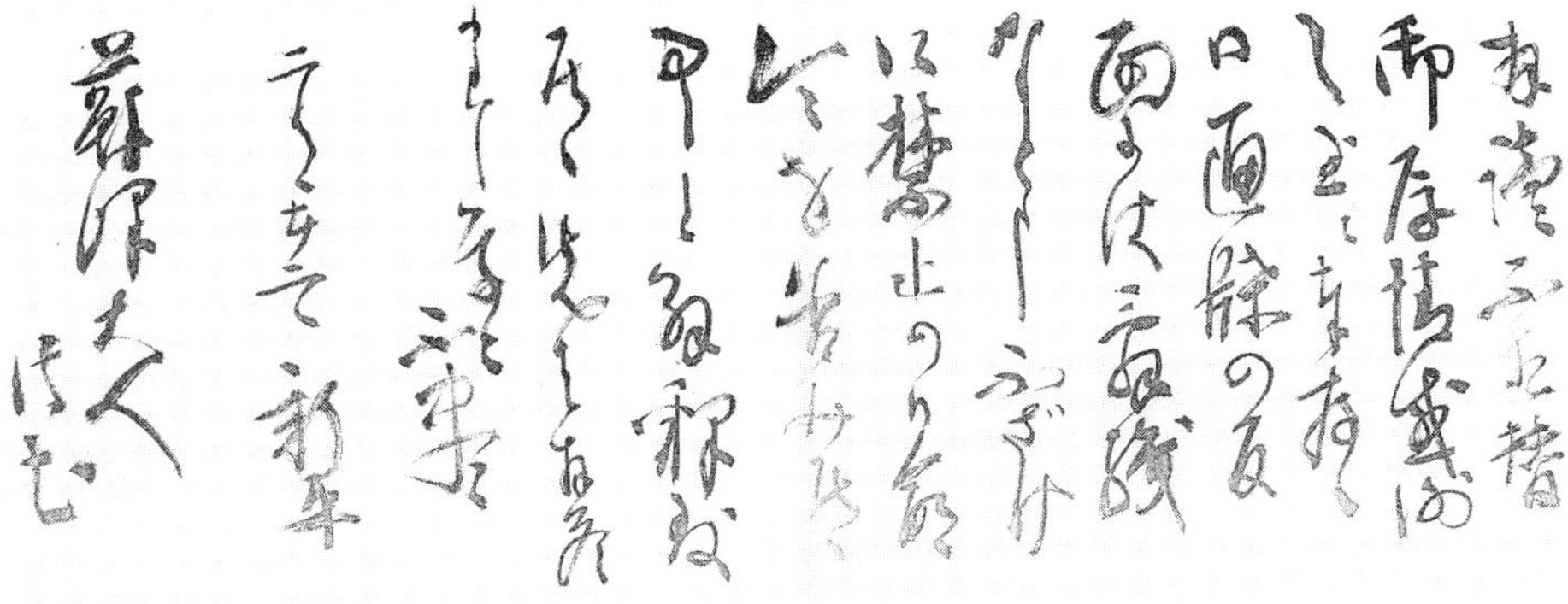

48（年不明）三月十日

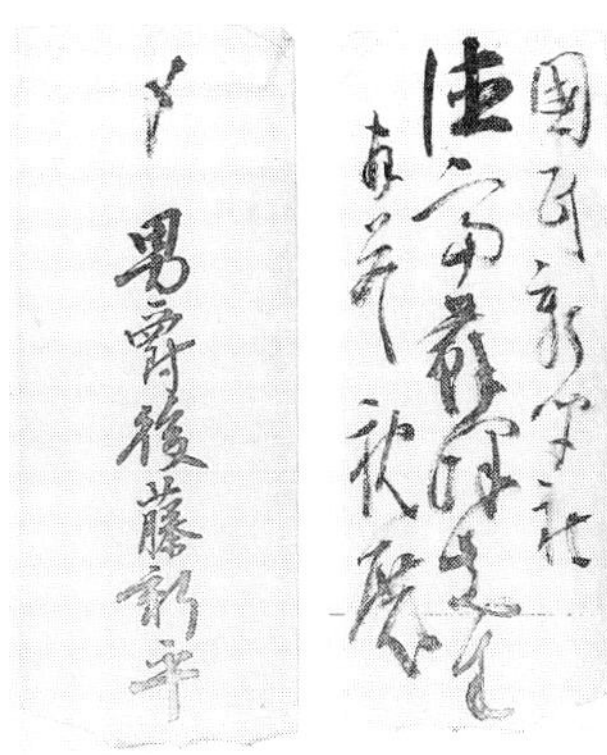

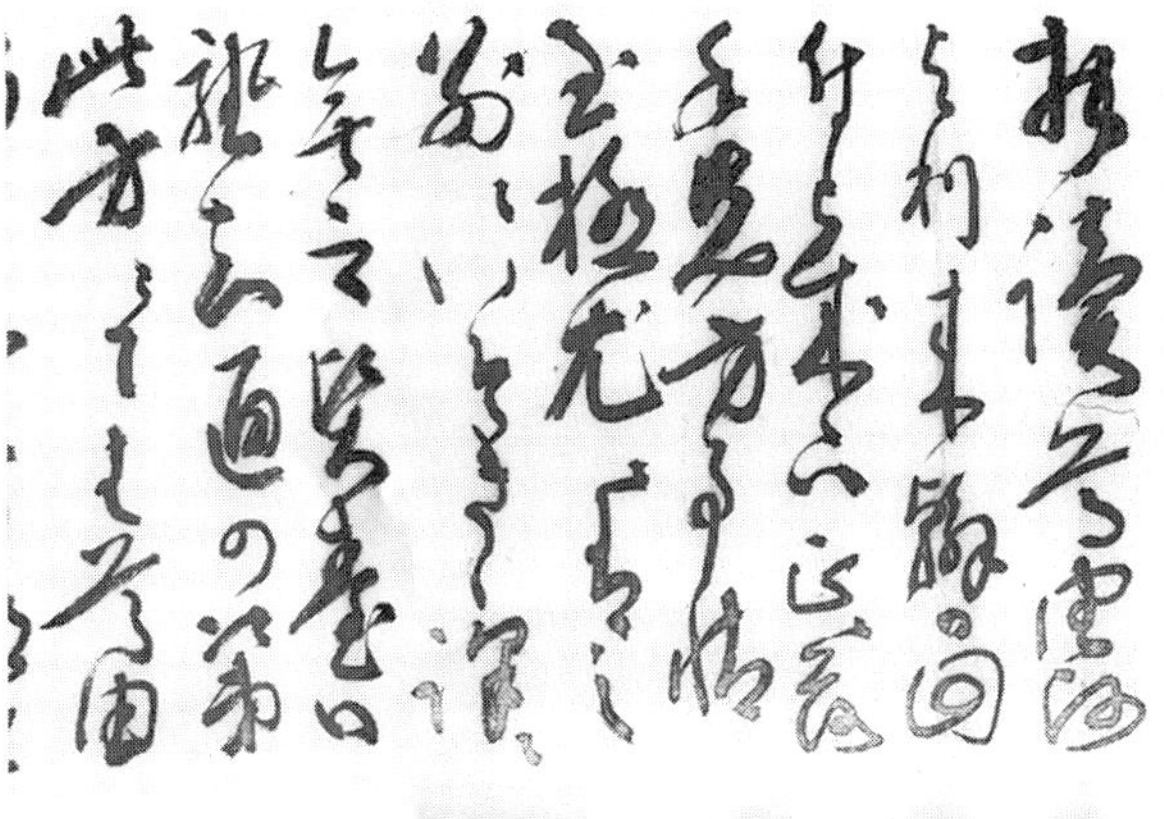

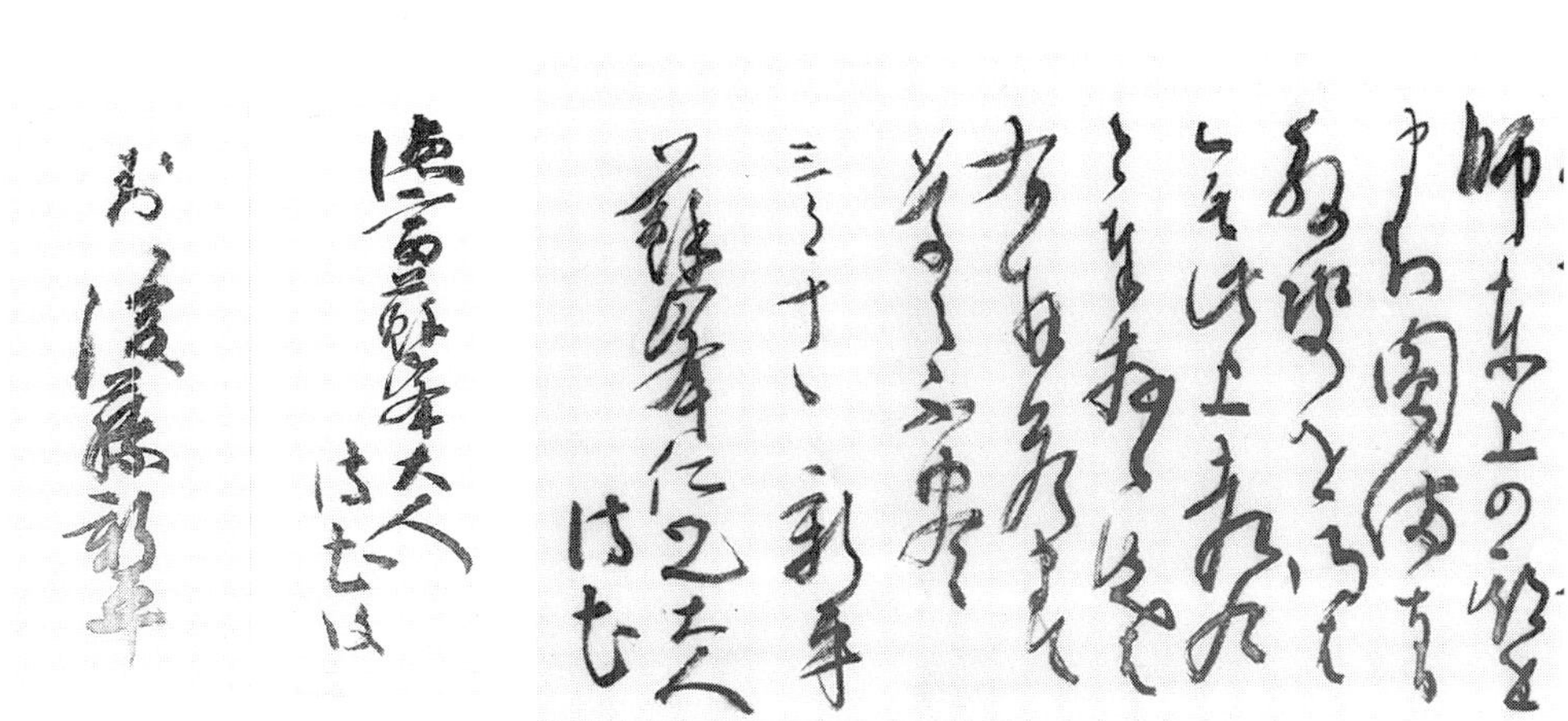

49 （年不明）三月十二日

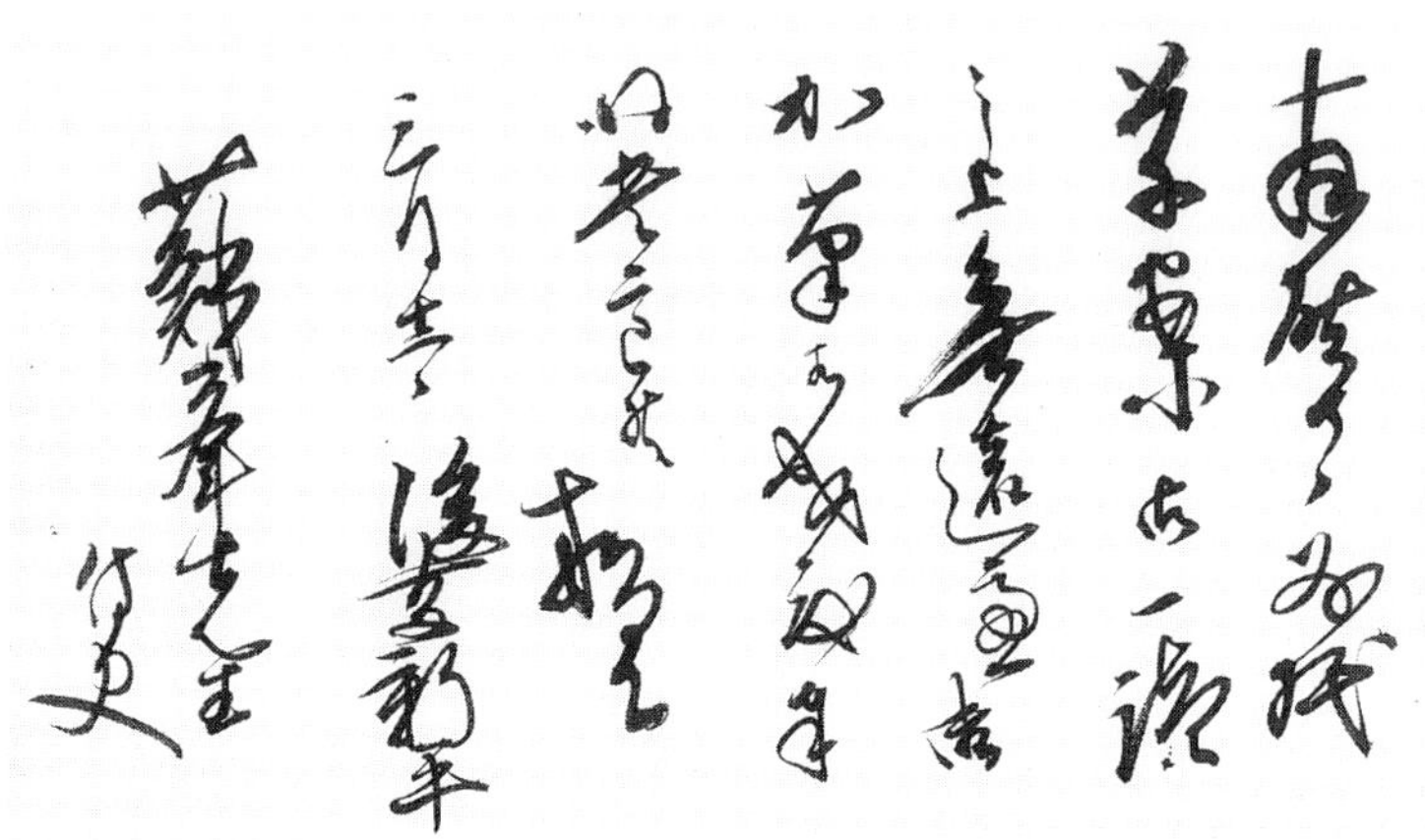

50 （年不明）十月二十八日

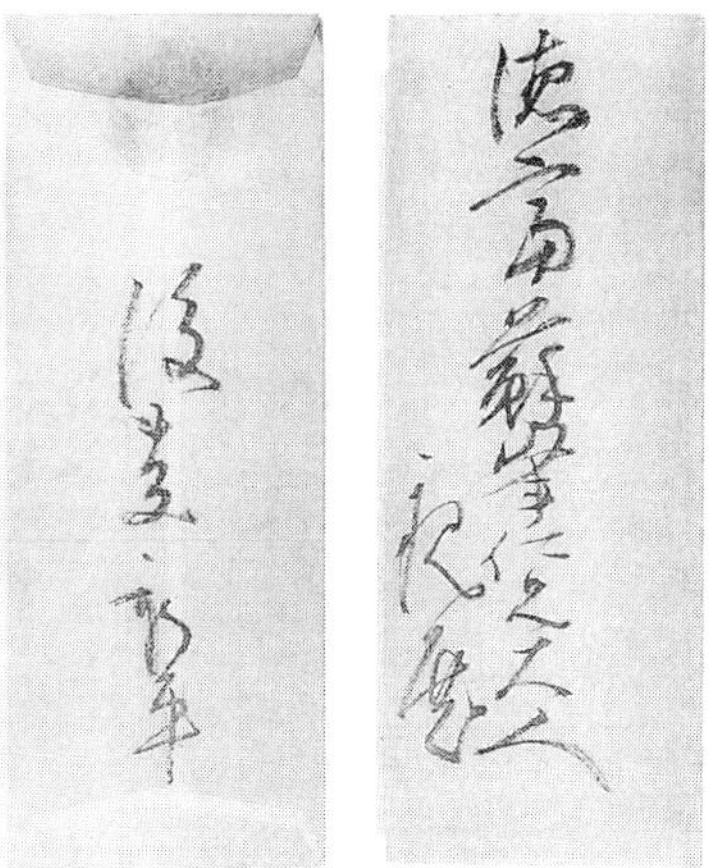

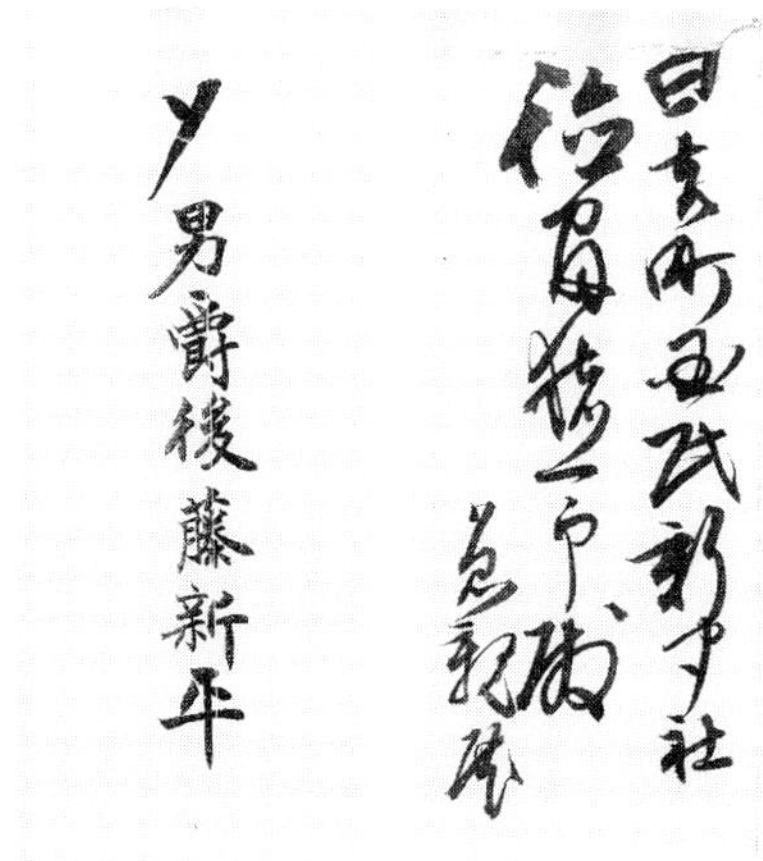

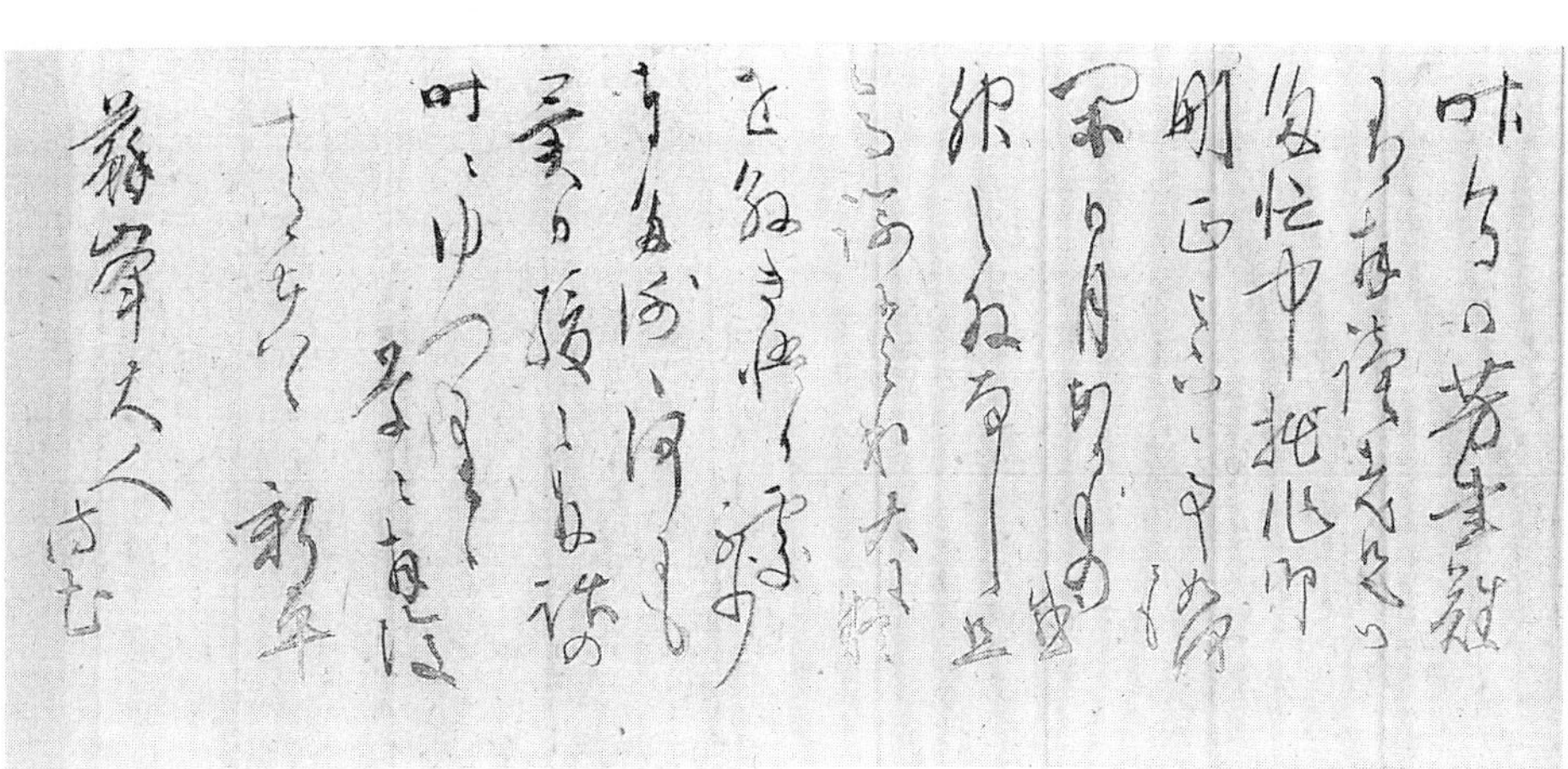

51 （年不明）十一月十七日

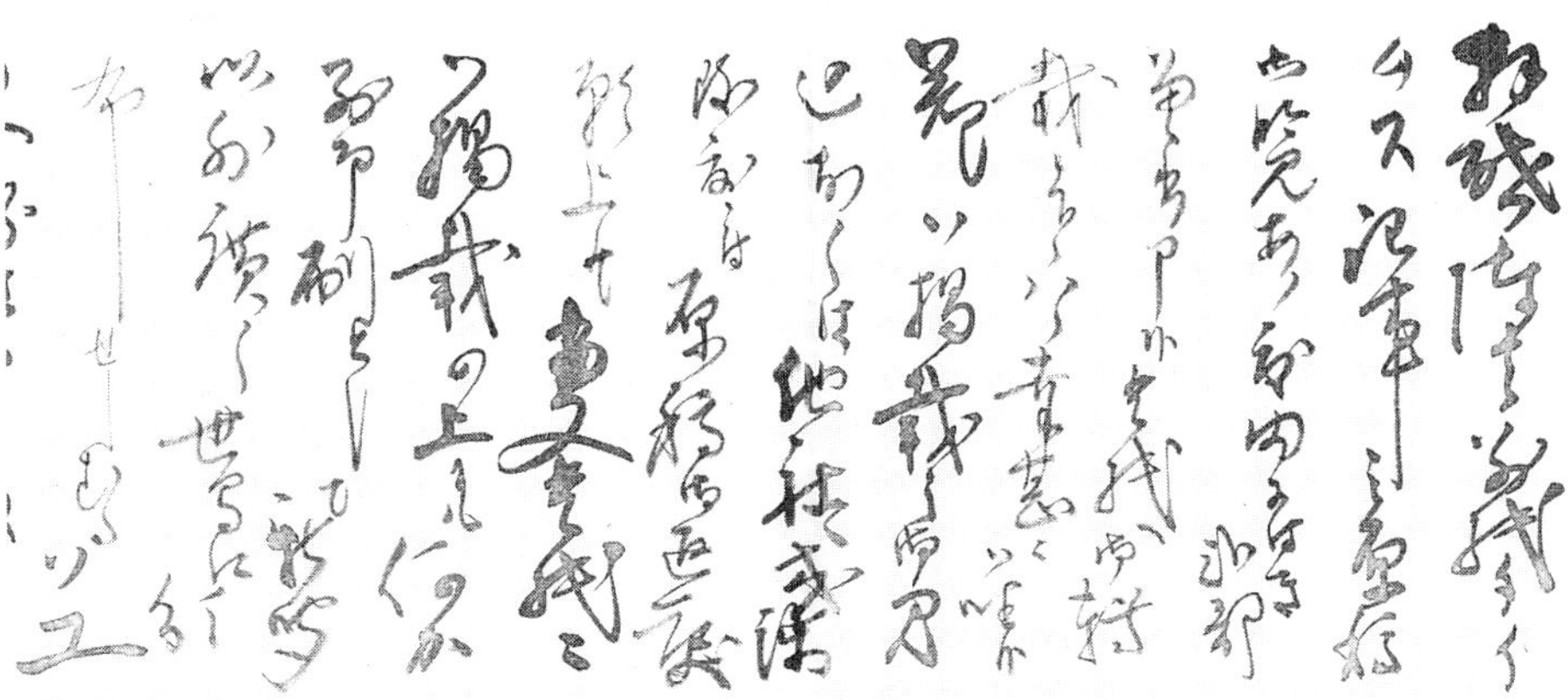

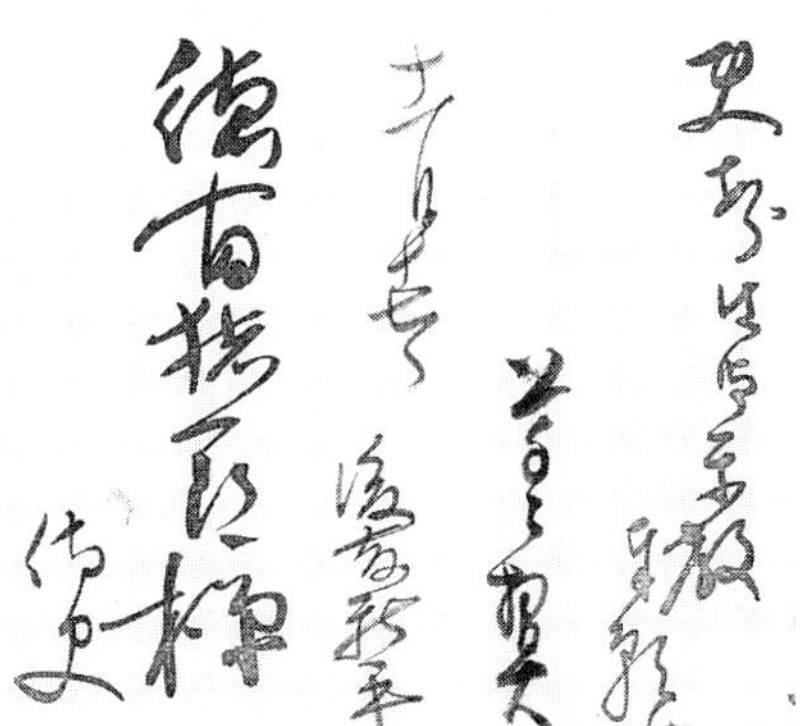

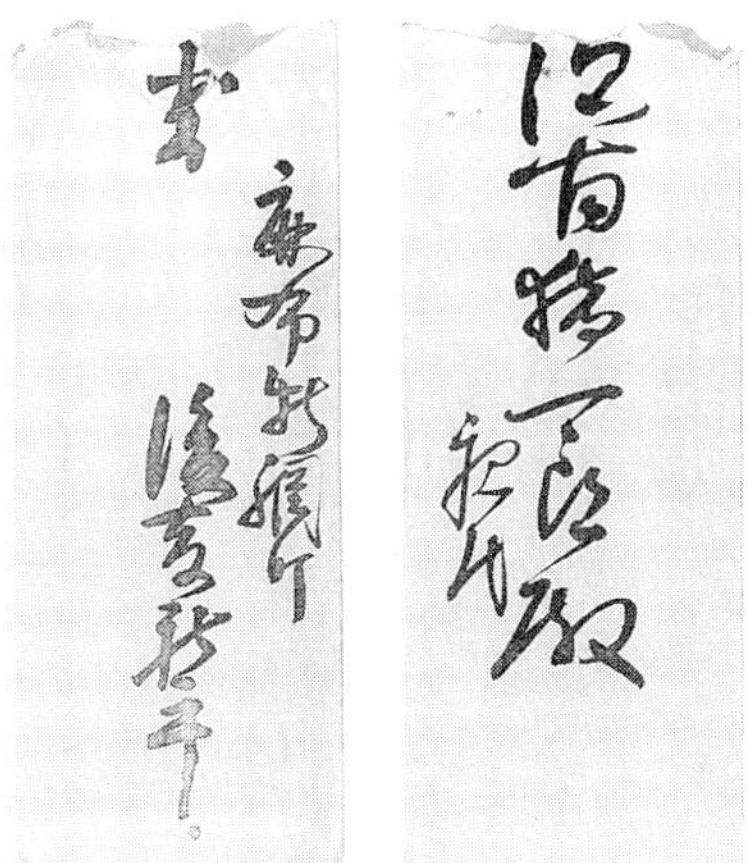

52　（明治二十八年か？）十二月十六日

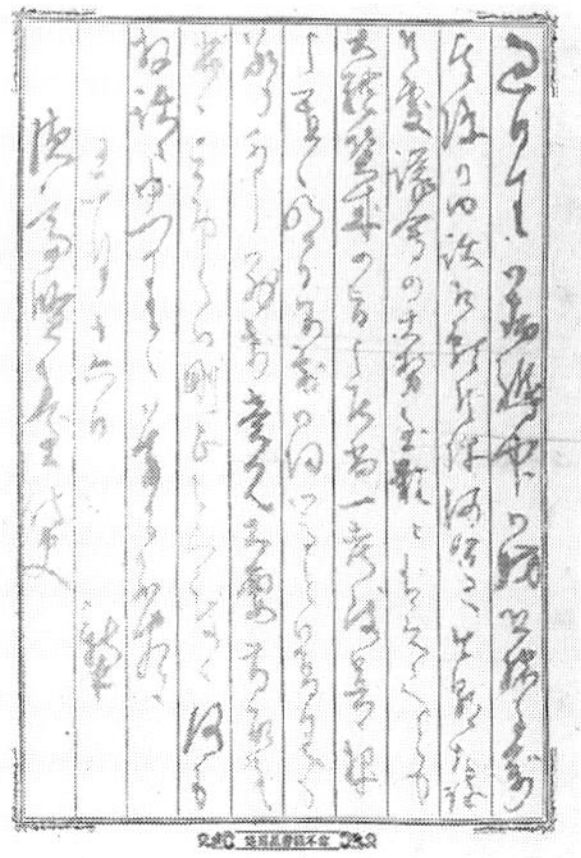
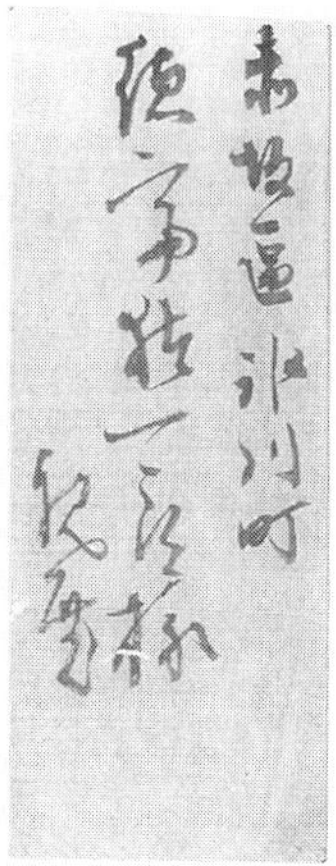

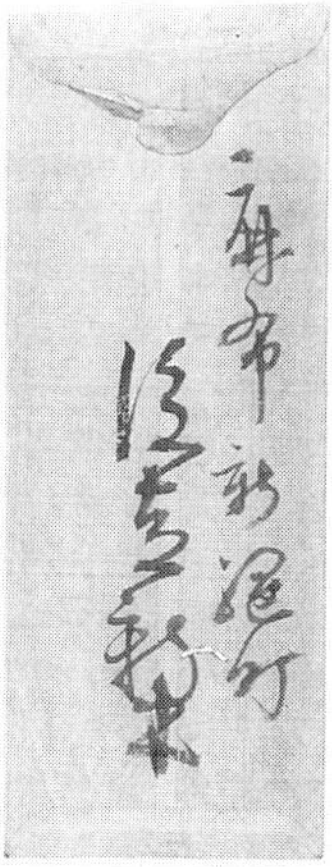

53　（年月日不明）

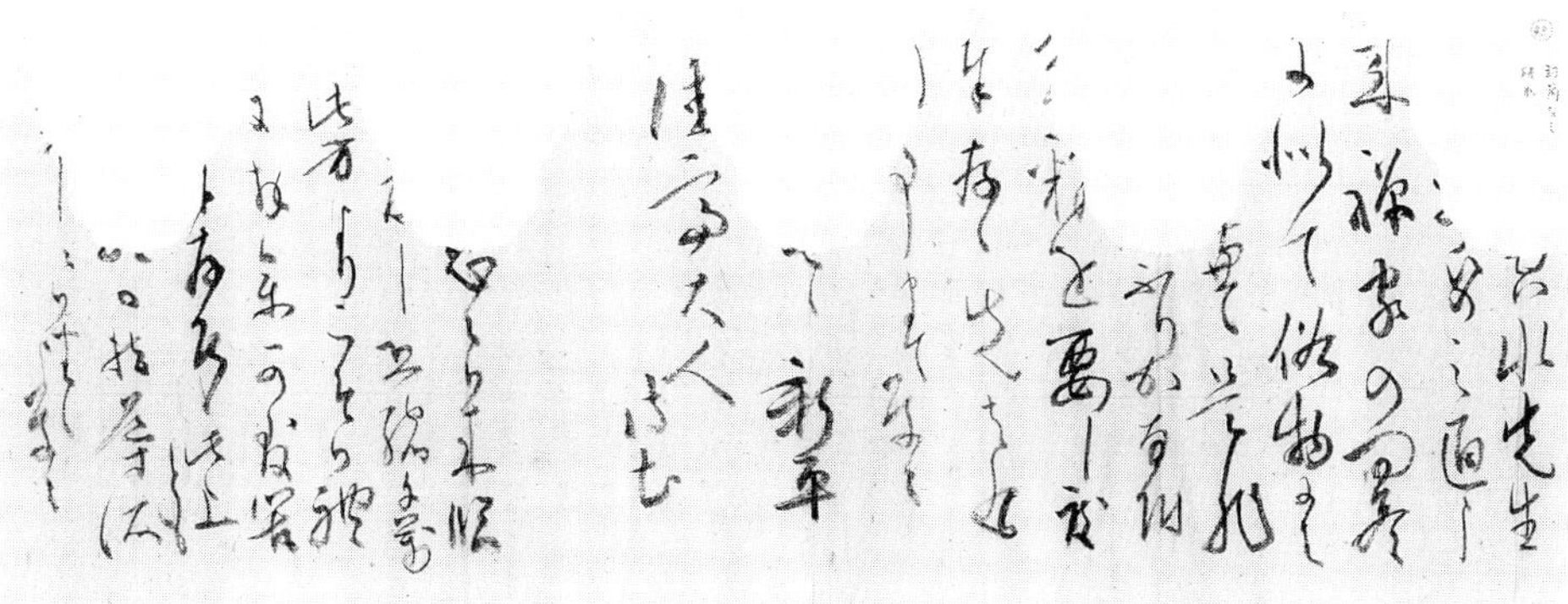

2　徳富蘇峰の後藤新平宛書簡

1　明治四十三（一九一〇）年五月十六日
2　大正一（一九一二）年八月九日
3　大正四（一九一五）年一月（直筆の印刷書簡）
4　大正五（一九一六）年二月五日
5　大正六（一九一七）年二月二十四日
6　大正七（一九一八）年四月二十三日
7　大正九（一九二〇）年二月二十六日
8　三月六日
9　大正十（一九二一）年一月八日
10　九月二十七日
11　十一月二十一日
12　大正十三（一九二四）年七月九日
13　大正十四（一九二五）年二月五日
14　九月十二日
15　十月十四日
16　大正十五（一九二六）年一月二十六日
17　昭和二（一九二七）年三月三十一日
18　昭和四（一九二九）年一月三十日

1 明治四十三（一九一〇）年五月十六日

満州に於ける日本の政策
等は内に見せす
立論雄偉にして光
明正大にして博厚洵に
外人をして我か同胞
も知蔦せさる我か同胞の
帝国満州政策の
売物教育として経る
男児之を体鈿拾識
推任之に参るハ鈿道
以外繁多の要件を欠テ
其の命令明付に直傳
擁護如何ハ論者の所に

四項に電就を蒔
にて鈿砲玉を真諦
にして包こに感あり
人々の所謂穏安
との其の言外の意味に
一性の二満州戦争
モ無慮として次心を表明
国に論あるにも日本希
望に他か分チユヘ
惟ル恐今暁濛地何
真に没今暁濛地何
政策共捷京路の骨

追之延咲世ニチモ
陽奉に直阿韶
弄しテ国海に務
弄更セントする書あり
の南北に立同島
之般に天日の如し移
先生の大眼界大
兄弟に移テ国民の
海そんの所明示すべし
怪しに考もも

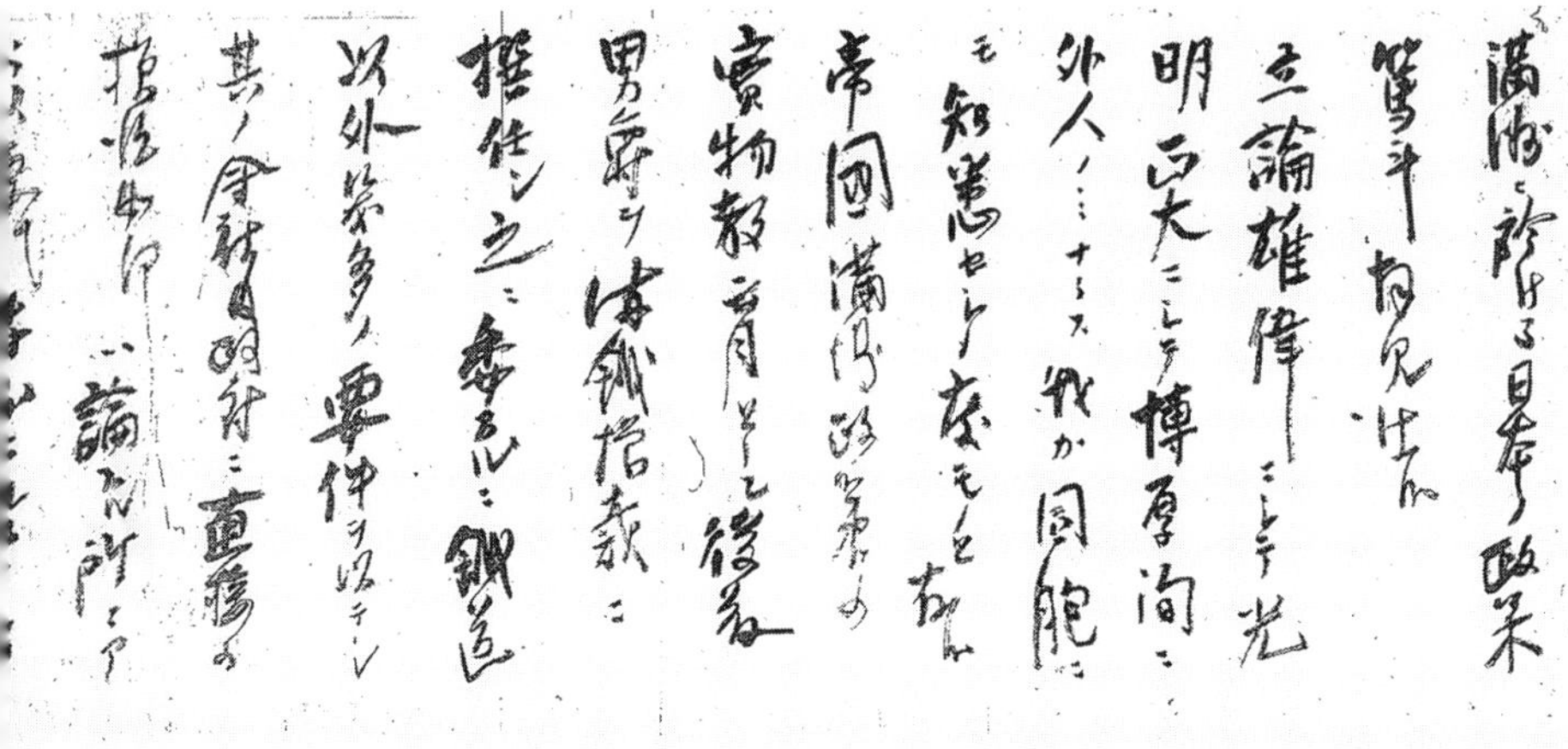

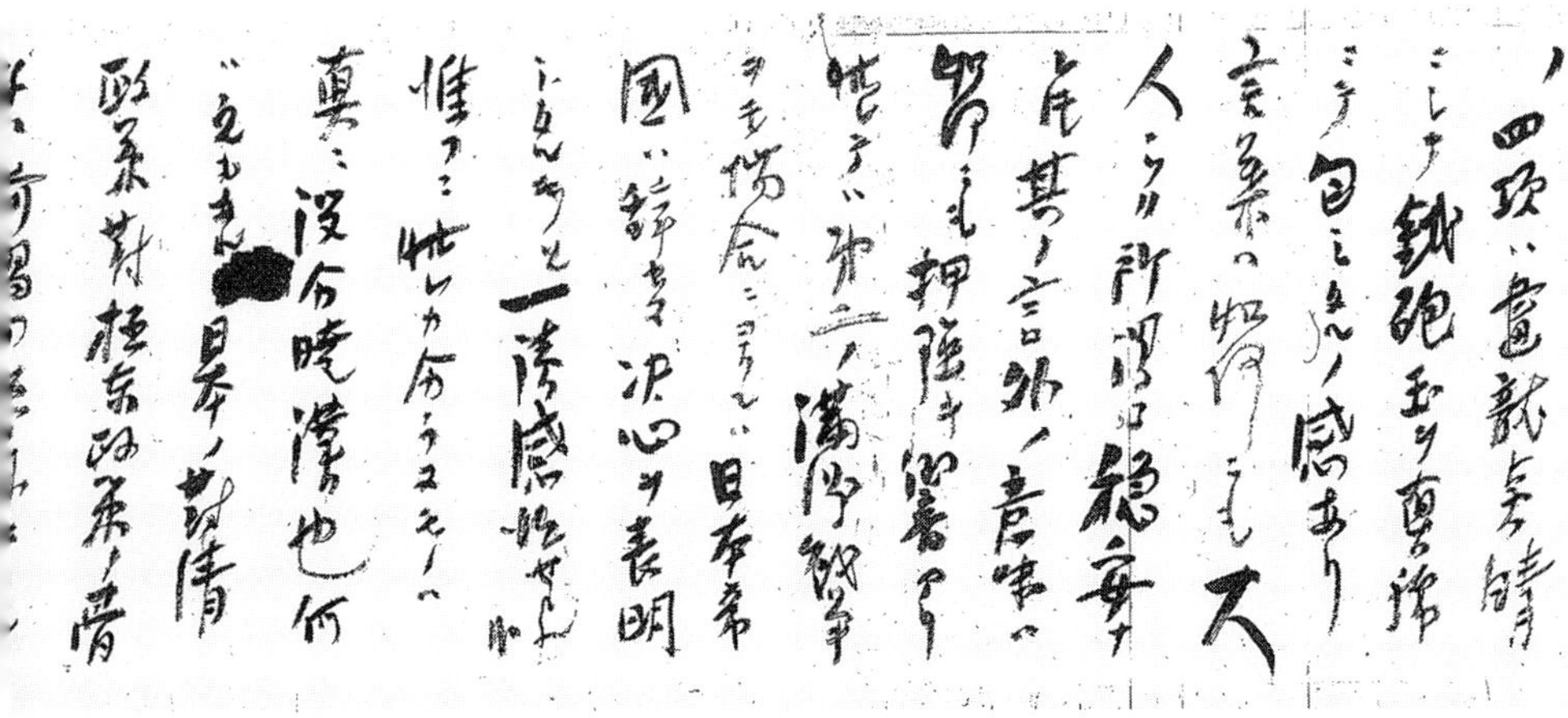

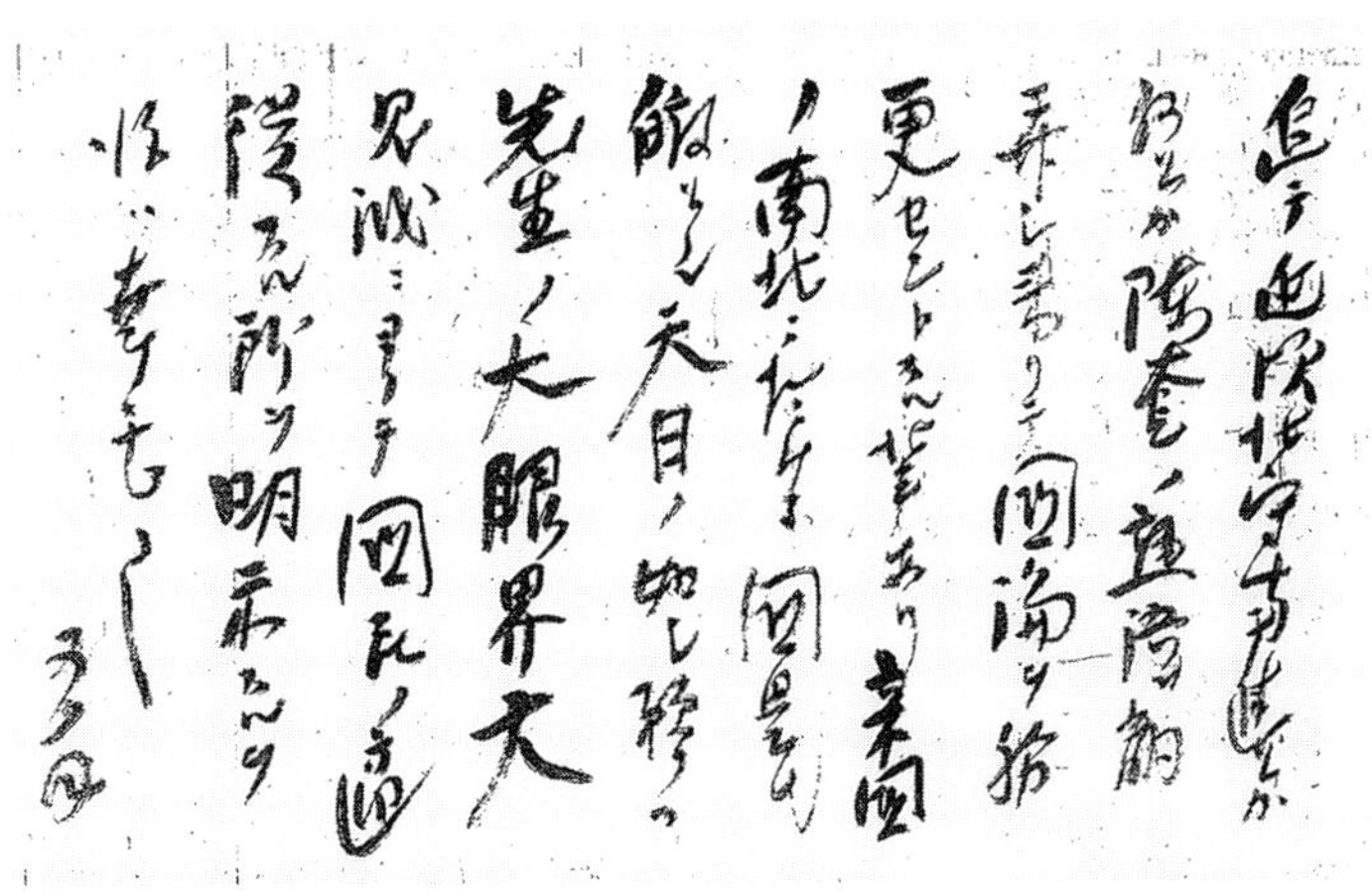

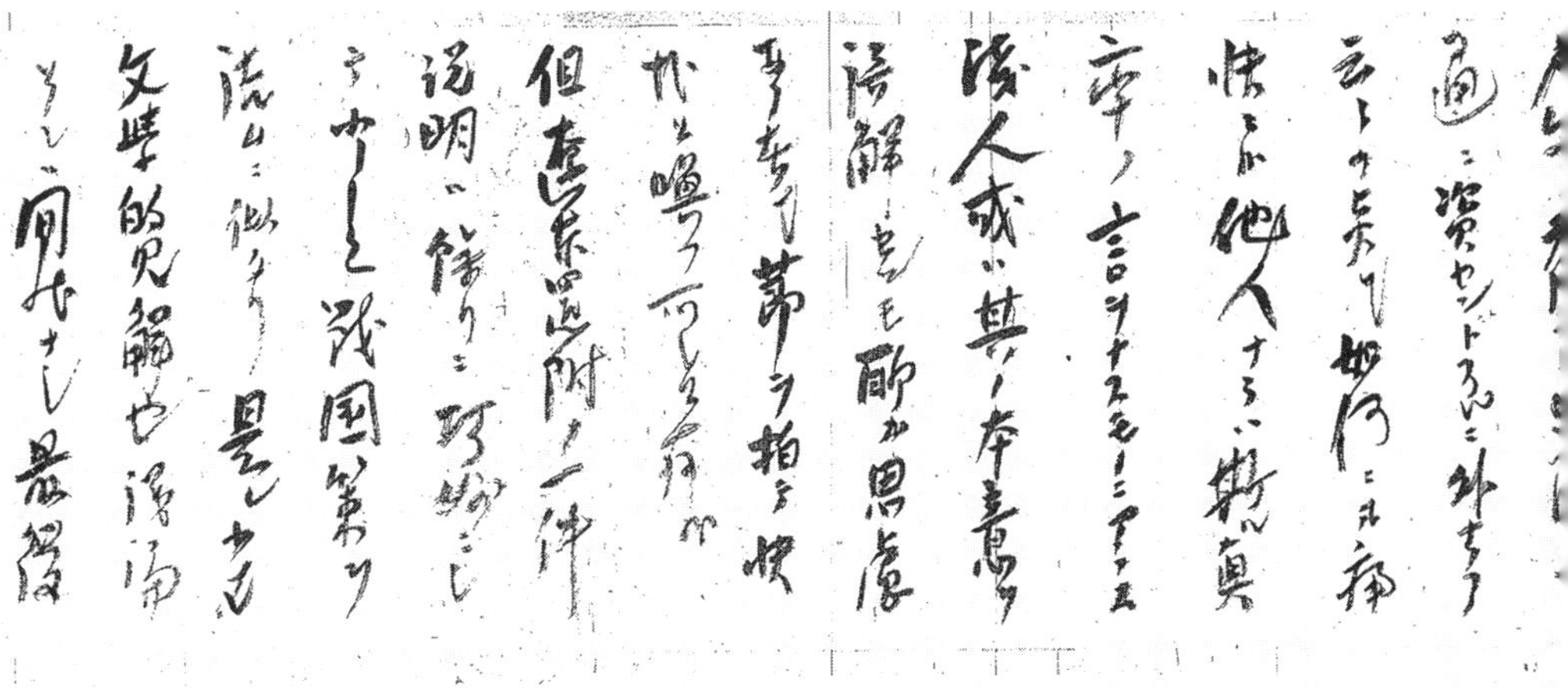

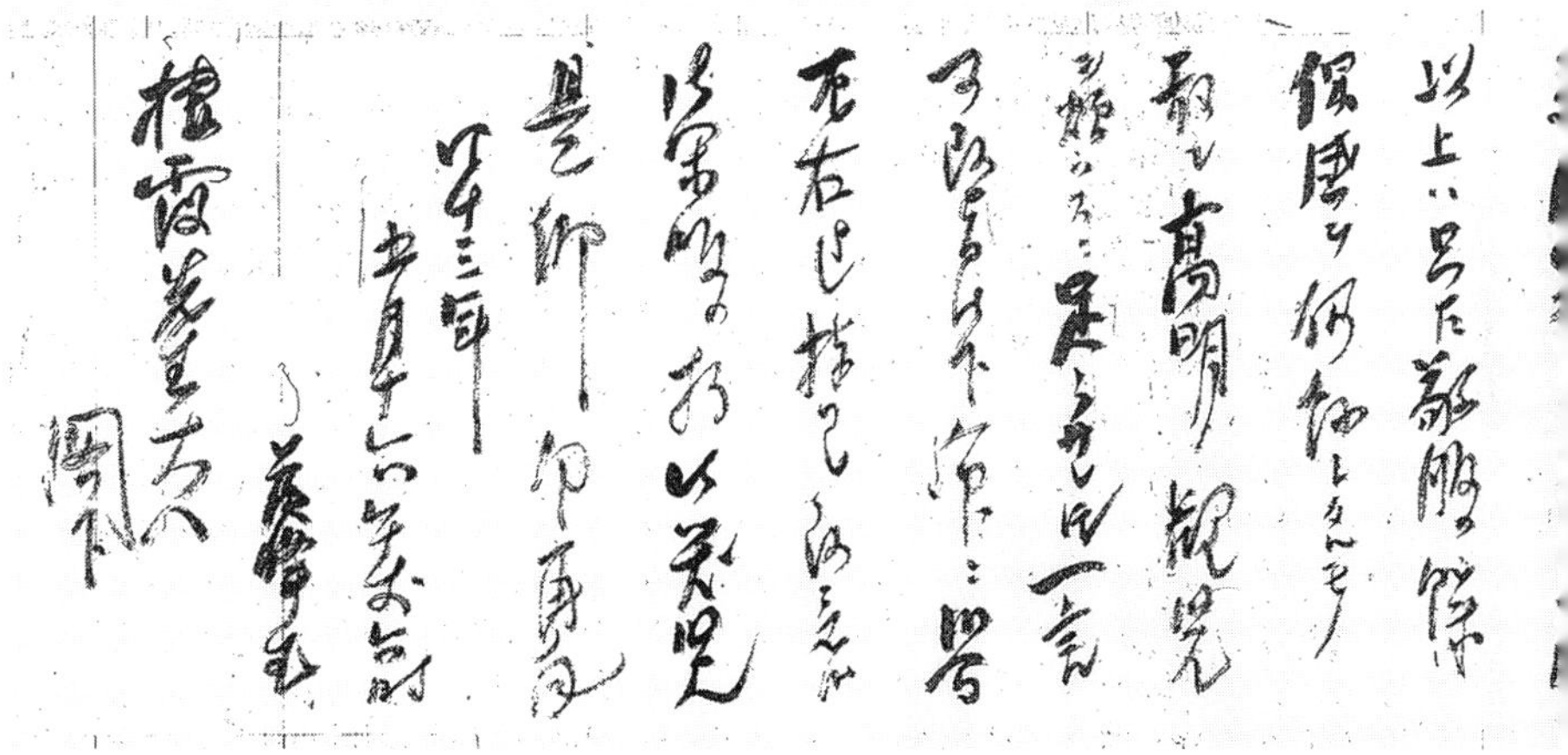

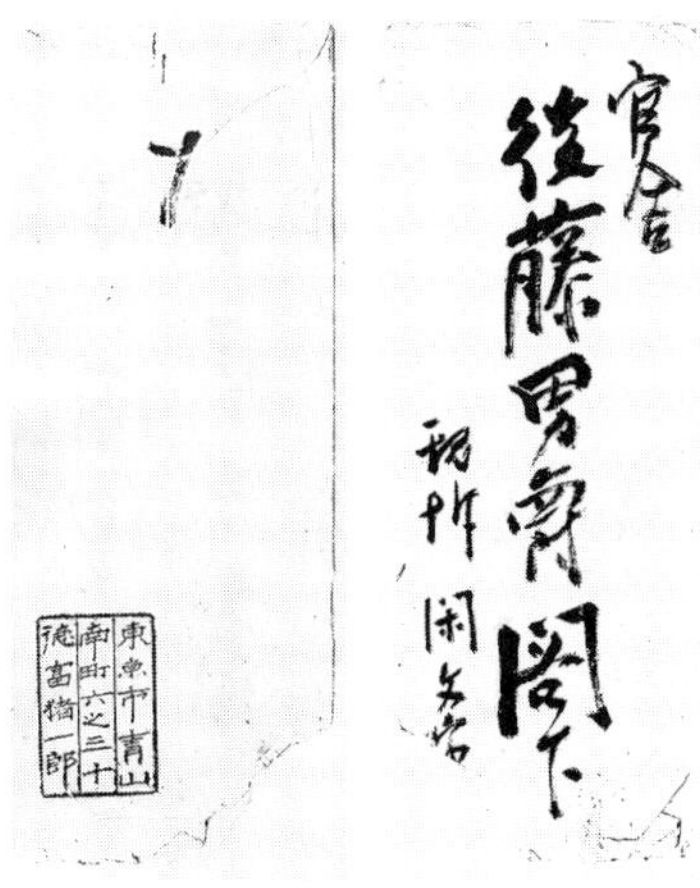

官舎
後藤男爵閣下

東京市青山
南町六之三十
徳富猪一郎

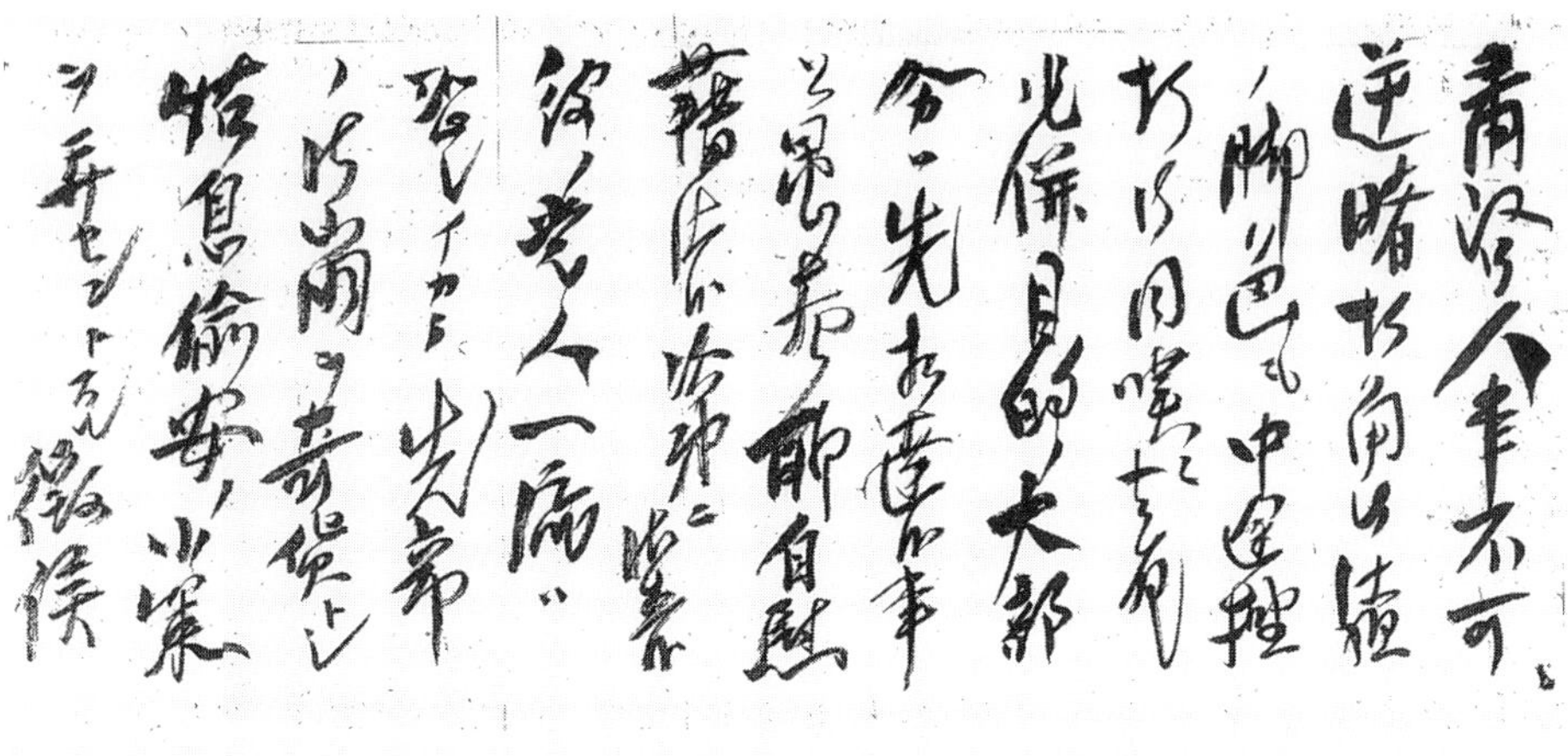

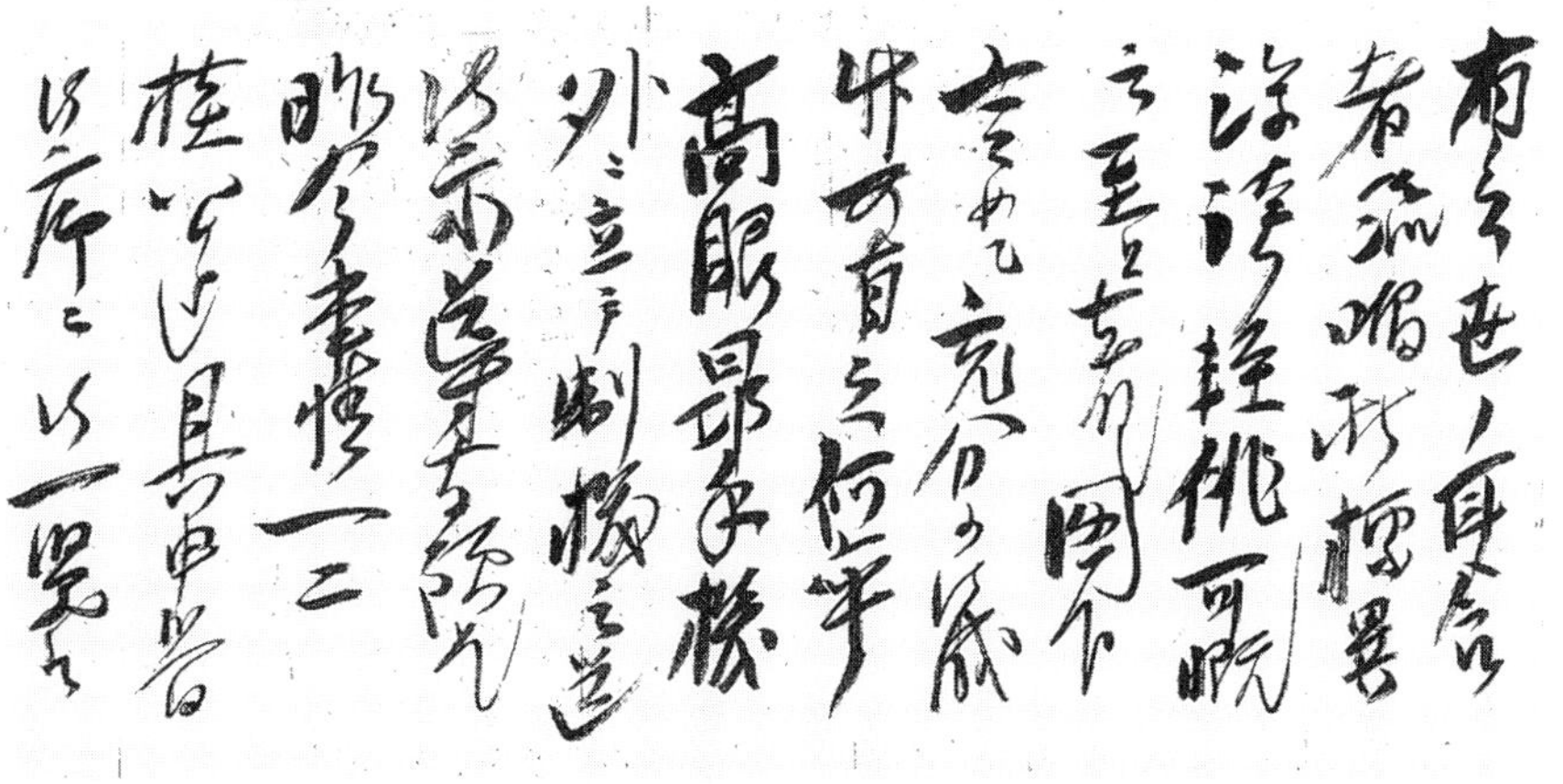

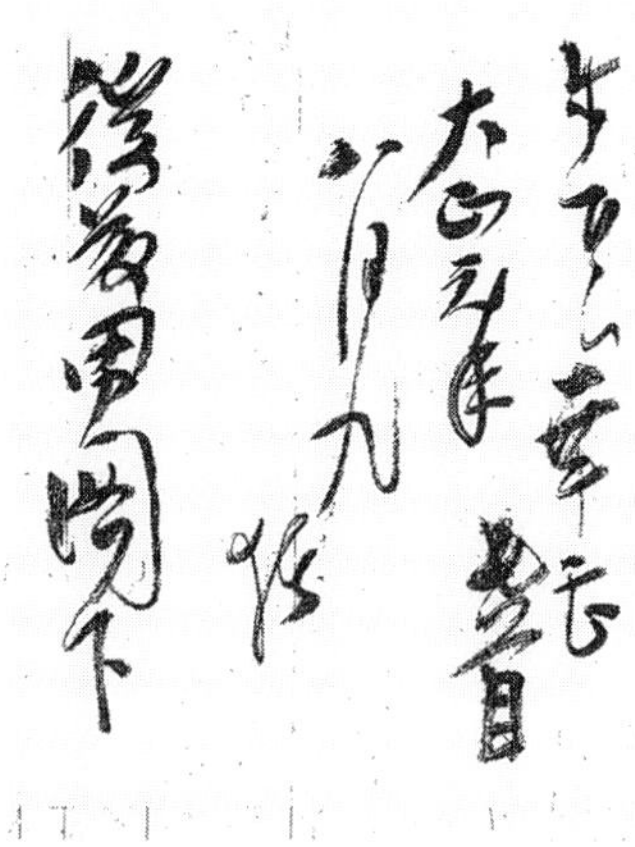

大正　年　月　日
東京市京橋區日吉町二十番地
國民新聞社

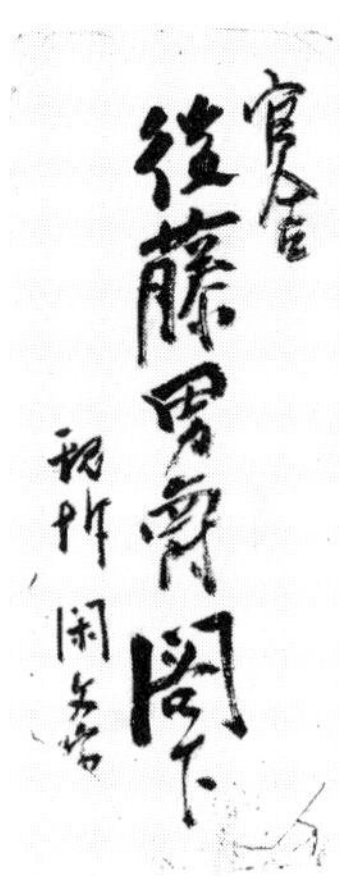

大正四（一九一五）年一月（直筆の印刷書簡）

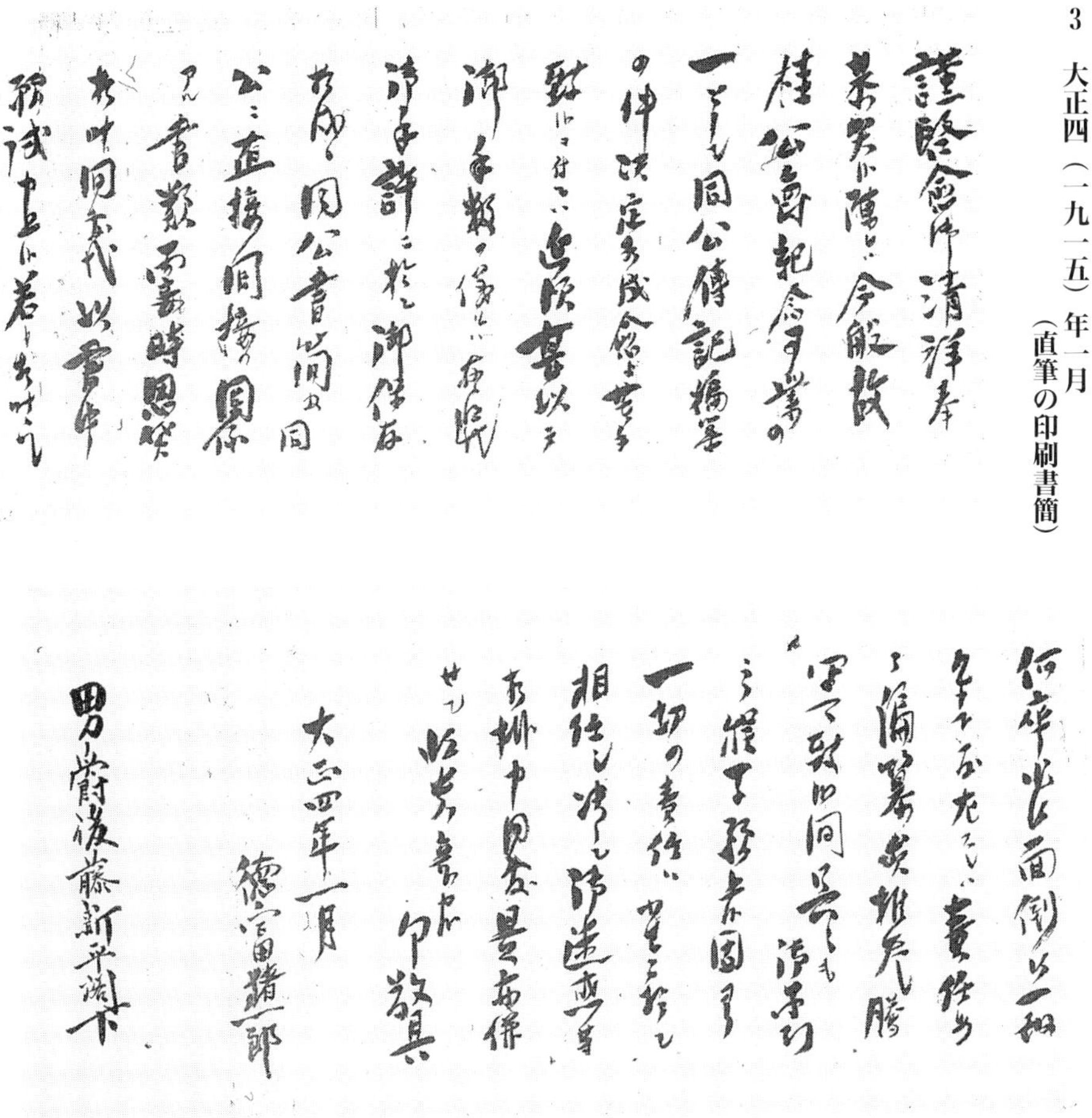

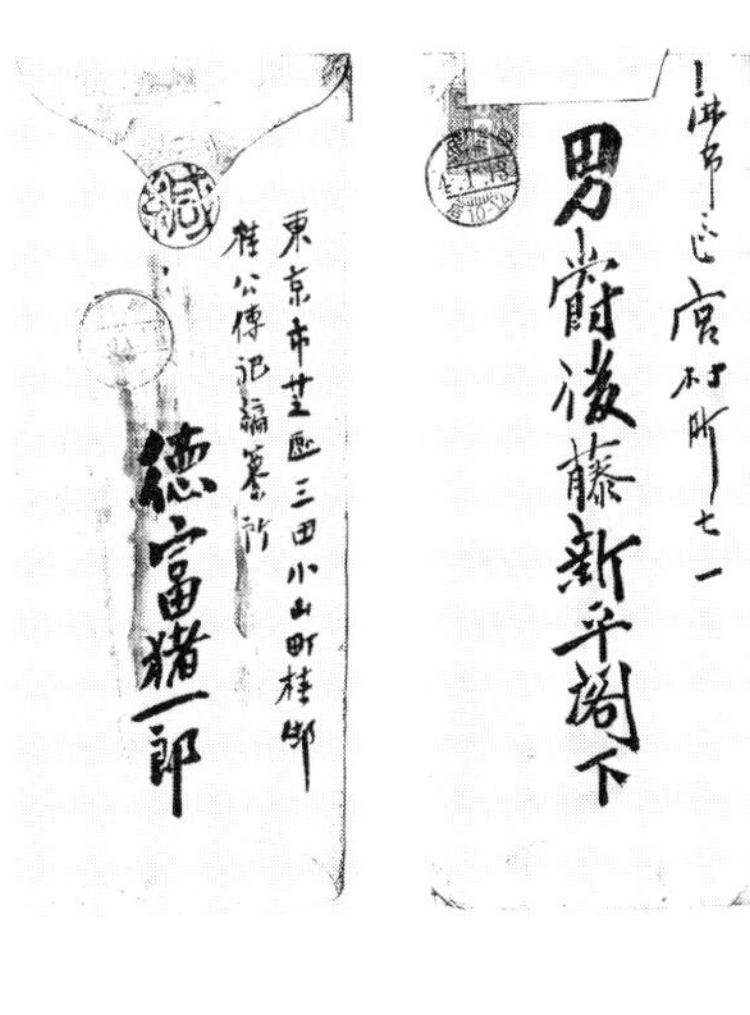

4 大正五（一九一六）年二月五日

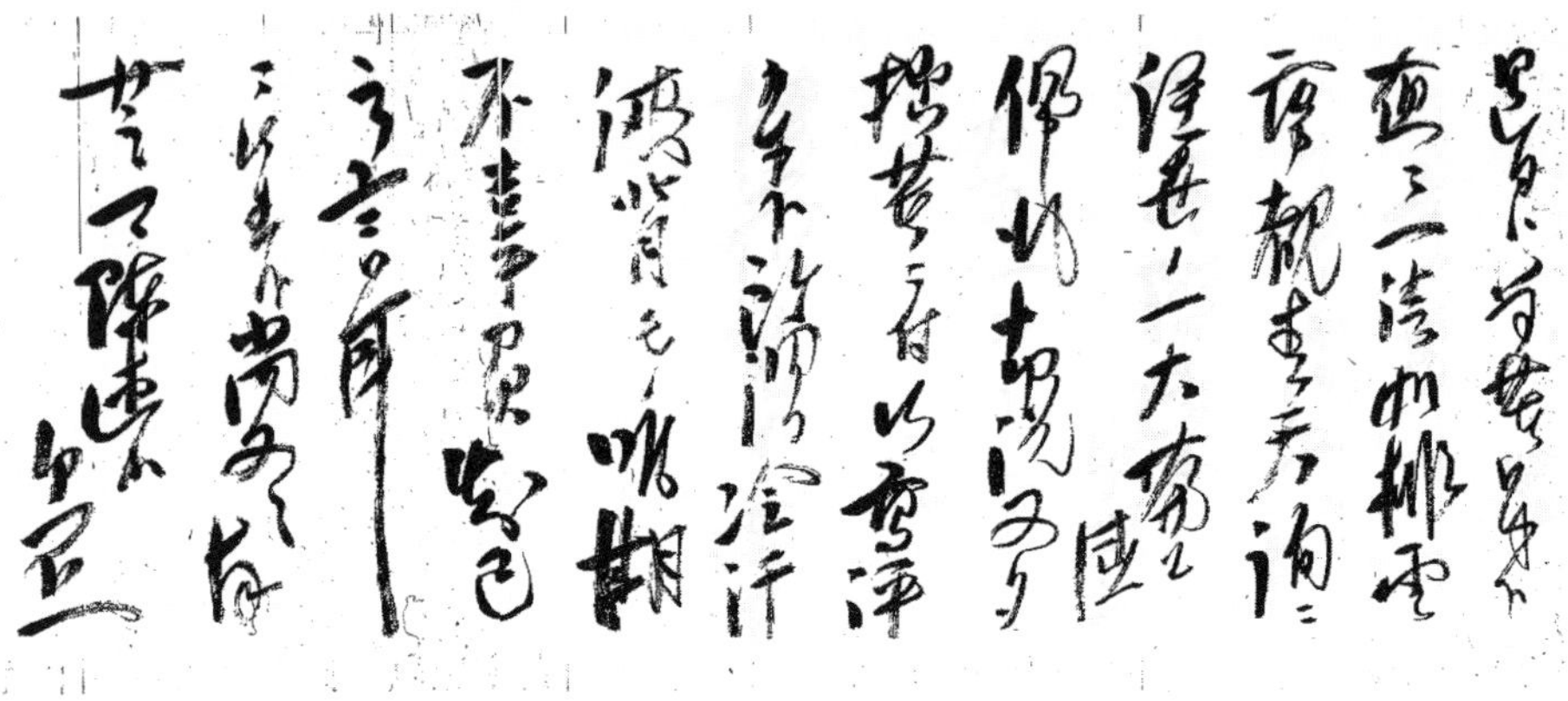

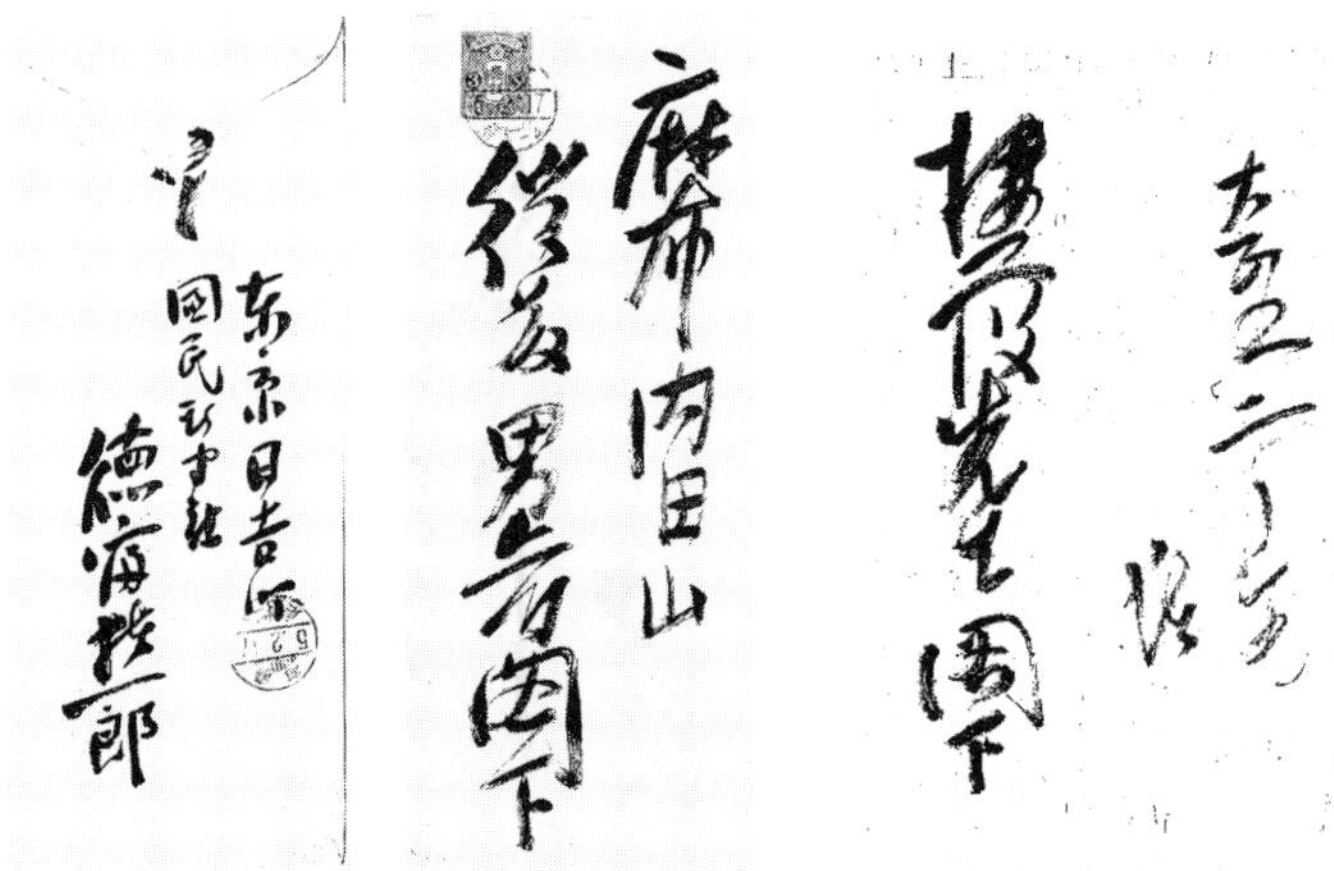

5 大正六（一九一七）年二月二十四日

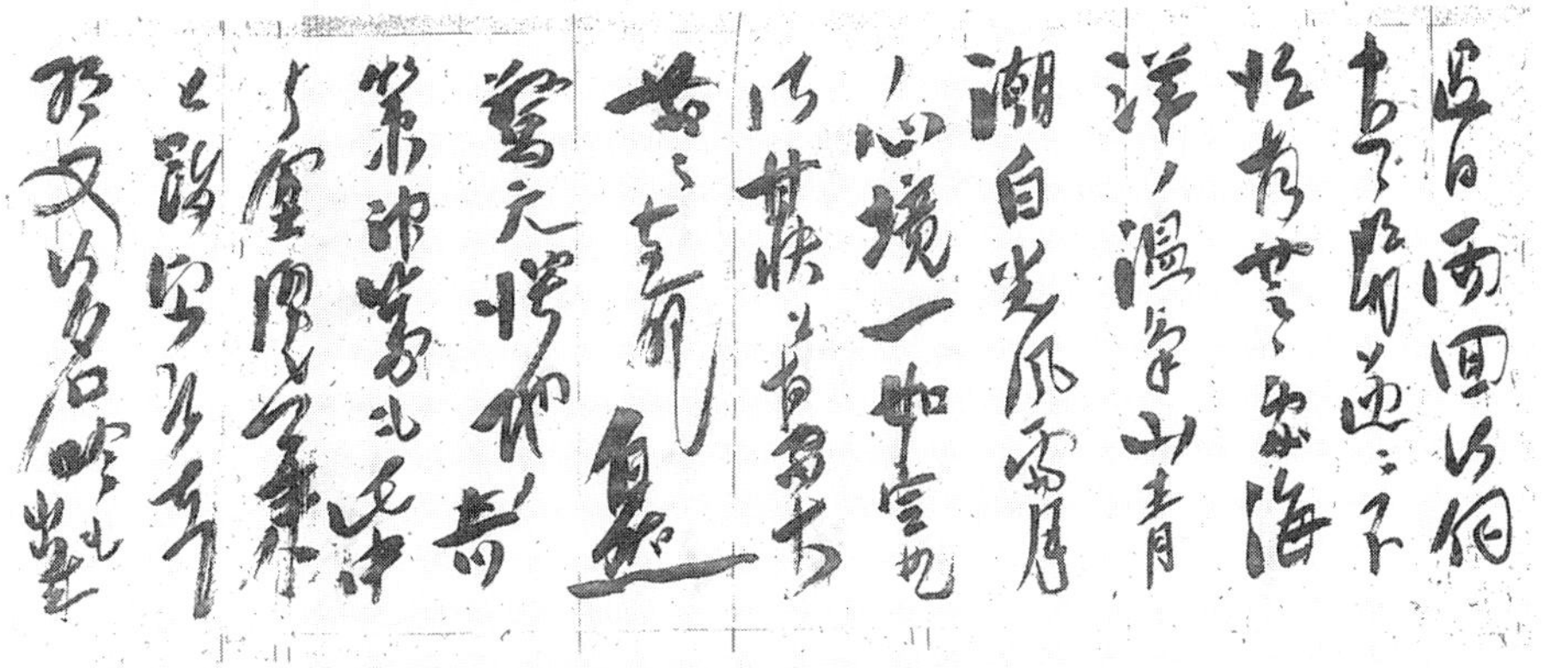

6 大正七（一九一八）年四月二十三日

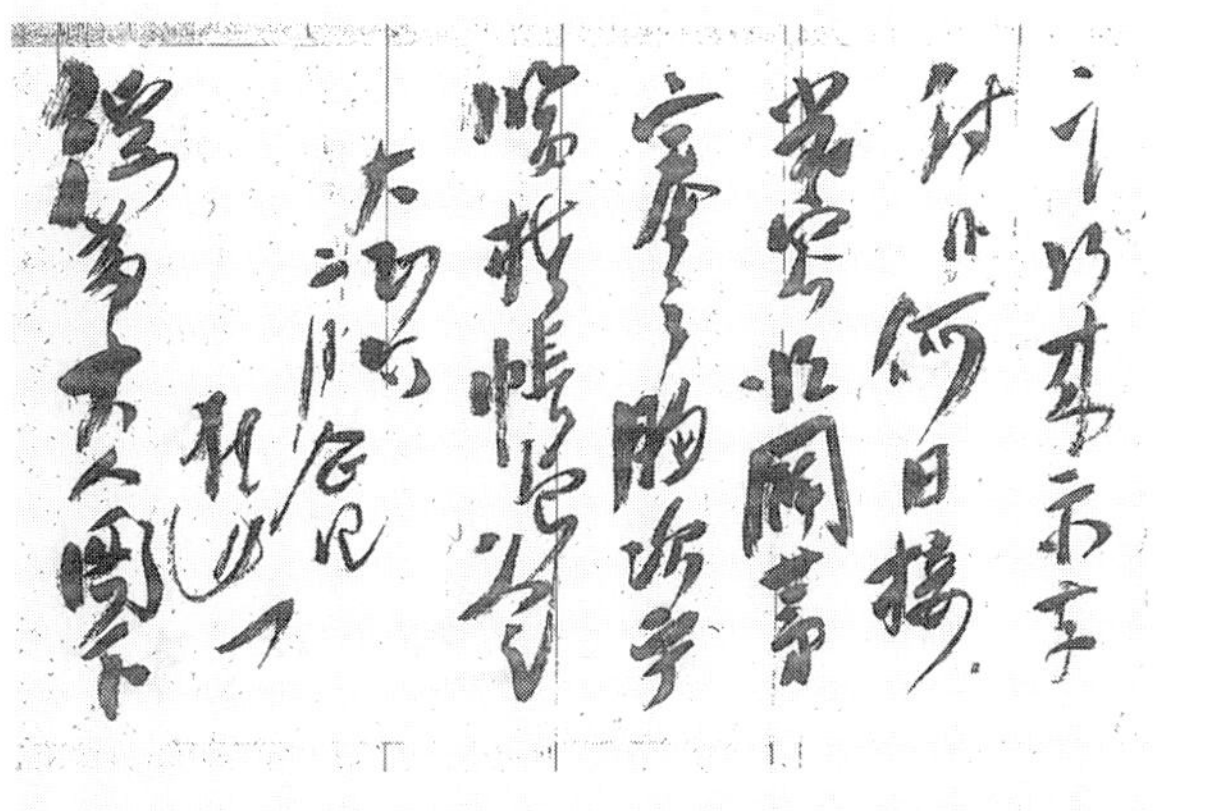

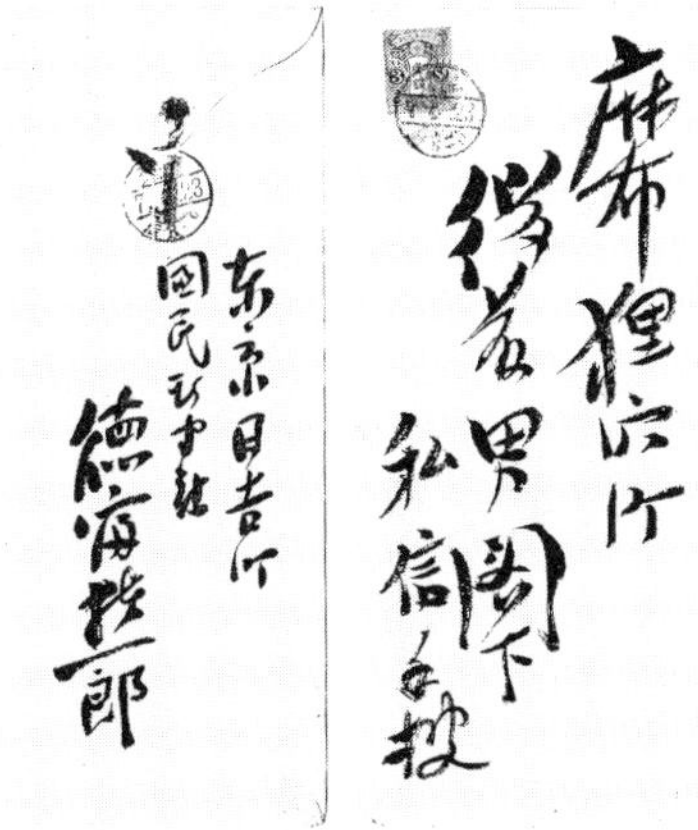

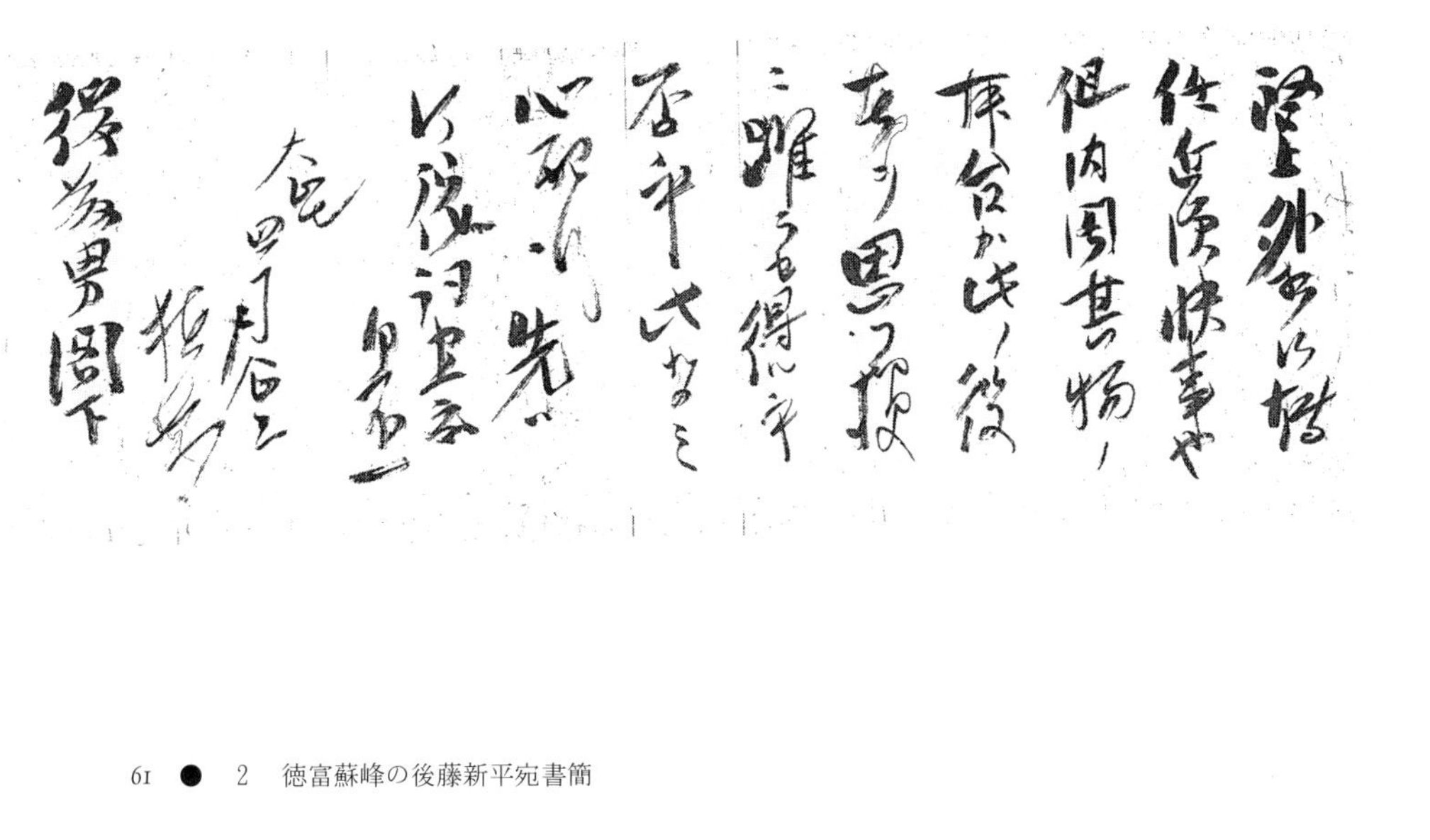

7 大正九（一九二〇）年二月二十六日

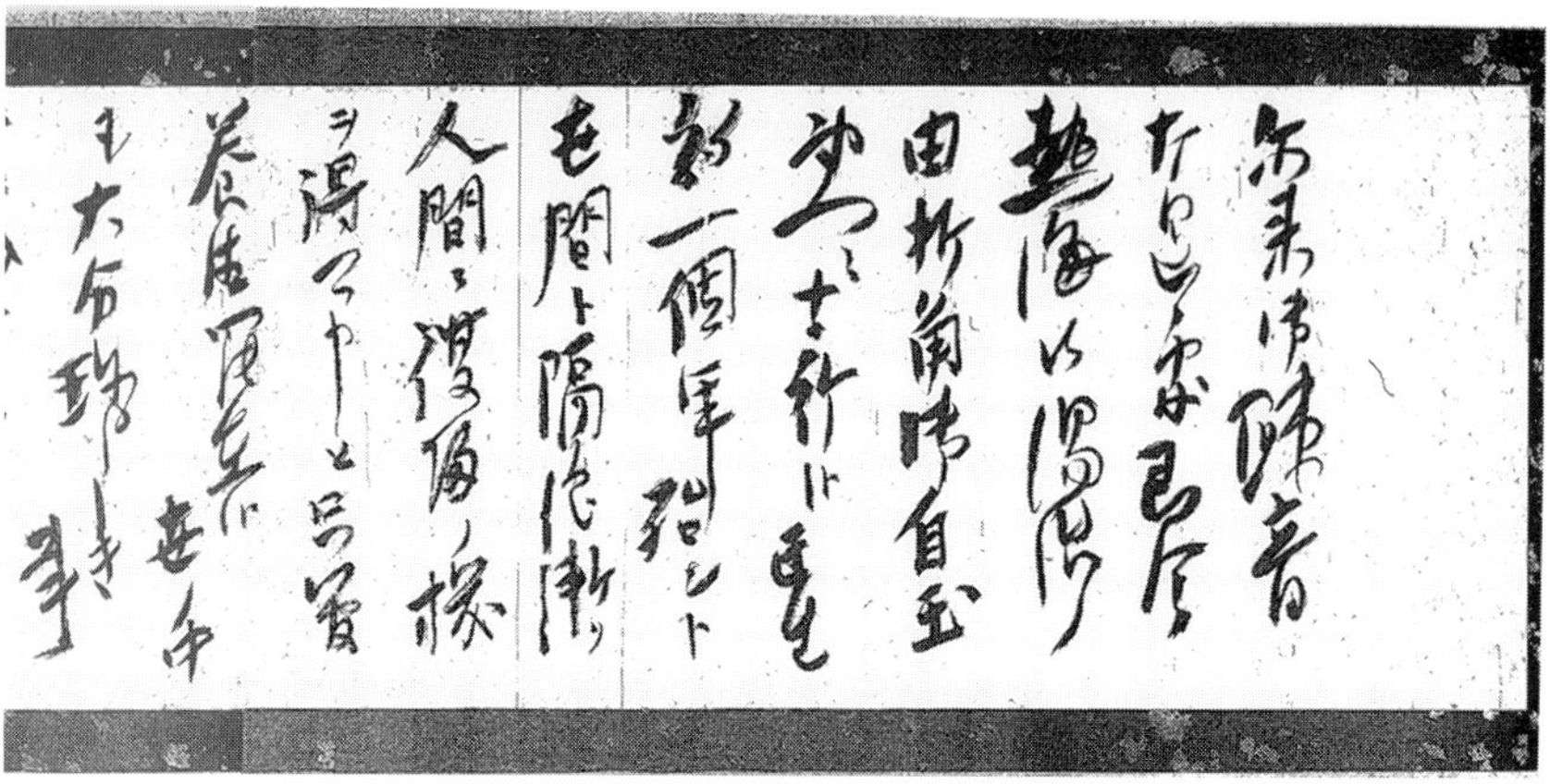

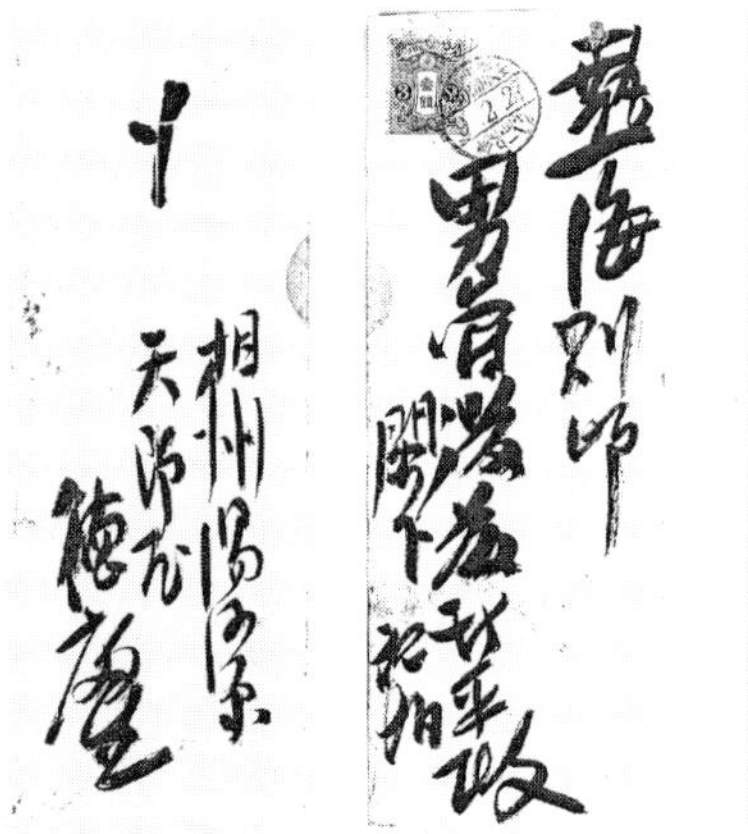

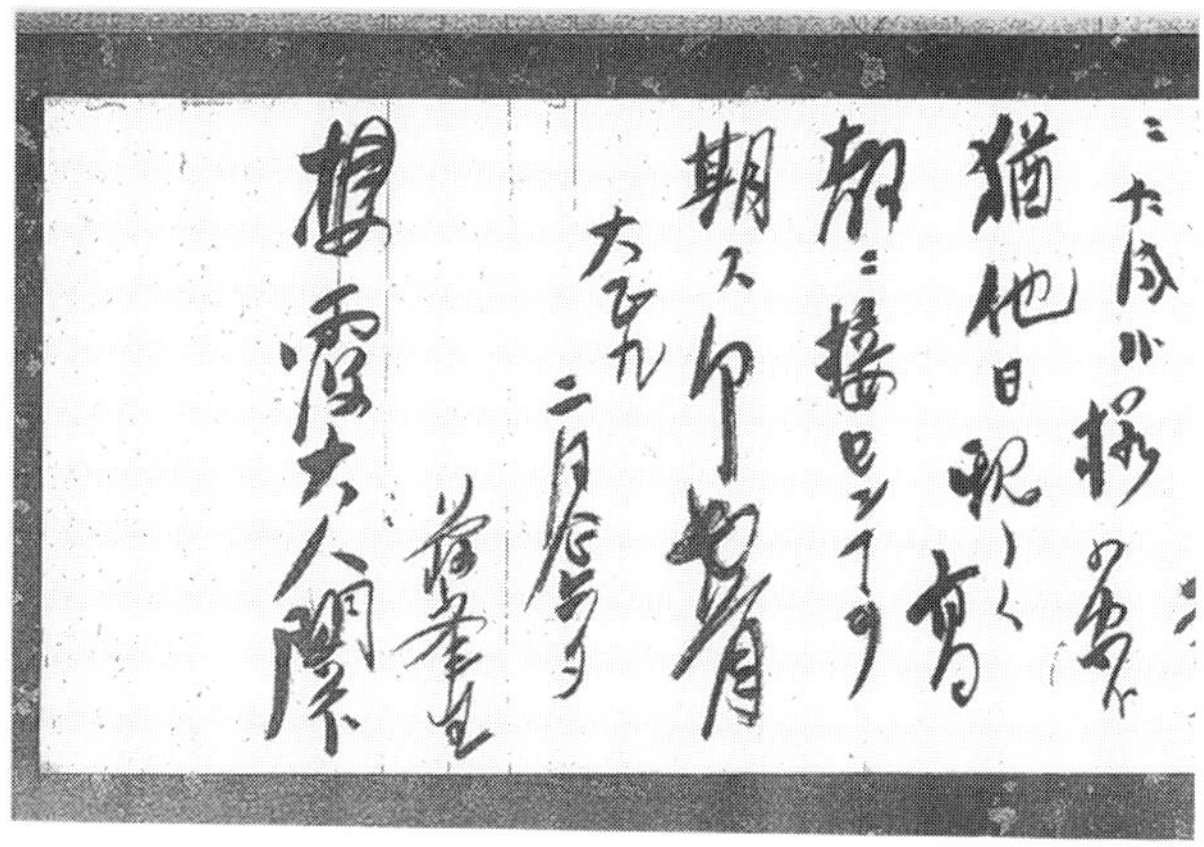

8 大正九（一九二〇）年三月六日

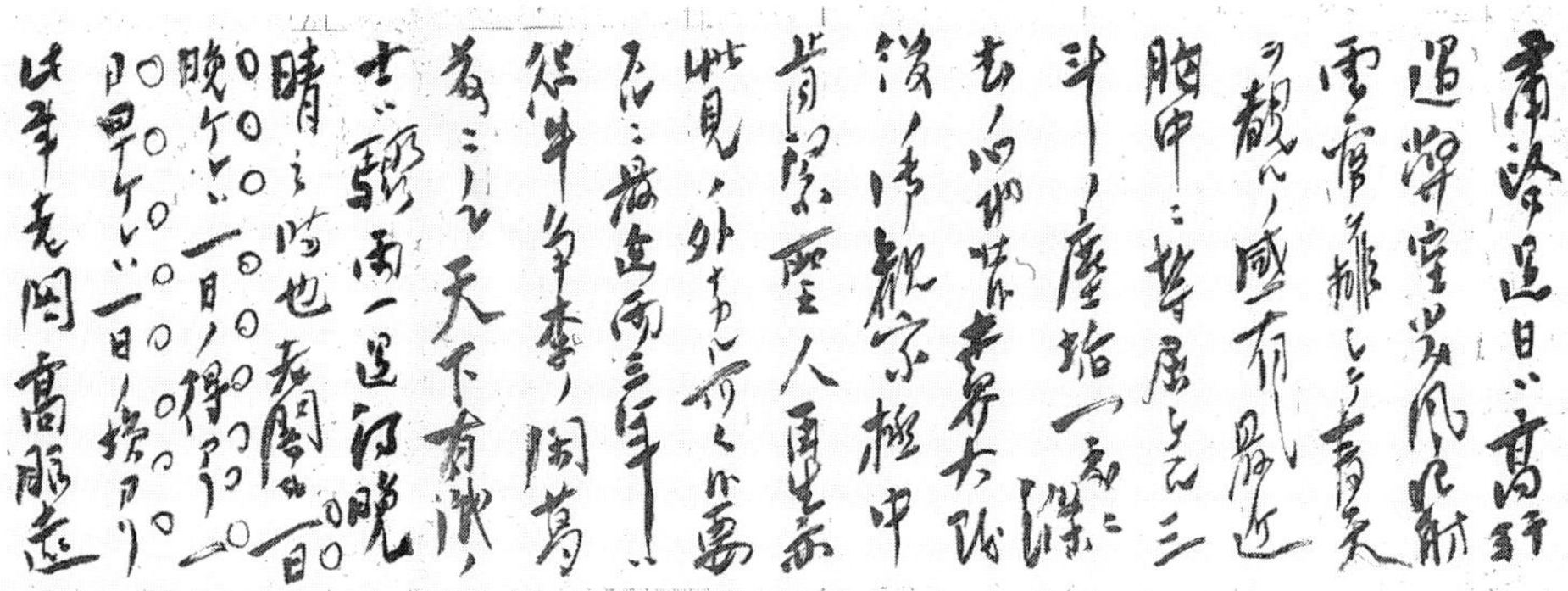

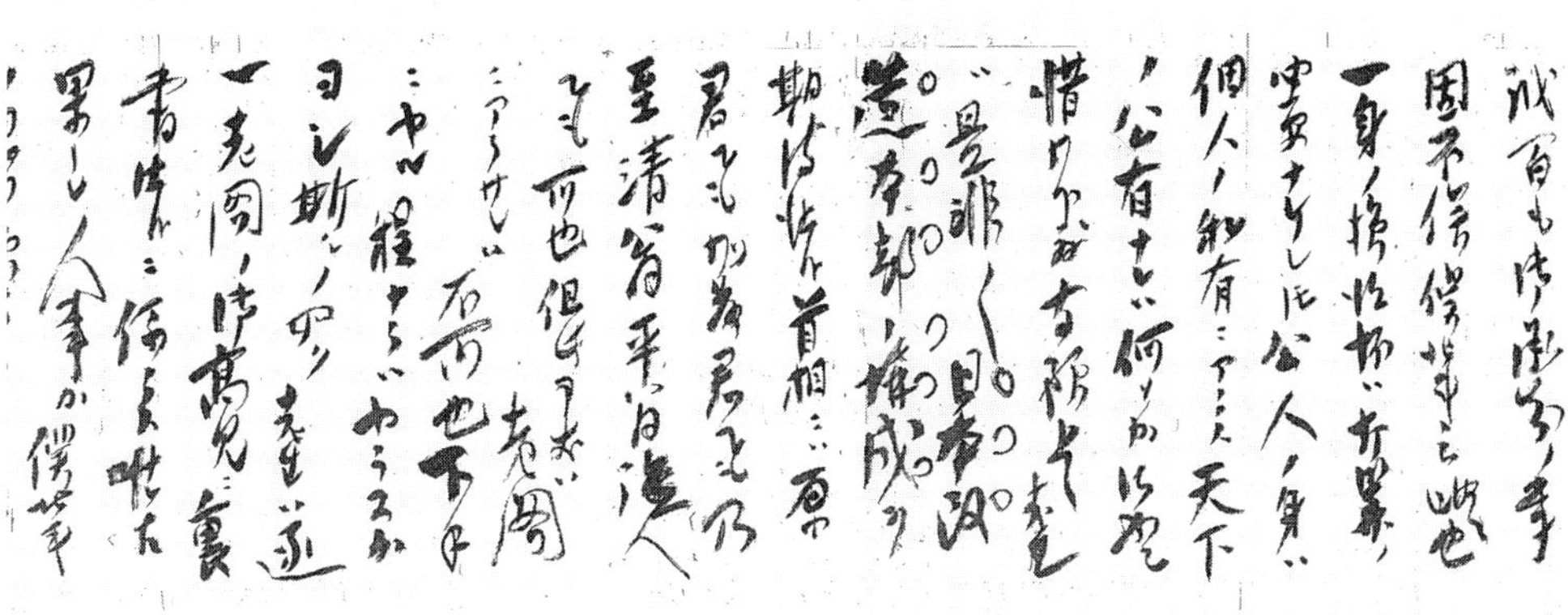

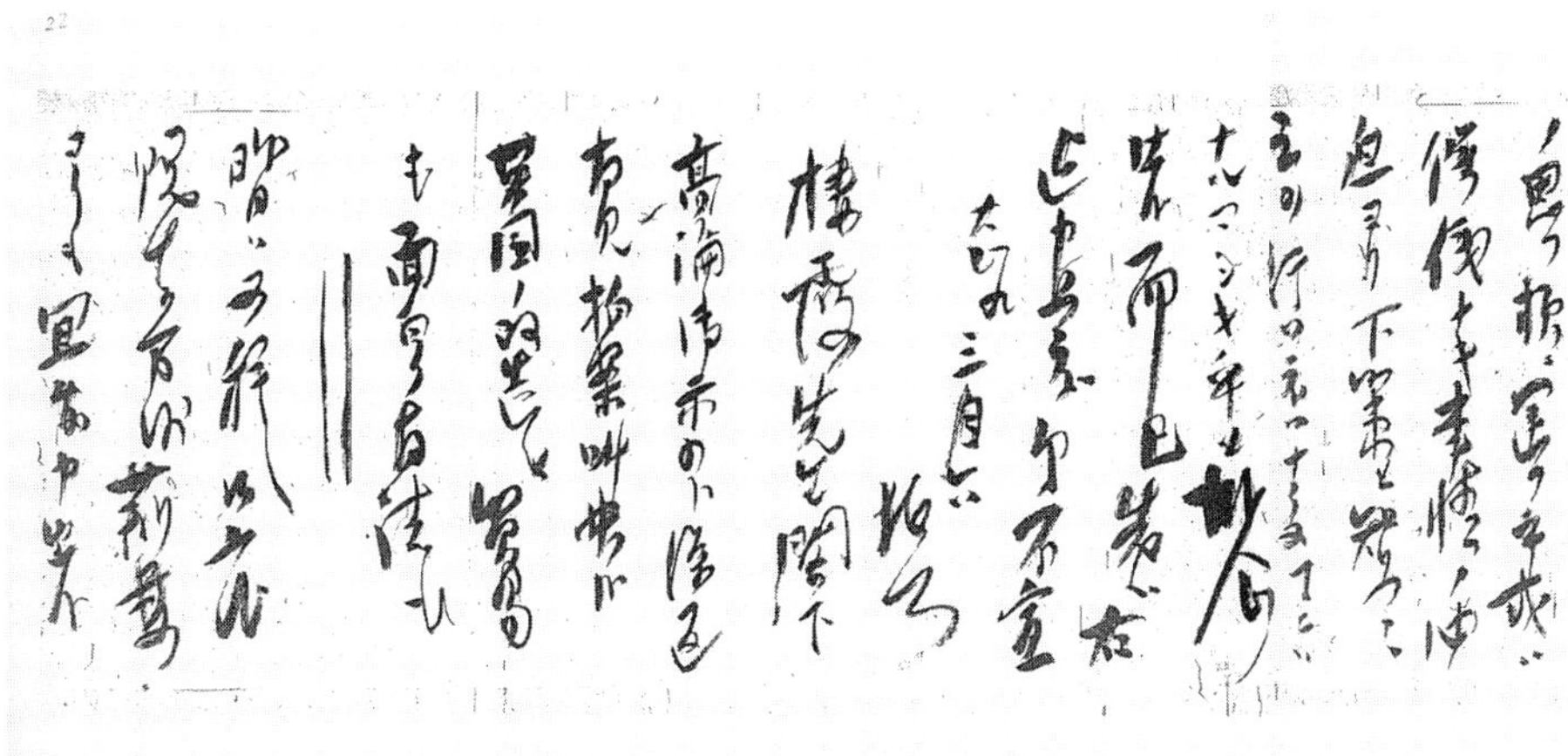

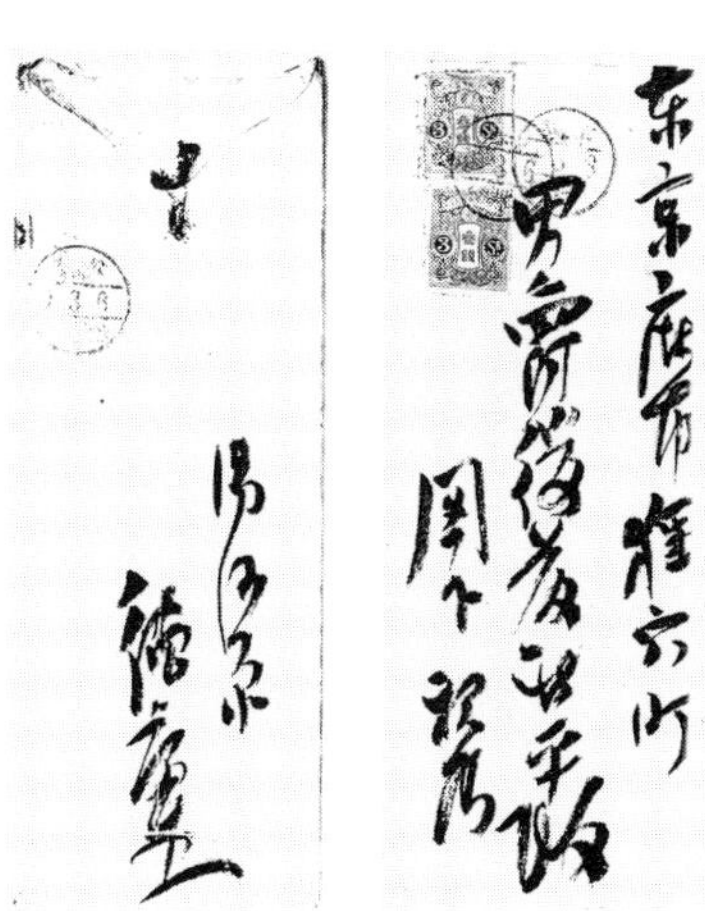
東京麻布狸穴町
男爵後藤新平殿
閣下 親展

湯河原
徳富生

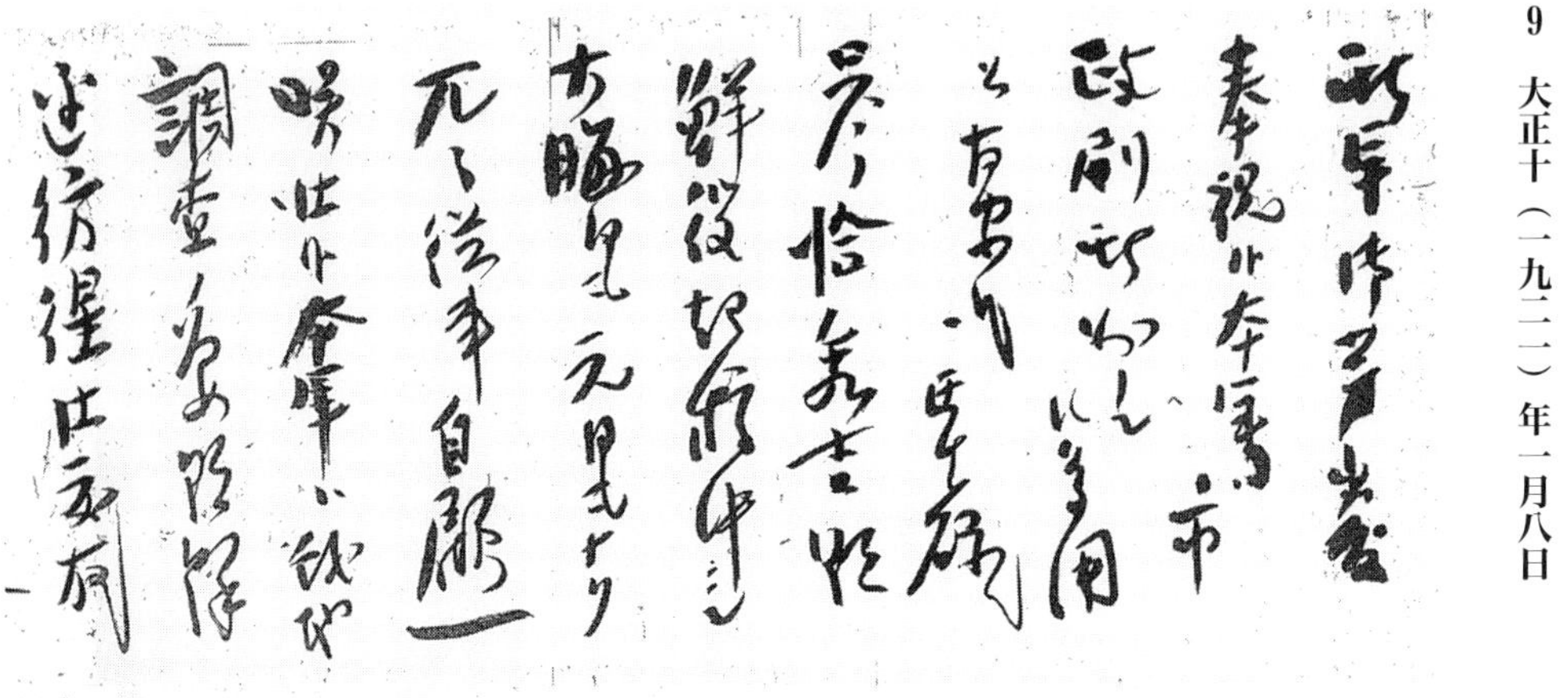

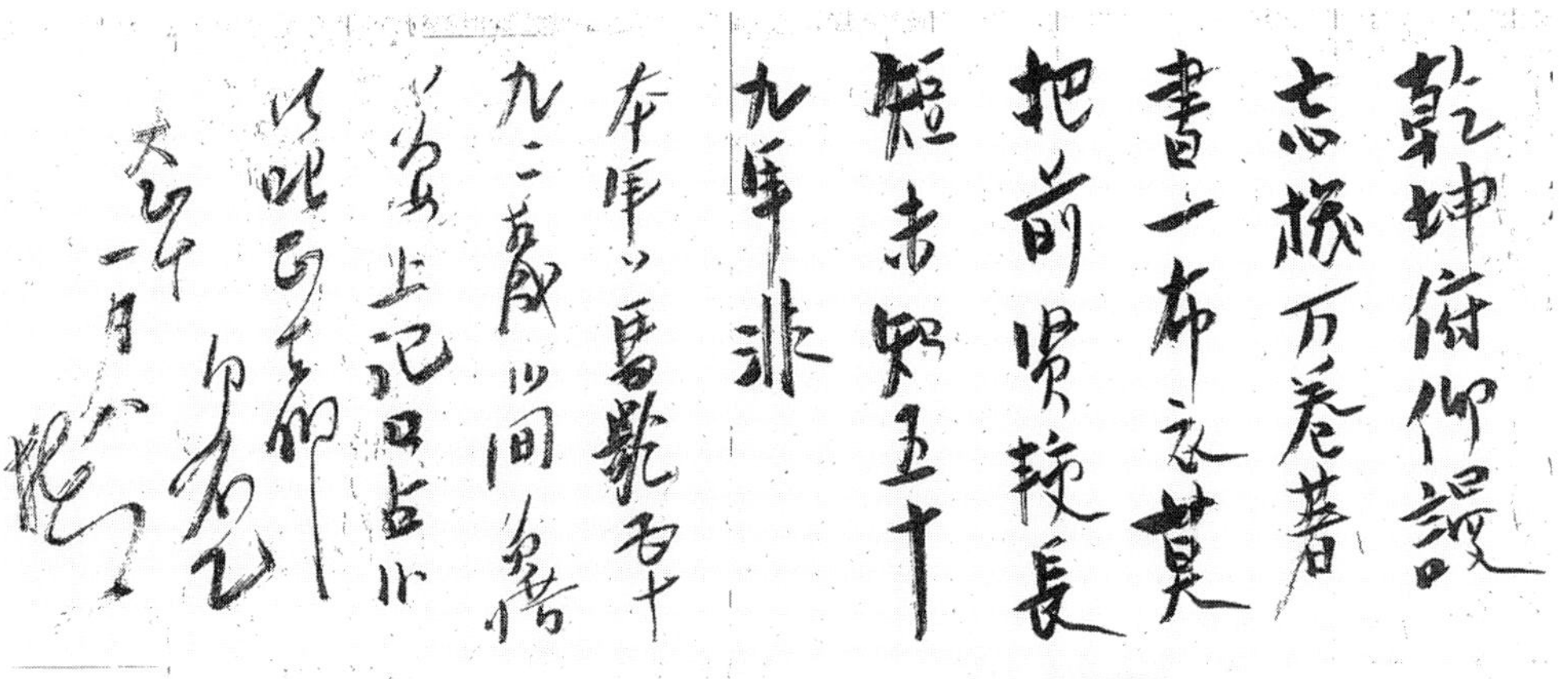

乾坤俯仰謾
志機万巻
書一布衣莫
把前賢較長
短古稀五十
九年非

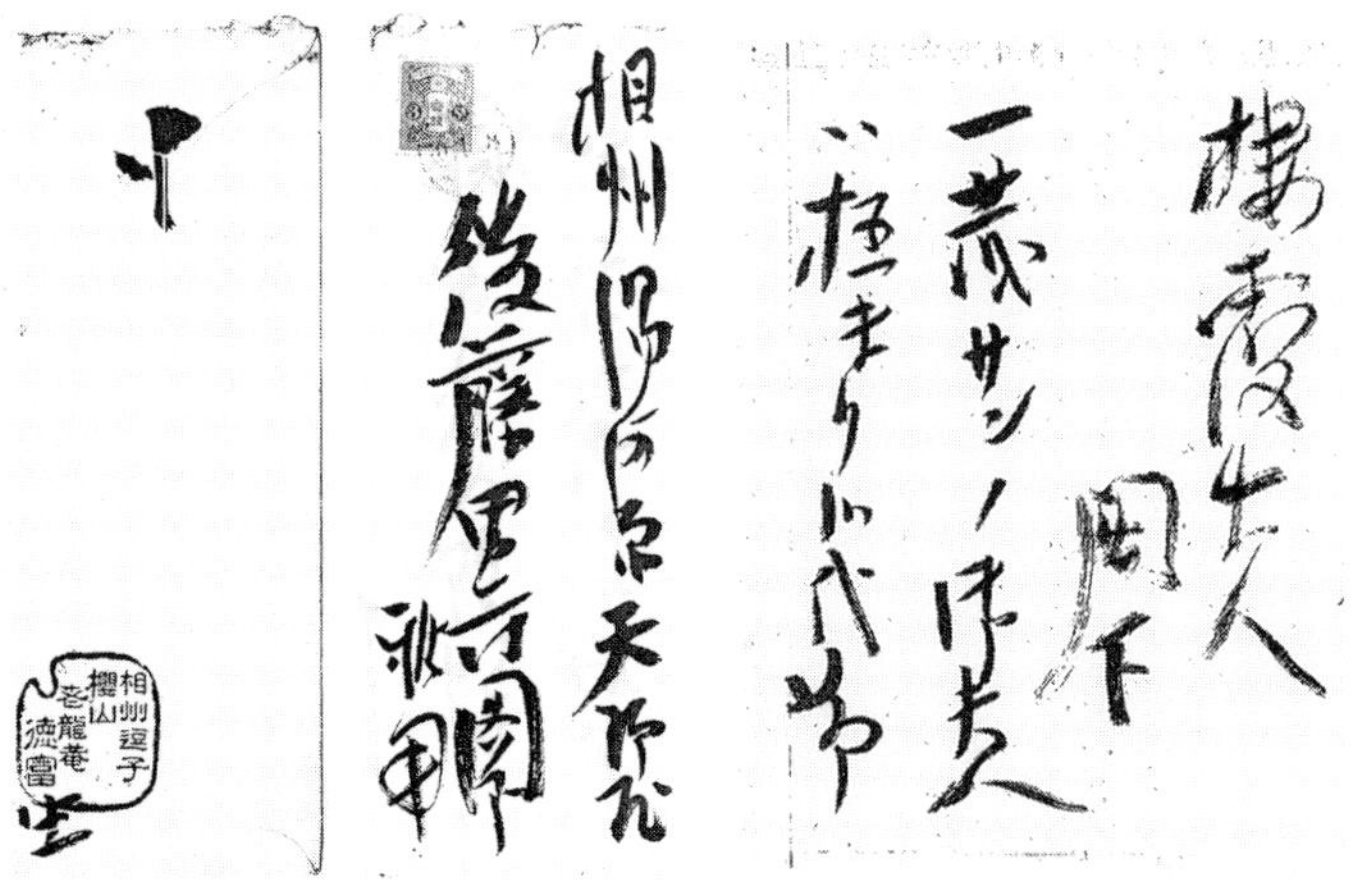

相州逗子
櫻山
老龍庵
徳富

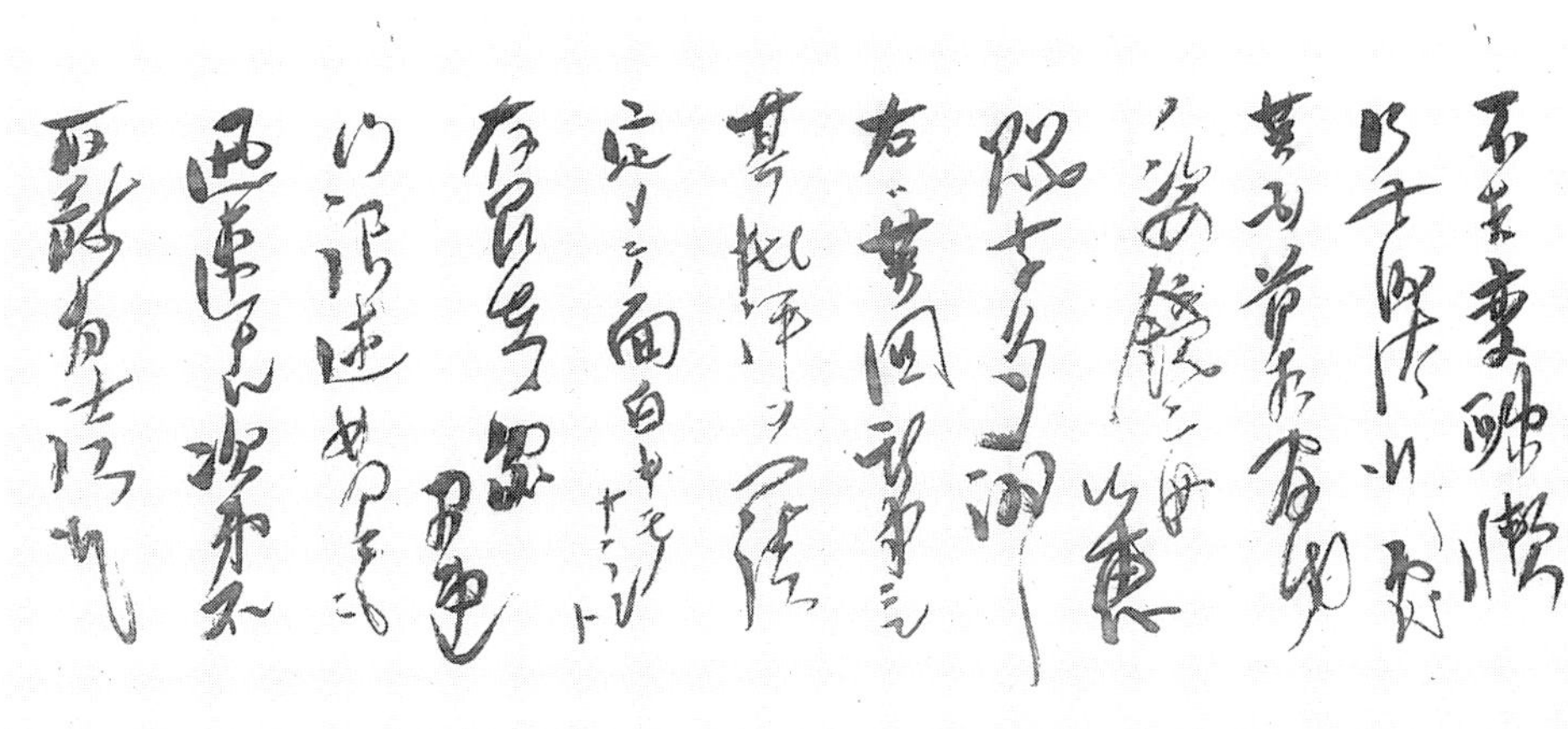

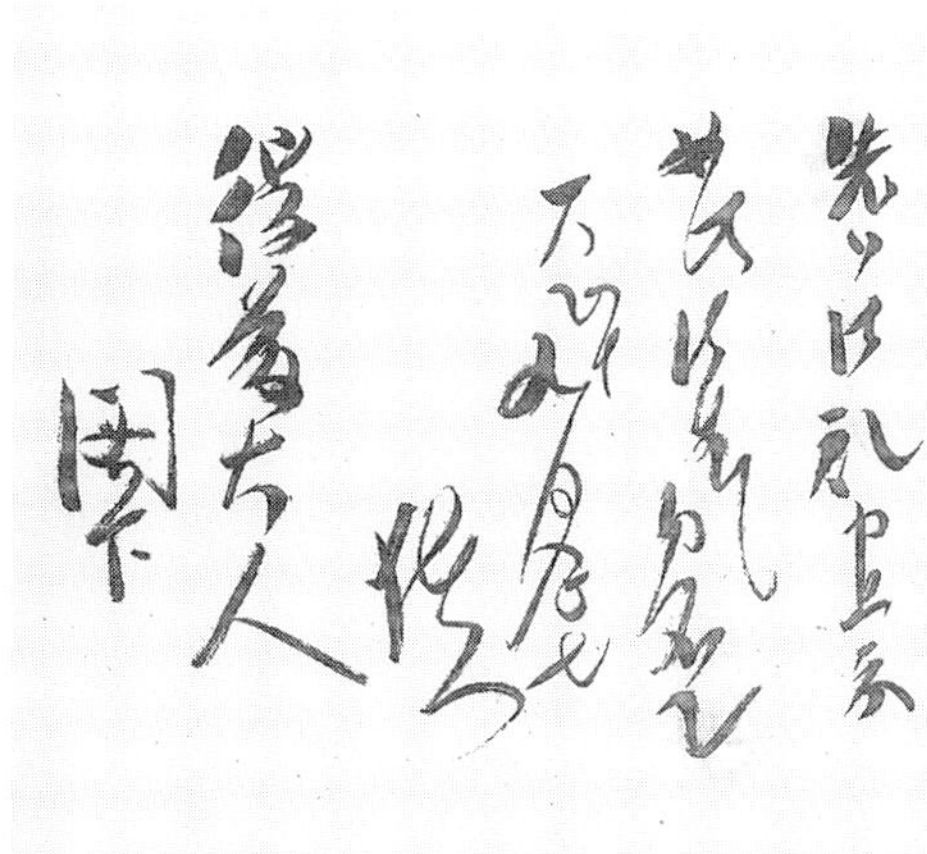

11 大正十（一九二二）年十一月二十一日

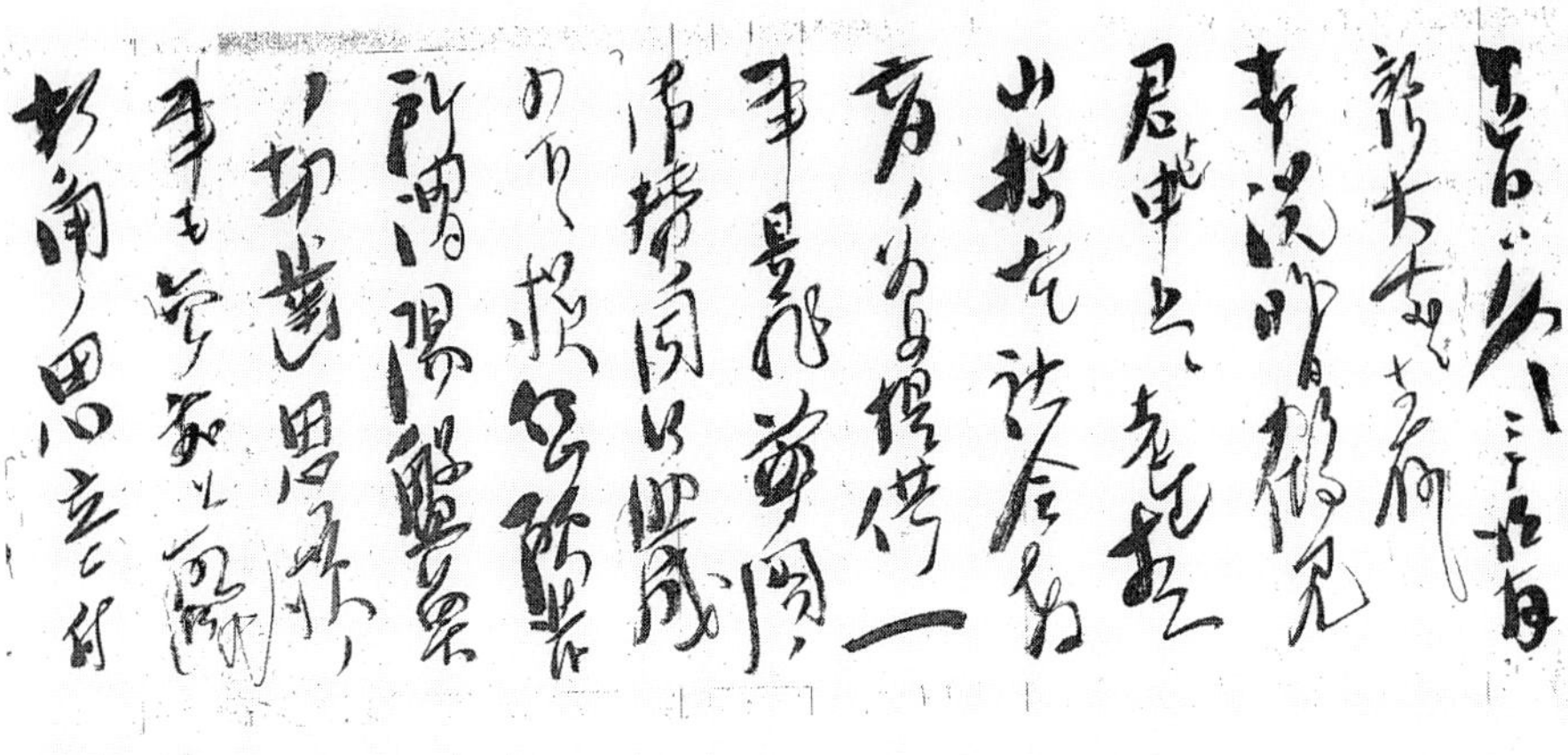

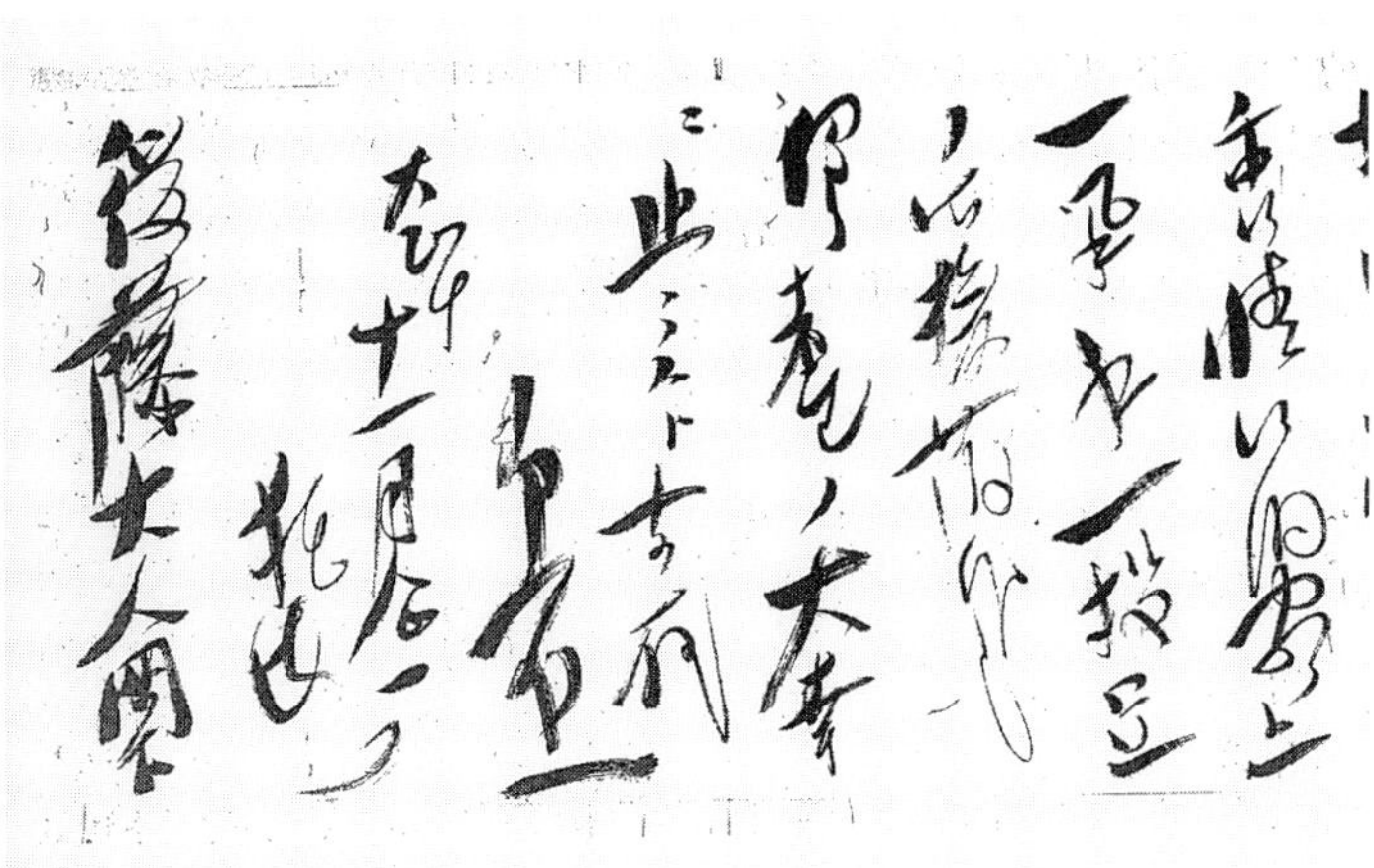

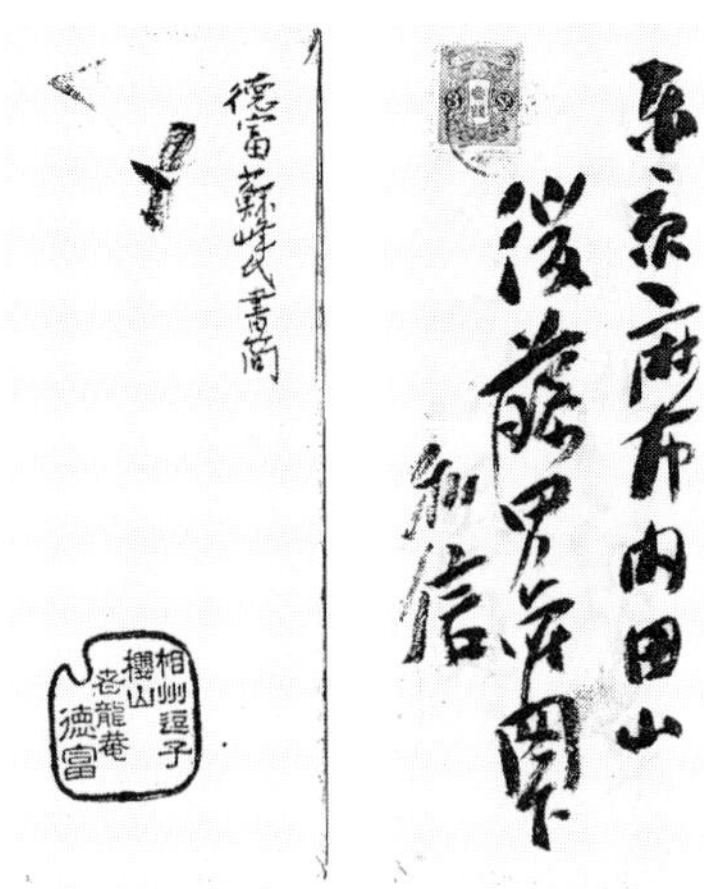
東京麻布内田山
後藤男爵閣下
親信

徳富蘇峰氏書簡

相州逗子
櫻山
老龍菴
徳富

12 大正十三（一九二四）年七月九日

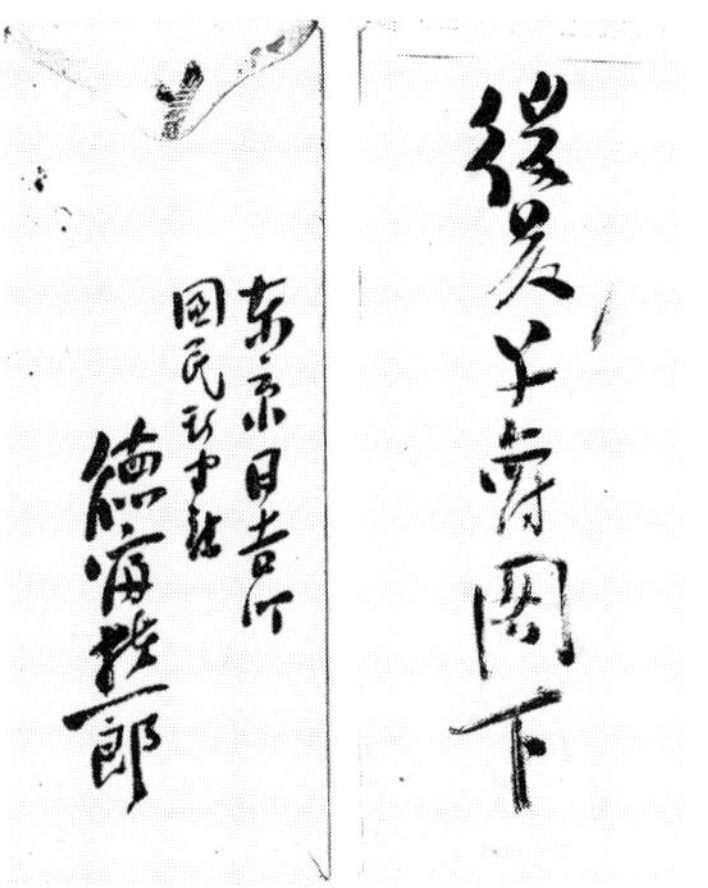
後藤子爵閣下

東京日吉町
国民新聞社
徳富猪一郎

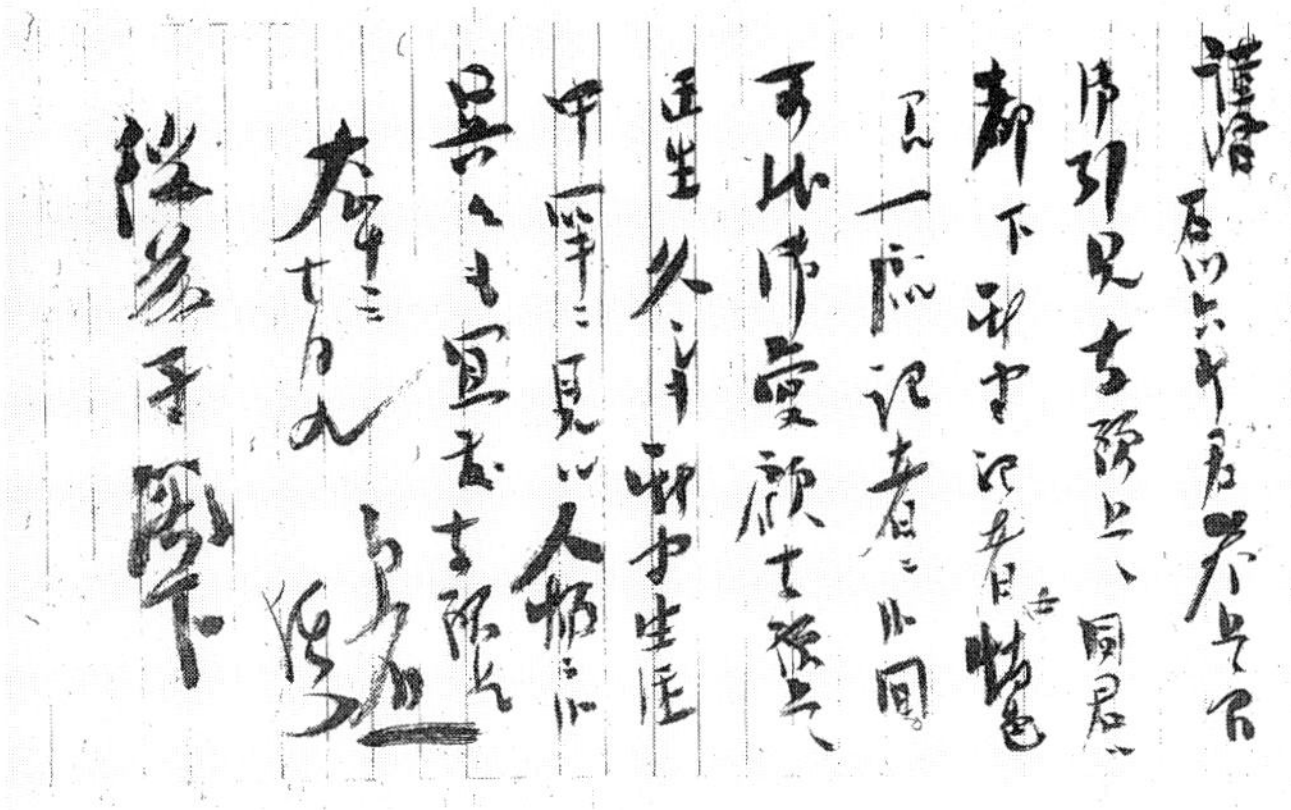

13　大正十四（一九二五）年二月五日

14　大正十四（一九二五）年九月十二日

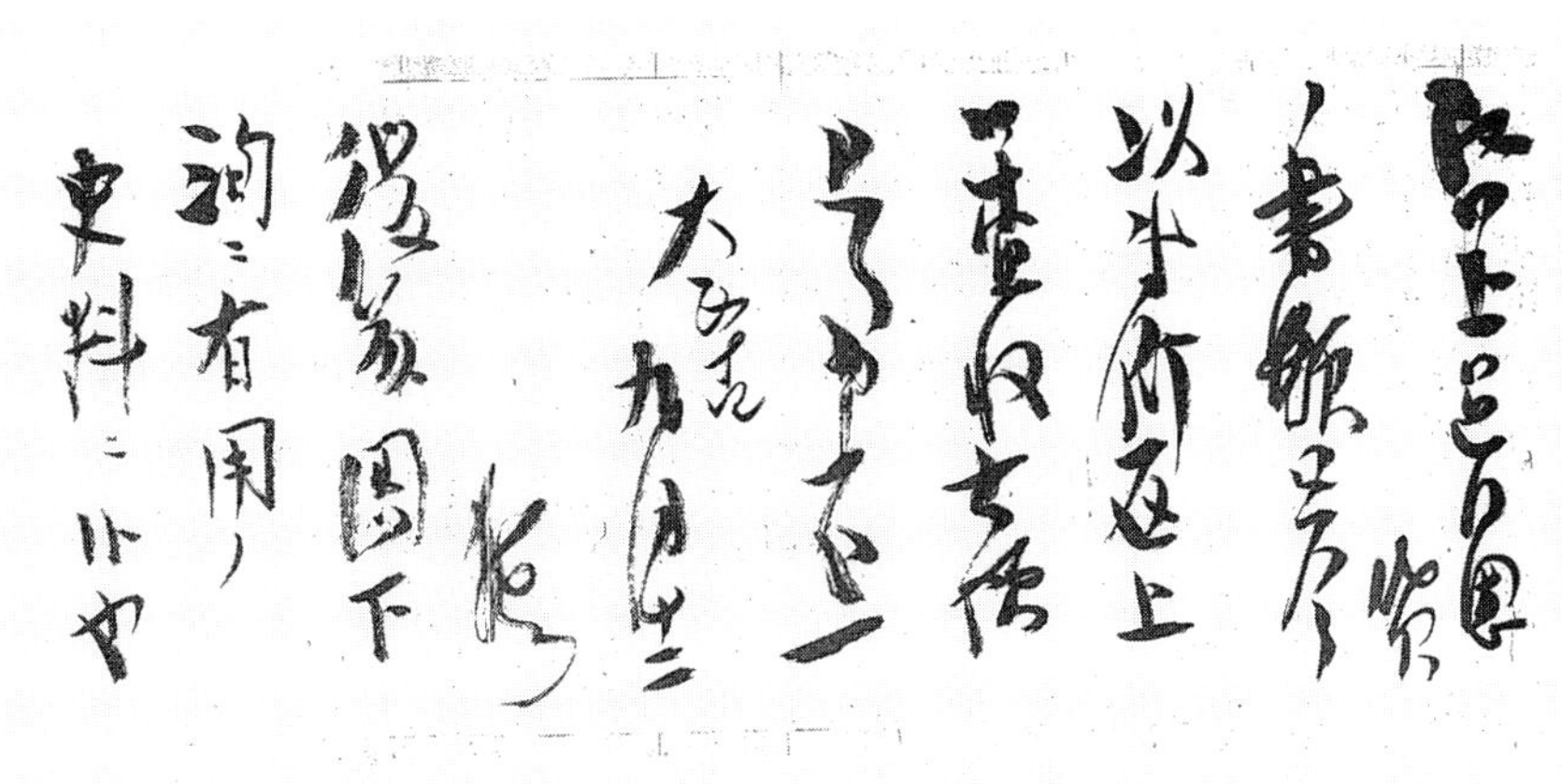

15　大正十四（一九二五）年十月十四日

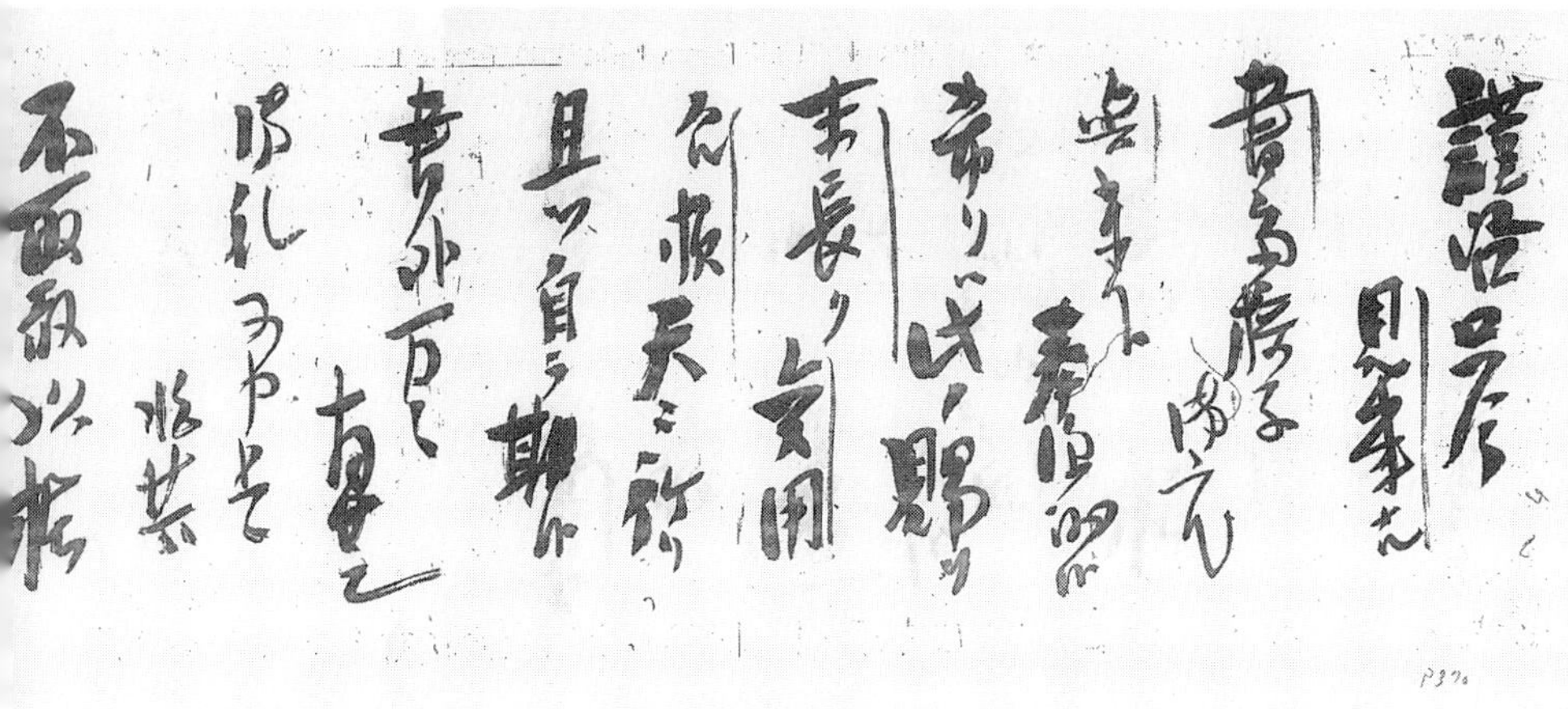

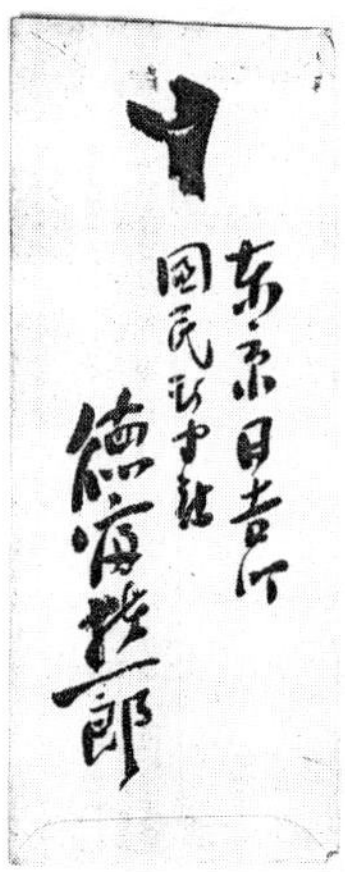

16　大正十五（一九二六）年一月二十六日

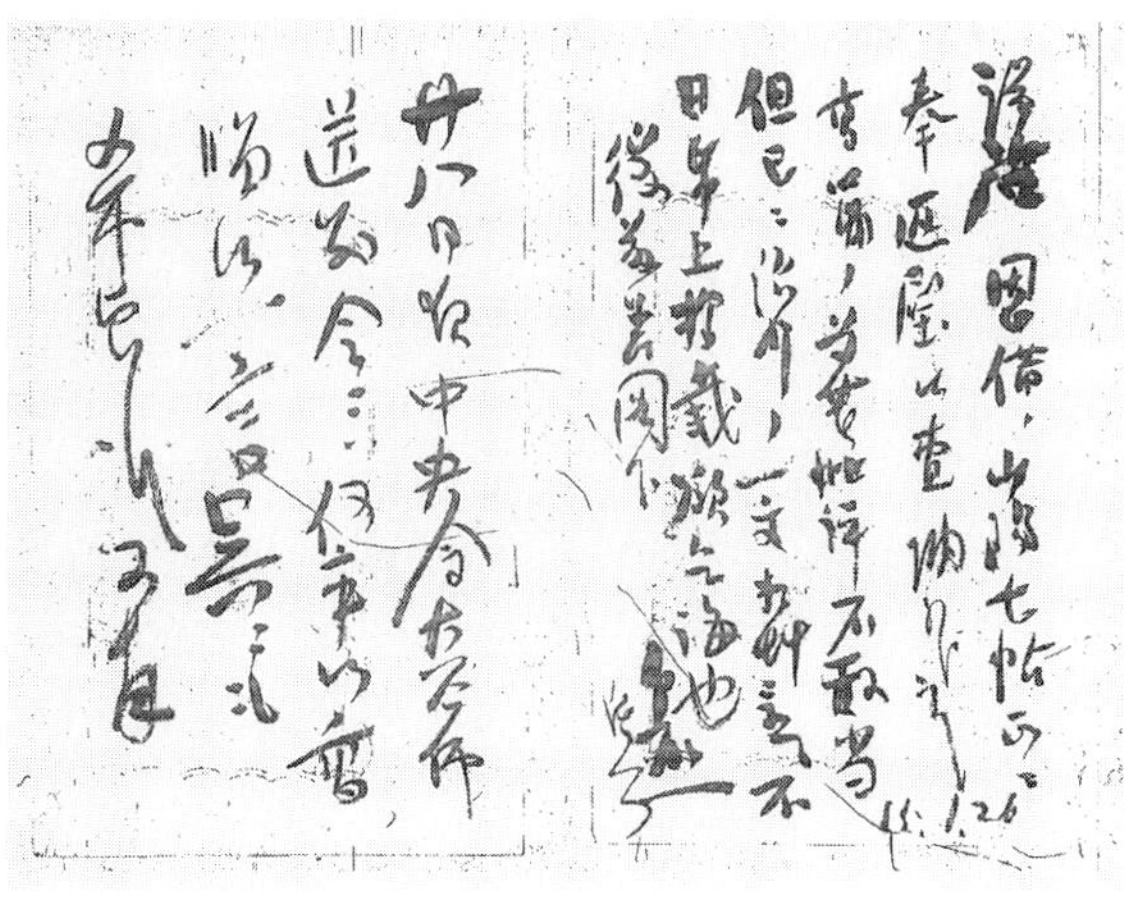

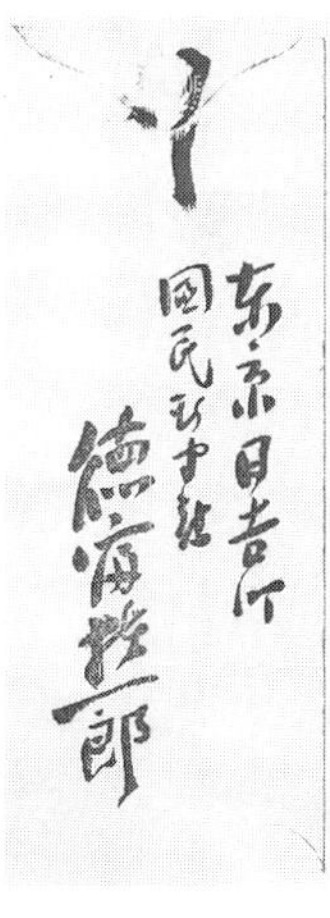

17　昭和二（一九二七）年三月三十一日

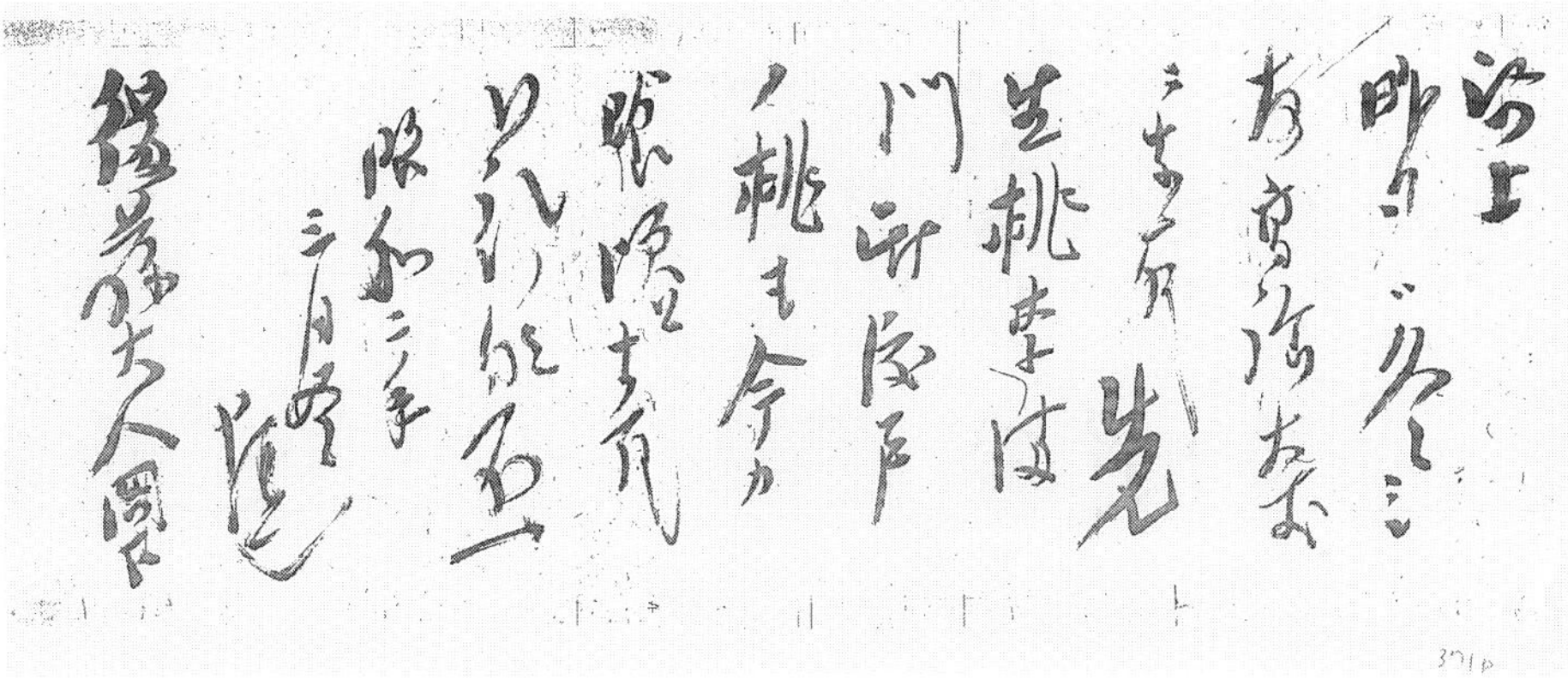

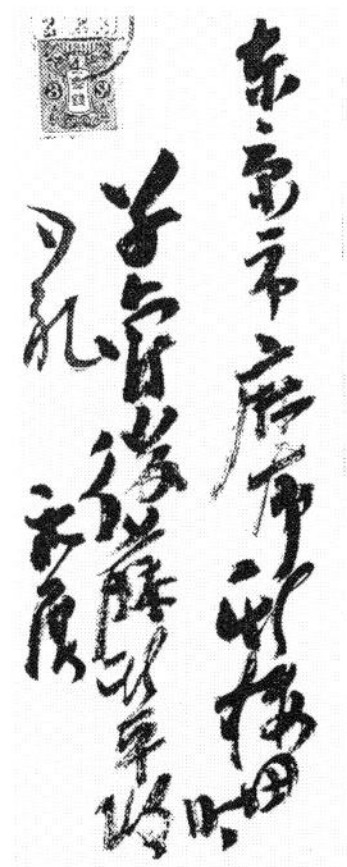

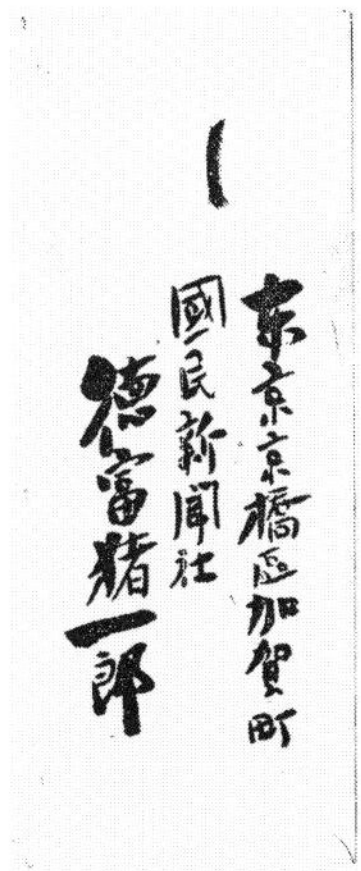

18　昭和四（一九二九）年一月三十日

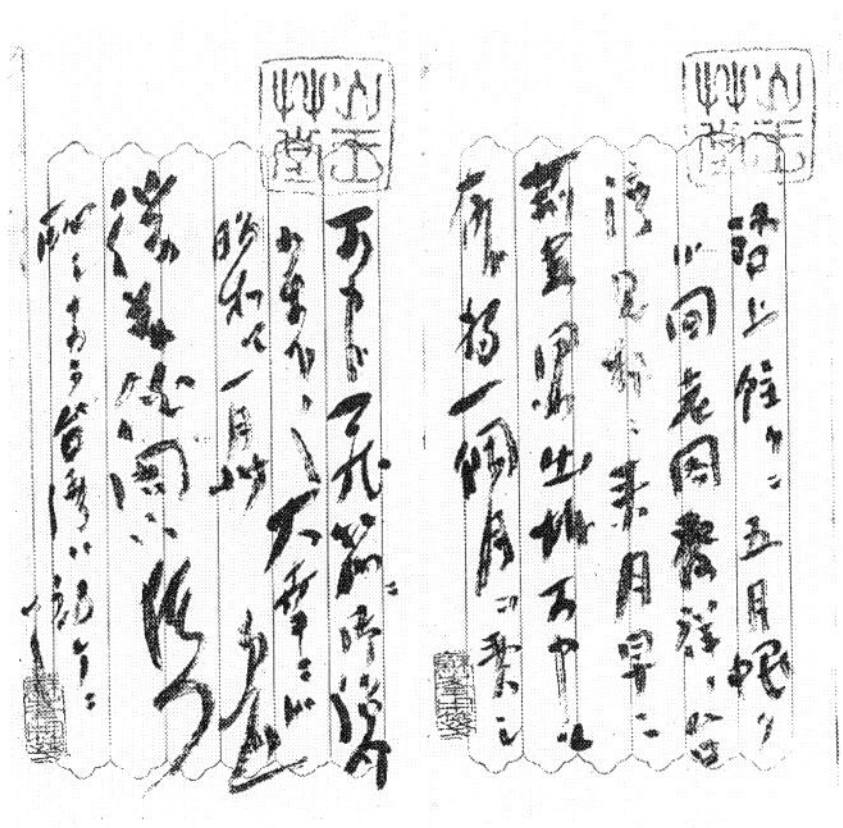

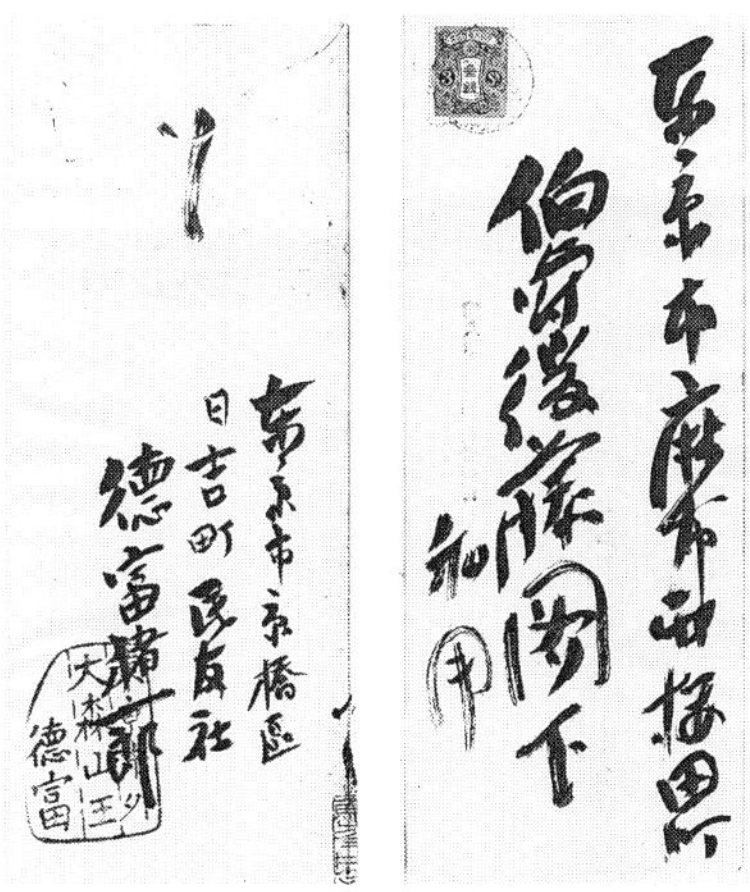

II

後藤新平と徳富蘇峰

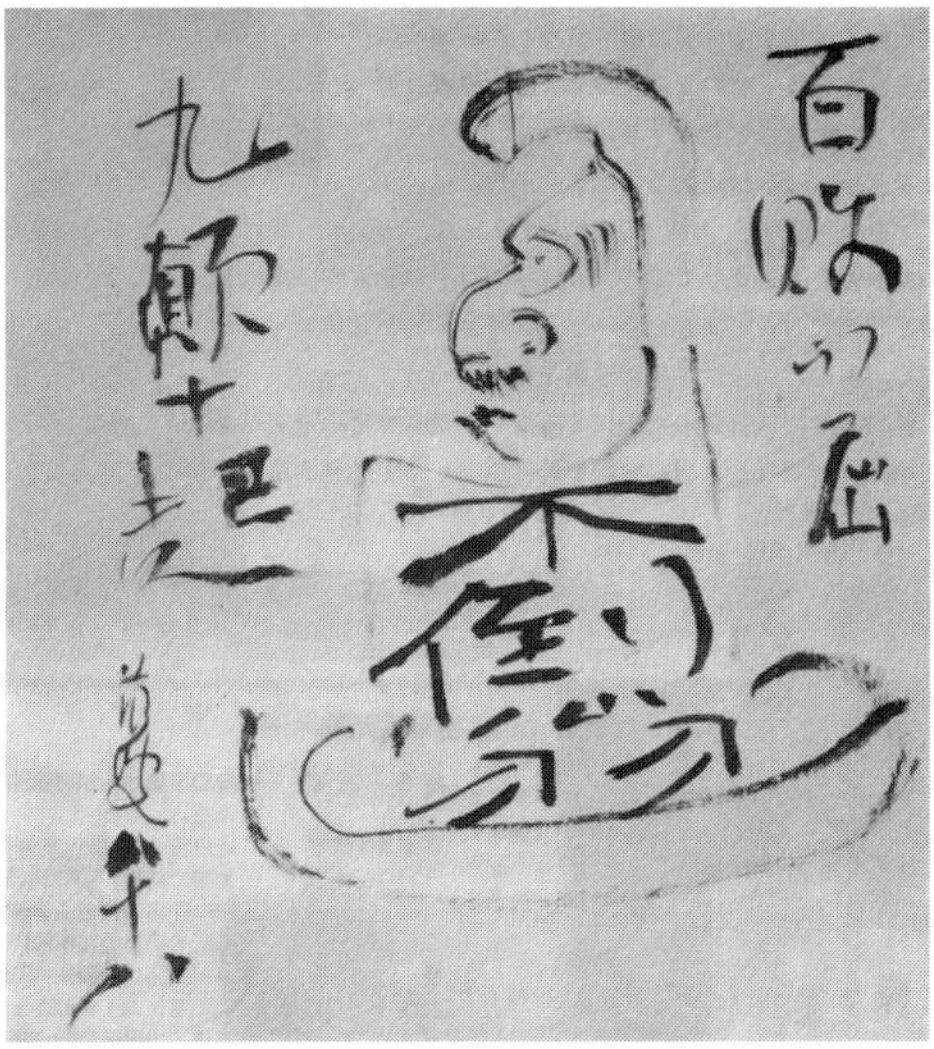

蘇峰自筆の「達磨」(米寿の頃，昭和 25 年)
(提供＝徳富蘇峰記念館)

1 出会いから台湾赴任まで

1895-1898

後藤新平と徳富蘇峰

後藤新平と徳富蘇峰の間に、少なくとも三十四年にわたる親交があったことはあまり知られていない。

後藤と蘇峰の書簡を紹介する前に、後藤新平とはどんな人物であったのかを、後藤の娘婿で、リベラルな政治家、著述家として知られている鶴見祐輔*の編纂した『〈決定版〉正伝後藤新平』全八分冊・別巻一（藤原書店、二〇〇四年―）を基に見てみよう。熱血漢、大風呂敷と言われ、波瀾万丈という言葉では表現しきれない後藤新平の生涯は、鶴見祐輔によって十分に語られ、その足跡は史料に裏づけされているので、それに頼らせていただいた。後藤の全体像は北岡伸一『後藤新平――外交とヴィジョン』（中央公論新社、二〇〇〇年）と、郷仙太郎『小説　後藤新平』（学陽書房、一九九七年）が解りやすく助けとなった。私は後藤と蘇峰の書簡による交流に重点を置いて見ることにする。

＊鶴見祐輔（つるみ・ゆうすけ）［七通］明治十八―昭和四十八（一八八五―一九七三）岡山県。昭和期の政治家・著述家。後藤新平の女婿。鶴見和子・俊輔の父。

後藤書簡五十三通を時代別に見ると、明治が二十五通、大正が十七通、昭和が三通、年代不明が八通である。後藤の筆跡は勇猛果敢な魅力的な筆である。後藤新平の役職が印刷された封筒は、明治四十一年、「南満洲鉄道株式会社総裁　男爵後藤新平」という封筒が数通使われているにすぎない。印刷された封筒があまり使用されていないことが、後藤と蘇峰の交遊の特色で、肩書なしのつき合いを感じさせる。

後藤新平は安政四（一八五七）年、岩手県水沢城主留守氏の家臣であった父実崇と母利恵の長男として生まれた。

「留守家はもと伊沢氏といい、奥州藤原氏滅亡後、源頼朝が東北経営のために設置した留守職に任ぜられ、以来この職名を名乗って留守氏と称するようになった名門であった。しかし、戦国末期には独立を失い、やむなく伊達政宗の臣下に入って二万石を与えられ、寛永六年水沢城に移って二百余年この地を治めていた。このような歴史から、留守氏は、伊達藩の中でも最も格式の高い家の一つであり、独立の大名ではなかったが、これに匹敵する組織と誇りを持っていた。また留守氏は、もともと十八万石程度あったものを削減されていたため、禄高に比して多くの家臣を抱えていた。そのため人材の多い一方では、はなはだ貧しかった。過去の栄光と没落、辺境、貧困。こういった条件が人材を生み出しやすいことは、しばしば指摘される通りである。僅か二万石の東北の小藩が幕末期に高野長英*や蓑作省吾（地質学者）、そして明治から昭和にかけて後藤新平や斎藤実**を生み出したのは、このような条件と決して無縁ではなかった。高野長英は後藤の本家の出で、後藤の祖父とは、又従兄弟であった。高野が没したのは嘉永三年、後藤の生まれる七年前であったが、水沢におけるその記憶はなお生々しかった。後藤は少年時代、『謀反人の子』と嘲笑され、初めて高野との関係を知ったといわれている。たしかに高野の名は幕末期には不吉であった。祖父は繰り返しその轍を踏んではならぬと諭した。明治二年八月、胆沢には胆沢県が置かれ、ここに赴任してきた新政府の官僚にその才能を見出されることになった。多く西南からやって来た彼らは、言葉さえもほとんど通じない東北の地を治めるため、住民の師弟で優秀なものを給仕として採用したのであるが、その中に後藤も選ばれたのである。なかでも後藤の才能に注目したのが、大参事安場一平〔保和〕であった」。（北岡伸一著『後藤新平』参照）

＊**高野長英**（たかの・ちょうえい）文化一―嘉永三（一八〇四―一八五〇）陸奥国水沢。江戸後期の蘭学者。杉田玄白の門下の養父に学ぶ。蛮社の獄で永牢の処分を受けた。幕吏に襲われて自殺した。

＊＊**斎藤実**（さいとう・まこと）〔七通〕安政五―昭和十一（一八五

八―一九三六）　岩手県。明治・大正・昭和期の海軍軍人（大将）・政治家。後藤新平とともに嘉悦氏房に見出され東京に出て勉強、出世の門を開く。

徳富蘇峰は文久三（一八六三）年、熊本県上益城郡杉堂村、矢島直方邸（母の実家）で父徳富一敬、母久子の長男として、娘四人の後に生まれた待望の男児であった。五年後、弟健次郎（蘆花）が生まれた。家は代々総庄屋をつとめた家柄であった。後藤は蘇峰より六歳年長であるが、後藤の手紙は蘇峰に謙虚な態度で接している。後藤の文面に見られる親しさから、蘇峰と後藤の交遊が、政治とか職業上に留まらず、人間的で本物であるという手応えがあった。

書簡は明治二十八（一八九五）年十二月二十四日付が最初のもので、最後は昭和三年十一月三十日、後藤の死の四カ月半前の書簡である。明治二十八年から後藤が亡くなる昭和四（一九二九）年四月十三日までの三十四年の間に、少なくとも五十三通の書簡が交わされたことになる。後藤の筆跡はなかなか読みにくい。蘇峰宛後藤新平書簡五十三通のうち四十七通は『徳富蘇峰関係文書2』（山川出版社、一九八五年）に翻刻されている。今回新たに徳富敬太郎氏所蔵の五通と史料整理の途中で出てきた当館所蔵の書簡一通を掲載した。その上嬉しいことに、後藤新平宛蘇峰書簡が、水沢の後藤新平記念館に保管されていて、実物は国立国会図書館の憲政資料室に十八通所蔵されている。後藤新平記念館の許可を得て、複写していただき読むことができた。まず最初に後藤新平書簡から紹介していこう。

後藤新平の建議

後藤書簡1　**明治二十八（一八九五）年十二月二十四日**

其後御健康如何　益御快方拝察致候　過日再大隈伯を訪ひ　全然賛成を得申候　昨日武富（時敏）訪問之処　大隈伯より内話有之候と申居候　鈴木重遠*翁も提出者と可相成申居候　然るに建議案は大兄の御起草相願簡明に致し度　且単に帝室の御料に納め度と至誠を表し候のみの方　議論却而少く可然と申候　武富は可成至急に議案提出之運びに致し　開会第一に議題と可致旨申居候　長谷場**之方是非大兄より御談相願度　御都合次第可相成は一日も早く御帰

京御助力所希に御座候　小生も貴寓へ拝趨御高教を仰ぎ度候へども暇を得ず　林茂香***差出候　本人小生腹心之者に付内事御示し被下差支無之候　多少文筆有之ものに候　先は近日之景況御報旁　建議の起草相願度　乍御迷惑切願致候。　草々不尽

十二月廿四日　新平

徳富賢兄侍史

〈注〉縦罫紙三枚。封筒表「徳富猪一郎様親展、林持参」。封筒裏「東京　後藤新平」。

*鈴木重遠（すずき・しげとう）［一通］文政十一―明治三十九（一八二八―一九〇六）　愛媛県。明治時代の政治家。松山藩士の家に生れる。自由民権運動、対露同志会に参加し、対露強硬論を主張した。

**長谷場純孝（はせば・すみたか）［五十一通］安政一―大正三（一八五四―一九一四）　鹿児島県。明治時代の政治家。号は致堂。西郷隆盛に認められ新政府に出仕。中江兆民らとも親交。

***林茂香（はやし・しげか）　安政五（一八五八）生まれ。長州。後藤新平の秘書、腹心。『正伝 後藤新平』にも思い出を書いている。

後藤は蘇峰に「大兄の御起草相願簡明に致し度」と、建議の起草を願っているが、何の建議であろうか。開会第一に議題としたいと言うほど重要な建議である。「帝室の御料に納め度」とあるので、日清戦争の日本勝利の後、遼東半島の還付報償金のことに関してであろうか。日清戦争を背景として、建議内容を探ってみよう。

明治二十七（一八九四）年八月一日、日清戦争は、日本が清国に宣戦布告して始まった。九月十三日より大本営を広島に進め、九月十五日、天皇が広島に到着された。明治二十八（一八九五）年三月三十日、日清休戦条約調印が行われ、四月十七日、日清講和条約が調印された。条件は、朝鮮の独立承認、遼東半島・台湾・澎湖（ほうこ）列島の割譲、賠償金二億両支払などであった。日清戦争における日本側の損害は死者・廃疾者が一万七千人、馬一万千五百頭、軍費二億四十七万円であった。四月二十三日、ドイツ・フランス・ロシアの三国の公使が、それぞれ外務次官林董*を訪れ、遼東半島の清国への返還を勧告する覚書を提出した。これがいわゆる三国干渉である。十一月八日、遼東半島還付条約・付属議定書が調印された。遼東半島の還付報償金は三千万（両）であった。十二月二十八日、第九通常議会が開会された。

*林董（はやし・ただす）嘉永三―大正二（一八五〇―一九一三）　千葉県。明治時代の外交官。日英同盟締結に尽力。

以上日清戦争の大筋を『近代日本総合年表第三版』（岩波書店、一九九一年）で拾ってみると、後藤の第一書簡が読めてきた。後藤は遼東半島の還付のために、報償金が三千万円多く支払われるので、その三千万円を帝室の御料に納め、それを後に御下附金としていただき、「明治恤救（じゅっきゅう）基金＊」を作りたいという構想であった。鶴見祐輔『正伝 後藤新平』によると「産業振興の一面には、必ず下層階級問題が随伴すべきことを洞察し、その社会施設の方策を提唱せることであった。その実行手段の端緒として、彼が素早く捉えたのは、清国が日本に支払ふべき償金の問題であった。明治恤救基金の建議がこれである」という。

＊**明治恤救基金** 「恤」はあわれむ、めぐむ、いつくしむという意。後藤が構想していた、社会施設をつくろうという実行案。

明治二十八年の後半、後藤は伊藤博文宛に集中的に三つの建議を出している。

1 八月十五日 社会政策的施設の必要を建言す。
2 十一月十三日 台湾に於ける阿片（アヘン）政策に関する意見書を提出す。
3 十二月七日 明治恤救基金案を建白す。

伊藤博文＊（一八四一―一九〇九 天保十二―明治四十二）は後藤の建言書をよく読んだらしく、伊藤の自筆と思われる筆跡で「九月一日夜敬読」と八月の建言の末尾にエンピツで記してあるという。三つの建白書の要求は、『正伝 後藤新平』（第二巻）によると、「清国の償金のうちから、三千万円だけを議会の満場一致の決議をもって皇室に納めしめ、その中から更に皇室よりの御下附を仰いで『明治恤救基金』なるものをつくり、社会施設の端緒をつくろうという実行案であった」と鶴見は書いている。蘇峰に頼んで「簡明に致し度、且単に帝室の御料に納め度と至誠を表し候のみの方、議論却而少く可然と申候」（**後藤書簡1**）と頼み、伊藤の心を動かす文章を蘇峰に願っていたことは、後藤の書簡が残っていなければ解らないことであった。

＊**伊藤博文**（いとう・ひろぶみ）［三通］天保十二―明治四十二（一八四一―一九〇九） 山口県。初代内閣総理大臣。吉田松陰の門下。明治憲法を制定。蘇峰との初対面は明治三十一（一八九八）年。伊藤は蘇峰に英文を格調高い日本語に訳すことを依頼した。

明治二十八年十一月十三日付の台湾における阿片政策に関し、後藤が内務大臣及台湾事務局総裁伊藤博文に意見書を提出しているので、後藤の「台湾における阿片政策」の内容を、北岡伸一『後藤新平』から見てみよう。

台湾総督府当局では、徐々に時間をかけて阿片禁止を実現する漸禁論を考えていたけれども、日本国内では、反対が強く、人道上の見地からあくまで阿片を厳禁とすべきだという声が強かった。これに対し後藤は漸禁論こそ最も合理的な政策であると論じ、様々の実行上の工夫を盛り込んだ意見を提示したのである。

後藤の案というのは、

1　阿片は政府の専売とし、各地に特許薬舗(やくほ)を置き、薬用阿片だけを販売する。

2　医師の診断などにより阿片中毒者を確定してこれに通帳を与え、通帳保持者にのみ阿片購入を認める。

3　禁止税的意味を以て高率の税金をかけ、この収入を阿片問題を中心としての台湾の衛生状態の改善に使用する。

というものであった。「後藤の漸禁論」がよく理解できる。

「予會て後藤を大隈に紹介す」

後藤書簡1で「過日再大隈伯を訪ひ、全然賛成を得」と伝えているが、大隈重信*に大賛成を得たということは、時期からみて清国からの還付報償金の使い道のことであろう。後藤を大隈に紹介したのは蘇峰であった。明治二十八年十二月十六日に、蘇峰は大隈に後藤を紹介する手紙を出した。それは蘇峰の『我が交遊録』(中央公論社、昭和十三年)に掲載されていることによって解ったことである。見出しは「予曾(かつ)て後藤を大隈に紹介す」である。「今手許に大隈家に保存しある予の書簡の写しがあるから、此にこれを掲げる」という蘇峰の説明がある。

＊大隈重信(おおくま・しげのぶ)［十四通］天保九—大正十一(一八三八—一九二二)佐賀県。明治・大正期の政治家。立憲改進党創立。東京専門学校(早稲田大学)を創立。

大隈重信宛蘇峰書簡　明治二十八年十二月十六日

(『我が交遊録』に収録)

後藤新平氏を紹介申上候。當人は定めて御承知と存候得共、官吏中にては奇才に有之、若し御提撕(ごていせい)被成下候はゞ、他日或は多少の用にも相立ち可申と存候に付、呉々宜敷奉願上候。當人は償金を以て国家社会主義の一端たる事業に供し度意見を有し、万御協賛を仰ぎ度とて罷出候ものに有之、此事は伊藤侯にも略説致したる由に有之候。右御含の上、當人の腹に落つる可く、可然御垂示奉願上候。當人は閣下を以て、天下の豪傑と相信じ候ものに有之、兼て欽慕申上候由に付、此事も併せて御含の上、申添候。
早々不一
十二月十六日夜（明治二十八年）　徳富生
大隈伯閣下

蘇峰の大隈宛書簡に「當人は償金を以て国家社会主義の一端たる事業に供し度意見を有し、万御協賛を仰ぎ度とて罷出候ものに有之」とあるのは、後藤の日清戦争後の具体的な計画「明治恤救基金案」と、北岡の言う「貧民のための大病院の設立と労働疾病保険（今日の健康保険に相当する）」であろう。蘇峰の書簡に「償金を以て」とあるのは、遼東半島還付による清国からの追加の賠償金をさしている。

後藤は、明治二十八年七月十日、児玉源太郎（嘉永五―明治三十九　一八五二―一九〇六）に伴われて伊藤博文に初めて会い、同年十二月十六日付の蘇峰の紹介状で大隈に初めて会った。二十八年十二月十六日付の後藤を紹介した蘇峰の大隈宛書簡と、後藤の十二月二十四日付の蘇峰宛書簡（**後藤書簡1**）から、大隈と初めて会った日から十日もたたない内に、後藤は再び大隈に会いに行っていることがわかる。貧しい者への医療の普及という確固たる後藤の信念が伝わって来る。

後藤が考えていた「明治恤救基金」の構想は、早い時点で蘇峰に相談されていたことが示されている。『正伝 後藤新平』（第二巻）によると、明治二十八年十二月二十六日、佐々友房*は後藤に「御内話之償金之内三千万円を　帝室へ差上候事ハ、国民協会丈ハ昨日全会一致ニ而賛成いたし候」と伝えている。しかし実際には明治恤救基金案はただの一日も日の目を見ることなく終わったという。議院内において、「かくの如き巨額なる恤救基金を設けて、貧民を救済するのは政府をして下層民の間に恩を売らしめるものであって、惹いて選挙干渉を誘致する危険があるから憲政の発達上、決して喜ぶべき方策でない」という説が、相当強く動いていたという。後藤がこの時期に建議した内容とあまりにもかけ離れた意見である。

＊佐々友房（さっさ・ともふさ）［二十九通］安政一―明治三十九

（一八五四—一九〇六）熊本県。明治時代の政治家。藩校時習館に学び、水戸学の影響を受け、藤田東湖を慕う。西南戦争で熊本隊を結成して西郷軍に投じた。民権論に対抗し、天皇主権の国権論を主張。頭山満らと対露同志会を結成。

後藤の念願したことは、弱い者のための施設を作ることであった。「慈善の恩賜」として拝受したら、これを以て明治恤救基金となし、国立施療院、労工疾病保険法、国立孤児棄児救育院、地方救貧制度、軍族救護会、貧民幼稚園、貧民教育法などを起し、これらの「社会的行政制度の施行を以て一大凱旋門の建設に代へん」という立派な構想であった。政治的駆引きは解らないが、後藤の先見の明に感心した。一方、弱者への制度を作る事を葬り去り、もっともらしい理由をつけて逃げてしまう政治家の精神は、未だ後藤の域に達していなかったのであろう。

相馬事件*で入獄し、世の注目を集めていた後藤が、社会復帰をするには長い年月が必要と世間の人々に思われていたが、二十七年五月に無罪の判決がおりた。友人の離反をはじめ、相馬事件で後藤の失ったものは大きかったであろうが、後藤の人柄が人々に愛されていたためか、社会への復活は思いがけず早かったという。

＊相馬事件　明治二十四年から二十六年まで続いた相馬子爵家の御家騒動。子爵家の当主誠胤に対し家令等に不都合な行為があったというので、旧臣の錦織剛清が訴訟を起こし、後藤新平はそれを後援した。相馬家からの反訴によって錦織も後藤も入獄したが、公判の結果錦織は有罪、後藤は無罪となった。

当時広島に日清戦争の大本営が設けられていた。野戦衛生長官として広島にいた石黒忠悳*は、出獄したばかりの後藤を呼び寄せ休養させようとした。当時、凱旋兵にたいして検疫を励行すべきことの問題が起きていた。帰還軍人のための検疫事業の責任者石黒忠悳は、児玉源太郎陸軍次官に後藤を推薦し、二十八年二月、後藤は広島検疫所に採用された。後藤は検疫所を広島の似島（にのしま）、下関の彦島、大阪の桜島の三カ所に作り、六八七隻、二十三万二千人の検疫を二カ月でやりとげた。いつも多忙な後藤の生涯の内でも、この仕事は寝る暇もないほどの忙しさで、三十八歳の後藤は口もきけないほど疲れたという。検疫所を開始したときは、コレラ病を載せてくる船が多く、死者も多く、船も人員も消毒が必要であった。日清戦争後の日本に、伝染病の蔓延を予防した功績は大きいと言われた。ドイツ帝ウイルヘルム二世もこの検疫の手際に感服したという。

＊石黒忠悳（いしぐろ・ただのり）［九十九通］弘化二—昭和十六

（一八四五—一九四一）福島県。明治の軍医。号・況斎。軍医制度確立者。日清戦争で野戦衛生長官をつとめた。戦後男爵を授けられた。森鷗外が軍医と文学者という二足のわらじを履くことを嫌い、鷗外を小倉に左遷した上司として語られてもいる。

横井小楠という共通項

ここで少し後藤の家庭的な面に触れてみよう。後藤は明治二年、十二歳の時、短い期間ではあるが大参事安場保和*の学僕になり、安場の人柄を慕っていた。明治六（一八七三）年安場が福島県令になると後藤は福島について行き、福島第一洋学校に入学したほどであった。安場は後藤にとって人生の中で最初に出会った敬愛し影響を受けた人物であった。明治十六（一八八三）年二十六歳の後藤は安場の次女和子と結婚した。安場が後藤のどこを見込んで娘を嫁にだしたか、追い追い解ってくるであろうが、尊敬していた安場を岳父とすることができた後藤は幸いであった。結婚十年後の明治二十六（一八九三）年九月長男一蔵が生まれ、二十八年に長女愛子が生まれた。結婚後十年たって生まれた一蔵、愛子を後藤がいかに嬉しく、可愛いく思ったかは想像にあまりある。

安場保和（1835–1899）

*安場保和（やすば・やすかず）［十一通］天保六—明治三二（一八三五—一八九九）男爵、熊本藩士。横井小楠門下。熊本藩参事、福岡県令として名をあげた。明治十六年安場の次女和子と後藤新平が結婚。

蘇峰は後藤に会う前から後藤のことを知っていた。それは安場も蘇峰の父一敬（号・淇水）も熊本の出で、横井小楠*の弟子であったからである。小楠の開国の精神が後藤にも蘇峰にも父親を通して伝わっていたのである。蘇峰は『蘇翁感銘録』（宝雲舎、昭和十九年）の中で「熱情と感激性と侠気の持主・後藤」という表現で後藤を語っている。「予が後藤と相識りたるは、後藤が相馬事件で入獄して再び娑婆に顔を出した後である」。後藤の名はよく聞いていたという。「後藤の義父、即ち

横井小楠（1809–1869）

夫人の父安場保和は予が父と共に横井小楠門下で親友であり、そのために安場の婿である後藤についてはよく聞いていた」。蘇峰は、後藤が国民新聞社に訪ねて来て、自分もこんど衛生雑誌を創りたいがという相談であったので、「予の出来る限りに於いての知識を彼に提供した」。それより以前の明治二十二年九月二日に後藤は著述兼発行者として『国家衛生原理』を出している。明治二十年に創刊した蘇峰の総合雑誌『国民之友』は、二、三号で消えていく雑誌の多かった中で、青年、知識層に熱狂的に歓迎された。「予の文体や論旨などを、模倣と云はんよりも、そのまま複製したもの」（『蘇峰自伝』）が地方で出るありさまで、評判を聞いていた後藤は、蘇峰を訪ねたのであろう。

＊**横井小楠**（よこい・しょうなん）文化六—明治二（一八〇九—一八六九） 肥後国熊本。横井太平時直の次男。幕末、維新期の政治家。蘇峰の父淇水と安場保和は小楠の弟子。蘇峰の母久子の妹津世子は小楠の後妻。開国通商・殖産興業による富国強兵を主張。「何ぞ富国に止まらん、何ぞ強兵に止まらん、大義を四海に布かんのみ」とした。

蘇峰が大隈に後藤新平の紹介状を書いたのは、日清戦争から帰還してきた兵士の検疫事業が成功した明治二十八年の十二月であった。大隈に後藤を紹介したことにより、「建設的社会制度」を蘇峰も支援していたことがわかる。**後藤書簡1**によって、大隈重信、武富時敏、鈴木重遠も後藤に賛成していたと考えてよかろう。後藤は二十八年九月に内務省衛生局長に復職した。それは後藤が仕事の出来る男であったからであろうが、社会復帰のすばやさは、伊藤博文、大隈重信、石黒忠悳、長与専斎*、武富時敏、鈴木重遠、徳富蘇峰などの後藤をみる目の確かさが助けとなっていたといえよう。

＊**長与専斎**（ながよ・せんさい）［四通］天保九—明治三十五（一八三八—一九〇二） 肥前（長崎県）。幕末・明治期の医学者。東京医学校校長、内務省衛生局長。コレラの予防など衛生行政に力

をつくした。

蘇峰の師父、勝海舟

後藤書簡2 明治二十九（一八九六）年一月十一日

今朝早稲田伯へ参り依頼致置候　尾崎*　犬飼(ママ)**は頑として異論相唱候ても　嶌(ママ)***田　曽田等は左程極端に無之候ゆへ　出来得る丈緩和之方　処せらるべしと被申居候　武富はよくわかり居り候筈と被申居候依而此上御助言相願度と申置候　何卒大兄之御尽力にて　速に相運び候様奉願上候　明日は〇〇(ママ)候訪問可致かと存居候　右御報まで

草々不尽

一月十一日

新平

徳富大兄侍史

〈注〉封筒表「赤坂区氷川町　徳富猪一郎殿　必親展」。封筒裏「麻布新網町　後藤新平」。差出年は消印による。

＊尾崎行雄（おざき・ゆきお）［四十二通］安政五―昭和二十九（一八五八―一九五四）　神奈川県。旧山田郷士尾崎行政の長男として生れる。慶応義塾に学び、二十二歳の時新潟新聞主筆となり、明治二十三年以来代議士。外務省参事官、東京市市長を歴任。「憲政の神様」といわれた。

＊＊犬養毅（いぬかい・つよし）［六通］安政二―昭和七（一八五五―一九三二）　岡山県。明治・大正・昭和の政治家。『郵便報知』『朝野新聞』により反政府運動に従う。桂内閣打倒の護憲運動では政友会と結ぶ。憲政の神様として、尾崎行雄と並び称された。五・一五事件で射殺された。

＊＊＊嶋田三郎（しまだ・さぶろう）［十九通］嘉永五―大正一二（一八五二―一九二三）　江戸。明治・大正期のジャーナリスト・政治家。雄弁家として知られる。

明治二十九（一八九六）年一月十日、後藤は伊藤首相に宛て、清国からの報償金中、三千万円献納の建議案についてその後の報告をした。次の日に書いたものが**書簡2**である。翌日訪ねようとしている〇〇候とは誰であろうか。

後藤書簡2の宛先が赤坂区氷川町であることは、徳富親子が勝海舟*の邸内の借家に住んでいたことを示している。蘇峰一家は明治二十九年秋に逗子に老龍庵を建てるまで、海舟の所に七年余借家住まいであった。海舟の膝元にいた蘇峰は、海舟から多くの人間学を学んだ。たとえば「己れに執一の成見を懐き、之を以て天下を律せんと欲す。是れ王者の道にあらず。鳧足鶴脛（ふそくかくけい）同じからざるも各その用あり、反対者には反対せしめよ。異論者には異論せしめよ。我の為す所是ならば、彼等亦た必らず悟る時あらん」「時に古今なく、世に東西なし。観し来れば人間は彼も此も同じ事を繰り返して居るのみ」（「海舟先生と詩経を読む」〔明治二十八年十一月〕、『蘇峰文選』〔民友社　大正四年十二月二十五日〕に収録）など、蘇峰の長い生涯に役にたったであろう海舟の名言が沢山でてくる。横井小楠は勝が意見を求めた事柄に答えるとき、その答には「今日のところでは、この通りである」と必ず条件を付けたという。そこが小楠の偉いところだと勝は常に賞賛していたという。勝は外国に行く蘇峰に、革袋に入れたチップ用のコインを餞別に渡したという。

＊**勝海舟**（かつ・かいしゅう）［十通］文政六―明治三十二（一八二三―一八九九）江戸。幕末・明治期の政治家。日米修好通商条約批准のため咸臨丸の艦長として乗組む。江戸城の平和的明け渡しに成功した。

明治二十九（一八九六）年五月、三十三歳の蘇峰は後に日銀総裁になった深井英五*（一八七一―一九四五　明治四―昭和二十）と共に、欧米に新聞事業視察のために出掛けた。ロシアでは六十八歳の作家トルストイ**に会い、世界の一市民として握手をした。一年二カ月の漫遊の後、明治三十年七月に帰国した。それまで平民主義、反藩閥を唱えていた蘇峰は、帰国後松隈（しょうわい）内閣の内務省勅任参事官になり、変節漢といわれた。新聞事業も低迷し、蘇峰にとって暗い時期であった。蘇峰を批判した新聞、雑誌類は、それで風呂を沸かせるほど集まったという。そのような時でも父一敬と、師父海舟の門は蘇峰に開かれていたという。一方、後藤は二十九年の秋頃、陸軍検疫報告書がドイツ帝ウイルヘルム二世の賞賛を博し「後藤新平」の名はベルリンに賛美して伝えられていた。

＊**深井英五**（ふかい・えいご）［一〇七通］明治四―昭和二十（一八七一―一九四五）群馬県。大正・昭和期の財界人・官僚。同志社卒。国民新聞社・民友社記者。昭和十年に日銀総裁。総裁辞任後は枢密顧問官に任命された。

＊＊**トルストイ**　一八二八―一九一〇　ロシアの作家・思想家。『戦争と平和』『アンナ・カレーニナ』。既成宗教を批判したため、一九〇一年ロシア教会を破門された。トルストイの日記に蘇峰と深井英五が来訪（一八九六〔明治二十九〕年十月八日）したことが書かれている。

2 台湾総督府民政長官時代

1898-1906

児玉源太郎と後藤新平

明治三十一（一八九八）年三月一日の『国民新聞』「東京だより」には次のような記事が掲載されている。「台湾総督更迭に就ては、本紙社説御一読相成度候。民政局長には、後藤衛生局長転任の評判有之候。小生は此の評判の実ならんことを希望致し候。後藤氏は才幹あり、気魄ある、且つ為政の大躰にも通じ居候得ば、児玉総督の補佐官としては、適任たる可く候。」

明治三十一年の後藤書簡を三通紹介しよう。

後藤書簡3　**明治三十一（一八九八）年六月八日**

政党之弊　此に到りて極れりと歎息之外無之候　此地改革も竜頭蛇尾は禁物に有之　常に其辺に留意罷在候　本年十月以後には　将来之方針も略確定可致かと存居申候　児玉総督は潜思果断大々容々御座候　頓に弐百五拾万円の減額は実に急変　目下其整理中に御座候　前任者も苦心計画候事とは被察候へとも、　更に後任者苦慮を加へ候　小生此一段落を了り候はゝ　全島一巡致度と存居候　高等官五拾余名

判任以下五百余名の非免(ママ)を行ひ　六県を三県とし
従来七拾有余の弁務署を三拾九ケ所に減じ候事ゆ
へ　引継等非常の混雑に御坐候　書外後郵に附し候
草々拝復
六月八日　新平
徳富賢台侍曹

〈注〉封筒なし。

後藤書簡3は封筒なしであるが、「小生此一段落を了り候はゝ全島一巡致度」という内容により、台湾からのものであろう。後藤は無駄を省くことをモットーに、台湾の改革に努めた。人員は大幅に整理し、整理した人員に代わる人材を集めることに努めた。後藤は明治二十八（一八九五）年十一月十三日、忙しいさなか、台湾における阿片政策に関し、内務大臣及台湾事務局総裁伊藤博文に意見書を提出したことは先に書いた。二十九年四月、後藤は台湾総督府衛生顧問を嘱託された。初代台湾総督は樺山資紀*（二十八年五月十日から）、二代は桂太郎**（二十九年六月二日から）、三代乃木希典***（二十九年十月十四日から）と、一年五ヶ月の間に三代総督が変わり、長続きしなかった。四代児玉源太郎が台湾総督に就いたのは、明治三十一年二月二十六日で、同三月二日、後藤は台湾総督府民政局長となる。年俸は四千五百円であった。

***樺山資紀**（かばやま・すけのり）［九通］天保八―大正十一（一八三七―一九二二）　鹿児島県。明治期の海軍軍人（元帥）、伯爵。戊辰の役には各地を転戦、のち陸軍に出仕。台湾征討を主張し、出征。西南の役には熊本城を固守して負傷。日清戦役当時は海軍軍令部長として功をあげ海軍大将となる。その後台湾総督、内務大臣、文部大臣を歴任。

****桂太郎**（かつら・たろう）［二十八通］弘化四―大正二（一八四七―一九一三）　山口県。明治時代の政治家・陸軍軍人（大将）。明治三年兵制研究のためドイツに留学。山県有朋・大山巌を補佐し、陸軍の官制を改革整備した。明治四十一年第二次内閣を組織し、労働運動を弾圧する政策を進め、四十三年大逆事件が起きた。同年韓国併合、蘇峰は京城日報の監督に就任。桂は大正一年、三度首班となったが、憲政擁護運動の高まりの前にわずか二カ月で辞職せざるを得なかった（大正政変）。大正二年立憲同志会を結成した（立憲同志会設立宣言は蘇峰が執筆した）が、同年十月病没した。蘇峰は十年政治に関わったが、大正政変を機に政界から離れた。

*****乃木希典**（のぎ・まれすけ）［三通］嘉永二―大正一（一八四九―一九一二）　山口県。明治時代の陸軍軍人（大将）。吉田松陰に心服。日露戦争では、旅順攻略を指揮したが、陥落せず、要塞は児玉源太郎指揮官になってから陥落した。明治天皇が没すると、妻静子とともに殉死。

蘇峰の人選に高給で応える

後藤書簡4　**明治三十一（一八九八）年六月三十日**

拝読　愈御清康奉慶賀候　中央政況追々御報に接し　難有奉感謝候　兎に角政界一段之進歩に可有之

東洋も日々に多事之形勢に付　将来に到らば今日こそ無事安楽と可申時勢に可立到かと被察候　然ればば今日必要なる増税案を否決し　政界進歩の草紙に供し　他日に対する経験と可相成　実際元勲先生も敗事に鑑み　将来の心得とも可相成か　呵々　板隈の結合も此モメントに限り　不日会者定離の諺に背かざる顕象を見るべきか

此地は中央政況には無頓着に進行の決心に御座候へとも　事段々差支を生じ　迷惑千万に御座候　御明察可賜候　今日までは世間経済談と議会談とにて台澎の事は　忘れたるか如き可否の談も少く御座候へとも尚両三月も過き候はゝ　改革の当否も起り可申か　且同時に八百有余の死霊の崇（しゅう）も相生じ可申其時こそ児玉総督の器量も分り可申と存候　電報も官報なれは　三時間も早く到着候　一人官員を東京に在勤為致候事に申度御願申上候処　早速御人撰被下難有候　此後邦電之報告御廻付所希に御座候　先は便船に付　草々拝復

六月三十日　新平

猪一郎大兄侍史

〈注〉封筒表「東京々橋区惣十郎町国民新聞社　徳富猪一郎殿御親展」。封筒裏「台湾　後藤新平」。差出年は消印による。

後藤書簡5　**明治三十一（一八九八）年七月九日**

拝啓　益御清福奉慶賀候　其後草野君*より追々御報道を煩わし　中央政況も相分申候　愛憎も尽き果て候様に御座候へとも　此処こそ真正有志家奮起可致好時節かと　良機会かと愚察致候　新政党既に内部破烈の徴ありと　会者定離と申候故致方無之候へとも　猟官（りょうかん）**の運動より来るものとすれば　たのもし

からぬ心地致候〔後切れ〕

〈注〉封筒表「東京々橋区惣十郎町　国民新聞社　徳富猪一郎殿　必親展」。「書留」のスタンプ。二銭切手五枚貼り。「封筒裏　台湾総督府　後藤新平」。本文冒頭端に「二百五十円　月三千円一年の約束」とエンピツで書込みあり。差出年月日は消印による。

＊**草野門平**（くさの・もんぺい）〔二十八通〕文久二（一八六二）年生まれ。民友社社員。外遊した蘇峰への書簡が多い。

＊＊**猟官**　官職を得ようとして多くの野心のある者が競うこと。

後藤書簡5の冒頭に「二百五十円月　三千円一年の約束」と書込みがある。**後藤書簡4**で、官員を一人東京に在勤させたいと蘇峰に人選を願っていたところ、「早速御人撰被下難有候」と感謝している。蘇峰は素早く人選したのであろう。その官員の給料が、走り書きにあるとおり、月二百五十円、年三千円の約束だった。信じられない高給である。明治三十年十月まで、国民新聞社の編集員徳富蘆花の一カ月の給料は十一円であった（蘇峰が欧来視察から帰国した明治三十年十月以降、二十円になった）。山路愛山*は十五円であったが、「民友社よりのれんを分けてもらひ」、とその給料の安さに地方に行く決心をした。一カ月に二百五十円など国民新聞社では考えられないような額であるが、郷仙太郎によると、後藤は人材登用には「破格の処遇」をしたそうで、新渡戸稲造ほか彼らの情熱と、それを実現することができる才覚には、惜しみなく資金を出したという。明治四十三（一九一〇）年蘇峰が京城日報の監督として受けとっていた給料は、京城までの交通費（年に二、三回）、雑費をこめて年五千円であった。後藤は「此後邦電之報告御廻付所希に御座候」と、蘇峰に日本からの邦電の報告を廻してくれと頼んでいる。日本の動きをいちはやく得るには、月二百五十円は後藤にとって惜しいものではなかったのであろう。**後藤書簡5**に「中央政況も相分申候」と後藤は満足している様子である。日本における政界の様子は、六月三十日大隈内閣（首相兼外相が大隈、内相が板垣。いわゆる隈板（わいはん）内閣）が成立していた。

＊**山路愛山**（やまじ・あいざん）（本名・弥吉）〔二十四通〕元治一―大正六（一八六四―一九一七）江戸。明治時代の史論家・評論家。国民新聞記者。民友社社員。彼の史観は、国権と民権を接合した明治期の進歩的知識人の典型的思想であった。その著書『頼襄を論ず』が北村透谷との論争を呼ぶ。

ところで**後藤書簡5**に「其後草野君より追々御報道を煩わし」と民友社社員の草野門平の名前が出てくるが、東京在住の官員になったのであろうか。七月九日に給料が送られたというのは私の推測で、これは封筒に書留の印があることと、切手が四枚多く貼ってあることによる。手紙が途中切れであることは気にかかる。民友社での草野の給料は明治二十四（一八九一）年の時点で一カ月八円であった。明治三十一年七月に二百五十円後藤が支払うとして、七年のずれがあるとしても、すぐには答えがでないほどの差がある。約三十一倍である。後藤が見込んだ人であればそれだけの実力があった人であろうが、蘇峰の眼力を信じてこれだけの高給を出したのであれば、後藤の蘇峰への信頼の大きさはたいしたものである。誠実で着実な草野門平が、月二百五十円の給料を受取ったかどうか、資料はない。民友社社員には、門平の弟の草野茂松もいた。

児玉源太郎（右）と後藤新平

かつて台湾総督は、初代樺山資紀、二代桂太郎、三代乃木希典、と替わったがうまくいかなかった。明治三十一年二月、児玉源太郎が最後の切り札として第四代台湾総督として専任された。児玉は日清戦争後の検疫をすばやく行った後藤の働きを見ていた。そこで台湾に一緒に行ってくれないかと後藤に話した。児玉の信頼に感じた後藤は、児玉と行くことに決めた。三十一年三月二十日、後藤は東京を発して新領土台湾に向い、二十八日着任した。

後藤は到着後の児玉の様子を「潜思果断大々容々」であると伝えている。大きな志と勇気をもって、どんなことがなされるのか、後藤の書簡が伝える児玉の姿から希望が感じとれる。「八百有余の死霊の祟も相生じ可申、其時こそ児玉総督の器量も分り可申と存候」と、百二年後にこの書簡を読んでいる私にも、児玉と後藤の器量に望みをかけたくなるほどである。

後藤は前任者の苦心の跡を見、あとかたづけが済んだら、全島を一巡したいと書いている。蘇峰も明治四十三年京城に行ったとき、すぐに朝鮮を一巡して、感じたことを寺内正毅*に報告していた。現地を見て歩くことが、現地の人との交流にいかに大切であるかを、後藤も蘇峰もよく知っていたのである。

＊寺内正毅（てらうち・まさたけ）〔二十六通〕嘉永五―大正八（一八五二―一九一九）山口県。明治・大正期の陸軍軍人。朝鮮併合の後、寺内は初代朝鮮総督となり、蘇峰は初代京城日報社長となる。

後藤新平の台湾での活躍

後藤新平の台湾総督府民政局時代は明治三十一（一八九八）年三月から三十九（一九〇六）年十一月まで、約八年八カ月であった。後藤の背後には、台湾総督児玉源太郎という大きな後盾があった。と同時に、児玉源太郎にとっても信頼できる後藤という人物がいてはじめて、台湾総督と第四次伊藤内閣の陸軍大臣との兼任の仕事をこなすことができ、日露戦争の参謀次長に就任し、活躍することができたのである。『正伝後藤新平』の中で、鶴見祐輔は次の様に後藤の政界入りについて述べている。

伯〔後藤〕が最後には政界に入るであらうといふことは、少年以来の伯の手紙や自叙伝や演説等のうちにも、しばしば現はれていたことであり、また彼に接したる人々もこれを期待していたことであつた。それについては、徳富蘇峰は、次のごとく語つている。

「明治二十七、八年戦役のころから、後藤伯は未来の大臣であると、世間から認められていた。相馬事件に関係したため、世間から危険人物視され、恐怖の念を以て迎へられていたのであるが、児玉大将が藤伯〔後藤〕を起用するに及んで、『後藤も見かけた程の危険人物ではない、妥協性もある』といふ事になった。

藤伯の人物に惚れ込んだのは、山県公[*]も伊藤公も殆んど同時であった。即ち藤伯の台湾民政局時代の事であり、而して児玉、桂両者の関係は兄弟のやうな間柄であつたので、藤伯も必然的に桂公と密接な関係を持続するようになつた。」

（『正伝 後藤新平』第五巻）

＊山県有朋（やまがた・ありとも）（号・含雪）〔五十七通〕天保九―大正十一（一八三八―一九二二）山口県。明治・大正期の陸軍軍人（元帥）・政治家。松下村塾に学ぶ。伊藤博文とともに、明治政府の最高指導者となる。蘇峰の編集による『公爵山県有朋伝』全三巻がある。

台湾総督府民政局時代の後藤新平は何をしたか。まず台湾独自の自治・慣習を尊重したことである。初期台湾統治の失敗は、台湾の人々の慣習の無視と軽視によるものであったと言われている。もうひとつ大切なことは、組織を簡素にして、人員を減らしたことである。知事、署長はじめ、一連の改革だけで千八十人を罷免した。そのため門司港には連日台湾からの帰国船が、多くの官吏を乗せて来るありさまだった。台湾からの明治三十一（一八九八）年六月三十日付の**後藤書簡4**は「尚両三月も過ぎ候はゞ改革の当否も起り可申か」と、後藤の自信が伝わってくるような文面である。北岡伸一は、後藤の「台湾統治救急案」（明治三十一年一月二十五日）において「台湾行政中最モ改良ヲ要スル重ナルモノ如何ヲ問ハヽ、従来同島ニ存在セシ所ノ自治行政ノ慣習ヲ恢復スルガ如キハ、蓋シ其急務中ノ急務ナルモノナラン」と述べていることを指摘している。「自治制ノ慣習こそ台湾における一種ノ民法である」という後藤の理解は的確であった。この方針は児玉の同意を得、児玉の施政方針を台湾到着後、すぐに示す習慣を取りやめにした。演説はしないが、この後、蘇峰宛後藤書簡にもあるように、実際に各種の改革を次々と実行した。『台湾新報』紙は「新総督は不言実行」と書き、新総督を支えた後藤の評判もよかった。後藤は「備忘録」を使い、台湾統治の根本策を論じ、土匪招降、阿片制度などについて抱負を述べた。後藤は「統治は生物学の原理、すなわち慣習の重視によって行なわなければならない」と考えていた。北岡伸一は「この『生物学の原理』は、すでに衛生局時代に見られたものであって、後藤の思想の奥深く根ざしたものであった」と指摘している。後藤はよく「鯛の目と比良目の目」ということを言った。

比良目の目を鯛の目にすることはできんよ。鯛の目はちやんと頭の両方についてゐる。比良目の目は頭の一方についてゐる。それが可笑しいからといつて、鯛の目のやうに両方につけ替へることはできない。比良目の目が一方に二つ付いてゐるのは、生物学上その必要があつて、付いてゐるのだ。それをすべて目は頭の両方に付けなければいかんといつたつて、さうはいかんのだ。政治にもこれが大切だ。社会の習慣とか制度とかいふものは、皆相当の理由があつて、永い間の必要から生れてきてゐるものだ。その理由を辨へずに無暗に未開國に文明國の文化と制度とを實施しようとするのは、文明の逆政といふものだ。さういふことをしてはいかん。

（『正伝 後藤新平』第三巻）

北岡伸一は「文明に対する野蛮を見下す態度の強かった当時にあっては、やはり抜きんでた卓見であったというべきであろう」と述べている。

阿片漸禁論は阿片中毒患者から阿片を取り上げるのではなく、患者が自分の意志で段々と阿片の量を減らしていくというもので、阿片漸禁論を採ったことは、患者の意志を認めていることであった。医師の診断により、阿片中毒者に限り通帳を与え、通帳保持者のみに阿片購入を認めるという策を採った。厳禁しても密輸入や密売がはびこってしまうことが明らかであったからでもあろう。児玉と後藤の台湾統治の根本が、人間主体の方法で行われたことがよく理解できる。

日本の論調は阿片の全面的禁止であった。悪い風習が日本に及ぼす悪影響を恐れたからである。阿片漸禁政策を合理的政策であると後藤は論じた。明治二十九（一八九六）年二月、阿片漸禁論は基本的に伊藤内閣の採用するところとなり、三十（一八九七）年一月、台湾阿片令が発布され、四月一日より施行された。後藤は中毒者の確定に全力をあげ、明治三十三（一九〇〇）年九月に総数十六万九千人、十七年後の大正六（一九一七）年には六万二千人、二十五年後の昭和三（一九二八）年には二万六千人へと減少した（数値は北岡伸一『後藤新平』）。

後藤書簡4で、「此地は中央政況には無頓着に進行の決心に御座候へども、事段々差支を生じ、迷惑千万に御座候」と、後藤は東京からの干渉に、時には蘇峰に弱音をはくこともあった。そんな中で中央政況や、日本の現状をいち早く知るために、後藤は東京在勤の官員を置くことにしたのであろう。後藤は台湾の土地調査事業、道路、鉄道、港湾などの交通網の整備、砂糖産業の育成に努めた。アメリカから新渡戸稲造を招き殖産局長とし、また山本悌二郎*を招き台湾精糖業に力を入れた。

＊山本悌二郎（やまもと・ていじろう）［八通］明治三—昭和十二（一八七〇—一九三七）新潟県。明治・大正・昭和期の政治家・実業家。有田八郎の兄。独逸学協会学校卒。

後藤は台湾が好きであった。そのわけを蘇峰は「後藤の得意とした所は、台湾のやうな、これまで他人の手を著けない所に行つて、新に手を著くることであつた。他人の仕事をそのまま受継いでこれを守つて失はないなどといふことは、彼の欲するところでもなく」（『蘇翁感銘録』）と話している。綿密な調査をし、計画をたて、土地の人々の慣習を大事にし、将来役に立つであろう規模で計画をたて、実行した。また阿片の漸禁的禁止のような柔軟な方策をとった。一方的に禁止と征伐で押したのでなく、イソップの童話「北風と太陽」を思い出させるような政策は、台湾の人々に受け入れられた。実際には「北風と太陽」というような、なまやさしいものばかりではなかったであろうが、全体的にみて、「禁止と征伐」だけでなかったことを知っておきたい。

蘇峰が見た台湾

後藤の台湾時代から二十年以上を経た昭和四（一九二九）年一月十七日、蘇峰は国民新聞社を退社した後、二月五日から三月十五日まで、静子夫人と台湾の北の端から南の端まで旅行をし、如何にも愉快であったと語っている。その年の四月後藤は死去する。

蘇峰一行はまず台湾総督府と総督官邸を訪ねた。台湾総督府は工費三三三万余円、建坪二一〇七坪、延坪一万二六八坪、ルネサンス式の堂々たる大建築であった。蘇峰一行は一八〇尺の中央高塔に登り、台北全市を眺めた。

蘇峰にとって台湾は初めての訪問であった。

「台湾には予の友もあれば、門人もある。特に予の知己であつた樺山伯に創り、児玉、後藤両伯に大成したる治績をも尋訪したい。而して南荒の山水、風土、人情、風俗、亦た我が遊心を唆るもの少くない。偶ま昭和四年一月、故ありて国民新聞社を去る。此に於て急に老妻と相携へて、台湾行を

台湾総督府（徳富猪一郎『台湾遊記』民友社，1929 年）

総督官邸における蘇峰一行（中央が蘇峰）
（前掲『台湾遊記』所収）

企つ。是れ天賜の清閑を、最も有効に善用せんが為めのみ」（徳富猪一郎『台湾遊記』民友社、昭和四年七月）。総督官邸は現在も「台湾賓館」として使われている。これは後藤が赴任した翌年、明治三十二（一八九九）年に着工し、二年で完成したものであった。予算二十一万円余。日本では「台湾の阿房宮（秦の始皇帝が築いた宮殿）だ」といわれたほど豪華な建築であった。児玉はこんな派手な部屋は好きでないと、民政長官であった後藤新平の部屋を使い、後藤はやむをえず秘書官の部屋を使ったという。後藤は「人材を集めるには、官舎の水準を高める必要がある。それ以上に、日本は初めての植民地で欧米に負けない都市をつくって見せることが重要なのだ。オペラハウスもほしいくらいだ」と言っていたそうである（郷仙太郎『小説 後藤新平』）。

蘇峰は次に台北医院を訪ねた。「台北医院は、実に台湾の誇りである。而して其中にある仁済団は、台北医院の誇りである。予は東京に於て後藤伯爵から此事を聴き、今ま実見して、其の寧ろ聴く所に勝るものあるを覚えた。本院建築の価格、二七一万余円、其の建坪五五三三坪、其の敷地は実に二万三九〇八坪を占む。少くとも外観は壮大、内容は清潔、其の清潔は東京の赤十字社に及ばざるも、やゝ雁行するに足る」（『台湾遊記』）とある。仁済団の昼食をご馳走になり、料理が清潔と廉価との標本となっていると書いている。「仁済団は、台北医院における患者の救護を目的とし、食物その他必需品の供給をなす。（中略）予等は料理所、洗濯所、看護婦室、書籍室、販売店等を過ぎ、特に料理所の清潔なるに敬服した」(同前)。病院の賄いといえば、高くて、不潔と見なされるが、仁済団は廉価で清潔であり、院長も職員も献身的に其任にあたっていたという。蘇峰の妻・静子はその清潔さに感激したそうである。

後藤はかつて明治二十三(一八九〇)年三十三歳の時、在官のまま自費ドイツ留学を許され、一時金一千円を賜り、二十五(一八九二)年一月ドイツのミュンヘン大学でドクトル・メディチーネの学位を取得した。六月帰国し、十一月に内務省衛生局長となった。ドイツ仕込みの清潔を旨とする病院経営は、台北医院で守られていたのである。

蘇峰は、昭和四年一月三十日付の**蘇峰書簡18**(一六七頁)で「老閣発祥ノ台湾見物ニ来月早々荊妻同行出掛可申と存候」と後藤に宛てて書簡を出している。

後藤新平はよく科学的政治家だと言われている。「衛生」のことを注意しながら、世界の国と貿易や交流をすることが、いかに大切なことであるか、理解していたのであろう。後藤が明治二十二(一八八九)年、三十二歳の時、『国家衛生原理』を著作発行したのは、今から百十数年前のことである。交通機関の発達と、世界規模の交易と「衛生」問題は切っても切れない関係がある。後藤新平の百年先を読めた気性と実行力が、今後もっと見直されてくるであろう。

ここで再び、後藤書簡を紹介しよう。後藤から東京に在勤の官員(役人)を推薦することを求められ(**後藤書簡4**)、蘇峰が推薦したのは、「其後草野君より追々御報道煩わし、中央政況も相分申候」(**後藤書簡5**)という後藤の文面により、民友社の社員草野門平であろうかと思われた。しかしいろいろ調べたところ、特に草野が東京在勤の官員であった記録も資料もない。以後の書簡には「民友社」関係では人見一太郎(一八六五—一九二四)、平田久、[*]横井時雄[**]等民友社社員の名がみえる。

*平田久(ひらた・ひさし)[十一通] 明治四—大正十二(一八七一—一九二三) 京都。同志社大卒。国民新聞記者。民友社社員。著書に『十二文豪 カーライル』などがある。

**横井時雄(よこい・ときお)[三十七通] 安政四—昭和二(一八五七—一九二七) 熊本県。明治・大正期のキリスト教指導者。横井小楠の長男。蘇峰の従兄弟。熊本バンドの一員であった。「文学会」にも出席している。

後藤書簡6　明治三十二（一八九九）年二月二十四日

拝読　チーナガゼット掲載之原文御送付被成下
重々御手数奉感謝候　万縷拝話に譲り　草々御礼まで　　敬復
二月廿四日　　新平
徳富大兄侍史

〈注〉封筒表「赤坂区霊南坂　徳富猪一郎様　親展」。封筒裏「麻布新網町　後藤新平」。差出年は消印による。

後藤は『チーナガゼット』掲載の記事を送ってもらい、そこから事情がわかることにお礼を述べている。民友社社長徳富蘇峰のジャーナリストとしての情報収集力を活用していたことが書簡の文面から伺われる。

後藤書簡7　明治三十二（一八九九）年三月三日

毎々御手数奉感謝候　御蔭を以て海外各新聞並内地欧文新紙上に大体の計画を知らしむることを得幸甚之至に奉存候　将又過般来御尽力を煩し奉候公債案も　牛の歩には殆んど困却致居候へども漸く切迫　一両日中に決定可致見込　何も其後御緩話に附し候　　草々敬復
三月三日　　新平
猪一郎老兄侍史

〈注〉封筒表「赤坂霊南坂　榎坂町五　徳富猪一郎殿　親展拝復」。封筒裏「麻布　後藤新平」。差出年は消印による。

後藤は「海外各新聞並内地欧文新紙上に大体の計画を知らしむることを得、幸甚之至に奉存候」と感謝している。後藤の改革は早かった。明治三十一（一八九八）年三月の末に台湾に着き、六県を三県としたのをはじめ、七十余の弁務署を三十九カ所に減じ、五百余名の人を罷免したのは台湾到着後二カ月と十日であった。引継など非常の混雑であったと後藤がその様子を伝えているが、スピーディーな仕事ぶりである。

「人材は益必要」

後藤書簡8　明治三十二（一八九九）年六月二十四日

拝読　益御清安奉敬賀候　此地も乍不十分歩々相

進み居候　内地新聞一二の報道とは全く反対に御座候　委細は人見より御聞取被下度候　同人も先仏国行丈は出来候事に相成候　将来為邦家一意被尽度ものと存候帝国愈益多事と相成　人材は益必要と奉存候　此度児玉総督上京御訪問相成度　残金弐千円は多分御手渡致し候事と可相成候　先は右用事まで

草々不尽

六月廿四日　新平

徳富老台侍史

追啓　過般安場翁薨去に付前後格別御世話奉多謝候　以上

〈注〉封筒表「東京々橋区宗十郎町国民新聞社内　徳富猪一郎殿　親展」。「スム」と書きこみあり。封筒裏「台北　後藤新平」。「台湾総督府用」（朱色のスタンプ）。差出年は消印による。

民友社の人見一太郎（一八六五―一九二四）が突然出てきたので驚いたが、後藤とはどういう関係であったのであろう。人見は熊本県の出身で、蘇峰より二歳若い。大江義塾に入塾し、以後蘇峰に従い、蘇峰の片腕のような存在であった。人見は蘇峰が深井英五と欧米漫遊（明治二十九（一八九六）年六月から三十（一八九七）年七月まで）に出掛けたときの、民友社の留守番役の大将であった。その間、国木田独歩と喧嘩をしたり、蘆花が人見に使われたくないと、蘇峰の留守に民友社からの独立を考え始めたことなど、人見は人をまとめる力量や、忍耐力のあるほうではなかったようだ。後藤は人材の益々必要になることを実感していたようであるが、人見は蘇峰が欧米から明治三十年七月に帰国してから民友社を去り、実業界に転じた。『第二蘇峰随筆』（民友社、大正十四年）によると「爾来君は佛蘭西語を修め、後藤子爵の後援によりて、佛京巴里に赴き、佛語もて日本に関する著述をなし、帰来又た爪哇に遊び、砂糖事業を研究し、遂ひに鈴木商店に入りて、大里に製糖会社を創立し、以て大日本製糖会社に合併するに至った。」と、人見が外遊後実業界に飛躍して成功したことを伝えている。

明治三十五年の後藤の外遊の際、人見は後藤に随行した。鶴見祐輔の『正伝 後藤新平』第三巻によると、星一*がシカゴで一行を迎えた。同行者は新渡戸稲造と人見一太郎と参事官の大内丑之助、藤村という秘書官であったという。星は新領土経営に関係があるとして、ニューヨークのブルックリン・

ブリッジにある砂糖工場の視察を後藤に勧め、視察の人選をしたところ、製糖会社側は技術者を嫌うので、せっかく現場を見に行くのなら、本当に製糖のことがわかる人がいいということになった。そこで視察したのは、後藤、新渡戸、新渡戸の弟子で台湾総督府に技師として採用が決まった人物二人と大内参事官、そして人見一太郎であったそうだ。七階もある大きな建物で、キューバから積んできた原料の蔗糖が最上階から下の階に行くにつれ精糖され、一番下で秤にかけて袋詰にされる流れ作業を見学した。この視察が「後藤伯なり新渡戸先生に精糖の知識を与え、台湾の精糖事業を起こさせた大きな信念を与えたのであると思うのである。その人見一太郎君は、後に後藤伯から南洋の方へ送られ、大里に製糖所を作る働きをしたのであった」という。星のこの述懐からもわかるが、人見は後藤の下で製糖関係の仕事に従事していたことがはっきりした。

新渡戸稲造（右）と後藤新平

＊星一（ほし・はじめ）［三通］明治六―昭和二十六（一八七三―一九五一）福島県。大正・昭和期の政治家・実業家。星製薬を創立し製薬業を手がける。星製薬は順調に発展したが、後藤新平の政治資金の提供者だったこともあって阿片令違反で逮捕され、結局無罪となったものの大きな痛手をこうむった。

人見からの六十通の蘇峰宛書簡によると、明治三十三（一九〇〇）年四月パリから絵はがきが三通来ている。三十五（一九〇二）年、三十六（一九〇三）年にも、ロンドン、ロシア、アメリカからの蘇峰に宛てた絵葉書がある。それらの絵葉書の中には明治三十五年の後藤の欧米視察に随行した際のものがあり、次にその二通を紹介しよう。

徳富蘇峰宛人見一太郎書簡

明治三十五（一九〇二）年十月十四日

此葉書ニテ旧遊御回想ノ事ト存申候　小生モ先日蘇格蘭ニ一遊仕候用事差起　都合ニヨリテ　露国ニ行ク事ニ相成リ申ス可ク候　若ク斯クナレバ帰朝ハ来春ニ相成リ申ス可ク　委細ハ後便ニテ申上ク可ク候

十月十四日　　倫敦　人見生

故大阪郵便局長村木法学士と同宿快談日ヲ送リ居申候　後藤氏ハ愈十一月十二三日頃出発可致候

〈注〉Shepherd's Hat and Sound of Mullの絵葉書。ペン書。「大日本東京日吉町国民新聞社　徳富猪一郎様侍史　Via America」。

徳富蘇峰宛人見一太郎書簡

明治三十五年十二月一日

益御健勝奉大賀候　一昨朝当地ニ安着仕候　朝来雪フリ候へ共未タ格別ノ寒サモ感シ申サス候　昨夕ハ天長節　夜会ニテ村田少将ト大兄ノ事米遷氏ノ事御噂致候　倫敦ニテ松方幸次郎氏ニ面会仕候　同氏モ近日当地ニ参ラルゝ筈ニ御座候　後藤氏ハ目下露西滞在愈十二三日出発ノ筈ニ御座候

〈注〉ペテルスブルグの凱旋門の絵葉書。ペン書。「大日本東京国民新聞社　徳富猪一郎様　Via America」。差出年月日は消印による。

後藤書簡9　明治三十三（一九〇〇）年八月二十日

再応御尊書拝読　御答も遷延御寛恕可賜候　人見首尾よく出発　御同慶之至に御座候　平田之事差支無之候　横井之事当分六ケ敷御座候　本年は外国行多数にて旅費に窮し候　対岸へ手を出し候機密費も大に乏しく相成候次第に御座候　過般邨上老人何にか小策を運らし　持前の病気を起し候趣　老練老朽には其間髪を容れず　犬牙の如く錯綜せり　呵々

先は草々用事まで　拝復

八月廿日　新平

徳富学兄侍史

〈注〉封筒表「東京日吉町国民新聞社　徳富猪一郎殿　親展」。封筒裏「台北（印刷封筒）台湾総督府民政長官後藤新平」。差出年は消印による。

人見は台湾で後藤の元で働いていた。「人見首尾よく出発」とあるように、なにか新しいプランがあると、後藤は新人を二、三人その計画に加えると伝えられている。新人を育て、適所で力を引き出す後藤のやりかたは、若者の力に将来を託す後藤の先見の明である。先の書簡で人材は益々必要と指摘しているように、後藤や蘇峰の元で、満足いく働きをする人間を育てることは、大変なことであったろう。

一方、育てるというよりも、やる気のある青年が後藤を慕ってくるようなこともあったのではなかろうか。蘇峰については明治二十（一八八七）年、竹越与三郎*は「余之先生之政論を見るや、政論之場にも此かる高尚重厚之志望を有するものありやと思ひ、遂ひに及ばずながら所謂る改革家之後辺に歩せんと決心せり」と蘇峰に近づいて来た。二葉亭四迷も明治二十年八月「学術文芸殊に我日本国勢観察の指南車と致したく」と蘇峰を訪ねて来た。竹越は『国民新聞』の社説を受けもっていたが、八年後に生き方の相違で蘇峰から離れて行った。蘇峰は二葉亭との出会いを「つまり、君が歌へば僕が踊ると云ふようなわけには参らなかったのである」と、噛み合うことがなかった気持を表現している。

＊竹越与三郎（たけこし・よさぶろう）（号・三叉）［四十六通］慶応一—昭和二十五（一八六五—一九五〇）埼玉県。明治・大正・昭和期の歴史家・政治家。『国民新聞』『時事新報』の記者をつとめ、『新日本史』『二千五百年史』を著述。明治二十八年民友社を離れる。

蘇峰の外遊期間中（明治二十九年五月から三十年七月まで）は通信の原稿は総て草野門平宛で送られていた。二十八通の門平の書簡からは、後藤についてのことはわからない。**後藤書簡5**で「一年三千円の約束」とあったが、後藤は民友社への残金二千円は児玉総督が上京するときに手渡すであろうと書いている。

徳富蘇峰宛児玉源太郎書簡

明治三十二（一八九九）**年八月十六日**

拝啓仕候。然れば上京中は毎度御来訪被下奉多謝候。彼之村上之一条も帰任篤と相談致候処、全一時之感情に御座候。固より格別之事も無御坐。愈一層勉強可致事に相決候間、御安心被下度。此場合知事之交迭等之事は余り好敷からずと存候際に付、小生に於ても又た本嶋之為めにも可賀事に御座候。

本嶋も又々暴風に会ひ候へ共、本年は昨年に比して雨量少なく、且第一期米は収穫後第二期は苗を下したる迄之処で、農作之害は皆無に御座候間、損害意外に少なく仕合申候。随而民情も至極平穏に御座候。

林季成等之一派多少運動致居候様申居候へ共、是以小生は相信じ不申、併し専ら警戒は為致候。警戒之為め少賊を突き出し、世間体は却而騒敷相見候へ共、其実は薮蛇（やぶか）之傾き御座候。雲林地も気に懸り候間、官吏を派出致取調候処、是以全く憶測之声のみ高く、当分は大事に立至り候形跡は更に無之、安心仕候。右御礼旁近況申述度如此御座候。　謹言

八月十六日　源太郎

徳富様侍史下

尚々天時御自重為邦家専一奉存候。

〈注〉封筒表「東京京橋区日吉町国民新聞社　徳富猪一郎様親展」。封筒裏「台北　児玉源太郎」。差出年は消印による。

この書簡によって、児玉が明治三十二（一八九九）年八月十六日以前に上京し、蘇峰とたびたび会っていたことがわかる。後藤の言ったように、児玉は東京在勤の官員のための給料の残金二千円を蘇峰に払ったのである。

児玉の書簡は台湾の天候、人々の生活に関心を持ち、農作物の被害がなかったので、民情が平穏であると書いている。児玉の筆跡はのびやかである。**後藤書簡9**に「過般邨〔村〕上老人何か小策を運らし、持前の病気を起し候趣、老練老朽には其間髪を容れず犬牙の如く錯綜せり。呵々」とあったが、児玉も書簡（明治三十二年八月十六日付）で「彼の村上之一条も帰任篤と相談致候処、全一時之感情に御座候。愈一層勉強可致事に相決候間、御安心被下度」とある。児玉と後藤が同じく「村上」という老人のことを伝えているのが面白い。どんな人物か追い追い分かってくるかもしれない。

後藤書簡10　明治三十四（一九〇一）年九月二十四日

拝読　益御多福奉賀候。人見君身上之事漸く相運ひ　察するに昨今旅装中と奉存候　随而御紙上之件最早心配無之かと奉存候　近来中央政海如何　遠島之身分より相考見候へば　避暑旅行等羨敷存候　各人勝手不平申述候はゞ　無限事と存候　是非大局の為一己の利害を度外に置き勇進邁往の士出来　天下の先達たる事希望之至に候　呵々

九月二十四日　新平

徳富賢台侍史

追啓　御老人様へよろしく　貴社草野　平田の両君へもよろしく

〈注〉封筒表「東京赤坂区青山南町　徳富猪一郎殿　御親展」。封筒裏「台北　後藤新平」。「台湾総督府用」（朱色のスタンプ）。差出年は消印による。

台湾からの後藤の気持が伝わってくる。「人見君身上之事漸く相運ひ」と、後藤の目にかなない、語学を身につけ、フランスを中心にはばたいていく人見一太郎の様子がわかる。いつの時代も理想の士（若者）を求めることは難しいことであったようである。台湾に赴任して三年がたち、「遠島の身分考えて避暑旅行など羨ましいことで、各人が勝手に不平を言い出すときりがない」と伝えている。自分の利害を度外視して、天下の先達となるような青年を求めている後藤は、夢を持っていて立派である。「ご老人様へよろしく」とあるのは、蘇峰の両親のことであろう。後藤の母と蘇峰の母は仲がよかった。蘇峰によると「相馬事件で後藤が入獄中、後藤家は執達吏のためにすつかり家財什器なども封印をせられた。予が母は後藤の老母と懇親であり、また後藤夫人ともよく知つていたから、慰問のために出掛けたところ、姑も嫁も如何にも泰然たるもので、見舞ひの言葉を言ひ出すことさへ出来なかった、と帰つてわれ等に語つたことがある」（『蘇翁感銘録』）と書いている。

欧米巡遊の旅

『正伝　後藤新平』第三巻によると「植民地統治は世界的識見の上に建設されねばならぬとは伯の多年の持論であった」とある。明治三十五年、台湾統治の仕事が一段落ついたとこ

ろで、後藤はいよいよ欧米巡遊の旅にのぼることになった。この外遊の旅先から、後藤は蘇峰に二枚の絵葉書を出している。

後藤書簡11　**明治三十五（一九〇二）年六月二十六日**

御多忙中　横濱迄御見送被下難有奉感謝候　昨廿五日即第十三日ノ朝　晩香坡〔バンクーバー〕ニ安着　旅客の通則ニ随ひ公園ドライブなど試み　健康も先次第ニよき方ニテ午後二時発汽車ニて紐育ニ向候　右御報旁出立ノ際御禮まで　草々不尽

六月廿六日　新平

徳富猪一郎君

〈注〉vancouver STANLEY PARK の絵葉書。ペン書。「Iichiro Tokutomi Esq, Tokio Japan 東京青山南町六　徳富猪一郎殿」。

後藤書簡12　**明治三十五（一九〇二）年十月二十四日**

唯今此地へ着　澳国新版図ボスニーンの経営の一部を見る　敬服の外なし　此モヌメントハ人口壱千五百以内の小村落なり

十月廿四日　新平

徳富兄

〈注〉GRUSS aus BosBrad の絵葉書。ペン書。赤鉛筆で「珍」の書きこみあり。「I. Tokutomi Esq., Tokio, Japan. 東京々橋区宗十郎町国民新聞社　徳富猪一郎君」。差出年は消印による。

同行者は当時台湾総督府の殖産局長の新渡戸稲造であった。新渡戸は、蘇峰と深井英五が明治二十九年五月欧米に外遊する際、深井英五に宛てて次のような書簡を送っている。

深井英五宛新渡戸稲造書簡

明治二十九（一八九六）年五月二十二日

此書御出発前ニ相達候へハ　乍御面倒はがきニて御落手の旨御報被下度候

四五日前　御芳翰を辱ふし　今般貴社徳富君並ニ貴君御渡米被遊候ニ付　往地ニ於て小生知己の者共有之候得者　一書を添候様御所望の段承知仕候　至急

返書差上度存候処　小生近頃不快の為め　執筆不自由ニ御座候間　乍不本意今日迄て延引致候　不意御宥恕被下度願候　然し此便ニ間ニあハぬ分ハ次便ニは必らす間に遇候様

左の人々に書を送り可申候間　貴君米国東岸に（桑港近場ニ御滞在有之候半）御達しに先たちて　書面相着可致と存候故に左記の人を御訪問有之候節ハ小生より紹介書既に相達居候積りニて御名刺御通し被下候ハヽ可然と存候

一　Prof. Dr. Ely, State University, Madison, Wisconsin
　御承知ニも候半経済学者

一　Prof. Dr. James, University of Chicago　国家学家、財政学者としてハ米国第一流と存候

一　Senator Chace Valley Falls, Rhode Island　同氏ハ病身なれは御面会ハ六ヶ敷かと難存候へ共　次に記名致候　ペリー氏方ニ御尋相成候ハヽ　後御訪問の程御決し被下度候　若し同氏ニ御面会出来候得は　政治、実業上の奇説可有之と存候

一　Arther Perry, Boston　同氏の宿所失念致候得共ボストンニてDirectory御一覧被下候得は直に解りべくと存候

一　Dr. Griffis, Ithaca, N. Y.　別に紹介も不必要と存候

一　Thomas Elkinton, 229 Chestnut St., Philadelphia　同氏ハ拙者家内の叔父ニ有之候　同氏御訪問相成候へは種々の人々に御紹介の労を喜んで可致候　殊に工業商業社会ニは知人も有之候間御訪被下度候　拙者費府〔フィラデルフィア〕ニハ不少友人も有之候間いく分なり御紹介致度存候へ共　却てElkinton 氏の手を経る方可然と存候　同氏ニハ今便ニて貴君の御出発の事申置候　ホルチモール府　Johns Hopkins 大学ニは定めし御地の諸氏より添書可有之と存候間別に差上不申候　欧州へ御渡たり相成候得者　独国ニ在る三四の士に一書相添申度存候間　米国御滞留間の御宿所承り置度存候　右乱筆のまヽ急き投函致候

不具

五月十五日夜　　新渡戸

深井様

再伸　前記　Elkinton 家ハ　Friend 即ち Quaker 宗派ニ御座候間　應接スルニ "Mr." or "Mrs." ヲ称セザル事及び其他種々異風の點有之候間　左様御承知被下度候

〈注〉封筒表「東京市京橋区日吉町民友社　深井英五様」。「転居同十」と付箋あり。封筒裏「札幌農學校　新渡戸稲造」。

新渡戸が蘇峰に充てた書簡は三通ある。札幌農学校新渡戸稲造として送られた明治二十九年のこの書簡は、外遊する二人のために、訪ねたらよいであろう人物の紹介をしている。新渡戸の妻メリー・エルキントンの叔父であるエルキントンに会うときには、「Friend即ちQuaker宗派ニ御座候間　應接スルニ "Mr." or "Mrs." ヲ称セザル事及び其他種々異風の點有之候間　左様御承知被下度候」と細かい心遣いをこめて書き送っている。

後藤書簡13　明治三十六（一九〇三）年三月十四日

拝啓　愈御清適大慶此事ニ御座候　陳ハ兼而御委嘱ノ高橋二郎著国勢調査法ハ各庁ニ於テ十部宛購入之事ニ相成候間　都合弐百部当府事務官加藤尚志氏宛ニテ　御送付被下候様致候　代金ハ同事務官ニ於テ取纏送金可致様取計可申筈ニ御座候間　左様御承知被下度　併テ此段申進置候　草々拝具

三月十四日　　後藤新平

徳富猪一郎殿　侍史

〈注〉封筒表「東京々橋区日吉町国民新聞社にて　徳富猪一郎殿」。封筒裏「台北　後藤新平」。差出年は消印による。

高橋二郎著『国勢調査法』は明治三十六（一九〇三）年二月、民友社から出版された。一冊三十銭であった。職場で役にたつ本となれば、各庁に十部ずつ購入するという、後藤の迅速な手配が窺える。台北からの二百冊の注文は蘇峰にとってもうれしいことであったろう。

蘇峰が明治三十（一八九七）年七月欧米視察から帰ってきており、英国の各都市の制度の一書を持ち帰り、翻訳してみんなで使いたいと思ったが、内務省は出版費がないと言ってそれを実行してくれなかった。そのことを後藤が聞き、内容をみて、これは良い本だと後藤の衛生局で印刷してくれたという。役に立つものは予算とか、なんとか、理由をつけずに、即印刷する後藤の的確な判断は気持がいい。

後藤書簡14　明治三十六（一九〇三）年九月五日

拝啓　追々秋気相催候処　御筆硯愈御健在欣抃此事に御座候　陳ば御社員　平田久氏へ久敷当府電報通信御依嘱致置候処　近来同氏或ハ病気ニテモ可有之歟　通信兎角緩漫に相流レ居候間　一先右通信方解嘱致度就テハ右之次第同氏へ貴台ヨリ御伝声相煩度　当用得貴慮候迄如此ニ御座候　時下御自重千祈此事ニ御座候　匆々

九月五日　新平

徳富猪一郎雅台侍史

〈注〉封筒表「東京々橋区日吉町民友社　徳富猪一郎殿　必親展」。封筒裏「台北　後藤新平」。差出年は消印による。

民友社からの台湾の後藤への通信は、三十一（一八九八）年からはじまり、五年以上続いていたことが、**後藤書簡14**で推察することができる。「平田久氏へ久敷当府電報通信御依嘱致置候処、近来同氏或ハ病気ニテモ可有之歟、通信兎角緩漫に相流れ居候間、一先右通信方解嘱致度」、蘇峰は早速平田に事情を聞いたのであろう。

後藤書簡15　明治三十六年九月二十二日

拝復　貴書拝誦仕候　平田氏之件外ならぬ御申越ニ付き　今度ハ貴意に任せ可申候間　御迷惑ながら今後も充分御注意被下候様御依頼申上度　右貴答まで如此ニ候　草々

九月廿二日　後藤新平

徳富猪一郎殿

〈注〉封筒表「東京京橋区日吉町国民新聞社　徳富猪一郎殿親展」。封筒裏「台湾台北　後藤新平」。差出年は消印による。

蘇峰へ返書がとどいた。「平田氏之件外ならぬ御申越ニ付き、今度ハ貴意に任せ可申候間」。平田久は民友社の記者で翻訳もでき、『伊太利建国三傑』『十二文豪　カーライル』『露西亜帝国』などの翻訳本や著書を出版している。平田が後藤の気に入る誠実な働きができなかったことは残念である。蘇峰のとりなしで解雇されないで済んだが、「今後も充分御注意下さるよう御依頼申し上げたく」と後藤に念をおされ、紹介者としての蘇峰もなかなか大変であった様子がわかる。

日露戦争の時代に

明治三十七、八（一九〇四、五）年の書簡四通を紹介しよう。

後藤書簡16　**明治三十七（一九〇四）年九月二十七日**

拝啓　秋冷之候愈御多祥大慶此事に御座候　陳ば先般御面倒相願候露国の闇黒面を訳述せし同一記者の訳述に係る「露国の今上皇帝」と題する記事　昨今の台湾日々新聞に連載致居候に付御一見の事と存候　右記事を又々前の闇黒面と同様出版致させ度就而は右の分の計算残益にて　若干部　出版相叶申間敷候や　出来致候はゞ同様の体裁ニテ相願申上度否哉御回報奉願上候　　草々

九月廿七日　　後藤新平

徳富猪一郎殿

〈注〉封筒表「東京々橋区日吉町国民新聞社　徳富猪一郎殿親展」。封筒裏「台湾台北　後藤新平」。差出年は消印による。

後藤は『露国の闇黒面』といったロシアに関する記述本の出版など、台湾でいろいろの試みもしていた。B・シダコッフ著『露国の闇黒面』は明治三十七（一九〇四）年一月、『露国皇室の内幕』は三十八（一九〇五）年二月に田原禎次郎訳で民友社から五十銭で出版された。蘇峰は後藤の頼みをすぐにかなえている。日露戦争中のことでもあり国民の関心も高かったのであろう。

訳述した田原禎次郎（天南）（一八六三―一九二三）は東京の独逸協会学校で法律、文学を学んだ。後藤新平が明治三十一年台湾の民政局長（のち長官）に就任した際、田原は招かれて、台湾日日新聞社の主筆に登用された言論人である。田原の父恭治郎は大円と称し、仙台の伊達藩医で眼科医の中目道珣に就いて眼科を専攻した。恭次郎は白内障に水晶体の混濁を針で除去する独特の手術を施し、当時の医学界を驚かした。禎次郎はその次男である。山形県河北町谷地の安楽寺にある田原の墓石には、後藤新平の筆で「埋骨の地とさだめん梅の森」という碑文が刻まれている。田原が海外で収集した書籍は広範膨大で、田原の死後、後藤新平と東京市が全部購入する運びになったが、関東大震災で全て烏有に帰した。（ウェブサイト、田原純一「気骨の言論人天南こと田原禎次郎について」http://homepage2.nifty.com/tahara~d-c/teijiro.html参照）

後藤新平が書いた『露国の闇黒面』の序文から、翻訳本を出版することになった経緯などがわかったのでここに掲載する。

宇内建國森然たり而して其國勢を以て自ら雄なるもの英佛独露米を推さゝる能はす論者曰他日宇内に雄を争ふもの其れ必らす露米の間に於て之を見ん而して一は専制にして抑壓なり一は共和にして自由なり一は舊教なり一は新教なり一は貧なり一は富なり人智の發達も亦た已に懸隔せり故に米を親愛するもの多きは固に宜しく然るべし而して露を畏忌すること虎の如くなるは何そや版宇の大と民口の衆とに由るや深山大澤包含するもの許多なるに由るや外交に於て術數を弄するに由るや抑々武力を以て侵畧を擅にせんとするに由るや外に見はるもの斯くの如し内に蘊するもの未た悉く知るべからず而して之を畏忌する所以のもの未た其説を得すと

余や去年米國に航し英、独より露國に入る一旅匆促の間見聞する所尚ほ未た深からすと雖米露の國勢に於て未た甞て夫の豫言に起感せすんはあらす而して露國今日の情形を以て之を推さんに其未た一戦せさるに先たちて其國内一變動あらんも亦た未た知るべからす獨逸に在るとき一夜随員大内君と此事を談せり大内君獨逸に留まり帰朝の日ニコラス二世治下に於ける露國の眞相と題する一書を帯来せり其書はシダコッフ氏の著にして同氏は露國の事情に通せるを以て歐洲に有名なり因て大内君に慫慂し田原天南に贈りて繙譯せしむ譯稿已に成り余に一言を請ふ天南は有志の士なり學を好み尤も獨逸學に精し其文筆の妙固に余輩の賛楊を待たす今たゞ繙譯の労を多とするのみ而して此書今日時情の急にする所知我知彼に於て未た始めより裨益なくんはあらす願くは世の有心人と共に之を一讀せん

明治三十六年十二月初旬　後藤新平序す

田原禎次郎が蘇峰に宛てた書簡は三通ある。ハンブルグから投函された書簡を紹介しよう。

田原禎次郎書簡徳富蘇峰宛

明治四十四（一九一一）年三月三日

謹啓　小生去同廿四日より北西独逸の小旅行相試みゲッチンゲン、カッセル、ハンノーヴァー、ブレーメンを経て昨日ハンブルグに到着　明日伯林帰着の筈に御坐候　途上の所見雲烟過眼何等の得る所無之候　草々

三月三日　於漢堡〔於ハンブルグ〕　田原禎次郎

（エハカキハ漢堡著名の珈琲店に御坐候）

〈注〉絵葉書。ペン書。「I. Tokutomi. Esq. Tokyo, Yapan 日本東京京橋区日吉町国民新聞社　徳富猪一郎殿」。

後藤書簡17　**明治三十八（一九〇五）年八月二十七日**

別紙大国民短歌戯れに起草致候　佐々木（ママ）*君へ依頼候短篇の参考とも相成候哉と存候へども　又却而悪しき草稿は差出候ても益なくさまたげかとさしひかへ候　兄の御手許まで御覧に入れ候　よろしく御取捨可被下候。明日は愈出発　満韓行程に上り可申先は右まで御多忙中恐れ入り候へども　真の拙のよこづき御笑草なり　呵々

八月廿七日　新平

徳富先生研北

〈注〉封筒表「民友社　徳富猪一郎殿　親展」。封筒裏「後藤新平」。差出年は消印による。

（別紙）

大国民歌

国の光りのかゞやきて　仁義に冨むぞ大国民
国に仁義の乏しきハ　大国とても何かせん
見よや仁義の我国を　上下心を一にして
国威いやます三千年　これぞ真の大国民
海も陸も勝ちに勝ち　仁義の師敵やある
東洋平和の基礎と　我ハならずてやむべしや
南新附の台湾島　恩威並びに行はれ

北ハ樺太いにしへに　かへる御世こそうれしけれ
光りかゞやく日の御旗　我が大国のすがたなり
遠き近きもおしなべて　靡け御国の旗風に

＊**佐佐木信綱**（ささき・のぶつな）（号・竹柏園）［百六十一通］明治五―昭和三十八（一八七二―一九六三）三重県。明治・大正・昭和期の歌人・国文学者。短歌結社「竹柏会」を起こし、『心の花』を創刊。蘇峰の歌の添削をした。雪子夫人は、蘇峰の親戚である。蘇峰とは書籍収集でも友人だった。

七五調のすらすらと詠まれた歌「大国民歌」は、後藤の心に自然に湧き出たものであろう。時は、米国ルーズヴェルト大統領が日露講和実現のため、日本は金銭的要求を放棄するよう勧告し、八月十日ポーツマス講和会議がはじまっていた。この**書簡17**を書いた次の日、『正伝後藤新平』の年譜に「特殊なる任務を帯びて満韓への旅に出る」とある。これもどんな任務を帯びていたのか。「大国民短歌、佐々木君へ依頼候短篇の参考とも相成候哉」とあるが、「大国民歌」は明治四十二（一九〇九）年十月十四日に『大国民の歌』として作曲され刊行された。歌を書いて約四年後のことである。

後藤書簡18　明治三十八（一九〇五）年九月九日

奉天無事　東京戒厳と申　世の中ハいろ〱　貴社も御名誉の御事と存候　小生過四日奉天着　昌図敵前線まで参り昨夜当地に帰着　今夜営口に向け出発　一同健康なり　御安神被下度候　何も帰京后出度可申上候　草々

九月九日　新平

猪一郎兄

〈注〉絵葉書。毛筆。「東京京橋区惣十郎町国民新聞社　徳富猪一郎君　奉天にて　後藤新平」。「軍事郵便」（朱色のスタンプ）。差出年は消印による。

日比谷で講和反対国民大会が開かれ、政府系新聞社・交番などが焼討を受け、蘇峰の国民新聞社も焼討に遭ったことを、台湾民政長官後藤は、「東京戒厳と申　世の中ハいろ〱。貴社も御名誉の御事と存候」ととらえている。

後藤書簡19　明治三十八（一九〇五）年十二月十八日

拝啓　陳ば過日得貴意置候通　明後廿日偕楽園に

於而晩餐差上度候間　何卒御来車被下度候　時刻は
午後五時に相願度候　　　　　　　　　草々拝具
　十二月十八日　　　　　　　　　　　　後藤新平
徳富猪一郎殿

〈注〉封筒表「赤阪区青山南町六ノ三〇　徳富猪一郎殿」。封筒裏「麻布新網町二丁目　後藤新平」。差出年は消印による。

ここまで紹介した書簡の背景には、激動の日清戦争、日露戦争があり、近代化への道を走っていた後藤新平の姿を伝えている。日清戦争、日露戦争の戦場で、伊藤博文、山県有朋、乃木希典、森鷗外など多くの明治の男たちは漢詩に心を吐露し、素直な感情を誰かに伝えようとしていたように感じる。

3 満鉄総裁時代

1906-1908

満鉄総裁就任

後藤の南満洲鉄道株式会社（満鉄）初代総裁時代は、明治三十九（一九〇六）年十一月から、四十一（一九〇八）年七月までの一年八ヶ月の短期間であったが、功績は大きい。

明治三十八（一九〇五）年九月五日のポーツマス条約において、日本はロシアから南満州における重要な権益を獲得した。一つは、旅順・大連の租借権、一つは長春—旅順・大連の鉄道に関するものであった。満鉄は半官半民の株式会社で、満鉄を中心とする満州経営をすでに考え始めていた。副総裁に中村是公を起用し、満鉄は日本最大の会社となった。

後藤を満鉄総裁に推したのは、児玉源太郎だった。児玉源太郎のことを年譜から見てみると、明治三十三（一九〇〇）年伊藤内閣の陸相となり、台湾総督を兼ね、三十六（一九〇三）年七月には内相兼任となり、十月には参謀次長となった。三十七（一九〇四）年六月、大将に昇任。六月二十日満州軍総参謀長に任ぜられた。三十八（一九〇五）年五月十三日、台湾全島にバルチック艦隊来航のため戒厳令が施行された。六月九日、米国大統領ルーズヴェルト日露講和調停をなす。八月十日、ポーツマス講和会議始まる。九月五日、日露講和条約成る。十二月七日、児玉大将東京に凱旋。十二月二十九日、児玉総督帰任。このように、児玉総督が日露戦争で大将として心おきなく働けたのは、後藤に台湾をまかせられたからである。

明治三十九（一九〇六）年一月二十六日、後藤は児玉総督参謀総長転任内定の報を聞く。四月十一日、児玉、台湾総督を罷めて参謀総長となり、佐久間左馬太（さまた）が台湾総督となる。七月二十二日、後藤新平は東京で満鉄総裁就任の件につき、原*内相、西園寺**首相、児玉参謀総長、山県有朋に会見したが、後藤は返事を一日のばした。二十三日の夜、児玉は急逝した。児玉の遺志を汲んだ後藤新平は明治三十九（一九〇六）年八月一日、満鉄総裁就任を受諾した。

***原敬**（はら・たかし）（号・一山）［一通］安政三—大正十（一八五六—一九二一）岩手県。明治・大正期の政治家。

****西園寺公望**（さいおんじ・きんもち）（号・陶庵）［三十七通］嘉永二—昭和十五（一八四九—一九四〇）京都。明治・大正・昭和期の政治家。公爵。ソルボンヌ大学卒。東洋自由新聞社社長に就任。『東洋自由新聞』は政府の干渉ですぐに廃刊したが、蘇峰は読んでいた。

明治四十一（一九〇八）年鉄道院が創立されると、後藤はその総裁を兼ねた。鉄道院は十七の鉄道会社を一本化して国有鉄道としたものである。郷仙太郎の『小説 後藤新平』により、鉄道のレールについての変遷を見てみよう。

後藤は鉄道院、すなわち国鉄の効率的な経営に努める一方で、いったん狭軌（きょうき）で出発した我国の鉄道を広軌（こうき）に改めることを主張した。その頃議会では政友会が第一党を占めていたが政友会には地方出身の議員が多く、地方の隅々への鉄道路線敷設が最優先課題であった。それに対して、後藤の広軌案は「まず新橋・下関間の広軌化」であったので、その国策としての必要性は認めても、国鉄財政が広軌化に傾斜して地方への鉄道敷設が遅れることには賛成できなかった。橋梁（きょうりょう）などの計画案が後藤のところに上がってくると、広軌に対応できるようになっているかと必ず聞いたという。そこで、鉄道院内では、後藤のところに行く決裁書類に「広軌準備」とはんこを押すようになったほどであったという。しかし桂内閣としては結局は議会との妥協をはからざるを得なかった。「海軍拡張計画は認めるかわりに、広軌案は一年見送る」という妥協が桂と西園寺の間で成立した。その後広軌化案は日本において長い間、日の目をみなかった。東海道新幹線によって、本格的な広軌鉄道が日本に開通したのは、それから実に五十年以上の後、昭和三十九年（一九六四）のことである（狭軌は三フィート六インチ。広軌は四フィート八インチ半）。

その他満州に大規模な病院の設立。いざという時、野戦病院たりえるもので、廊下なども担架をおけるように、非常に広いものとしたという。

伊藤博文と二葉亭四迷の死

明治四十二（一九〇九）年、明治時代の指導的政治家、伊藤博文（一八四一―一九〇九　天保十二―明治四十二）と、言文一致を唱え、小説『浮雲』を発表し、ツルゲーネフ『めぐりあひ』など優れたロシア文学の翻訳家として足跡を残した二葉亭四迷（本名長谷川辰之助　一八六四―一九〇九　元治一―明治四十二）が、異国の地で、共に不慮の死を遂げたことは驚きであった。

明治四十一（一九〇八）年六月十九日、東京朝日新聞の記者であった二葉亭は、特派員としてペテルブルグに赴いた。白夜の地で不眠症に悩み、着いてすぐに持病の肺炎が悪化、翌明治四十二年五月十日、ロシアからの帰路、ベンガル湾上、日本郵船の一等船室で肺炎のため死去し、シンガポール郊外で火葬された。享年四十五歳であった。

伊藤博文は明治四十二年十月二十六日、ハルビン駅頭で、朝鮮独立運動家、安重根（アンジュングン）に暗殺された。享年六十八歳であった。

明治二十年代、蘇峰は平民主義、平民的欧化主義を唱え、民友社を創設（明治二十年）すると同時に「政治、社会、経済及文学之評論」と銘うった総合雑誌『国民之友』を創刊し、若者と知識層の熱狂的歓迎を受けた。新しい数多くの雑誌がぞくぞくと出版された中で、五百部売れたら次号が出せるというような時代、創刊号は七千五百部、そしてすぐに再版という売れ行きであった。当時の蘇峰の手帳は、各界の著名人の住所と名前で埋め尽されていた。その後、日清・日露戦争に従軍記者を多数送り、『国民新聞』は戦地の様子を画家久保田米僊*の絵入りで伝えたり、国木田独歩**が弟、収二***に宛てた形をとった「愛弟通信」を掲載するなど、青年蘇峰の活躍は多くの読者を魅きつけた。

＊**久保田米僊**（くぼた・べいせん）［二十五通］嘉永五―明治三十九（一八五二―一九〇六）　京都。明治時代の画家。明治二十二年フランス留学、帰国後蘇峰の招きで民友社に入り、『国民新聞』

に挿絵を描いた。月給は七十円という高額だった。日清戦争では画報記者として従軍、絵入り通信は好評だった。

**国木田独歩（くにきだ・どっぽ）（本名・哲夫）［三通］明治四―四十一（一八七一―一九〇八）千葉県。明治時代の詩人・小説家。『国民新聞』に入り、日清戦争では従軍記者となり、戦地より送った「愛弟通信」で文名を上げる。『国民之友』の編集に従事した。佐々城信子との恋愛・結婚・離婚まで蘇峰の世話になった。

***国木田収二（くにきだ・しゅうじ）［五通］明治十一―昭和六（一八七八―一九三一）広島県。明治・大正期のジャーナリスト。国木田独歩の弟。民友社社員。明治三十三年に『神戸新聞』主筆。その後『読売新聞』主筆。蘇峰は兄独歩より収二の方が大成すると考えていたようだ。

明治四十三年五月三十日、寺内正毅が初代朝鮮総督に就任した。四十七歳の徳富猪一郎は、その年の十月朝鮮『京城日報』の監督の任を依嘱され、以後大正七（一九一八）年まで、年に二、三回京城に赴くことになった。

伊藤博文と二葉亭四迷の二人ともが後藤新平、徳富蘇峰と係わりを持っていたという交友の環は、興味あることである。

■伊藤博文と後藤新平

最初に伊藤博文と後藤新平の関係から見てみよう。

明治二十八（一八九五）年七月十日、後藤新平は児玉源太郎に伴われて、伊藤博文に初めて会った。伊藤五十四歳、児玉四十三歳、後藤三十八歳の時であった。後藤は二十八年の後半に、伊藤宛に三つの意見書を提出した。社会政策的施設の必要の建議（明治二十八年八月十五日）、台湾に於ける阿片政策に関する意見書（十一月十三日）、明治恤救基金案の建白（十二月七日既述）である。伊藤は後藤の建議書をよく読んだらしく、後藤の八月の意見書の最後に、直筆で「九月一日夜敬読」と記してあるという（鶴見祐輔『正伝 後藤新平』第二巻）。

明治二十年代、蘇峰はなんとなく伊藤が嫌いであったと、著書『蘇翁感銘録』（宝雲舎、昭和十九年）に書いている。蘇峰は『国民之友』、『国民新聞』の誌紙上で、閔妃暗殺事件に関し三浦梧楼公使に帰国を命じた伊藤も、三浦公使を任命した責任を取り、辞職すべきだと攻撃した。その攻撃に胸のすく思いの人々が漢学者依田学海はじめ沢山いた。明治二十七、八（一八九四、五）年は『国民之友』、『国民新聞』は政府批判をし発行停止になることが多かった。明治三十（一八九七）年七月、蘇峰は深井英五と欧米視察の旅から帰国して、松方正義内閣の内務省勅任参事官に就任した。これを機に、いままで平民主義を唱えていた立場を捨てたと「変節漢」との非難を受けた。明治三十（一八九七）年松方内閣が瓦解して、第三次伊藤内閣ができたころから、蘇峰は「正直のところ、予の伊藤観も相当変つていつた」と述べている。蘇峰が伊藤を野田卯太郎[*]と共に首相官邸に訪ねたのは、明治三十一（一八九八）年春の初めごろだという。伊藤五十七歳、野田四十五歳、蘇峰三十五歳のときであった。蘇峰は「朗らかな政治家・伊藤公」として、明治四十二年に亡くなるまで、好意を持って接していた。

＊野田卯太郎（のだ・うたろう）（号・大塊）［九十三通］嘉永六―昭和二（一八五三―一九二七）福岡県。明治・大正期の政治家・実業家。政友会創立に参加。同副総裁となる。大正七年原内閣の逓信大臣。東洋拓殖大学の創立に参画し副総裁となる。

明治三十八（一九〇五）年十二月、伊藤は韓国統監に任ぜられ、三年半にわたり、実質的に韓国を支配した。明治四十二（一九〇九）年六月十四日には、韓国統監を免ぜられ枢密院議長に任命された。

同年七月六日、第二次桂太郎内閣は「韓国併合」を閣議決定し、天皇が即日裁可された。十月十四日、伊藤一行は満州視察に出発した。伊藤の邸宅「滄浪閣（そうろうかく）」が大磯にあったからで、いつもは停車しない遠距離の列車が大磯駅に臨時停車した。佐木隆三の『伊藤博文と安重根』（文藝春秋、一九九二年）によると、六十八歳の枢密院議長の伊藤博文は、個人の資格で満州を視察するといい、参内して勅許を得ていたという。見送りの人は逓信大臣兼鉄道院総裁・後藤新平、国民新聞社社長・徳富猪一郎の他、海軍大将・樺山資紀、伊藤の女婿で宮中御用掛・末松謙澄[*]と大磯町長ら多数が賑やかに見送った。伊藤の随行員は、枢密院議長秘書官・古谷久綱[**]（もと国民新聞社記者。蘇峰の紹介で伊藤の秘書になる）、宮内大臣秘書官・森泰二郎[***]（森槐南、漢詩人）、満鉄秘書役長・龍居頼三、東京駐箚清国公使館書記官・鄭永邦であった。随行員たちは新橋駅から乗り込んでいた。

＊末松謙澄（すえまつ・けんちょう）［二十七通］安政二―大正九（一八五五―一九二〇）福岡県。明治・大正期の政治家・法学者。妻は伊藤博文の長女生子。「文学会」に出席。イギリス留学中に『源氏物語（抄）』を英訳した。

＊＊古谷久綱（ふるや・ひさつな）［二十五通］明治七―大正八（一八七四―一九一九）愛媛県。明治・大正期の政治家。もと国民新聞記者。蘇峰の紹介で伊藤博文の秘書となる。

＊＊＊森泰二郎（もり・やすじろう）（号・槐南）［一通］文久三―明治四十四（一八六三―一九一一）愛知県。明治漢詩壇の第一人者。文学博士。伊藤博文と親しかった。「文学会」に出席。

プラットホームから列車のタラップを踏む直前に、伊藤は後藤に握手を求め、さり気なくささやいた。「この出立は、最後のご奉公になる。ココーフツォフ蔵相とは、互いに勅許を得た者として腹蔵なく話し合い、後藤君の期待にこたえるつもりだ。」「根回しに抜かりはなく、今回の公爵の目的は、決して他言いたしません。」もともとドイツ留学帰りの医師である後藤は、鼻メガネの顔を紅潮させて、伊藤の手を握り返した。大磯町議はじめ見送りの人々に、伊藤は張りのある声で、「諸君、正月に美味い酒を飲もう」と呼びかけ、歓声に送られ出発した。（『伊藤博文と安重根』）

伊藤は満州視察後、太平洋が美しく見える「滄浪閣」で正月を迎え、旅の疲れを癒すことを出発の時から楽しみにしていたようである。まさか三週間後に国葬になるとは、伊藤も見送った人々も夢にも思わなかったであろう。

蘇峰は大磯駅で見送った日の午後、『国民新聞』の「東京だより」（明治四十二年十月十四日付）に次のように書いている。

「吾人は伊藤老公の満州行を送るについても、公が老健であることを喜ぶ者であるが、孫と遊んで居て良い年齢で、南来、北去、東奔、西走する所以は何であろう。聞いたところ、本年中の行程、通計すれば一万哩（マイル）に上るという。大隈重信の言を借りて云へば、炎風烈日に南韓を旅行し、まだまだ驚くべき活動をしている。満州問題は、公を煩はして解決する必要な問題はない。公の旅行は事実において平和と調停との大気を散布せしむる所以と云つてよかろう。ただ此の上は、老公の元気と快愉とを持つて帰還せられんこと是れのみ」。

伊藤が元気そうにしていたが、大磯から出発する姿に、蘇峰は伊藤が自愛した方が良いと感じた何かがあったのかもしれない。蘇峰は大磯から国府津まで同乗し、伊藤が快活に随員と話している姿を見ていた。しかし十月二十二日の「東京だより」に、蘇峰は伊藤への心配を書いている。「伊藤公の満州行は少からず世界の物議に上れり。公の旅行、真に非偶然なり。満州が極東の平和に密接な関係があること、門戸開放、機会均等の主義が此の中に実行せらる可きを語った。是れ帝国の満州政策を世界に向かつて明白に認めざるを得ず」。

暗殺翌日、十月二十七日の「東京だより」は、伊藤の死を驚きをもって伝えている。長文なので要旨だけにするが「吾人は曽て韓国に於て或は此事あらんかと、屡々心配した。世

「伊藤公の凶変」を報じる『国民新聞』号外（明治42年10月26日）をあしらった絵はがき（提供＝徳富蘇峰記念館）

の中に人の怨を買ふもの少ない政治家を挙げると伊藤公は随一。明哲保身の資質は自から求めずして、自然に一身にそなはりたるに、実に意外千万。公の血が無益に流されたるにあらずして、人道の為め、平和の為なるは、申迄もなく候」と。十月二十八日、二十九日、三十日、まだまだ「東京だより」は伊藤のことで満載である。伊藤は好学で、『論語』を身からはなしたことがなく、公の漢詩は言志に専にし、森槐南詩宗がかつて「公は多く詩を読まず。されど読む所のもの最善の作なり」と語っていたという。蘇峰は伊藤がトルストイの『復活』について、詳しく語ったことに驚いたという。

　対露関係については、ロシアという強大な隣国との友好関係なしに、日本の発展はありえないというのが、後藤新平の基本的な考えであった。それが実現したロシア行きであった。後藤が伊藤のロシア訪問を要請し、後藤の大磯での見送りは意味があったのである。伊藤は露蔵相と会談のため、ハルビンに行った。そして、ハルビン駅頭で安重根に射殺された。同行の森泰二郎、田中清次郎、川上俊彦*も被弾し、室田義文と中村是公の衣服を弾は貫通した。ココーフツォフ蔵相が後藤新平逓信大臣と本野一郎**ロシア駐箚日本大使に弔電をうった。

＊川上俊彦（かわかみ・としつね）［二通］文久一―昭和十（一八六一―一九三五）新潟県。明治・大正期の外交官。ウラジオストク駐在中、日露開戦に際会。ポーランド独立後初代公使赴任。ハルビン・モスクワ各総領事をつとめる。夫人の常盤は、蘇峰の紹介で坪内逍遥の劇を英訳した。常盤の蘇峰宛書簡は九通ある。

＊＊本野一郎（もとの・いちろう）［二十二通］文久二―大正七（一八六二―一九一八）佐賀県。明治・大正の外交官。リヨン法科大卒。ベルギー、フランス、ロシアの特命全権公使を歴任し日露戦争前後の外交に活躍した。大正五年外務大臣就任。

■二葉亭四迷と後藤新平

二葉亭四迷も伊藤と同じく蘇峰と後藤に係わりのある人物であった。二葉亭が『国民之友』を創刊したばかりの蘇峰を何度も訪ね、蘇峰こそ「師とし、兄とし、学術文芸、殊に我が日本国勢観察の指南車と仰ぎ可申と決心致せし義有之候」と、熱い胸の内を打ち明けたが、二葉亭の哲学的話に答えるには、一歳年上の蘇峰は忙しさに追われ、また哲学的な思考が苦手ということもあり、上手くいかなかった。二葉亭は蘇峰と初対面のあと、一通の書状を差出した。「開封して見ると婦人の字と見紛ふばかりに優美婉約なる行書平仮名交りの細字にて」と、蘇峰は二葉亭の筆跡を褒めていた。

二葉亭と後藤の係わりは、『東京朝日新聞』に二葉亭四迷が四回連載した「入露記」（明治四十一年七月八・九・十三・十四日）のなかに見ることが出来る。二葉亭は、ロシアからの帰路、ウラジオストクから乗船して敦賀に上陸する初代満鉄総裁後藤新平に会い、満州問題についての話を聞くために、ウラジオストクへの出発日を決めたという。このことについては、関川夏央の『二葉亭四迷の明治四十一年』（文藝春秋、一九九六年）に詳しい。「入露記」は東京朝日新聞記者として、ロシアに行く二葉亭四迷が、後藤の姿を報道したものである。

二葉亭は一見して深く後藤の人物に傾倒したようで、「入露記二」に次のように書いている。

> 右舷のデッキにゴタ〳〵と一塊まり人影が見える。初は誰が誰やら一寸分らなかつたが、能く見ると霜降りの背広に黒の山高帽を冠り鼻眼鏡を掛けた、背の高い人が居る。（中略）自ら備はる威風堂々と四辺を排つて、御近所のお方にはお気の毒ながら、洵（まこと）に是鶏群（けいぐん）の一鶴（いっかく）だ。（中略）多分龍居君だつたろう、二葉亭四迷君ですと紹介する。おおさうかと男爵も跋を合はされた。しかし二葉亭四迷が何だか御存じあるべき筈がないから、新聞記者が二葉亭四迷——妙な名を附けたものだ、矢張内職に浪花節でも語るのだな、と思はれたかも知れぬ。有難い仕合せだ。（中略）僕は従来数次男爵の噂を聞いたが、噂をする人が人だから、其言葉に多くの信を措かなかつた。なあに逢つて見れば、矢張尋常の人かも知れぬと実は思つていた。然るに此の日親しく謦咳に接して見ると、名虚しく伝はらずと能く云ふ、真に其の通りだと思つた。小説で腐つて葡萄のやうになつた僕の眼で見た所だから當にはならぬかも知れぬが、僕の見た所では男爵は理想家で又実際家である。（中略）男爵は男爵

二葉亭四迷（東京外国語学校入学の頃）

の本領がある。偉い偉くないはさて措いて、此の点に於て後藤新平は頂天立地、一個の後藤新平で、到底他人の模倣を許さぬ、独特の長所がある。午後一時男爵に陪乗して敦賀を発し、米原でお暇乞を申して、僕は下り列車に乗移つた。

四十四歳の二葉亭が見た五十一歳の後藤新平である。

二葉亭はロシアから帰着した後藤新平を敦賀に迎え、翌日米原まで男爵と同乗して、随行員を遠ざけて、意見を交換した。後藤は、ロシアの小説を翻訳している二葉亭を高く評価したのであろう。

関川夏央は二葉亭の「入露記　二」から、次の箇所を紹介している。「今の世でも理想家はある。しかし多くの理想家の理想は死理想で役に立たぬ。実際家は固り多い。しかし実際家は実際にかまけて理想を欠くが故に、其の為る所は動もすれば小細工に流れケチになる。理想に囚はれず、実際に役せられず、超然として心を物外に置きながら、まつしぐらに物内に突入して活殺自在の働きを為し得る底の真人物は存外少い。否殆ど無いが、僕の見た男爵〔後藤新平〕は則ち其の人たるに庶幾い」。二葉亭は後藤を超然とした真人物であると評している。

関川は「二葉亭は後藤新平の人品骨柄に感銘を受けた。そして初対面の自分をたちまち見込んで国家的機密を打ち明けて同憂の士として扱い、ロシアでの見聞を内報して欲しい、そのためには金銭の援助もすると告げた豪快さに自分がかつて志した経綸家の理想像を見たのである。見ようとしたのである」（『二葉亭四迷の明治四十一年』）と述べている。

明治四十一（一九〇八）年六月二十六日の「東京だより」は、ロシアからの後藤新平帰国（二葉亭が敦賀で出迎えた時）を次のように伝えている。

後藤男爵の、露都土産報告会も、首相〔桂〕の所謂る病気の為め、延会と相成候由。若し此れが流会となるなくんば、仕合の事に候。吾人は露国との親善を欲す、中(ママ)心より欲す。然も露国にして、真に其気にならざるよりは、到底昼夢たるに過ぎざる可く候。両大国が互ひに睨み合ひ、互ひに国力の疲弊をも顧みず、軍備の競争をなすよりも、互ひに手を握りて、平和的の経営をなす方、両国生霊の為めにも、幾許の利益ある乎、得て測る可らざるものあらむ。惟ふに後藤男爵たるもの、必らず這般(しゃはん)の消息を、もたらし還りたるならむ。吾人之を聞くを望む。日本と露国とは、永久的に犬と猿との関係を、保持せねばならぬ理由焉(いづ)くにある。

（門外漢〔蘇峰〕）

後藤の漢詩への憧憬

後藤が満鉄総裁であった時期に蘇峰に宛てた書簡は全て明治四十一（一九〇七）年に差出されたもので、五通は一月から三月までの間に出され、一通は七月である。二カ月の間に頻繁に書簡を交わしていることは、何か相談ごとでもあったのであろうか。発信地は満州からでなく、日本である。後藤が病気療養のために滞在した、葉山の桂侯別邸、伊豆の修善寺、熱海などからの手紙で、後藤はのどかな療養生活の中で詩作し、できたての漢詩を送り叱正を願い、蘇峰からの返事を待っていた。朝、顔を洗って口をすすぎ「門前郵夫の至るをまつ」と、蘇峰からの漢詩の感想を早く知りたいという思いが伝わってくるような文面である。返書を待っている後藤の姿は、かつて桂太郎総理大臣のもとに、新しいアイデアが湧くと、日に何回でも報告に行ったという後藤の行動力を思い起こさせる。昔、街のあちらこちらにあった大人の立ち姿ほどの赤い郵便ポストも後藤のアイデアであった。後藤が満鉄総裁を辞し、初めて第二次桂内閣の逓信大臣になったのは、明治四十一年七月である。赤いポストは後藤が逓信大臣になって三カ月後に制定されたことになる。『正伝 後藤新平』第五巻に、「従来の木製黒塗のものを改め、鉄製朱塗とした。その鉄製となしたるに因つて、郵便物はより厳重に保護せられ、朱塗となしたるに因つて一般の注意を惹き、街頭に一風景を加へた」とある。

『正伝 後藤新平』の年譜を背景に明治四十一年の蘇峰宛後藤書簡を読んでみると、後藤の養生は仕事と仕事の間に挟まれたほんのつかの間のものであったことが解る。また蘇峰を漢詩の師とする後藤の信頼を素直に読みとることができる。後藤の雅号は「棲霞」である。

後藤書簡20　明治四十一（一九〇八）年一月二十一日

御贈与の狂雲集　閑話休題等　何れも面白拝見致候　一休の大悟徹底今更申迄も無之候へとも　一驚三歎するもの不少　病中の良薬か　医方万品対症応択と申事は老兄既に得たるものある歟　さて〳〵よき大功徳を施されしものかな　乍毎度敬服感謝の外なし　先は御礼まで　草々不尽

一月廿一日　棲霞

蘇峰先生大人

〈注〉封筒表「東京赤坂区南町六丁目三十番地　徳富猪一郎殿親展」。封筒裏「葉山桂侯別邸（印刷封筒）南満洲鉄道株式会社総裁男爵後藤新平」。差出年は消印による。

明治四十一、二年というと、蘇峰の書籍蒐集の趣味が昂じ、稀少本を復刻するということに力をいれた時期であった。京都五山版などを始め、忘れ去られようとしている古典文学書を復刻し、釈宗演・芳川顕正・石黒忠悳・高島張輔・大槻如電・幸田露伴・森鷗外といった書籍愛好家の友人に贈呈することを喜びとしていた。

後藤書簡21　明治四十一（一九〇八）年一月二十二日

御帰途寄せられ候　瑶礎をたとり、唐人ねことにもならぬ病人のうわことものし　御笑草に御覧に入れ申候

如是之観者即天　蝸牛角上太紛然

忘機唯棄別無薬　不許長計夢百年

よろしく御刪正を乞ふ　新聞掲載御免

一月廿二日　新平

蘇峰先生侍曹

〈注〉封筒表「東京赤阪区南町　徳富猪一郎様　御親展」。封筒裏「葉山桂侯別邸（印刷封筒）南満洲鉄道株式会社総裁男爵後藤新平」。差出年は消印による。

是の如く観るは即ち天か　蝸牛角上はなはだ紛然

機を忘れ唯棄つ別に薬無し　長計百年の夢を許さず

かたつむりの角の間にある小さな二つの国が紛然と争っているようでは、百年の長計をたてることもできない。後藤新平は右記のように詩作しているが、後藤の中には、百年先の計画が涸れることなく湧いていたのであろう。
「蝸牛角上」といえば、白居易の漢詩に「蝸牛角上争何事　石火光中寄此身　随富随貧且歓楽　不開口笑是痴人」というものがある。私は「蝸牛角上」という言葉に愛着を感じた。

後藤書簡22　**明治四十一（一九〇八）年二月五日**

拝読　日前少々御違和之趣、今日ころは御全癒と拝察致候。各方面の通知によれば予定之如く増税案も通過の由、御同慶之至に奉存候。過日御叱正を乞置候拙作添删致候。

丈室澄観欲問天　蝸牛角上事紛然
忘機一味無他薬　妙用何曽択歳年
再次徳富蘇峰大人芳礎

前週桧垣直石君元岡山県知事慰問の書中高作を示された候ゆへ、不相替幼学便覧*をひねくり候。御笑草まで。

英雄一喝破風雲　快事人間久未聞
養病湘南春信好　流年何以報明君
次桧垣先生所寄瑶礎

一昨日修善寺へ転地　爾来奏効ある様覚候　乍余事御安心可賜候　　草々拝復
二月五日　　新平
蘇峰仁兄大人侍曹

〈注〉封筒表「東京赤阪区青山南町六丁目　徳富猪一郎殿　親展」。封筒裏「豆州修善寺温泉京屋方にて　後藤新平」。差出年は消印による。

＊**幼学便覧**　「詩語粋金」「幼学詩韻」と並び、江戸時代の漢詩作りの手引書。漢詩を作る際にうまくあわせた語彙集。

書簡21で、後藤が蘇峰に添削を頼んだ漢詩は、**書簡22**で「丈室澄観欲問天　蝸牛角上事紛然　忘機一味無他薬　妙用何曽択歳年」という形になり、蘇峰に再度送られてきた。

後藤書簡23　明治四十一（一九〇八）年二月七日

日々盥嗽（かんそう）了れハ門前郵夫の到るをまつ　今朝も亦倚欄門外を望む　暫にして彼来る　即貴翰並唐人万首を領す　俗人固より是等蔵書なし　珍重々々　宜しく家什とすべし　無遠慮拝領致候　余に此様なる珍本を見ると幼学便覧三昧もはつかしく相成　縮入候かと存候　先は右まて　草々不尽

二月七日　新平

蘇峰先生大人侍曹

追啓　一昨日来咽喉漸次よろしく　随而腎臓炎も減退の気味と見え　尿中理化学的検査成績次第によろしく候　乍余事御放慮之程奉願上候　以上

〈注〉封筒表「東京赤阪区青山南町　徳富猪一郎殿　親展」。封筒裏「伊豆修禅寺（ママ）　後藤新平」。差出年は消印による。

後藤書簡24　明治四十一（一九〇八）年三月五日

御直書拝受後約三十六時間仏祖三教落手致さす　御催促ヶ間敷候へとも何等かの間違にハなきか心配の餘一書を呈し候　また御礼状には無之候　呵々

三月五日　新平

徳富仁兄大人侍曹

〈注〉封筒表「東京赤阪区青山南町六ノ三〇　徳富猪一郎殿　親展」。封筒裏「熱海（印刷封筒）南満洲鉄道株式会社総裁　男爵　後藤新平」。差出年は消印による。

後藤書簡25　明治四十一（一九〇八）年七月十六日

謹啓　今回小生逓信大臣ニ被任候ニ付　御丁寧御祝詞賜ハリ　御芳情奉感謝候　右御礼迄奉得貴意候　頓首

明治四十一年七月十六日　男爵後藤新平

徳富猪一郎殿

〈注〉洋紙。印刷。封筒なし。

明治四十一年の後藤書簡を紹介したが、後藤が南満州鉄道株式会社総裁の時代（三十九年十一月十三日から、四十一年七月十四日までの約一年八カ月）である。書簡から感じとれることは、後藤の漢詩への憧憬である。心情を漢詩で伝えようと、詩作し蘇峰に添削を願っている。蘇峰が添削した漢詩を「過日御叱正を乞置候拙作添刪致候」と、書きなおして送っている。その速さはいかにも後藤らしい。葉山にある桂別邸から修善寺の温かさに奏効あるを自覚したと情景が目に浮かぶようである。蘇峰の送った珍本を見ると、『幼学便覧』を使っている自分が恥ずかしくなり、縮み入りそうに思う、と正直な気持を伝えている。三月五日付の書簡は熱海からで、蘇峰からの手紙を受け取ってから三十六時間たったが、『仏祖三教』（仏祖とは仏教の開祖釈迦のこと）という書籍が届いていないので、催促がましいが、「心配のあまり一書を呈す、呵々」と病気の後藤は蘇峰からの思いやりを楽しんでいたようである。四十一年は病気療養だけでなく、同年七月十六日、桂内閣の逓信大臣になった祝詞の礼状もある。

　後藤新平は明治三十一年から四十一年まで、台湾、満州で十年余働き、その後に大臣になった。五十一歳であった。祝に蘇峰は大臣学の秘訣としてローズベリー著の『チャーチル評伝』を贈った。ウィンストン・チャーチルの父親ランドルフ・チャーチルの伝記で、評伝にかけては天下一品のもので、蘇峰の愛読書でもあったという。それを後藤に贈ったわけを蘇峰の文で聞いてみよう。「それは、チャーチルがその先輩を凌ぎ、遂に大蔵大臣兼下院の首領となった時、彼は首相ソールスベリー侯を與し易きものと誤認し、彼に向つて軍事上の予算に就き『若し予の言ふ通りに軍務の責任者が要求を削減せざる限りは、予は当職に留まることは出来ぬ』という文句を並べたる書簡を送つた。ソールスベリーは意外にも、『それでは是非もない』と答えた。チャーチルは職を退かざるを得ず、ソールスベリーはチャーチルの後釜に老練な財政家ゴーシェンを据えた。政界に闊歩したチャーチルは全く失意の人となつて、遂に死んだ」（『蘇翁感銘録』）という。政界はもとより、奢る心を戒める話である。後藤は仕事に就く前に、条件を沢山出して、その要求が適えられた時、役職を引き受けている。

　明治四十一年はいろいろのことがあった。一月から三月にかけて、葉山、修善寺、熱海で静養し、蘇峰との漢詩のやりとりを楽しみ、四月二十日台湾縦貫鉄道完成。四月二十二日、訪露のため神戸を出帆。五月十三日モスクワ着。五月十八日、露帝ニコライ二世に謁見する。五月三十日、満鉄全線に広軌列車開通。七月十三日、夕刻より発病、赤十字病院に入院、七月、第二次桂内閣の逓信大臣となる。八月八日退院、十二月五日、新設鉄道院総裁兼任となる。四十一年も後藤は忙しかった。

4 棲霞先生と蘇峰仁兄 1910-1920

明治の終わりに

十八通の後藤新平宛徳富蘇峰書簡は水沢市立後藤新平記念館の提供による。同館館長に伺ったところ、後藤新平宛蘇峰書簡は、活字化されていないとのことなので、読んでみよう。

蘇峰書簡1　**明治四十三（一九一〇）年五月十六日**

満州ニ於ける日本ノ政策　篤斗拝見仕候
立論雄偉ニシテ　光明正大ニシテ博厚洵ニ外人ノミナラス　我か同胞ニモ知悉セシメ度モノと存候
帝国満州政策の実物教育として　後藤男爵ヲ満鉄総裁ニ撰任シ之ニ委スルニ鉄道以外幾多ノ要件ヲ以テシ　其ノ会社及政府ニ直接の損得如何ハ論スル所ニアラス　要は満州ニ於ける人文の発達　文明の普遍ニ資セントスルニ外ナク　云々の点は如何ニも痛快ニ候　他人ナラハ斯ル真卒ノ言ヲナスモノニアラス
　浅人或ハ其ノ本意ヲ誤解セルモ聊か思慮ある者ハ節ヲ拍（うつ）テ快哉ト喚フ可しと存候

但　遼東還附ノ一件　説明ハ余りニ巧妙ニシテ少しく戦国策ヲ詰ムニ似タリ　是レ小生文学的見解也　議論としてハ間然ナシ　最後ノ四項ハ畫龍点睛ニシテ　鉄砲玉ヲ真綿ニテ包ミタルノ感あり　言葉ハ如何ニも大人（おとな）シク所謂る穏安ナレトモ　其ノ言外ノ意味ハ如何ニも押強キ響アリ　此レテハ第二ノ満州戦争ヲモ場合ニヨリテハ日本帝国ハ辞セヌ決心ヲ表明シタルモノと一読感泣せられ候

惟フニ此レカ分ラヌモノハ真ニ没分暁漢也　何ハ兎もあれ日本ノ対清政策対極東政策ノ骨子ハ前掲四項ノ外ニ出てス　敬服此事ニ候

以上ハ只た敬服の餘　偶感ヲ保録シタルモノ　敢て高明観覧ヲ煩ハスニ足ラサレトモ　一言可致旨御下命ニ候間　左右迄捧呈致度候

御閑暇の折　御笑覧是仰候　匆々再拝

四十三年五月十六午前六時　蘇峰生

棲霞先生大人閣下

追テ近頃北守南進とか何とか陳套ノ熟語ヲ翻弄シ来リテ国論ヲ紛更セントスル輩あり　帝国ノ南北ニ於ける国是は皦として天日ノ如し　頼リの先生ノ大眼界大見識ニヨリテ国民ノ適従スル所ヲ明示スルヲ得ハ幸甚〳〵　又タ拝

〈注〉封筒表「官舎後藤男爵閣下　親披　閑文学」。封筒裏スタンプ「東京市青山南町六之三十　徳富猪一郎」。

鶴見祐輔『正伝 後藤新平』に、蘇峰書簡の日付に近い明治四十三（一九一〇）年五月十六日ごろに後藤の意見書或いは建議書がないか調べてみたが、該当しそうなものは見あたらない。後藤の「満州に於ける日本ノ政策」について書いた書簡への返信であろう。「言葉ハ如何ニも大人シク所謂る穏安ナレドモ、其ノ言外ノ意味ハ如何ニも押強キ響アリ」と説得力のある後藤の文を褒めている。後藤が蘇峰に自分の意見書を見せ、丁寧かつ簡潔に誠意のある文章にして欲しいと願ったことは、明治二十八年十二月の**後藤書簡1**にも見えた。それから十五年たった明治四十三年にも、後藤は蘇峰に親しく意見を述べ、感想を聞いている。蘇峰は最後の四項目は「畫龍点睛」であると評価し、「鉄砲玉ヲ真綿ニテ包ミタルノ感あり」と、後藤の本意がストレートでなく、やんわりと、しかし押強い響きのあることを褒めている。蘇峰は「先生ノ大眼界大見識ニヨリテ」オピニオンリーダーであってほしいと願っている。

四十三年五月三十日には寺内陸相韓国統監兼任。後藤が貴族院議員に勅撰されたのは、明治三十七年、後藤四十七歳の時であった。蘇峰は明治四十三年十月一日『京城日報』の監督に就任した。以後大正七（一九一六）年まで、年に二、三回、京城に赴いた。蘇峰は就任以前に「新聞整理に関する取極書」を初代朝鮮総督寺内正毅ととりかわした。蘇峰が桂内閣奏薦で貴族院議員に勅任されたのは、明治四十四（一九一一）年八月、蘇峰四十八歳の時であった。

明治四十五（大正一）年七月、後藤新平は、桂太郎、若槻礼次郎と共にロシアとヨーロッパの訪問旅行に出かけていた。この旅について、北岡氏は「日露の有力政治家が中国政策について胸襟を開いて、話し合うことは後藤の長年の持論であった。かつて後藤が伊藤のロシア訪問を計画したのは、そのためであった。伊藤の暗殺によって挫折したその夢を今度は桂によって実現しようというのが後藤の計画であった」と見ている。

明治天皇が明治四十五（一九一二）年七月三十日崩御された。桂一行は露都に着し、明治天皇の崩御の悲報に接し、帰国の途に上る。八月十一日帰国し、直ちに参内。八月十三日、桂は内大臣となる。この間のことは、いろいろ研究されているが、政治家の駆け引きは複雑きわまりない。

先帝の棺の前に慟哭する桂に「山県、西園寺は彼に向かつて、遮二無二内大臣たるべく迫つたのである」。「彼は早晩宮中より政界に帰還するであろうといふことは、殆ど萬人の見るところであつた。彼は最も不適当なる時期に、最も不適当なる地位に就いたのである。それが彼と形影相伴つていた伯〔桂〕の身の上に亦、一大変化を及ぼしたのである」（徳富猪一郎著『政治家としての桂公』大正二年十一月一日）。政治の世界には政争あり、足の引っ張り合いあり、閥あり、醜いものである。蘇峰は桂の最後を「多年築き上げたる政治的生涯を衆怨群謗の葬り去るべく、余儀なくせられたのである」（同前）と書いている。

大正一年八月九日付の**蘇峰書簡2**は、多くのことを語っている。人間の名誉欲と自己中心の考えと行動を、指導的政治家であった維新の元勲といわれる政治家の内に見ることは苦痛でさえある。政治の世界で、孤独や裏切り、失脚など、いろいろあるであろうが、漢詩を愛し、読書を行い、蘇峰に相談することが、後藤新平にとって、如何に必要なことであったかがよく理解される。後藤にとって、蘇峰という友人の存在が、かなり大きな助けとなっていたように思われる。その書簡を読んでみよう。

蘇峰書簡2　大正一（一九一二）年八月九日
（『正伝　後藤新平』第五巻所収）

粛啓。人事不可逆睹、折角御仕組ノ脚色も中途挫折、御同嘆ニ奉存候。乍併目的ノ大部分ハ先相達候事と愚考、聊自慰籍仕候次第ニ御座候。彼ノ党人一流ハ、恐レナカラ先帝ノ御崩ヲ奇貨トシ、姑息偷安ノ小策ヲ弄セントスル徴候有之、世ノ耳食者流、唱新標異、浮誇軽佻、可慨之至と奉存候。閣下定めて充分の御成竹可有之、何卒高眼昂手、機外ニ立テ、制機之道御示導奉願上候。昨今事情一二桂公迄具申候間、御序ニ御一覧被成下候ハヽ幸甚。　頓首
大正元年八月九　　猪
後藤男閣下

〈注〉封筒表「官舎　後藤男爵閣下　親披　閑文学」。封筒裏「徳富生」。「東京市京橋区日吉町二十番地国民新聞社」の封筒。

鶴見祐輔は『正伝 後藤新平』五巻に大正一年八月九日付の蘇峰書簡を引用し、外国から帰京した桂が内大臣兼侍従長に任ぜられたことを、「これは桂の一身にとっては、大いなる失策であった」と語っている。そして「先の杉山*の長電（『正伝 後藤新平』第五巻）といひ、この徳富の書簡といひ、まさに険悪化せんとする政界の風雲を暗示するものがあつた」とコメントしている。明治天皇が薨去されたその日、蘇峰は『国民新聞』に「奉悼の辞」を書いた。夏目漱石は翌日の八月一日「明治天皇奉悼之辞」を『法学協会雑誌』に書いた。朝日新聞記者の西村天囚**は、七月三十一日「哀悼」「明治天皇誄辞」を書いた。

＊杉山茂丸（すぎやま・しげまる）（号・其日庵）〔五通〕元治一―昭和十（一八六四―一九三五）福岡県。明治・大正・昭和期の政治家。小説家・夢野久作の父。伊藤博文、山県有朋らと親交を結ぶ。南満州鉄道株式会社創設や日韓併合などの裏面で暗躍した。

＊＊西村天囚（にしむら・てんしゅう）（本名・時彦）〔一通〕慶応一―大正十三（一八六五―一九二四）鹿児島県種子島。明治・大正期のジャーナリスト・文学者。「大阪朝日新聞」主筆。日清戦争の従軍記者として「観戦日記」で知られる。朝日新聞のコラム「天声人語」の名付け親。

大正一年八月一日**後藤書簡26**は前膠州湾総督陸軍大将フォン・トルッペルが後藤に宛てた書簡の訳文を蘇峰に送ってきたもので、明治天皇の死去に対する外国人の哀悼文である。

後藤書簡26　大正一（一九一二）年八月一日

至極結構に御座候。　新平

蘇峯先生大人

〈注〉茶鉛筆書。封筒表「国民新聞社編輯局　徳富蘇峯先生急」。封筒裏「麻布　後藤新平」。冒頭欄外赤鉛筆で「左掲は前膠州湾総督陸軍大将フオン、トッペル氏より後藤男爵ニ送りたる書翰の訳文也」と付された原稿（罫紙、墨書）の末尾に記された文言。その原稿は次の通り。

聖役得堡（セントペテルスブルグ）ヨリノ尊翰辱ク拝誦仕候　陳レバ予テ新聞ニ於テ承知シタル如ク愈ヨ貴国ニ御引返ノ事確実ト相成　従テ我ガ独逸ニモ御立寄ト存ジ御待受申上候処　余儀ナク御中止ノ段甚ダ以テ遺憾至極ニ奉存候　実ハ小生モ貴国天皇陛下御不例御重態ノ報ニ接シ恐ラクハ多年期　待シタル閣下ト再会ノ機ナカルベシト心配罷在候次第　今更痛恨ノ至リニ御座候

却説小生ハ貴国ノ偉大ナル　天皇陛下ノ崩御ニ際シ不取敢閣下及ヒ貴国ニ於ケル知友諸君ニ対シ這回貴国ノ遭遇セラレタル一大悼事ニ附キ深厚ナル弔意ヲ申述候蓋シ貴国　天皇陛下ノ崩御ハ世界ニ於ケル一大歴史的人格ノ忽焉トシテ有限ナル現世ヨリ幽界ヘ移転セラレタルモノニシテ此ノ幽界ヤ其ノ国土風俗宗教ノ異同貴賎貧富ノ差等アルモ要スルニ惣テノ人皆ナ一様ニ無限無窮ニ入ルモノト存候　小生等独逸人ノ愚考ニハ貴国ニ於ケル　先帝陛下ハ恰モ独逸ニ於ケル維廉老帝（ウィルヘルムI世）ノ如キカト存候　其ノ国家ヲ統一シ国威ヲ発揚シ玆ニ一大強国ヲ樹立セラレタル点ニ於テ而シテ其ノ手段ト武器トハ只ダ始終一徹自己ヲ棄テヽ忠実ニ天職ニ殉セラレタルノ一事ニ帰著スル点ニ於テ而シテ与ニ旧世紀ノ終ヨリ新　世紀始ニ亘リ東西共通ノ歴史ノ開始セラレタル時運ニ際シ卓絶ナル英雄ニシテ偉大ナル君主タリシ点ニ　於テ其揆ヲ一ニシタルモノト存候

匆々頓首

八月一日ウキルドンゲンニ於テ　フオン、トルツペル

後藤男爵閣下

蘇峰書簡3　大正四（一九一五）年一月（直筆の印刷書簡）

謹啓　愈御清祥奉恭賀候　陳レハ今般故桂公爵紀念事業の一として　同公伝記編纂の件決定相成　愈よ着手致候ニ付てハ　近頃甚以テ御手数の儀とハ存候得共　御手許ニ於て御保存相成候　同公書簡及同公ニ直接間接の関係アル書類　霎時恩貸相叶間敷哉　以書中願試申上候　若し相叶候ハヽ、何卒乍御面倒御一報被成下度　左スレハ責任ある編纂員推参　謄

写可致候間　呉々も御承知之程奉願上候　固ヨリ一切の責任ハ小生ニ於て相任シ決して御迷惑等相掛申間敷　是亦併せて得貴意申候　　匆々　敬具

大正四年一月

徳富猪一郎

男爵後藤新平閣下

〈注〉封筒表「麻布区宮村町七一　男爵後藤新平閣下」。封筒裏「東京市芝区三田小山町桂邸　桂公伝記編纂所　徳富猪一郎」。

蘇峰は桂公伝記編纂のために二百四十八人に資料借用依頼の書簡を発送した。『公爵桂太郎伝』乾・坤は大正六（一九一七）年二月、桂太郎の死から三年半後に徳富猪一郎篇述で出来上がった。上下で二千百頁余の大冊である。当時大隈内閣の時で、記念事業会委員長男爵渋沢栄一から蘇峰への感謝状と、関与の部員に慰労として、金五百円と伝記十部が贈呈された。

後藤書簡27　**大正四（一九一五）年一月七日**

御直書拝読　都下迎年之近状詳悉　隠者に俗情を挑発せらるゝ気味にて罪な御方と疑を生じ候　貴命に随ひ拙なる近作二首高閲に供し候　御叱正賜り度奉願上候　　草々拝復

一月七日

新平

蘇峯仁兄大人侍曹

送旧迎新旧又新　今朝甘忘昨朝辛
齢過知命疑其命　順否来年耳順春

和韻

紛争蝸角偽耶真　一局何時滅万塵
独立超然人世外　梅花領略十分春

〈注〉封筒表「東京青山南町　徳富猪一郎殿　御親展」。「書留」のスタンプ。封筒裏「熱海桜ケ岡　後藤新平」。差出年は消印による。

後藤書簡28　**大正四（一九一五）年二月二十日**

再度之御尊書拝誦　総選挙監視之趣意書も正に落手　早速熱海行曾我子爵とも相談相試み候へとも埒明不申其後中央政海如何可有之か　小生は借境潤心三昧　御憫笑可賜候　昨日の貴紙上倫敦電報並に社

説にて欧洲戦費之計算も掲載せられ居候へとも　別紙は何なりと御参考に相成候はゝ幸と存じ　御一覧に供し候　御用も無之候ハゝ此書面ハ追て御返付御手数なから御願申上候　先は右用事まて

草々不尽

新平

二月廿日

徳富蘇峰先生侍曹

〈注〉封筒表「東京市青山南町　徳富猪一郎殿　親展」。封筒裏「湯河原温泉吉野屋　後藤新平」。差出年は消印による。

総選挙監視の趣意書落手とあるが、これは『正伝 後藤新平』第五巻によると、次のようである。

政府の提出した予算案が議会で否決されると、大隈内閣は断乎として、議会解散を奏請した。それは大正三年十二月二十四日であって、総選挙は翌四年三月二十五日と公布された。この時、伯は貴族院議員の立場から、総選挙監視の必要を認め、蘇峰に依頼して、次の如き監視隊の結成を提唱しようと企てた。（中略）伯は総選挙といふ街頭運動を、伯独自の立場から不安気に眺めていた。それは松方内閣下において行はれた第二回総選挙以来の猛烈なる激戦と称せられた選挙戦であった。列車の窓から選挙演説を行ひ、その演説をレコードに吹き込んで、破天荒の選挙活動に熱中する大隈内閣を評して、徳富蘇峰は、「狂奔内閣」と名付けたが、伯はこの狂奔ぶりに対して、静かに冷かな批判を試みた。

総選挙監視隊の結成に蘇峰が協力したようである。

蘇峰書簡4　**大正五（一九一六）年二月五日**

過日ハ尊著被成下　直ニ一読如排雲望観青天　洵ニ経世ノ一大篇と感佩仕候　却説又夕拙著ニ付御高評被成下　所謂冷汗濡背モノ　唯期不辜負知己之方言耳ニ御座候　尚又々拝芝可陳述候

匆々　不一

猪

大正五　二月五

棲霞先生　閣下

〈注〉封筒表「麻布内田山　後藤男爵閣下」。封筒裏「東京日

吉町国民新聞社　徳富猪一郎」。

『日本膨脹論』を蘇峰に進呈

後藤書簡29　**大正五（一九一六）年二月十四日**

貴族院諸公の御苦労も意外之結果に立至り一段落を告げ　嘆息之至に奉存候　叉手小生の閑事業も漸く今日刊行を了し候　一部御坐右に呈し候　固より大家の高閲を煩すべきものに無之候得ども　一瞥之栄を与へられ候へば無此上仕合に御坐候　第六章六十三頁より七十九頁迄と第十四章二百弐十頁より二百二十四頁之処御一読被下候へば拙著之意旨も自ら御明察被下候事と可相成候　別郵日本膨脹論拝呈候に付書添置候　書外万縷拝話にゆづり候
草々不尽

二月十四日
新平

蘇峰仁兄大人侍曹

〈注〉封筒表「市内青山南町　徳富猪一郎先生　御親展」。封筒裏「後藤新平」。差出年は消印による。

後藤書簡29では『日本膨脹論』の中で蘇峰に読んで貰いたい箇所を、具体的に二カ所示し、「拙著之意旨も自ら御明察被下候事と可相成候」と熱心に薦めている。後藤の著書『日本膨脹論』は、大正五（一九一六）年二月に通俗大学会から出版され、序文は新渡戸稲造が書いた。通俗大学会とは、立憲同志会を脱退した後藤が、新渡戸稲造・建部遯吾*といった学者たちと始めた会である。この本は八年後の大正十三（一九二四）年九月に大日本雄弁会から再刊されたが、当記念館所蔵の蘇峰の蔵書にはみあたらない。

＊建部遯吾（たけべ・とんご）明治四―昭和二十（一八七一―一九四五）新潟県。明治・大正期の社会学者。東大社会学講座の初代担当教授。

後藤書簡30　**大正五（一九一六）年二月十五日**

粛啓大兄起居御康勝欣頌之至に奉存候
恵賚之蘇峯文選未だ全篇を通して拝読不仕候へども　間々曾て愛読措かざるもの不少　宛ながら故人に会ふの心地致候事に御坐候　其文章の妙に至りて

は所謂収放自如にして天下定評あり　生等の漫に品隲〔陟馬〕を試み候事は僭越の沙汰と差控へ候　併ながら其時に応じ其事に従ひ一気呵成縦横自在　各篇が悉く内に修養して外に余力を発舒したるものにて　才学識三ながら高く　立言不朽なる処　葉水心が文章不足関世教頭上無益也との意　終始一貫して滞礙なく

文章其ものを翫索する以外　幾多世人を警醒し啓発せんとするの力は生の更に推奨止まざる所に御坐候　殊に満鮮乃至台湾等の新版図に在りて文明的実務に従ふ人々などには　本篇より益を受くるもの甚だ多かるべきを疑はず　故に生は世間文学の士に蘇峰文選に学ばんことを望むよりも　寧ろ文明的舞台に活躍する実務家の之に由りて多くの教訓を得んことを希ふものに御坐候　先は御礼を兼　愚存申上候

妄言多罪　　頓首々々

二月十五日　　棲霞生

蘇峰大兄研北

〈注〉封筒表「市内青山南町　徳富猪一郎殿　御親展」。封筒裏「内田山　後藤新平」。差出年は消印による。

『蘇峰文選』とは、大正四（一九一五）年十二月の国民新聞創刊二十五年記念を祝って出版した、蘇峰自身による著作選集のことである。明治十九（一八八六）年十月の『将来之日本』から大正四年五月の『創刊二十五年祝会』までの二七一編、全一四三四ページに及ぶ著作大冊である。『蘇峰文選』の主な作品は次のようである。

「将来之日本　緑一章」（明治十九年十月）、「嗚呼国民之友生れたり」（明治二十年二月）、「新日本之青年　緑一章」（明治二十年三月）、「基督教の文学」（明治二十年七月）、「明治の二先生福沢諭吉君と新島襄君」（明治二十一年三月）、「文学者の新題目」（明治二十五年六月）、「吉田松陰　緑一章」（明治二十六年十二月）、「海舟翁一夕話」（明治二十六年五月）、「人物」（明治二十七年四月）、「海舟先生と詩経を読む」（明治二十八年十一月）、「妄言妄聴」（明治二十八年十二月）、「トルストイ翁を訪ふ」（明治二十九年十月十三日）、「文学と人生」（明治三十三年九月『日曜講壇』載録）、「セシル・ローヅ」（明治三十五年三月）、「日露戦争の副産物」（明治三十七年五月）、「時務一家言序説」（大正二年十一月）、「追懐一片」（大正四年五月）。

『蘇峰文選』を贈られた人々二十名からの礼状を巻物にしたのが、「蘇峰文選礼状」で、松方正義（熱海より）、野田卯太郎（京城西出より）、後藤新平（内田山より）、立花小一郎（朝鮮京城より）など、蘇峰が明治時代に交遊の基礎を築き、大正にそれを拡げていった人々で、巻き物にして残したのは、その交遊に蘇峰が大きな意味を感じていたからであろう。

後藤は、「殊に満鮮乃至台湾等の新版図に在りて文明的実務に従ふ人々などには　本篇より益を受くるもの甚だ多かるべきを疑はず　故に生は世間文学の士に蘇峰文選に学ばんことを望むよりも　寧ろ文明的舞台に活躍する実務家の之に由りて多くの教訓を得んことを希ふものに御坐候」と書いている。蘇峰は「文選礼状」の巻物の三番目に後藤の礼状を掲げている。蘇峰の二十九年間の著作を後藤が常に喜んで読んでいたことが新鮮な驚きであった。

後藤新平の読書と頭脳

後藤の読書癖を鶴見祐輔は次のように書いている。

伯は相當な讀書家であつた。好んで東西古今の書を渉獵した。民政長官時代となつて、伯の讀書には、もはや專門的なるものは、なくなつたやうに思はれた。その範囲は、森羅万象、殆ど無際限なるが如くに見えた。それでいて、この一見雑駁なるが如き讀書にも伯の総合的頭脳の動きを見ることができた。（中略）台湾民政長官といへば、天下の劇職のうちでも、名だたる劇職の一つであつた。しかしその劇職の間にあつても、この讀書癖は熄まなかった。官邸にあっても、終日の劇務に疲れたる身を休むる暇もなく、寸暇をぬすんで書を手にしたのが、伯の生活であつた。（中略）讀書は終生、伯の娯楽の一つであつた。（中略）伯は、みづから讀書に耽ったばかりでなく、総督府官吏のなかに、讀書の風を作興せんがため、みづから率先して讀書会なるものをつくつた。それは毎月数回、時としては毎週一回相会して、その讀み得たる書物の内容を語り合う会であるが、その書物は、ひとり職務上の必要にとどまらす、交芸、詩歌、奇談、紀行、あらゆる書目に亙った。そしてしまひには、総督府の官吏ばかりでなく、台北居住の市民までが、聴聞者のなかに列するようになった。

この讀書会については、上田恭輔が、次のやうに回顧している。「台北に来られて間もなく、讀書会なるものを長官の邸に開設され、新渡戸先生も大いに肩を入れられ、洋行帰りや、新知識の持主が晩餐後何か話すことになって居りました。」（中略）しかし飽くまで實際家であつた伯は、決して讀書のための讀書の弊に陥らなかつた。讀書子の讀書は、眞の讀書にあらず實務に忙殺さるる活動家が、寸暇をぬすんで讀む書こそ、眞の血となり肉となるのだといふのが、伯の意見であつた。（中略）かうして読み行くうちに、伯の蔵書の数は、知らぬ間にふえて行つた。また読書会によって作興された一般読書の風は、各官庁に、書物の山を積むようになった。（中略）この所謂長官邸図書館は、ますます擴充して行った。

（『正伝　後藤新平』第三巻）

後藤は大正七（一九一八）年四月八日和子夫人が亡くなった際に、棺の中に生前夫人が愛読した和漢洋書の書物を十数冊入れたそうである。和子夫人も後藤同様、本を愛し向学心を持った女性であった。

蘇峰の「藤伯頭脳評」の一部を『正伝　後藤新平』（第五巻）から引用しよう。

（前略）藤伯は惜しいことには、頭をディシプリンする機会なしに成長した人である。若い頃に偉い人が附いていて、藤伯の頭を叩いたならばよかつたと思ふ。伊藤、桂と関係が出来た頃は、既に後藤伯は偉くなつてしまつていたのだから。後藤伯には、忠告する友人がいなかつた。たとへ忠告するにしても大変骨が折れた。忠告すれば逆に藤伯は反対する。それで自分はこれは、結局実物教訓に待つより他に途なしと考へた。

この評に鶴見祐輔は「徳富の藤伯頭脳評には、流石に一世の大新聞人たるの名に背かざる透徹が閃いている」と評価している。北岡伸一の次のような後藤評がある。「読書から演説に至るまでの後藤の弱点を一言で言えば、学問がないということであった。徳富蘇峰は後藤のことを、Trained mindが欠如していると評したことがあるが、的を射た指摘と言うべきであろう」。北岡の後藤評を読んだ時、いつもの蘇峰の人物評と違うなと思った。多分「藤伯頭脳評」から出たものであろう。蘇峰は人物評が上手である。その人の偉いところを的確にとらえ、評価し、ユーモアのある筆で個性を描き、勿論欠点も遠慮なく指摘している。藤伯頭脳評のように、後藤自身がとりかえすことの出来ない幼児期の環境、両親の学問への姿勢、学問の大切さを教える家庭教育ができていないと指摘することなどは、酷である。蘇峰の人物評で、最も余裕のない厳しいものであるように感じる。それだけ蘇峰も真剣だったのであろうか。

『蘇峰自伝』（中央公論社、昭和十年）のなかでの、蘇峰の弱音を聞いて見よう。めったにないことである。

大正二年の第二回焼打以後の予程、精神的に惨めであることを感じたることは、前にも後にも、殆どその例が無つた。今日から想出しても、尚ほ此の身がぞく〳〵して、膚に粟を生ずる程である。（中略）溯つて云へば、明治二十年『国民之友』発刊以来、若しくは二十三年『国民新聞』発刊以来、もつと手近く云へば、明治三十四年第一次桂内閣の組織以来、多年政界に於ける、所謂自由労働者としての、長き生活の疲労が、一時に発生したものであろう。第二は、かねて政界といふものは、忘恩を以って初まり、忘恩を以つて終ることを、覚悟していたけれ共、今日が今日まで、斯く迄ではあるまいと思ふ程に、何となく味気無くなり、政界が嫌になつて来たことを、感ぜざるを得なかつた。理つて置くが、これは決して桂公その人に対する個人的の考ではない。

蘇峰の国民新聞社は、明治三十八（一九〇五）年と大正二（一九一三）年の二回焼打ちに遭っている。一回目は日露戦争後の日露講和条約を蘇峰が支持したため、それに反対する民衆によって国民新聞社が襲撃された。桂首相は蘇峰への書簡（明治三十八年九月五日）で「都下之情勢遺憾千万なり。午後に至り漸く警察之力不足之感ある故、先以東京衛戍惣督之権限に而取得らるべき丈之所置を取らせ居り候。」と蘇峰に伝えた。二回目の焼打ちは大正二年二月十日であった。桂内閣排撃国民運動により国民新聞は「桂の御用新聞」「憲政の賊」といわれて焼打ちに遭い、軍隊の出動により漸く危機を脱した。

蘇峰書簡5　大正六（一九一七）年二月二十四日

過日両回御伺申上候得共　遂ニ不得拝芝候処　海洋ノ温気山青潮白光風霽月ノ心境一如定めし御甘快と拝察大慶ニ奉存候　自然驚天愕地ノ奇籌神策も此中より坌湧し可来と跂望罷在候　将又御名吟も出来

候ハ、御来示奉待候　何日接光容得闢茅塞之胸次乎
臨機帳望久シ
大正六　二月念四　猪一郎
後藤大人閣下

後藤は大正六年二月三日より肺炎で床に伏していた。訪ねた蘇峰は面会することができなかったが、「海洋ノ温気山青潮白光風霽月ノ心境一如定めし御甘快と拝察大慶ニ奉存候」と、後藤の静養の様子に安堵した気持ちを伝えている。内務大臣であった後藤は、地方長官会議で選挙の公正を図るべき訓示を水野次官に代読させたが、加藤高明率いる野党憲政党を「不自然なる多数党」と称して問題になった時期である。「自然驚天愕地ノ奇丈籌神策も此中より坌湧し可来と跂望罷在候」と蘇峰は後藤の策が出てくる背景を思い巡らしている。また名吟ができたら送ってほしいと伝えるあたり、蘇峰の後藤への心配りが感じられる。

第一次大戦と戦後の欧米視察

後藤書簡31　大正六年六月六日

〔表紙〕
秘
臨時外交調査委員会要義
〔本文〕
諸　言
臨時外交調査委員会官制の公布せらるるや世の政治家操觚者流の弁難攻撃するもの其の声頗る高しと雖も之を要するに其の論旨は国法上より見たる異同弁と政策上より論ずる賛否説との二者に大別するを得べし人心の異なる其の面の如し固より深く咎むべきに非ざるも訛伝翼なくして千里に飛び衆口相依て時に金を鑠し竟に其の真意を誤ることあるを怕る政争を離れて冷眼之を評すれば時局多難の今日徒らに口舌を闘はすの甚だ国家に不利なるを痛歎せずむば

あらず昨夜後藤男爵翠雨荘を敲き首相の嘱を伝へて卑見を徴す予譾劣敢て当らずと雖も聊か其の信ずる所を叙して高嘱に応へ僭して臨時外交調査委員会要義と命名す素と是れ一夕の坐談蠡測の嘲を免れず幸に同列諸公の垂教を辱くせば庶幾くは以て完璧たるを得べき歟

丁巳地久節　翠雨荘（伊東巳代治*）主人晨亭識

（*全文は巻末に後載）

〈注〉洋紙印刷。二十四頁の小冊子（「秘　臨時外交調査委員会要義」）。封筒表「徳富蘇峯先生御親展」。封筒裏「後藤新平　阿部君持参」。

＊伊東巳代治（いとう・みよじ）［四通］安政四―昭和九（一八五七―一九三四）長崎県。明治・大正・昭和期の官僚政治家。伯爵。伊藤博文の懐刀として活動。明治憲法草案に参画。東京日日新聞社長。

寺内内閣組閣当初より、寺内は挙国一致内閣を作ろうと努力していた。国民が常に協力一致して奉公の実を挙げるべきと考え、その形を整えることに力を注いだ。寺内のこの思想が実現したのが「外交調査会」であった。そしてこれを作り上げたのが後藤であった。これは寺内内閣時代の最も異色ある政治工作であったと考えられると言う（『正伝 後藤新平』第六巻）。

蘇峰書簡6　大正七（一九一八）年四月二十三日

啓上　外相御転任近頃快事也　但内閣其物ノ舞台か此ノ役者ヲ思フ様ニ踊ラセ得ル乎否乎　此れのミ心配仕候　先ハ御祝詞申上度　匆々　不一

大正七　四月念三　猪一郎

後藤男閣下

〈注〉封筒表「麻布狸穴町　後藤男閣下　私信　手披」。封筒裏「東京日吉町国民新聞社　徳富猪一郎」。

大正七（一九一八）年四月、賢婦人和子を亡くした後藤新平は、同月二十三日病気で退任した本野一郎外務大臣の後を受けて、外務大臣に就任した。

蘇峰は内閣を舞台に譬え、「但内閣其物ノ舞台か此ノ役者ヲ思フ様ニ躍ラセ得ル乎否乎」と後藤のことを案じている。

大正七年十一月、第一次世界大戦終結。その四ヶ月後の大正八年三月四日、「六千億円掛った大芝居だ。一つ見物しておかなくては」と、後藤新平は欧米視察の旅に出かけた（十一月までの八ヶ月間)。同行者は、嗣子一蔵、新渡戸稲造、笠間杲雄、田島道治、鷲尾正五郎の五名、後藤新平六十二歳の時であった。日清・日露の戦争を経験した者にとって、第一次

寺内内閣の顔ぶれ
(右から寺内正毅首相、本野一郎外相、仲小路廉農相、後藤新平内相、加藤友三郎海相)

世界大戦後の状況を自分の目で見ることは興味深いことであったろう。五千人余の賑やかな見送りを受け、後藤にとって二度目の米国行、四度目の欧州行であった。

後藤は新渡戸より五歳年上である。二人の間に深い交遊があったことを、知っている人は少ないのではなかろうか。後藤のやさしさを一つのエピソードで紹介しよう。

読書好きの新渡戸稲造は当時過度の読書の結果失明の恐れがあると医師から告げられ、一切の読書を厳禁されていた。それを知った後藤は、娘愛子が日本から送ってきた倉田百三の『出家とその弟子』を、新渡戸と甲板椅子に長々と横になり、東北訛りそのままに読んできかせていた。新渡戸も東北盛岡で生まれ、盛岡で学んで過ごした人であり、それぞれの訛りを楽しんでいるような温かい甲板の様子を鶴見祐輔の『正伝 後藤新平』第七巻が伝えている。

倉田百三の『出家とその弟子』で思い出すのは、作者倉田百三が四十五歳の時、十七歳の少女に恋をし、熱愛した少女に書き送った自筆の恋文(「玉英堂稀覯本書目」昭和五十六年、一四二号)の、次の箇所である。「私は徳富蘇峰を初めて見た時、七十歳の彼に、若し私が少女なら恋してもいいと思ひました」。この百三の恋文は七十歳の蘇峰の姿を端的に物語っているよ

うに思えた。人間の魅力は年齢を重ねた人間そのものであることを百三が少女に語ろうとしたものであろう。

台湾総督の児玉源太郎と台湾民政長官の後藤新平は、アメリカで学び日本で初めて農学博士になった新渡戸稲造を台湾に招き、明治三十二（一八九九）年、台湾殖産局長への就任を懇請し、同年新渡戸は台湾総督府行きを承諾した。

新渡戸は台湾島内を視察して、砂糖を大産業に仕上げる計画をたてた。サトウキビの改良品種をハワイから輸入し、現地の農民の意識を変え見事に軌道にのせた。

明治三十五（一九〇二）年、新渡戸は臨時台湾総督府糖務局長となった。台湾の経済を安定させる大きな働きをしたが、新渡戸の台湾在住は一年余という短期間であった。第一次世界大戦後の視察は、それから十七年後の後藤と新渡戸の欧米視察の旅であった。

後藤と新渡戸について、鶴見祐輔は次の様に評している。

「一人は闘争功利の裡に終始した実際家であり、一人は読書攻学の間に世を終つた思想家であつたが、その性格中には、互に共通するものが少なからずあつた。又彼等は旅の道伴れとして無二の資格を共通していた。それは彼等が観察力鋭敏にして、且つ天下一切のものに興味を持っていたことだ」（『正伝後藤新平』第七巻）と。

八カ月の欧米視察の旅の終わりに後藤は旅行中の見聞を中心に、帰国後実施するべき経綸を練っていた。そして「大調査機関」を作ることを結論として出した。調査の眼目は「知識を蒐集するだけでは駄目だ。人間を作ることだ」という方針で後藤の心に熟していた。帰国後、原敬首相に提出した「大調査機関案」は、多額の海外出張旅費を含んでいた。これによって若い役人を世界に派遣して、日本改造に役立つ広い知識と経験を積ませようと志した。しかし後藤の意見は原内閣の容れるところとならなかった。お金がかかり過ぎる案であったからであろう。鶴見祐輔は「大調査機関設立論は七十年の永き伯の生涯を一貫する中心思想」であったと述べている。

文明の土産話

蘇峰書簡7　大正九（一九二〇）年二月二十六日

尓来御疎音打過候処　即今熱海御湯治ノ由　折角御自玉専一ニ奉祈候　迂生約一個年殆ント世間ト隔絶　漸ク人間ニ復帰ノ機ヲ得可申と只管養生罷在候

世ノ中も大分珍らしき事ニ相成候様被察候　猶他日親しく高教ニ接セン事ヲ期ス　匆々　頓首
大正九　二月　念六　夕　蘇峰生
棲霞大人閣下

〈注〉封筒表「熱海別邸　男爵後藤新平殿　閣下　親披」。封筒裏「相州湯河原天野屋　徳富生」。

後藤書簡32　大正九年二月二十七日

朶雲拝誦　其後転地御静養奏功御快方之趣　為邦家慶賀之至奉存候　陳前日来残痾忡々所詮転養の必要と相成　当地に来遊候故　旧臘帰朝後御直書御答も怠り居候謝罪旁湯河原御訪問致度ものと心組候最中　只今再応御来示　歓喜且恐悚之至に御坐候　如来諭昨午後議会も解散と之報告一驚一嘆　此場合避くべからざるの英断かもしれず　乍去国内紛騒可成さけたきものと帰朝後一に期待致居候見地よりは聊失望之気味　痴人の愚と御閣置被下度　書外万縷拝話にゆづり　千万御自愛を祈り奉り候　草々拝復

熱海二月廿七日　新平
蘇峰仁兄大人侍曹
〔別紙〕
随時醒酔豈須争　一笑揚帆万里程
満眼風煙異疇昔　帰来何処説文明
帰朝所感
乞正

〈注〉別紙は絵入用箋。封筒表「相州湯河原天野屋　徳富猪一郎殿　親展」。封筒裏「熱海　後藤新平　拝復」。差出年は消印による。

後藤は、議会の解散に一驚一嘆で、転養の必要も重くのしかかっている様子である。後藤は、朝になったら少し元気がついたのであろう。大きな詩を送ってきた。「帰来何処説文明」どこで文明の土産話ができるのかと、帰国した病いの身を置くところが欲しいようである。

蘇峰書簡7（大正九年二月二十六日付）と**後藤書簡32**（大正九年二月二十七日付）は往復書簡である。大正九年二月二十六日に普選法案討議中に議会が解散したことをうけ、蘇峰が「世ノ中も大分珎らしき事ニ相成候被察候」と言えば、後藤は「如来論昨午後議会も解散と之報告一驚一嘆、此場合避くべからざるの英断かもしれず、乍去国内紛騒可成さけたきものと帰朝後一に期待致居候見地よりは聊か失望之気味、痴人の愚と御聞置被下度」と返し、静養中の蘇峰と後藤が互いにそれぞれの立場から意見を書いている。

後藤書簡33　**大正九（一九二〇）年三月五日**

昨鳥御静養中長坐放談御妨恐縮多罪　何事も野生と御寛恕可賜候　其節御聞に達し候英国の改造と貿易の訳文差出候　御一覧之栄を得ば幸甚之至に奉存候　英文は只今手許に無之、帰東之後御一閲を乞ふの機も可有之かと奉存候　解散脱線の弁護論は浄書せされは閲読に便ならす。是亦乞正の日を他日に期し候　此品不腆之至に候へとも令夫人旅窓の御慰まて御覧に入れ候　御笑納被下候へは難有候

草々不尽

三月五日　新平

蘇峯仁兄大人侍曹

〈注〉封筒表「湯河原天野屋にて　徳富猪一郎殿御親展　別冊別ニ　小品拝読」。封筒裏「帰東途中つ川にて　後藤新平」。

後藤書簡34　**大正九（一九二〇）年三月五日**

追啓　脱線弁護の拙稿浄書候故　更尓添呈致候　御笑覧可被下候　不一

三月五日　新平

蘇峰先生

〈注〉封筒表「湯河原天野屋徳富猪一郎殿　別啓」。封筒裏「つ川にて　拝送　後藤新平　托天野屋店員」。封筒は徳富蘇峰記念館所蔵。書簡は徳富敬太郎氏所蔵。

後藤書簡33・34は湯河原で静養中の蘇峰のもとを後藤が訪ねた後に出されたものである。『英国の改造と貿易』はアーネスト・チー・ウィリアムス著、後藤新平訳述の本で大正九年一月に発刊された。大正九年二月二十六日に解散した議会に対する後藤の「解散脱線の弁護論」を読みやすく浄書し、「是亦乞正の日を他日に期し」としているが、後藤はこの書簡のあとを追いかけるように同じ日付で天野屋店員に手紙を托し、

「脱線弁護の拙稿浄書候故　更尓添呈致候」と原稿を蘇峰に届けた。

蘇峰書簡8　大正九（一九二〇）年三月六日

粛啓　過日ハ高軒過弊室光風昭射雲霞ヲ排シテ青天ヲ観ルノ感有之候　最近胸中ニ欝屈シタル三斗ノ塵垢一度ニ滌去ノ心地仕候　世界大戦後ノ御観察極中肯棨聖人再生亦此見ノ外ナカル可く候　要スルニ最近両三年ハ怨牛争李ノ閑葛籐ニして　天下有識ノ士ハ驟雨一過待晩晴之時也　老閣も一日晩ケレハ一日ノ得アリ一日早ケレハ一日ノ損アリ　此事老閣高眼遠識百も御承知ノ事固不俟僕輩之呶々也　一身ノ損得杯ハ打算ノ必要ナケレトモ、公人ノ身ハ個人ノ私有ニアラス　天下ノ公有ナレハ何とか御愛惜被下度　奉願上候　老生ハ是非〳〵日本改造本部ノ構成ヲ期待仕候　首相ニハ原君でも加藤君でも乃至清翁平翁誰人でも可也　但此事丈ハ老閣ニアラサレハ不可也　下手ニヤル程ナラハヤラヌかヨシ　斯ルノ如ク老生ハ逐一老閣ノ御高見ニ裏書仕候ニ係ラス唯た果して人事か僕輩ノ思フ様ニ運フ乎或ハ餘儀ナキ事情ノ必迫ヨリ下策と知りつゝ之ヲ行ハネハナラヌ事ニハナルマジキ乎と掛念仕候　而已　先ハ右迄申上度　　匆々不宣

大正九　三月六　　猪一郎

棲霞先生閣下

高論御示被下繰返拝見　拍案叫快候　英国ノ改造と貿易も面白く拝読仕候

昨日ハ又種々御寵賜奉万謝候　荊妻よりも宜敷申出候

〈注〉封筒表「東京麻布狸穴町　男爵後藤新平殿　閣下　親展」。封筒裏「湯河原　徳富生」。

棲霞は後藤の号である。後藤は大調査機関設置の案が政府と野党一般の支持を受けるように、小冊子を印刷し、各方面に配った。蘇峰は「御高論御示被下繰返拝見　拍案叫快候」「老生ハ是非〳〵日本改造本部ノ構成ヲ期待仕候」と小冊子を面白く読んだことを伝えている。蘇峰の賛同は後藤にとって

嬉しいことであったろう。後藤の帰国から四ヶ月後のことである。首相は原（敬）でも、加藤（高明）、清（浦）翁、平（田）翁誰でもよい。ただ「此の事」（大調査機関）だけは老閣（後藤新平）でなくてはできない。下手にするならばやらない方がよいとまで後藤への期待を示している。五月二十五日には「大調査機関設置の議」を印行発表する。しかし**蘇峰書簡8**から三カ月後の六月二十八日、後藤が病床より原首相に出した書簡で、大調査機関政府案を婉曲に辞退したと年譜にある。下手にするよりしない方がよいという蘇峰と同じ考えであったのであろうか。

後藤書簡35　**大正九（一九二〇）年十月十八日**

拝啓深秋冷気に御座候處愈御多祥奉慶賀候然者南満州鐵道株式会社窯業試験工場長平野耕輔氏頃日来上京中なるを好機とし同氏多年之辛苦成績に就き一場の講和を請ひ國家産業政策の参考に供し度ご存侯に付何卒来る二十三日（土曜日）午後二時より華族曾館へ御恵臨被成下度此段御案内迄奉得貴意候

頓首

大正九年十月十八日　男爵　後藤新平　乞貴答

徳富猪一郎様

〈注〉洋紙印刷。封筒表「赤坂区青山南町六丁目三〇　徳富猪一郎殿」。徳富敬太郎氏所蔵。

5　東京市長時代

1920-1923

「本年八市政刷新」

大正九（一九二〇）年十二月、後藤は東京市会にて市長に選挙され、十二月十六日市長就任を受諾した。そこで後藤は永田秀次郎、*池田宏、前田多門（一八八四―一九六二　明治十七―昭和三十七）という三人の実力ある助役を決定した。永田秀次郎は内務官僚で、政治家で、青嵐という俳号を持った俳人でもあった。俳句、短歌、漢詩を作ることが、当時の教養ある人士の心情を伝える手段としてよくつかわれていた。伊藤博文の宮内大臣秘書官森泰二郎は漢詩人森槐南であったことを知り驚かされた。森槐南は漢詩人森春涛の息子であり、漢詩人野口寧斎**の師であり、森鷗外、中江兆民、幸田露伴などと漢詩を作り、寄り集まり楽しんでいたこともあった。明治三十六（一九〇三）年創刊された野口寧斎主幹の漢詩の雑誌『百花欄』への投稿を見ると、地方からも愛読者を得ていたことがわかる。伊藤博文、山県有朋、乃木希典、田中光顕などの政治家も寧斎に漢詩の添削を求めていた。

*永田秀次郎（ながた・ひでじろう）（号・青嵐）〔十一通〕明治九―昭和十八（一八七六―一九四三）兵庫県。大正・昭和期の内務官僚・政治家・俳人。東京市長、拓殖大学長などを務める。『ホトトギス』に寄稿。著書『浪人となりて』。

**野口寧斎（のぐち・ねいさい）（本名・一太郎）〔七通〕慶応三―

明治三十八（一八六七―一九〇五）佐賀県。明治時代の漢詩人。森槐南に漢詩を学び、国分青厓を友とした。奇才として畏敬され、雑誌『太陽』や『二六新報』で漢詩による文芸時評を展開。蘇峰の主宰した「文学会」にも参加。蔵書は早稲田大学の所蔵となる。妹・野口そえ子からの蘇峰に宛てた書簡も一通所蔵。

蘇峰書簡9　**大正十（一九二一）年一月八日**

新年御芽出度奉祝候　本年ハ市政刷新　別して御多用と拝察仕候　迂生碌々只今恰秀吉朝鮮役起稿中ニて　大晦日も元日もナク　兀々従事自顧一咲仕候　本年ハ戦地調査ノ為め朝鮮邊彷徨仕度存候　乾坤俯仰謾忘機　万巻著書一布衣　莫杷前賢較長短　未知五十九年非　本年ハ馬齢五十九ニ相成候間　負惜ノ為め上記ロ占候　御叱正奉仰候

大正十　一月八　匆々　不乙

猪一郎

棲霞大人　閣下

一蔵サンノ御夫人ハ極まり候哉　如何

〈注〉封筒表「相州湯河原天野屋　後藤男爵閣下　親用」。封筒裏　住所印「相州逗子桜山老龍庵　徳富生（「生」は蘇峰の直筆）」。

蘇峰は数え年五十九歳の時、『近世日本国民史』の秀吉の朝鮮役を起稿中で、大晦日も元日もなく、執筆していた様子がわかる。「本年は市政刷新」で忙しくなるであろうと期待していた蘇峰は、後藤の力量をよほど買っていたのであろう。この手紙の後藤からの返書が一月十日である。

後藤書簡36　**大正十（一九二一）年一月十日**

新禧愛出度奉祝候　旧臘来著書に御いそがわしく元旦もなしとの中御直書を辱し　老生の光栄不過之候　本年は朝鮮御漫遊之御企図大賛成に候　小生明後日より紅塵十丈の都門に入り　仙境に遊びし功を消尽し去るべし　御一笑可賜候　是御宿業の致す処か　此に瑶韻よろしく御叱正を乞ひ候

知命而来不語機　胸羅星宿笑披衣

等身著就耳将順　没却人間百是非

五十九歳羨敷候　況んや耳順を過る老生に於ておや　語中の閑戯今夜に尽くべし　呵々

一月十日　新平

蘇峯大人侍曹
追啓　御令閨様へもよろしく　豚児縁談之件貴意に掛られ不斜奉感謝候　まだ決定不致　いそぎ結定（ママ）致　千万配慮中に御坐候　以上

〈注〉封筒表「神奈〔川〕県相州逗子桜山老龍庵　徳富猪一郎殿　親展」。封筒裏「相州湯河原天野屋にて　後藤新平拝復」。差出年は消印による。

大正七年和子夫人が亡くなり、長男一蔵の縁談はまだ決まっていないようである。

「小生明後日より紅塵十丈の都門に入り、仙境に遊びし功を消尽し去るべし。御一笑可賜候。是御宿業の致す処か。此に瑶韻よろしく御叱正を乞ひ候」と漢詩の叱正を乞うている。蘇峰の五十九歳を羨ましいと書いているが、後藤は蘇峰より六歳年長である。追伸には「豚児縁談之件貴意に掛られ不斜奉感謝候。千万配慮中に御座候」と父親らしい心境が感じられる。後藤の長男一蔵は、この年の三月五日、杉浦春子と結婚した。長女の愛子は大正一（一九一二）年、鶴見祐輔と結婚した。現在活躍しておられる社会学者・鶴見和子氏と哲学者・鶴見俊輔氏は、祐輔、愛子夫妻の長女、長男である。蘇峰は四男、六女の子沢山であった。明治三十九（一九〇六）年生まれの六女の矢野鶴子さんは現在、東京青山で九十九歳でお元気にお過ごしである。後藤新平を二、三回お見受けしたことがあること、後藤の長女愛子と蘇峰の二女孝子は学習院で同級生であったことをお話し下さった。家庭的な話題も出てくるような後藤と蘇峰の交遊であった。

上杉慎吉と徳富蘇峰

後藤書簡37　**大正十（一九二一）年二月七日**

拝啓陳者来ル十四日（月曜）午後二時ヨリ華族会館ニ於テ欧米各国視察ノ上最近帰朝セラレタル上杉法学博士ニ左ノ講演ヲ依頼致候ニ付御来聴被成下度右御案内申上候　敬具
大正十年二月七日　男爵　後藤　新平
独逸瓦解ノ原因ニ就テ　法学博士　上杉慎吉氏

〈注〉洋紙印刷。封筒表「赤坂区青山南町六ノ三〇　徳富猪一郎殿」。「上杉博士講演会開催案内　2・11」と書き込みあり。徳富敬太郎氏所蔵。

大正十年二月七日、欧米各国を視察し帰国した上杉法学博士の講演が華族会館に於いて行われることを後藤が知らせてきた。案内カードには上杉慎吉の演題「独逸瓦解ノ原因ニ就テ」と印刷されている。上杉慎吉（一八七八―一九二九 明治十一―昭和四）は明治・大正期の憲法学者で、東大卒業後ドイツに留学し、帰国後東大教授となった。その学説は穂積八束*の影響が強く、君主主義による絶対主義であった。大正一（一九一二）年「国体に関する異説」を発表し、美濃部達吉の「天皇機関説」を攻撃。論争は学者にとどまらず、社会運動にまで関与していった。蘇峰宛上杉慎吉書簡は当記念館に三通ある。明治天皇逝去の四週間前、明治四十五（一九一二）年七月六日の上杉書簡を紹介しよう。

＊穂積八束（ほづみ・やつか）［三通］万延一―大正一（一八六〇―一九一二）愛媛県。明治時代の法学者。穂積陳重の弟。ドイツ留学から帰国後、東大教授となり憲法講座を担当。『国民新聞』に寄稿。

徳富蘇峰宛上杉慎吉書簡
明治四十五（一九一二）年七月六日

拝啓　愈々御清安奉慶賀候　却説別紙論文恐入候得共　至急国民新聞紙上に御掲出披下度折入て御願申上候　国体問題に就て尚ほ二三回論文掲出相願度と存居候　旅行中手紙ヲ以て御願申上候　御許可相願申候　何れ不日帰京拝趨御願致度と存居候

匆々

七月六日　上杉慎吉

徳富先生　几下

一回に御掲載被下度候　追て国体ノ事など餘り矢釜しく新聞紙上にて論し度くハなく候得共　已むを得さる事儀　明白に小生ノ名を署し御掲出相成度責ハ小生一人に負ひ申候　国体に関し異説あること誠に憂慮の至拝面ノ上意衷陳述御尽力を仰度と存居候

〈注〉封筒表「東京京橋区日吉町国民新聞社　徳富猪一郎様　急　親展」。封筒裏「七月六日　上杉慎吉」。

徳富蘇峰記念館所蔵の書簡整理のなかで感じることは、同一人物の多くの書簡を読んでも訴えている書簡にはなかなか巡り会えないことである。そんな中で上杉慎吉の明治四十五年七月六日付書簡は「国体に関する異説」を訴えている。国体問題に関して異説があることを憂慮し、「国民新聞に自分の論文を一回で掲載して欲しい」と蘇峰に頼んでいる。明治四十五年七月六日以降の国民新聞を調べてみたところ、上杉の論文は七月十日の国民新聞紙上三面上段に掲載されていた。

「世間は之を何と見る」(国体に関する異説に就いて)

法学博士上杉慎吉　投寄

我が国に於て、天皇は統治権の主体なりや否やと云ふ事、学者の間に争論の問題と為れりと云はゞ、世人は寧ろ其の奇怪なるに驚きて、我が耳果して問題を正解したりやを疑ふならん。何となれば、我が国に於て主権の天皇に属するは、憲法の明文炳として疑ふべからざる所、国民の確信牢として抜くべからざる所、千古動かず、億兆斉しく瞻る。然るを今にして二三子学者、之を疑ふと云ふは、実に晴天に霹靂を聞くに似たればなり。(中略)世間は果たして之を何と見るか。請ひ問ふ、予美濃部氏らを誣ゆるか、美濃部氏等国体に関して異説あるか。凡そ学問は自由なり、学者如何の説を唱ふると雖も、他人之を阻止すべからざるは学者の権威なり。美濃部氏等の説、国民の確信に反するも、之を曲げしむべからず、学説として貴重なるは、反対説と同様なり、並び存して研究の進歩を企求せざる可らず。然れども、国体論の如きは、学者が研究室に於て私有すべき問題に非ず、予は之を一般公衆の目前に持ち出して、国民の公平なる批判を乞はんと欲す。国民の確信牢として動かずんば、二三子の説の如きは固より云ふに足らざる也。我が千古の国体は炳然著明、日月の天に懸るが如し、日本民族の間自ら不抜の確信あり、之れ予が頼りて以て安んずる所なり。

(明治四十五年七月十日国民新聞)

同日の紙上には加藤扶桑による「帝国の元首は国家の機関に非らず」という投寄も掲載されている。

上杉の論争の相手である美濃部達吉の蘇峰宛書簡は一通である。美濃部達吉の長男亮吉と小坂順造の長女百合子の、丸の内の東京会館に於ける結婚披露宴(昭和三年四月吉日付)の招待状である。

蘇峰書簡10 大正十（一九二一）年九月二十七日

不相変疎懶御無沙汰仕候処　英国首相官邸ノ姿鏡二冊御恵贈奉多謝候　右ハ英国新聞ニて其批評ヲ一読　定メテ面白キモノナラント存罷在候処　早速御訳述如何ニも迅速ナル次第不取敢拝読仕候　先ハ御礼申上度　如此御座候　匆々不乙
後藤大人　閣下　大正十　九月念七　猪一郎

〈注〉封筒表「東京市麻布桜田町　男爵後藤新平様　親披」封筒裏　住所印「相州逗子桜山老龍庵　徳富」蘇峰の書き込み「鶴見宅行」。

蘇峰書簡10は、後藤が蘇峰に「英国首相官邸ノ姿鏡」二冊を贈ってくれたことに対する礼状である。書簡中にある『英国首相官邸ノ姿鏡』は後藤新平訳述で大正十一年に大日本雄弁会から出版されたもので、正確なタイトルは『英仏米首相官邸の姿鏡』である。蘇峰は既に英国の新聞でこの本の批評を読み、その内容に興味を持っていた。後藤の訳述の素早さに感心している様子である。

東京市政調査会

後藤新平の東京市長時代は大正九（一九二〇）年十二月から大正十二（一九二三）年四月までであった。その間大正十（一九二一）年四月、後藤はいわゆる「東京市改造八億円計画案」（「新事業及び其財政計画綱要」）を市参事会に提出した。東京市の予算が一億二、三千万円、中央政府の予算が十五億であった頃のことである。「東京市改造八億円計画案」は後藤の大風呂敷と受け取られたが、後援する人もいた。丁稚奉公から身を起こし一代で安田財閥を築いた安田善次郎である。

大正十年七月二十日、安田善次郎*が来訪し後藤と話し合った。安田は後藤を気に入ったのであろう、揮毫を願った。安田は後藤より十九歳年長である。安田八十三歳、後藤六十四歳の時の対面であった。最初安田は、お暇の時揮毫を、と言ったが、別れ際に、歳もとっていて、いつどうなるかわからないので、なるべく早く揮毫をお願いしたいと言い直した。後藤は自製の俳句などを書くのを見合わせ「善の字を排列した面白い古人の文章を探してこれを老子に得たのであった」と、安田善次郎の一家が善の字を名に用いているのに合う古詩を見つけた。「上善若水」の四字は額にあうように揮毫し、あとは、幅に認めて贈り、安田は大変喜んだという。九月二十三日、安田善次郎より「市政調査会館建築費」寄付その他の件につき後藤に書簡が来た。それから五日後、安田は大磯の別邸で国粋主義者に刺殺された。

＊安田善次郎（やすだ・ぜんじろう）［二通］天保九―大正十（一八三八―一九二一）富山県。明治・大正の実業家。安田財閥創立。横浜正金銀行・日本銀行・台湾銀行の創立委員。晩年には日比谷公会堂・東大安田講堂を寄付した。国粋主義者に刺殺された。

大正十一（一九二二）年一月十五日、故安田善次郎の遺族より「東京市政調査会設立費」三百五十万円の寄付の申し込みがあった。二月設立認可され、後藤は四月十六日「財団法人東京市政調査会」の会長となった。

蘇峰書簡11　**大正十（一九二一）年十一月二十一日**

過日ハ久々ニテ得拝顔大慶に奉存候　却説昨日鶴見君迄申上候　老生青山拙宅　社会教育ノ為め　提供ノ一事是非尊閣ノ御賛同御助成被下候様　懇願仕候　所謂陽盤魚ノ切歯思フ様ノ事も六ケ敷と存候得共折角ノ思立ニ付衷情御洞察ノ上一挙手一投足ノ御援護被下候ハ、独リ老生ノ大幸ニ止ラスト奉存候

匆々不一

大正十　十一月念一　猪一郎

後藤大人閣下

〈注〉封筒表「東京麻布内田山　後藤男爵閣下　私信」。封筒裏　住所印「相州逗子桜山老龍庵　徳富」。

蘇峰が青山の自宅を大森に移す時に、青山の家を社会教育のために提供したいと相談したのが後藤新平と後藤の娘婿である鶴見祐輔であったようだ。蘇峰は大正十年十二月に「青山会館」建設の旨を発表し、後藤新平はその実行委員会に名を連ねている。

「財団法人東京市政調査会」の設立趣意書を蘇峰が書いたことが、後藤の大正十一年二月二十二日付書簡に明らかである。後藤と蘇峰が話し合い、よく理解しあっていたのであろう。

後藤書簡38　**大正（十二）年二月二十二日**

過日は御来照を辱し　其節相願候市政調査会設立

趣旨書早速御脱稿御下付被下難有奉謝候　別紙之通タイプライターに打ち出し候　一応御覧に入れ度いづれ其内拝参御礼可申上　　草々敬具

二月廿二日　　新平

蘇峯仁兄大人侍曹

〈注〉別紙はタイプ印刷袋綴じ。封筒表「徳富蘇峯先生　御親展」。封筒裏「後藤新平　『東京市役所用』封筒」。

同封されていた「別紙」は次のようなものだった。

惟フニ都市ノ発展膨脹ハ当今に於ケル世界共通ノ事相ニシテ現代文明ノ一大徴証ト為ス都市必スシモ国家ニアラス然モ国家ノ中枢神経ハ都市ニ存シ、都市ノ盛衰興亡ハ国家ノ盛衰興亡ト相ヒ追随スルハ蓋シ争フ可ラサル事実タラスンハアラス

是ヲ以テ欧米文明諸国皆ナ都市ノ自治政ニ就テ深ク其ノ意ヲ致シ其ノ力ヲ竭シ小ハ市民各個ノ生活ヲ便利安固ナラシメ以テ其ノ福祉ヲ増進シ大ハ都市其者ヲ秩序的ニ整正シ、科学的ニ開発シ、以テ円満、具足　人類ノ理想郷ヲ現出スルヲ期セスンハアラス　曰ク衛生　曰ク教育　曰ク運輸交通　曰ク物資供給　曰ク生存ノ向上凡ソ所謂ル都市ナルモノ大ハ五六百万ノ大集団ヨリ小ハ三四万ノ小集団ニ至ル迄何レモ一都市ヲ以テ一家ト見做シ一都市民ヲ以テ一家族ト見做シ各其ノ所ヲ得セシムルヲ以テ自治政ノ正鵠トセサルモノナシ

顧ミテ我カ帝国ノ都市ヲ見レハ自治政ノ施行以来未タ久シカラストセサルモ其ノ運用ニ至リテハ動モスレハ私党相ヒ比肩シテ市民ノ利益ヲ壟断スルモノアリ旧慣ニ拘泥シテ日新ノ世運ト背馳スルモノアリ唯タ当面ノ細務ニ齷齪トシテ都市百年ノ大計ヲ閑却スルモノアリ而シテ其ノ甚タシキニ至リテハ幾許ノ醜問題ヲ胚胎シ遂ニ司直ノ府ヲ煩ハササル可ラサルニ至ルモノアリ此ノ如クシテ荏苒推移セン乎人間ノ本能タル自治的生活ノ円満ナル発展ハ得テ望ムヘカラサルノミナラス遂ニ自治政ハ全ク空名ニ帰シ都市ヲ挙ケテ殆ント腐敗ノ発育所タラシムルモ未タ知ル可ラス其レ豈ニ寒心ニ勝ヘン哉

吾人玆ニ慨スルコト多年竊ニ思ラク徒ニ其ノ弊害ヲ矯正セントスルモ一弊ヲ除ケハ従テ一弊ヲ生シ一害ヲ去レハ更ニ一害ヲ来ス寧ロ若カンヤ市民各個ヲシテ自治ノ根本義ヲ徹底的ニ会得セシメ市政ヲシテ現代科学ノ討究ヨ（マヽ）ル成ル合

理的知識ニ準由セシメ自治政ヲシテ確乎不抜ナル科学的見地ノ基礎ノ上ニ樹立セシメンニハ、是レ市政調査機関設置ノ即今ニ於テ最モ急須トスル所以ナリ　諺ニ曰ク淵ニ臨ンテ魚ヲ羨マンヨリハ退テ網ヲ結フニ如カスト調査機関設置ノ如キ現在都市ニ瀰漫スル弊害ヲ一掃スルノ快事ニ比シテ聊カ迂遠ノ看ナシトセサルモ然モ抜本的ノ刷新ハ此ノ順序ヲ経由セサレハ能ハス所謂、急カハ廻レトハ此ノ事ニアラスヤ本会ノ綱領トスル所ハ敢テ自ラ一切ノ都市政策的施設ニ当ラムトスルニ非ス唯タ普ク衆智衆能ヲ蒐メテ専ラ事実ヲ基礎トシ主トシテ帝都ニ於ケル都市問題ノ研讃考覈ニ努メ兼テ一般都市政策ニ関スル調査研究ヲ遂ケ以テ克ク時運ノ要求ニ応スル施措ノ実現ヲ期スルニ在リ乃チ

之カ調査研究ヲ為スニ当リテハ科学ノ応用及社会政策ノ調査ニ任スル公私各方面ノ機関ト連絡シ

時ニ応シ機ニ臨ミテ各方面ノ人士ト会シ互ニ胸襟ヲ披瀝シテ意見ノ交換ヲ行ヒ公正ニシテ不偏専ラ市民ノ要求ヲ達観シテ健全ナル都市政策ノ樹立ヲ期シ

意見ヲ公表スルニ当リテハ具体的事実ノ調査ニ基キテ予メ当局ト折衝交渉ノ任ニ当リ、

其ノ法規ノ制定改廃ヲ要スルモノ若ハ官公庁ノ施設経営ニ俟ツヘキモノニ付テハ之カ実行ヲ要望勧奨シ

其ノ公私各団体ノ施措市民ノ協力ニ俟ツヘキモノニ付テハ趣旨ノ宣伝ニ力メテ自奮自覚ヲ促シ相率ヰテ市政ニ翼賛セムコトヲ期シ、

其ノ関係者ニ於テ不審不同意トスル点アラハ之カ指摘ヲ求メテ之ニ公正ナル批判ヲ与ヘ

又常ニ精確適実ナル調査資料ヲ準備シ何時ニテモ公私各方面ノ諮問又ハ依頼ニ応シテ適切ナル改善案ヲ提供シ誠意ヲ以テ当局ニ協力シ

以テ懇切ニ市民ノ附託ニ応シ一意専心全市民ノ福利ヲ増進セムト欲スルニ在リ

抑モ吾人カ科学的研究ト云フハ漫ニ高遠不可解ノ難問題ニ没頭スルノ謂ニアラス又タ物質的方面ノ一片ニ偏倚スルノ謂ニアラス現代ノ科学ハ広大ニ瀰リ精微ヲ極メ駸々乎トシテ霊物一如ノ域ニ進入シツツアリ而シテ其ノ研究ナルモノモ座シテ云フ可ク起テ行フ可キモノニシテ原理ト応用トヲ接近セシメ学問ト実際トヲ接触セシムルモノ洵ニ本会ノ旨趣ト為ス然モ此ノ如クシテ本会ハ市民生活ノ灯台タリ市民活動ノ羅針盤タルヲ得而シテ真ニ世界ノ大勢ニ順応シテ帝国ノ都市ノ自治政ヲシテ円満具足以テ帝国発展ノ基準タラ

シムルニ庶幾カラン歟大方ノ君子希クハ吾人ノ微衷ヲ諒トシ其ノ戮協ヲ愛ム勿ランコトヲ　（別紙の読点は原文のまま）

後藤書簡39　**大正十一**（一九二二）**年十月七日**

謹啓金風爽和之候倍々御清福奉敬頌候　次に小生儀今回不圖辱陞爵之　恩命候に付早速御祝詞竝佳品賜り御盛意不勝感謝候右不取敢御禮迄奉得貴意候
頓首

大正十一年十月七日　子爵　後藤　新平

徳富猪一郎殿

〈注〉洋紙印刷。封筒表「神奈川県逗子桜山　徳富猪一郎殿」。徳富敬太郎氏所蔵。

後藤新平は、明治三十九年に男爵となり、大正十一年に子爵となった。

後藤書簡40　**大正十一**（一九二二）**年十月二十日**

拝啓秋冷之候愈々御清祥之段奉慶賀候陳者来る十月三十一日午前十一時本大学に於て昇格祝賀会挙行仕候間　御光臨の栄を得度此段御案内申上候　敬具

追而準備の都合も有之候間乍御手数折返し御出席の有無御回報相煩度

尚当日は陸上運動会の催有之候

大正十一年十月二十日

東京市小石川区茗荷谷町

東洋協会大学長　子爵　後藤　新平

徳富猪一郎殿（御来駕の節は此状御持参被成下度候）

〈注〉洋紙。印刷。東洋大学行出欠返信葉書同封。封筒表「赤坂区青山南町六ノ三〇　徳富猪一郎殿」。封筒表に「10・22」と書き込みあり。徳富敬太郎氏所蔵

東洋協会専門学校は、大正七（一九一八）年に一時拓殖大学と改称され、大正八年に後藤新平は第三代学長に就任した。同大学は大正十一年六月に社団法人東洋協会から分離し、財団法人東洋協会大学の設立認可がおりた。**後藤書簡40**はその昇格祝賀会の招待状である。東洋協会大学は大正十五（一九二六）年十二月、拓殖大学と復した。後藤新平は、昭和四年に亡くなるまで拓殖大学の学長を務めた。

6 晩年の交流

1924-1929

蘇峰書簡12 **大正十三(一九二四)年七月九日**

謹啓　石川六郎君参上候間　御引見奉願上候　同君ハ都下新聞記者中特色アル一流記者ニ候間　可然御愛顧奉願上候　迂生久シキ新聞生涯中罕ニ見ル人物ニ候　呉々も宜敷奉願上候　匆々不一

大正十三　七月九　猪一郎

後藤子閣下

〈注〉封筒表「後藤子爵閣下」。封筒裏「東京日吉町国民新聞社　徳富猪一郎」。

石川六郎*は明治十三(一八八〇)年生まれで、国民新聞の新聞部長であった。国民新聞社も大正十二(一九二三)年の関東大震災で、経営が苦しくなった。十三(一九二四)年二月、馬場恒吾**編集局長、石川六郎副編集局長が退社した。

*石川六郎(いしかわ・ろくろう)[十四通]明治十三(一八八〇)生まれ。東京。国民新聞編集部長。東京朝日新聞校閲部長。作家石川達三の叔父。

**馬場恒吾(ばば・つねご)[三十二通]明治八―昭和三十一(一八七五―一九五六)岡山県。大正・昭和期のジャーナリスト・政治家。ジャパンタイムス編集長。国民新聞社編集局長、理事などを歴任。リベラルな論陣をはった。敗戦後正力松太郎の後を受け、読売新聞社社長に就任。日本新聞協会会長。

後藤の『日本膨脹論』と蘇峰の『大日本膨脹論』

後藤書簡41 大正(十三)年九月五日

拝啓先刻拙著日本膨脹論に対する貴下の序文に就き一蔵を以て御依頼申上候処、早速御承諾被成下、難有奉万謝候。小生再版序文は別紙の通りに御坐候間、御参考まで同封致置候。尚御繁用中甚だ恐縮に候得共、本文全部印刷済みの由に候間、可成至急御起稿被下度、悃願致候。敬具

九月五日　後藤新平

徳富老台侍史

〈注〉封筒表「徳富老台　侍史」。封筒裏「後藤新平」。

後藤書簡41は、『徳富蘇峰関係文書2』では大正四年九月五日付となっているが、書簡の内容から、後藤新平の『日本膨脹論』が再版された、大正十三年付であることがわかった。

後藤書簡29(一三三頁)で紹介したように、大正五年(一九一六)二月、世界大戦の最中に後藤は『日本膨脹論』を通俗大学会から出版した。大正十三年九月にこの本を後藤は大日本雄弁会から再版した。初版の序文は新渡戸稲造であったが、初版から八年後の再版の序文は蘇峰が書いている。後藤は後載の「再版の序」を蘇峰に届け、後藤の再版の思いを伝えた上で、蘇峰に序文を依頼した。後藤新平は『日本膨脹論』を著した意図を「執筆の由来」として本の最初に載せている。

「執筆の由来」(後藤新平)

予が台湾生活は僅に十年の短日月に過ぎなかったが、予の得たる経験は、予に取りては実に生涯の誇りであり、精神上の光輝である。

予は此の間に於て無字の書を読み、無弦の琴を弾ずる底の教訓と興趣とを得た。未だ読まざるの書を読み、曾て思はざるの理を観ずる事が出来た。読みて然かも実證し得ざるところを実證し、思ひて然かも悟入し得ざるところを悟入し得た。かくて予の人類観、社会観、施政観、経世観の凡ては、恰も自然の権威あるものゝ如く予の自信を力づけた。げにや世界は大学校にして、困苦は良師友であつた。

観二天地之文一悟二自然之理一　考二聖賢之書一補二未完之言一とはこれ予が当時の偽らざる心情の発露である。(中略)

然るに徳川三百年の鎖国的太平の夢を、たった四隻の黒船に攪破せられてより、俄かに慌てふためいて欧米文物の吸収に沈湎し、爾来五十年の久しき猶徒らに西洋崇拝、西洋模倣の不見識と無自覚とを繰り返して、居るに至っては、又禍ひなるかなと叫ばざるを得ない。予は固より西洋の文明を排斥せんとするものではないが自己を忘れたる無自覚なる模倣に與みする事は断じて出来ない。我々は博く知識を世界に求めなければならない。他の長所を出来る丈け多く採り入れなければならない。然し乍らそは決してそれ等を模倣せんが為めでもなくそれ等に盲従せんが為めでもない。それ等を自己に同化し融合せしめて自己の用に供せんが為めである。自己独特の大創造、大建築の材料に資せんが為めである。我を彼に與へんが為めではなく、彼を我に摂収せんが為めである。我は飽迄主にして彼は飽迄従でなければならない。

然るに我国の現状を見るに、此の點に於て轉た痛恨の念なきを得ない。現代の我国は事毎に西洋を標準にして観察し、比較し、判断して居る。彼に合はざるものは即ち無価値、彼に合ふものは即ち有価値、我が国民の現在は萬時これである。彼と我との民族的相異、民族的長短を思はずして徒らに我を非とするが故に彼を是とし、一概に彼を是とするが故に我を非とする。菅原道眞の所謂和魂漢才の見識だに有ってゐない。斯くて日に月に彼を同化する事を遠ざかりて、却って彼に同化せらるゝ方向に歩みつゝある。実に之れ不見識、無自覚の極みではないか。

予は之を甚だ遺憾とするが故に日本膨脹論を述ぶるに方っては、先づ民族とは如何なるものか、民族主義とは如何なるものか、乃至民族的自覚とは如何なるものであるかといふことを説いて、その大体を闡明したる上、我国民が当に依るべき所、進むべき道を明らかにしたいと思ふのである。たゞこゝに記憶しておかねばならぬことは予の所謂民族的自覚と彼の偏狭なる排外主義的愛国論とは全然別個のものであるといふ一事である。予は小乗道を取らずして大乗道を濶歩したい。更に権大乗門を避けて露堂々たる實大乗門に分け入らねばならぬ。扨て予は此の如く、民族、民族主義及び民族的自覚を説くに方ては、それと相対照すべき世界主義の何物たるかをも併せ述ぶるが至当の徑路であらう。

後藤は左記の「再版の序」を蘇峰に届け、自分の再版の思いを伝えた上で、蘇峰に序文を依頼した。

「再版の序」（後藤新平　大正十三年八月二十六日　著者識）

本書を初めて公にしたのは、大正五年、欧州の野に戦塵なほ暗きころであった。顧みればこれ八星霜の前である。今日に至って、これを再版に付して、再た世に問はんとするもの、予の衷心において「喜悲交々至る」の感なきを得ない。

人生一夢の如し。たゞこれを急激なる世態の変遷に観れば、八年の歳月、必らずしも短しといふを得ない。八年前の世界は、八年後の世界ではない。しかも八年前において、本書に予の公言し予想せるところ、今日において、何等改発の必要を見ないのである。もとより予は、予言者たるの名誉を要求せんとするものではない。たゞ八年間の異常なる世界的経験が、予の所信をして、ますます強からしめたることを、衷心の喜となすのである。

しからば、何を以て悲ありといふか。当時予の本書を公にせるは、豪語自ら高く持せんとせるにあらず、博識以って衒はんとせるにあらず、実に当時わが国の情勢と民心の趨向とに、深憂堪えざるものありしが故である。これが感慨を随筆に托して、警世の一助ともなさんとせるもの、すなはち本書にして、若し専門的眼光よりすれば、単に反古紙の累積にすぎないであらう。従って、八年後に至りこれを再び公にするが如き、夢想だにせざるところであったのである。ただ二千五百年の歴史は、わが国に「国家家族主義」の哲理を啓示するにも拘らず、民心動もすればこの民族的精神の高貴を忘却して、ひたすら浅薄なる模倣的文明に心酔せんとするの萠芽を有せること、これ当時の憂であった。もし予のこの憂にして、一の杞憂たらしめば、何ぞ再び八年後において、本書を公にするの必要あらんや。これ予の本書を再び公にするを以て、悲に堪えずとなす所以である。

およそ民族的精神の高貴を忘れたる国民は、つねに国際的行悶に逢遭する。欧州に親意なく、支那に背かれ、封露交渉の行悩み、最近米国また排日法を通過す。国路の困難以って観るべし。いまこそ民族的反省の日である。民族的自覚の日である。八年前において、迷路に入らんとしつつありし日本は、今日において、亡滅と隆興の岐路に立つ、当時天下に呼号せんと欲したるところ、今日さらに聲を大にして、民心の覚醒を促さゞるを得ないのである。（中略）

予の社会的活動は、或は東京市長として自治体の発達に微力をつくし、或は一私人として日露復交に盡瘁し、或は内務大臣として政治改革を志し、或は復興院総裁として帝都の復興に精力を傾け、或は少年団団長として東奔西走せる如き、その行動はなはだ多岐に亘るが如しと雖も、一として本書に闡明せる精神によつて導かれざるはない、予の行動は悉く本書の理想実現の方便にすぎずといふも、あへて過言ではないのである、必らずしも完全を自負するにあらずと雖も、本書が何れの日、何れの人によつて読まるるとも、決して自ら吝うするところはない、以つて再版の序とする。

大正十三年八月二十六日　著者識

『日本膨脹論』の再版の序を頼まれた蘇峰は次のような序を書いた。

　大正五年二月、世界大戦の酣なる最中に於て、後藤子爵は『日本膨脹論』を著し、予に寄せ示した。予之を一読し、頗る素論に契合する所あるを知り、然も其の大處、高處より著眼し、科学的、哲学的の見地より立言し、所謂る一世の智勇を推倒し、萬古の心胸を開拓するの概あるを喜び、激賞禁ずる能はなかつた。爾来八年の歳月は、全世界の局面を一変し、吾人をして数百年の歴史を、一足飛びに飛ばしめたるの想あらしめた。然も我が帝国の現状は、著者をして同書改訂の必要なきのみならず、之を当今の世論に問ふの必要を痛感せしめ、茲に再刊の企てあるに際し、予に向つて、一言を題せん事を需め来つた。（中略）

　今若し著者の意見の先駆者を求めば、我が帝国に横井小楠翁がある。凡そ世の中に小楠翁程、多く誤解せられ、若くは諒解せられない者は少ない。翁は此の誤解若くは不諒解の犠牲となりて、半生を轗軻に経過し遂に其身を戕ふに至つた。然も翁の国家経綸の根本主義は、宛も本書の所説と、其揆を一にす。但だ本書は二十世紀の科学的実験と、哲学的研究との基礎に立つて、語る所詳細にして、述る所精確なるを見る。翁曰く「神智霊覚湧如レ泉。不レ用二作意一付二自然一。前世当世更後世。貫二通三世一対二皇天一。」と又た曰く「帝生二萬物霊一。使三之亮二天功一。所以志趣大。神飛六合中。」と。又た曰く「道既無二形體一。心何有二拘泥一。達人能明了。渾順二天地勢一。」と。又た曰く「明二堯舜孔子之道一。盡二西洋器械之術一。何止二富国一。何止二強兵一。布二大義於四海一耳。」と。以上の断片を湊合するも、小楠の規模の大なる、勝海舟翁の所謂る先生胸五洲を呑み、眼一世を空しきを知るに足るの比ならず。其の日本民族膨脹の根本主義に就て、透徹したる所あるを知る可きであらう。（中略）

　吾人は本書の著者が、民族の個性を把持し、民族的自覚を疾呼し、国家興亡の歴史は、民族的精神の振廢にありと絶叫して、茲に大日本主義の立場を的確にし而して我が大和民族の特色を解剖し、其の世界に対する使命を闡明して、茲に日本膨脹の眞意義を鼓吹するを見て、宛も五十余年前、横井小楠が、大義を四海に布かんのみとの短句と、期せずして、其の大主旨を同うするを悦ぶ。予亦た明治二十七八年役に於て、『大日本膨脹論』を著し、聊か小楠の理想を、事実の上に、表現せんことを試みたことがある。然も顧みて之を本書と比較すれば、月前の螢火に過ぎず。要するに著者の如きは、所謂る文王を待たずして興るもの、而して本書の最も権威ある所以の一は、著者が書斎的空想者にあらずして実行的経世家であるが為めである。

大正十三年九月七日　蘇峰学人

後藤の『日本膨脹論』という書名を聞いたとき、私はすぐに蘇峰の『大日本膨脹論』が頭に浮かんだ。これは明治二十七（一八九四）年十二月に民友社から発行されたもので『国民之友』『国民新聞』に明治二十七年に掲載された蘇峰の八編の論文から構成されている。当記念館に所蔵している『大日本膨脹論』は黒い布貼のハードカバーがつけてあり、見返しに「為後日記念大切可保存者也　著者　明治三十七年七月十六夕」、本の末尾に「十年前之論十年後之實如亀ト神占矣　明治三十七年三月廿日　蘇峰学人」と蘇峰による書き込みがある。

蘇峰は『大日本膨脹論』の序文で「日本国民の膨脹す可き命運を論し、膨脹せさる可らさる必然の大勢を論し。膨脹の前途を沮遏する敵に打勝つ可きを論し。而して膨脹とは、何物なるやを論し。併せて将来如何にして、膨脹す可きやを論す。題して大日本膨脹論と謂ふ、亦た偶然にあらさるを見る。」と述べている。

蘇峰書簡13　**大正十四**（一九二五）**年二月五日**

謹啓　拝高教披学不浅候　別冊御叱正奉仰候

匆々不一

猪一郎

棲霞大人閣下

〈注〉蘇峰用箋使用。封筒表「後藤子爵閣下　書籍添」。封筒裏「東京日吉町国民新聞社　徳富猪一郎」。

蘇峰書簡14　**大正十四**（一九二五）**年九月十二日**

啓上　過日恩貸ノ書類　只今以書价返上　御査収

奉願上候
大正十四、九月十二
後藤閣下
詢ニ有用ノ史料ニ候也
匆々不一
猪一郎

後藤書簡42 **大正十四**（一九二五）**年十月十四日**

拝啓　時下愈々御清祥ニ可被為入奉慶賀候　陳ば
粗品出来候ニ付贈呈仕候　小生日々相用居候　誠ニ
工合宜敷　御使用被下候へハ本懐之至ニ奉存候
敬具
十月十四日　後藤新平
徳富猪一郎殿侍史

〈注〉封筒表「徳富猪一郎殿　侍史」。封筒裏「後藤新平」。

蘇峰書簡15 **大正十四**（一九二五）**年十月十四日**

謹啓　只今見事ナル書斎椅子　御寵與被成下奉深
謝候　希クハ此ノ賜ヲ末長ク愛用スル様　天ニ祈リ
且ツ自ラ期候　書外万々　拝芝御礼可申上候得共
不取敢以楮表徴快開申候　匆々不一
大正十四　十月十四　猪
後藤子爵閣下

〈注〉封筒表「東京市麻布新桜田町　子爵後藤新平殿閣下」。
封筒裏「東京日吉町国民新聞社　徳富猪一郎」。

後藤が書斎椅子を贈呈し、蘇峰が深謝している往復書簡であることがわかった。書斎椅子といえば、蘇峰が喜び愛用する姿が浮かんでくる。後藤は外で活躍することが多かったが、家に戻ったときに書斎の椅子に座るとほっとしたという。蘇峰はこの時『近世日本国民史』の『幕府分解接近時代』を執筆中で椅子を贈られたその日のうちに礼状を出している。後藤と蘇峰の親愛の情に触れた思いである。この年後藤は六十八歳、蘇峰は六十二歳であった。

大谷光端と徳富蘇峰

蘇峰書簡16 **大正十五**（一九二六）**年一月二十六日**

謹啓　恩借ノ山陽七帖　正ニ奉返璧　御査納被成
下候　高篇ノ尊著批評不敢当但巳ニ紹介ノ一文相艸

置候　不日紙上掲載欲乞海也。　　匆々不一

後藤子爵閣下　　　　　　　　　　猪一郎

廿八日夜　中央會大谷師送別会ニハ何卒御高臨御

一言呉々も希望仕候　又拝

〈注〉封筒表「後藤子爵閣下　親披　山陽帖添」。封筒裏「東京日吉町国民新聞社　徳富猪一郎」。

蘇峰書簡16は大正十五年一月二十八日、渡欧する大谷光瑞の送別会を国民新聞社社長徳富蘇峰が発起し、丸の内の中央亭で催されるので、「御光臨御一言呉々も希望仕候」と蘇峰が前もってスピーチを後藤に頼んでいる。

書簡中の大谷師とは、西本願寺二十二世宗主大谷光瑞（一八七六―一九四八　明治九―昭和二十三）のことである。大谷光瑞は歌人九条武子の兄で、貞明皇后の姉九条籌子と結婚した。イギリスに留学し、明治三十五（一九〇二）年には探検隊を組織し、西域、インドの仏蹟を調査した（探検・調査は三回にわたった）。父・第二十一世光尊の死により明治三十六年帰国し、管長に就任。父の遺言で光瑞は蘇峰に師事した。父光尊も大志を抱いて外へ目を向けた人物で、光瑞のシルクロード探検の良き理解者であった。

明治四十一年には六甲山中腹に二楽荘という奇抜な外観の別邸を作り、山のふもとから二楽荘まで、日本では珍しいケーブルカーが敷設された。二楽荘の建設用材は神戸沖に沈没していた外国の船を引き揚げ、その堅牢なチーク材を再利用した。外見はインドのアクベル皇帝時代の様式を模し、赤いスレート屋根の西隅にはドームがそびえ、木造二階建、地下一階の構造になっていた。英国室・支那室・アラビア室・英国封建時代式の大室等を造り、建築様式や家具調度類で各国の雰囲気をかもし出していた（『モダニズム再考――二楽荘と大谷探検隊』芦屋市立美術博物館、一九九九年）。また本山末寺の師弟教育のための武庫中学を創立した。英語・漢学・数学に重きをおいた大谷式教育方法であった。

光瑞は日露戦争の際には開戦と同時に全面的に協力した。しかし三回にわたる西域探検をはじめとする教団事業の出費のため数百万円の負債をつくり、責任を取って潔く法主の座を退いた。大正三（一九一四）年二楽荘を退出し、外遊の途についた。以来中国、南洋、トルコなどで農園を経営し、ゴム・コーヒー・製茶・香料・養蚕・染物などに従事した。上海に無憂園、大連に浴日荘、台湾高雄に逍遥園など、各地に邸宅を築いた。蘇峰は光瑞の著書を民友社から多く出版し、光瑞

の健在を世にしめした。

光瑞の思い出を蘇峰の次女徳富孝子さんにお尋ねしたところ、明治のころ珍しい温室栽培のメロンを送って下さったという。蘇峰の娘婿の阿部賢一氏に伺った話によると、賢一氏が蘇峰の三女久子さんと見合いをしたとき、吸い物の中に鶴の肉がはいっていたそうで、鶴の肉は大谷光瑞から送られてきたという話であった。「気持ちが悪かったが食べたよ」と笑って話して下さった。

法主を退いて以降の光瑞の生き方の真の思いは、蘇峰宛の書簡から読み取ることができる。大谷光瑞と後藤新平はそれぞれに蘇峰を尊んでいた。大谷光瑞からの蘇峰への書簡は二四〇通あまり、後藤新平から蘇峰への書簡は五十三通ある。後藤は台湾の父であり、大風呂敷という名で愛され、蘇峰は言論人・新聞人として着実に歩み続け、光瑞は西本願寺を追放されたが、日本で最初に個人でシルクロード探検隊を出した人物として評価されている。後藤・蘇峰・光瑞それぞれは、近代日本において個性的でスケールの大きな生き方をしたことが、書簡の中からはじけるように読み取ることができる。

徳富蘇峰宛大谷光瑞書簡　大正四（一九一五）年十月十六日

拝啓

久シク御無音ニ打過キ恐懼ニ堪ヘス候　先日ヨリ朝鮮御来遊ノ由、京城日報ニテ拝承仕候　何日頃マテ御滞在ナリヤ、御一報被下度候　小生　愈廿一日大連発　満州ノ紅葉ヲ採リ　月末ニ山東泰山曲阜ヲ見

来月上旬ニハ江南ニ帰ル予定致居候　実ハ今少シク早ク出立ノ筈ノ処　腸チブスノ予防注射ト　後藤男爵歓迎ノ為　延引致候　男爵ニハ幸ニ御面会ノ栄ヲ得　御高説ヲ拝聴シ　大ニ人意ヲ強ク致候　欧州戦況モ愈東進シ　年末ニハ埃及〔エジプト〕ニ連スルナラント愚考致居候　印度問題モ従テ起ルヘク　明年ハ頗ル興味アル事ト存候　乍恐国民ノ思想　御指導御鞭撻ノ程希上候　小生行程ニ上リ候後ハ　例ノ如ク放浪漫記ヲ御送付申上候間　乍恐御掲載被下度願上候

草々

十月十六日　旅順にて　光瑞

蘇峯先生　机下

〈注〉封筒表「朝鮮京城日報社気付　徳富蘇峯先生　机下」。
封筒裏「旅順　大谷光瑞」。

この書簡以外にも、蘇峰に宛てた大正四年七月二十二日付の書簡は、日露同盟は急を要するので国民の与論を喚起することが大切であるという意見を述べたもので、「乍恐御高見ヲ賜リ　小生ノ愚蒙ヲ御啓キ被下度願上候　後藤男ハ如何ナル御高見ナルヤ　新聞上ニモアマリ見ヘス　素ヨリ言論ハ容易ニ他人ニ御漏し無之トハ存候ヘトモ　先生は多分御承知ノ事ト存候間　御差支ナクハ御示教ヲ賜リ度奉懇願候」と後藤の意見を聞きたがっている様子が伝わってくる。光瑞の世界観はみんなに理解されることはなかった。光瑞の生き方の個性につき合えたのは、蘇峰であった。

「新渡戸ノ桃モ今カ喰頃」

後藤書簡43　**昭和二（一九二七）年三月二十五日**

拝啓　春寒料峭之候御起居御安祥に被為渉　奉慶賀候　陳ば国際聯盟事務局御就任中之新渡戸博士及令夫人任期御終了御帰朝相成候に付　来る三月三十日午後七時　拙宅え御案内申置候　御多忙之折柄御迷惑と存候へ共　御用御繰合之上御賁臨之栄を賜り度　此段御案内申上候　敬具

昭和二年三月廿五日　子爵後藤新平

徳富猪一郎殿

同　令夫人

追而　御服装之義、背広又は日本服に願上候。

〈注〉封筒表「府下入新井宿二八三二　徳富猪一郎殿」。「速達」のスタンプ。封筒裏「東京市麻布区桜田町五拾番地　後藤新平（青色のスタンプ）」。

新渡戸稲造の国際連盟事務局次長の任期が終了し、後藤は帰朝した新渡戸のために自宅で晩餐会を開くことにし、蘇峰と静子夫人を招待した。

蘇峰書簡17　**昭和二（一九二七）年三月三十一日**

啓上　昨夕ハ久々ニて　拝高話大慶ニ奉存候　先生桃李満門新渡戸ノ桃も今カ喰頃と奉存候　御礼ノ

ミ

昭和二年三月参一日　匆々　不一

猪一郎

後藤大人閣下

〈注〉封筒表「東京市麻布新桜田町　子爵　後藤新平殿　親展御礼」。封筒裏「東京京橋区加賀町国民新聞社　徳富猪一郎」。

蘇峰書簡17は、晩餐会の招待に対する礼状である。蘇峰は後藤の招待を喜んで受け晩餐会に出席し、新渡戸の活躍ぶりと弟子達の成長を「桃の一番おいしく熟した頃」と表現した。蘇峰も新渡戸も青年達を理解して育てていることに、幸せを感じていたのであろう。夫人と同席して楽しい夕べを送ったのであろう。蘇峰は六十四歳。当日は、牧野伸顕、阪谷芳郎も招かれ、和やかな会となったことを鶴見祐輔が『正伝 後藤新平』第三巻で伝えている。機嫌のよい客人の幸せなさざ波が聞こえてくるようだ。

後藤書簡44　**昭和三**（一九二八）**年九月一日**

病める身も事を後れしと君か代をいはふ心は新なりけり

不誦浄名唯楽天　黄塵場裏亦平然

開成報国果何日　北馬南船徒十年

先ゆきて君をまたなん蓮華台心しつかに時の来るまて

遠眼銀ひとりて持ては罪つくり

〈注〉和紙四枚。封筒「国民新聞社」の茶封筒。表に「後藤新平子。詩草。昭3・9・1」と書きこみあり。

後藤書簡45　**昭和三**（一九二八）**年十一月**（**三十**）**日**

謹啓　晩秋冷気に御座候処　益御清福被為在　恐悦奉申上候　偖此度　御大礼被為行候之際　不肖不計も特陞爵の御沙汰仰蒙り　微力無寸功却て　天恩を相累ね候段　恐懼不能措仕合に御座候　右に付早速御懇懃の御祝詞賜り　御感情千万忝奉存候　右不取敢書中御礼奉申上度　如斯に御座候　頓首

昭和三年十一月　伯爵後藤新平

徳富猪一郎殿

〈注〉印刷。封筒表「府下入新井町源蔵原二八六二　徳富猪一

郎殿」。封筒裏「伯爵後藤新平」。差出日は消印による。

蘇峰書簡18　昭和四（一九二九）年一月三十日

啓上　餘りニ五月蝿ク候間　老閣発祥ノ台湾見物
ニ来月早々荊妻同行出掛可申と存候　約一個月ヲ費
シ可申候　可然筋ニ御紹介被成下候ハバ　大幸ニ候
怱々不一
昭和四　一月卅　猪一郎
後藤伯閣下
恥シナカラ台湾ハ初テニ御座候

〈注〉蘇峰用箋使用。封筒表「東京市麻布新桜田町　伯爵後藤新平閣下　私用」。封筒裏「東京市京橋区日吉町民友社　徳富猪一郎」。

昭和四（一九二九）年一月十七日、蘇峰は国民新聞社を引退することを『国民新聞』に掲載した。日本国中がそれぞれのショックを受けた。

蘇峰夫妻は同年二月五日から三月十五日までの一ヶ月余、台湾に出かけた。蘇峰は「老閣発祥の台湾」という表現を使い、後藤が活躍した台湾の地に旅行することを書簡で報告している。後藤はおそらく蘇峰夫妻のために台湾の案内をするよう関係者に働きかけていたのではないだろうか。「恥シナカラ台湾ハ初テニ御座候」とあるのは、いかに蘇峰の若い時代が旅行など考えつかないほど忙しかったかが想像できる。蘇峰は六十六歳までの自分の忙しさを思い出していたのであろう。後藤新平は蘇峰夫妻が台湾への旅行から帰国してすぐの、昭和四年四月十三日に亡くなった。

補遺

本文に未掲載の差し出し年月日がはっきりしない**後藤書簡46〜53**を紹介しよう。後藤書簡47と49は封筒裏に「男爵後藤新平」とあるので、後藤が男爵になった明治三十九年以降のものと思われる。

後藤書簡46　（年不明）一月十五日

拝読　本日升殿不在　拝芝を得ず遺憾　御紙上の
旨敬承　御手数奉謝候　明日の貴新聞御恵与難有候
唯今来客中に付篤と拝見不致　草々拝復
一月十五日　新平

蘇峯大人侍曹

煩脳熱高忘毒暑　休言心静即身涼
回轅三伏吾何厭　万里行程尚未央

〈注〉封筒表「徳富蘇峯先生　親展」。封筒裏「後藤新平拝復」。「日本帝国鉄道院」封緘シール。

後藤書簡47　（年不明）二月二十二日

拝読　不相替御厚情感謝之至ニ奉存候　御通牒の反面には辞職なと申ふざけ　御禁止の御命令を営み居候事と解釈致居候　先は拝答まて　草々不尽

二月廿二日　新平

蘇峰大人侍曹

〈注〉封筒表「国民新聞社　徳富蘇峰先生　拝答親展」。封筒裏「男爵後藤新平」。

後藤書簡48　（年不明）三月十日

拝読　尊由師より来翰御回付被成下正ニ落手　先方事情至極尤ニ有之　別ニいそき候訳ニ無之　賢台御熟知通の次第　此方ニては尊由師東上の期をまち円満なる解決を得は無此上都合と奉存候　先は右拝答まて　草々不尽

三月十日　新平

蘇峯仁兄大人侍曹

〈注〉封筒表「徳富蘇峯大人　侍曹復」。封筒裏「後藤新平」。

書簡中の尊由師とは西本願寺門主大谷光瑞の弟である。大谷光瑞と蘇峰の関係は深く、光瑞は蘇峰に二百四十通の書簡を書いていることは既に触れた。大谷尊由（一八八六―一九三九　明治十九―昭和十四）は日露戦争では本願寺遼東半島臨時支部長として従軍布教に当たり、のち中国、南洋にも兄光瑞と共に渡って教線拡大に努力した。昭和三年には、貴族院議員第一次近衛内閣の拓相となった。

後藤書簡49　（年不明）三月十二日

拝啓仕候　別紙草案御一読之上無遠慮御加筆相成度　奉得貴意候　敬具

三月十二日　後藤新平

蘇峯先生侍史

〈注〉封筒表「日吉町国民新聞社　徳富猪一郎殿　急親展」。

封筒裏「男爵後藤新平」。

後藤書簡50 （年不明）十月二十八日

昨鳥御芳書難有拝読　老兄御多忙中拙作御刪正被下候事　如何にも閑日月あるもの感服之外なし　且高諭により大に疑を解き悟候処不少　奉多謝候　何にも異日緩々拝話の時にゆつり候　　草々拝復

十月廿八日　　新平

蘇峯大人侍曹

〈注〉封筒表「徳富蘇峯仁兄大人　親展」。封筒裏「後藤新平」。

後藤書簡51 （年不明）十一月十七日

拝啓　陳は別紙タイムス記事之原稿御覧あり度由に付き弐部差出申候　貴紙へ御転載被下候ハヽ幸甚ニ御坐候　若し御掲載之御見込なくは他社へ交渉致度候付原稿御返戻願上候　尚又貴紙ニ御掲載の上にも何か別印刷として新聞以外広く世間に頒布せしむる御工夫あらは御示教奉願候　　草々拝具

十一月十七日　　後藤新平

徳富猪一郎様侍史

〈注〉封筒表「徳富猪一郎殿　親展」。封筒裏「麻布新網町　後藤新平」。

後藤書簡52 （明治二十八年か）年十二月十六日

過日は御病褥中御妨恐縮千万　其際御内話相願候件河嶋へ今朝相談候処　議会の大勢至難に有之候へども　大体賛成の旨申居　尚一考致呉候様申置候　明日午前御伺　篤と御高見も承り可申　別紙意見大要書取差出候　よろしく御刪正被下度候　何も拝話にゆつり候　　草々不尽

十二月十六日　　新平

徳富賢台侍史

〈注〉罫紙。墨書（封筒も便箋も朱筆）。封筒表「赤坂区氷川町　徳富猪一郎様　親展」。封筒裏「麻布新網町　後藤新平」。

後藤書簡53 （年不明）年　月　日

□□□〔破レ・以下同じ〕水先生□□□紙之通申来　禅家の問答に似て俗物には□□□兼候　是非□□□ふりがな附□□□釈を要し度奉存候　先は右□□事まて　　草々

□□□日　　　　新平

徳富大人侍曹

□□□に御来臨□□□し　恐縮千万　此方よりこそ御礼に拝参可致筈□□□存居候　此上とも□□□御指導所□□□に御坐候　　草々

〈注〉封筒なし。破損。

これから紹介する二編は、演説や礼状のために準備した後藤の下書草稿である。

後藤下書草稿1　大正十四（一九二五）年三月以降（推定）

蘇峰先生説ントスル所ハ　死セル歴史ニ非ラスシテ活キタル歴史ナリ　活眼ヲ以テ読ミ去リ読ミ来テ三世ニ貫通シ内外ニ透徹セル見地ニ立チ何等ノ束縛モナク　自発的労心費目楽シテ天賦ノ才能ヲ発揮セルモノナリ　天寿ノ義務ニ服スルノ楽ニ出ツ労スレドモ苦ナク費シテ尽キサルモノナリ　博士論文ヤ売文ト全然趣ヲ異ニス

実に尊敬スヘキハ此挙ナリ　被仰付デハナク　自然ニ発スル活キタル活動ナリ　教訓ナリ　諸君最近著国民小訓ヲ見タルカ　曽テ聞ク史学ハ純正理論ノ学ニ非ラスシテ活機応用学デある

史学ハ政治ノ俗化ヲ避ケ之ヲ指導スルモノ　歴史ハ過去の政治デ　政治ハ現在ノ歴史ナリ　政治ハ歴史ニヨリテ純化サレ高揚サレル　史学の価値ハ単ニ事後ノ教訓ヲ与ヘル許デナク　事前ニ指導ヲ与ヘテ政治ノ実際方針ヲ誤ラシメサル点ニ存スト

蘇峰先生本座ノ講演ニ於ケル要旨ハ余之ヲ此ニ総説　序言スル能ハスト虽敢テ前席を汚スコトヲ甘浴シタル所以ハ　来会ノ諸契巳ニ先生史眼当世ニ卓越セラルコトヲ信セラレ居候ヲ以テ之ヲ畧シ　陳スルノ要ハ無之但此挙ニ対シ当世ノ為ニ謝辞ヲスレハナリ

曩ニ擇シテ余ヲ指名セラレタルハ如何　友人中博学雷名ノ士乏シカラズ　サルニ　此ニ出サル処徳富蘇峰先生超俗ノ点ナリ

蘇峰は、大正十四年五月に青山会館において、蘇峰歴史講座第一回を開講した。「歴史及び歴史家」という演題で講演し、その講演の紹介の辞を後藤に頼んだ。**下書草稿1**はその際の後藤の演説草稿のようである。蘇峰は次のような言葉で、後藤に序講を頼んだ訳を述べている。

私が後藤子爵に特に本講演の序講に御講演を願ったのは、子爵が日本の政治家であるが為ではありませぬ。子爵が日本の有力なる公人であるが為でもありませせぬ。唯だ子爵は常に世界の大勢を見て、日本帝国の進むべき道を指導する所の一人であると云う点に於きまして、私も平正其点に於て、子爵と志を同うする者でありまして、其志を同じうするところの主なる一人であると云うことを以て、敬慕して居りますからして、本日は特に子爵を屈請した訳でありま す。

（徳富猪一郎『時勢と人物』昭和四年）

消したり加えたり、推敲の跡がみられる、要旨をまとめ、勉強したあとがよくわかる。後藤の自由奔放の裏に、このように思いをまとめ、聴衆に伝えたいという誠実な準備があったのである。

下書草稿に出てくる蘇峰の著書『国民小訓』は大正十四年民友社から発行され、昭和四年には五十九版を出したほど皆に愛読された本である。『国民小訓』の目次は「自国を知れ・国史に返れ・大義を世界に布く・愛国心と皇室中心主義」など三十項目で、本文が一五五頁、後に六四頁の「涵情養気集」が付いている。明治天皇御製のお歌、昭憲皇太后の御歌、防人の妻、大伴家持、菅原道真や遠い時代の天皇の歌もあり、頼襄（頼山陽）、勝安房（勝海舟）、西郷隆盛、元田永孚の漢詩もある。『国民小訓』は文部省認定で一冊五十銭（昭和三年）である。日本という国を知り、国を愛する根本思想を一つにするため蘇峰が出版した本で、国民に一般教養を身につけることを願って、和歌や漢詩を添えたのであろう。

下書草稿2（次頁参照。大正五〔一九一六〕年二月十五日付**後藤書簡30**の下書き草稿）。これは『蘇峰文選』を贈られた礼状の草稿である。徳富蘇峰記念館には『文選礼状』として松方正義、野田卯太郎、明石元二郎、秋山真之、後藤新平など二十人、二十通の書簡が一つの巻物に表装され保存されている。

下書草稿1

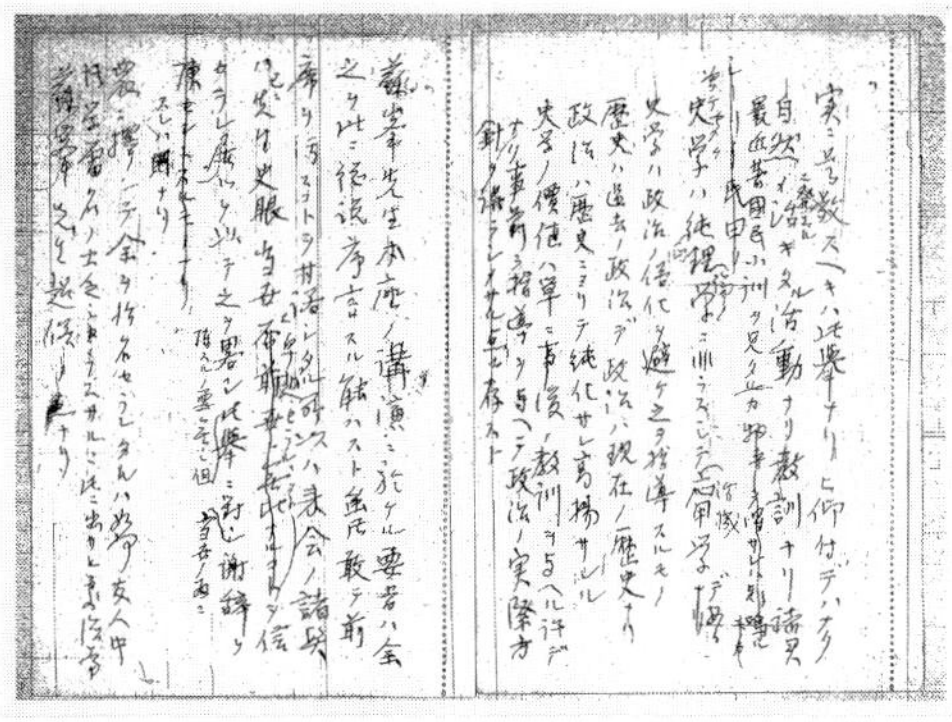

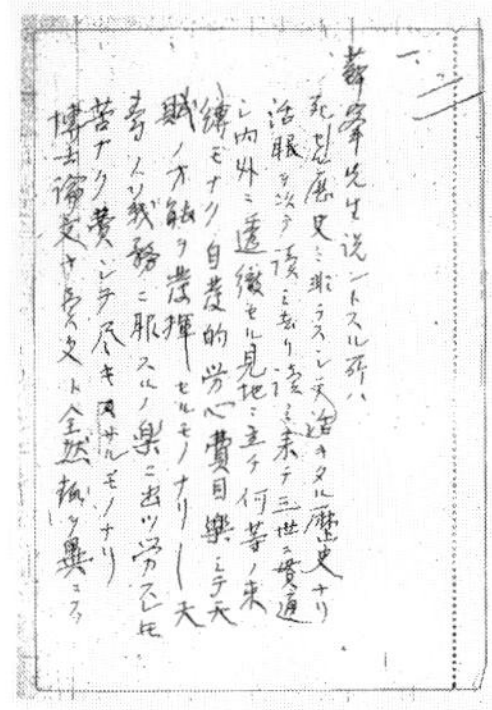

下書草稿2

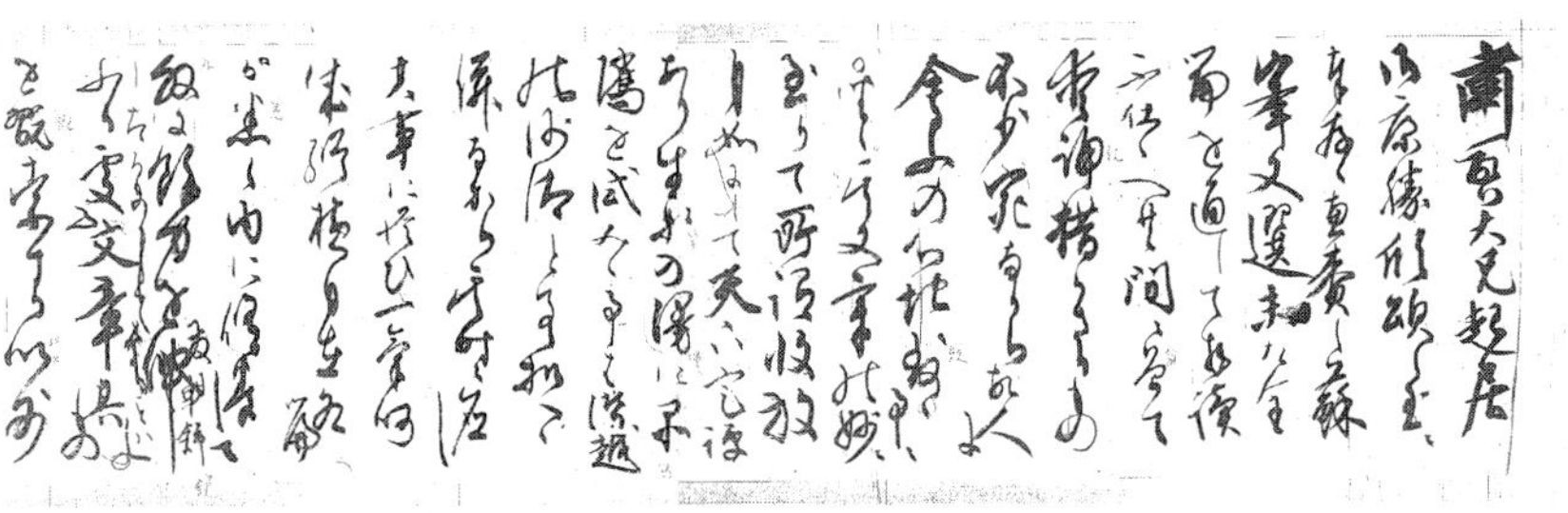

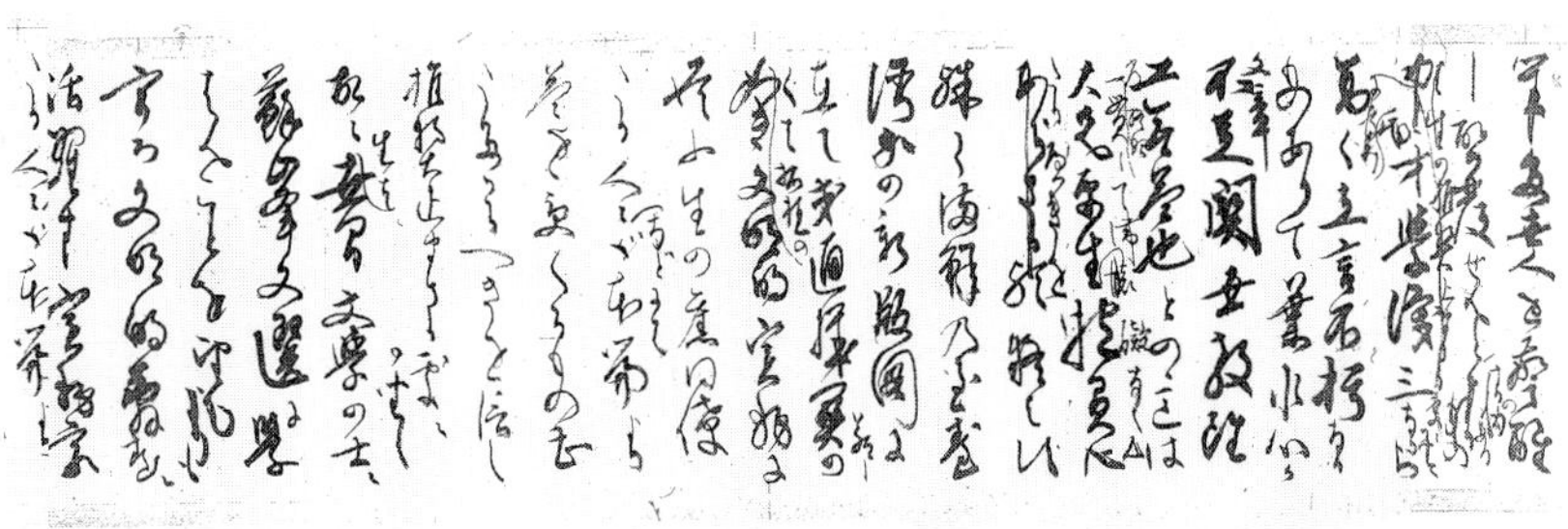

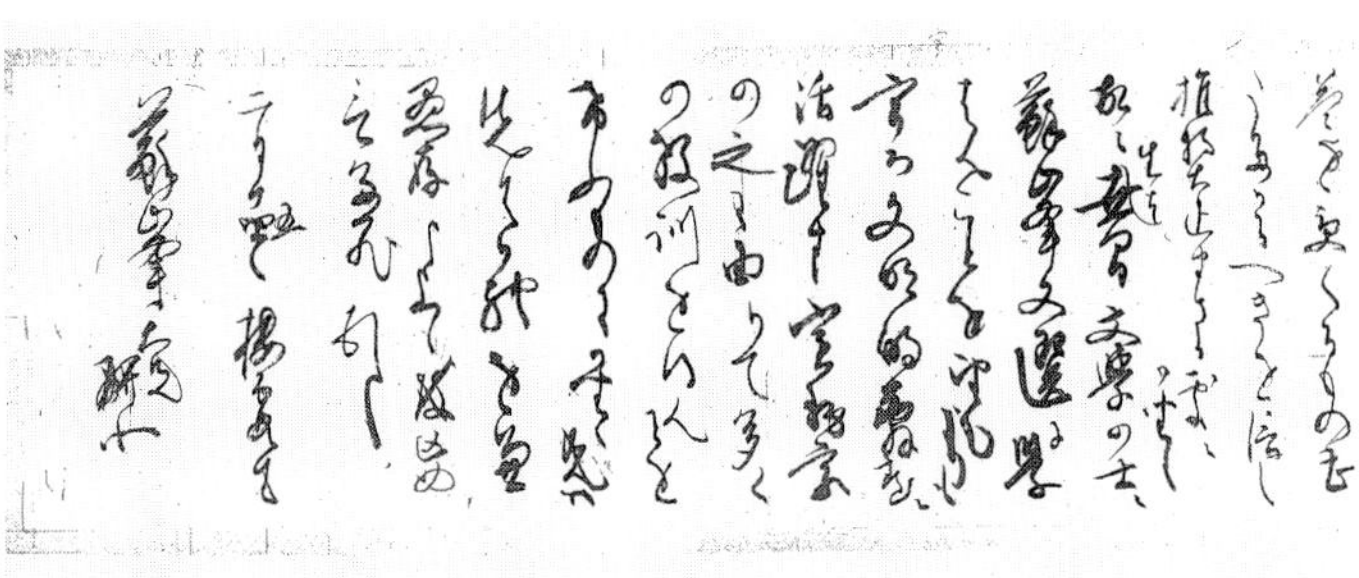

7 今、後藤新平を想う

レールの音

後藤は昭和四（一九二九）年四月四日、「日本性病予防協会」の依頼に応じ、講演のため岡山に行く途上、米原付近で車中にて三度目の脳溢血の発作にみまわれた。京都に下車し、府立病院に入り、十三日死去した。享年七十二歳。四月十六日青山斎場にて葬儀が行われた。皇后陛下各宮家御使の参列があった。青山墓地に和子夫人と並んで埋葬された。法号は「天真院殿祥山棲霞大居士」で諡された。法号に「天真」という文字の選ばれたのが、いかにも後藤にふさわしいと思った。蘇峰の戒名は、自分でつけた「百敗院泡沫頑蘇居士」である。

後藤新平といえば、鉄道の広軌、狭軌問題がすぐに思い出される。車中で倒れた後藤は、ガッタンゴットンというレールの音を聞いていたであろう。後藤の唱えたレールの幅を広軌に統一しようとする計画は、当時政治家の都合でなしえなかったが、東海道新幹線は東京と新大阪の間は昭和三十九年、博多までは、昭和五十年に開通した。丹那トンネルを熱海と函南を直線に結んで掘って、東海道本線が御殿場まわりでなく直進できるようになったことは、どれほど所要時間を短縮し、人々の役にたったかしれない。大正の始めのレンガ作りの大きな東京駅は、世界の都市と比べても堂々としていた。

発案してから出来上がるまで、年月がかかるが、後藤のアイデアには、後の人に役に立つ、思わず感謝したくなるものが多くある。後藤新平は「大風呂敷」と呼ばれて親しみをもたれた。これも後藤の人々を引きつけるアイデアマンの愛称であったように思える。

後藤新平というと東京市長であったと記憶されている方が多い。後藤が東京市長であった期間は、大正九（一九二〇）年十二月十六日から大正十二（一九二三）年四月二十五日までの二年五カ月であった。なぜ後藤は二年五カ月で市長をやめたのか。日露交渉の基礎案をはじめ、後藤しかできない、日露漁業交渉、ロシアのヨッフェとの会談など、重要な仕事があったからという。東京市長を大正十二年四月に辞したが、九月一日に発生した関東大震災により、山本内閣の内務大臣となり、九月四日には、「帝都復興の議」を作成し、九月二十九日は帝都復興院総裁を兼任した。

徳富蘇峰は嘗て後藤を評して「人間は誰にも癖がある。後藤伯爵にも癖がある。その癖のなかで最も著名なる癖は調査癖である。而かも、調査といふことは後藤伯に取つては、まるで鞄か何かのやうに、随所に附き纏ふて居る」といった。「實際、伯のこの調査癖は台湾、満鉄、鉄道院と影の形に蹤き従ふごとく、ついて歩いてゐたのである。伯をして世界に類例少なき『科学的政治家』たらしめた所以は、多くこのところにある」（『正伝後藤新平』第七巻）。調査癖は、ロシアのヨッフェ、アメリカのビーアドにまで及んだ。対露関係について、強大な隣国ロシアとの友好関係なくして、日本の発展はありえないというのが後藤の考えであった。大正十二年二月、ロシアの労農政府極東代表ヨッフェは後藤の招きで来日した。ビーアドは徹底した科学的調査をする政治家で、コロンビア大学教授であった。東京市長就任直後、後藤は、娘愛子の夫・鶴見祐輔がビーアドに会って調べた「ニューヨーク市政調査会」に興味を持ち、良いものから学ぼうとした。

後藤は市長の給料二万五千円全額を市に寄付し、社会教育予算を創設した。昭和通り、隅田川に掛かっている橋も後藤の夢の実現である。そして新橋から下関までの線路の幅を外国と同じ広軌にして、利用しやすくすることが後藤の念願であった。しかし政治がからみ、ついに鉄道での計画は実現しえなかった。しかし先を見ていた後藤の計画は時代を経るごとにその真価を表してくるであろう。

大正十二年五月、蘇峰は『近世日本国民史』の織田信長時代三冊、豊臣秀吉時代七冊にたいし、帝国学士院から恩賜賞を授与された。同年六月学士院賞受賞祝賀会が帝国ホテルで開かれた。発起人は清浦奎吾、後藤新平、箕浦勝人、三上参次であった。政治家、文化人、芸術家、実業家など千人余の出席者で、与謝野鉄幹・晶子も出席した。与謝野晶子は主催者の祝辞が蘇峰の人格を言い得てないことを嘆き、同年七月一日発行の雑誌『明星』の「一隅の草」に、次のような一文を呈した。

（前略）清浦、後藤、箕浦、三上四氏の祝辞を聴き乍ら、徳富先生の功業を讃美するのに甚だ其人を得ていないのを遺憾に思ひました。その述べられた所を聴くと、大切な徳富先生の詩人的天資も、経世家的才気も、殊に後進に対する誘掖の愛の深く濃かなこと、その精力の偉大、若やかな情思の豊満、繊細な神経の緊張等に就て、老いて愈々壮んな先生を精確に解析し、礼讃する人の無かつたのは、記念的な公会の席であるだけ不備なことで無かつたでせうか。私は日本の政界の巨頭が学芸と学者とに就て余りに何も知らないのに驚きました。（後略）

晶子が嘆く程、四人とも演説が下手であったのであろうか。

北岡伸一は「後藤のコミュニケーション下手の最たるものは演説である。後藤の演説は、大正末期の録音があるが、同時代の政治家でこれほど演説の下手な人も珍しいだろうと思わせるほどへたである」と言っている。しかし晩年大正十三（一九二四）年東京放送局（NHKの前身）の初代総裁となり、ラ

演説原稿をレコードに吹き込む後藤新平
（『世界伝記大事典 日本・朝鮮・中国編』第2巻，ほるぷ出版，1978年）

ジオ放送に関係したり、少年団の総裁を務めたりし、話をする機会が多かった後藤である。自分では上手にできると思っていたかもしれない。郷仙太郎によると、「新平の政治倫理化運動は結構人気があって、全国から講演依頼がきた。講演会には、随分客が入った」そうである。政治倫理化運動には、阪谷芳郎、新渡戸稲造、永田秀次郎らが協力したという。

与謝野晶子も北岡伸一も演説が下手と評しているので、確かに上手ではなかったのであろう。しかし後藤が誠実に、演説の下準備をメモし、要旨を書き、努力をした形跡を水沢市立後藤記念館提供の史料で見ることが出来たことは幸いであった。後藤が演説が上手でなかったという評価は、それぞれの人の「私見」であるのでそのままにしておこう。

私は後藤がシャイな人間であったように思われる。後藤の写真を見て感じることは、目線が下に向くポーズが多いことである。また後藤はおしゃれである。男も女も同じように清潔で綺麗にしていたいと思う。男性もおしゃれをすると良い。髭の手入れをし、服装も整え、清潔に装っていた後藤は、日本では百年先を見ていた男と言えよう。

後藤新平と正力松太郎

後藤と正力松太郎（一八八五―一九六九　明治十八―昭和四十四）のエピソードを一つ紹介しよう。

大正十三（一九二四）年一月七日、「虎ノ門事件」の警備責任者として正力は、文官懲戒令により本官を免ぜられた。同年二月、部数が落ちてどん底の読売新聞社の経営を決意し、その買収資金十万円の融資を後藤新平に頼もうと、伊豆長岡の別邸を訪ねた。話を聞いた後藤は、「二週間後に金を渡すから」と即座に正力の願いを引き受けた。後藤は十万円は返す必要はないから、思うように使えと言った。それから一カ月後、正力は読売新聞社の社長に就任した。正力は後年、しかも後藤の死後、その十万円が、後藤が麻布の自分の屋敷の土地五千坪を担保にして銀行から借入れて工面した金であったことを知り、感泣したという。後藤の正力に対する態度は、若い能力のある者を育てるという、後藤の信念を如実に示している。大正十三年後藤六十七歳、正力三十九歳の時であった。

正力の長男亨氏が父の想い出として次のように書いている。「いちばんよく聞かされたのは後藤新平氏から十万円を借りた話である。この十万円で読売に乗りこんだ時の話である」(読売新聞社編『正力松太郎』一九七一年、非売品)。正力はプロ野球、民間テレビ放送の発展、原子力の開発と実用化など、国民の楽しめるものを考案し実現した。正力の事業は先見の明のあった後藤新平の業績となぜか似ている。後藤の故郷岩手県水沢市に水沢市立「後藤伯記念公民館」がある。この建物は正力の後藤新平への報恩感謝の念から建設され、昭和十六(一九四一)年十一月三日受納式が行われた。参列者は正力松太郎、佐々木久四郎水沢町長、山内義文岩手県知事、後藤一蔵伯、永田秀次郎、安場保健男、鶴見祐輔、村上亨、十河信二などであった。

日本テレビを訪れた徳富蘇峰(左)と正力松太郎
(昭和 29 年 5 月 10 日。読売新聞社編・発行『正力松太郎』1971 年)

『吾等の知れる後藤新平伯』

昭和四(一九二九)年七月十七日、『吾等の知れる後藤新平伯』という追悼集が東洋協会から出版された。編纂兼発行者は三井邦太郎であった。後藤新平は昭和四年四月十三日に亡くなったので、約三ヶ月で追悼集が出来たことになる。人々の後藤を追悼する気持ちが盛り上がりすばやい出版となったのであろう。「後藤新平の生前最も親しかった各方面の名士五十八氏に依頼して、伯に関する所見並びに感想を求め、それを収録したものである」という東洋協会主事三井邦太郎の「はしがき」で始まっている三七〇頁の哀悼の本は、五十八名の友人達の送別の気持で埋まっていた。後藤新平の生涯が感動を持って描かれている。後藤新平を理解することの自分の力足らずを知り、蘇峰との友情、漢詩を理解しあう交遊など、蘇峰と後藤の独特の交際を見てみたが、最後に五人の追悼文の一部を紹介してみよう。

■徳富蘇峰「後藤新平伯」

わが日本帝国は、後藤伯爵の薨去によりて、多くの陥欠を覚えた。いはゞこれがために淋しくなつた。その程度、その意味において、大隈侯の帰幽の時と同一とはいはざるも、やゝこれに類似した。後藤伯は、維新以来東北が産したる俊秀の一であつた。或は奇男児といふべく、或は快男児といふべし。然も伯の本領は単に一匹の男を、世の中に売り出したるばかりではなかつた。伯は實に何よりも天下国家を先務とする公人であり、且志士であつた。政界における成功は、かれにおいては決して最初の企畫でもなく、最終の目的でもなかつた。かれはたゞその経綸を行ふて、以て君国に酬いんとするにあつた。（中略）

艱難はその人を玉にした。伯はやがて風雲に乗じて擡頭した。それは二十七八年戦役であつた。この際において伯をしてその驥足を伸ばさしめたる中に、吾人は石黒老子爵の名を想起せねばならぬ。されど伯をして一代の事功をなさしめたるものは實に児玉伯その人だ。若し児玉伯微りせば、後藤伯の臺湾における成功は不可能であり、假令不可能ならざるも、恐らくはその四分一にも上らなかつたであらう。然もその信用は、決して児玉伯のみに帰すべきではない。児玉伯は能く後藤伯を用ゐたが、後藤伯はまたよく児玉伯に用ゐられた。後藤伯は固より悍馬だ、到底平凡の御者の手にはをへない。されどこの悍馬はよく御者の能と不能とを鑑別する明を持つてゐた。この悍馬は決して何時でも、どこでも、また何人に向つても、喰つてかゝり、噛み付き、若しくは蹴るものではなかつた。しかして伯と最も相得たる者、前に児玉伯あり、後に桂公あり。しかして伊藤公の如きも、またその伯楽たる一であつた。後藤伯は決して偉大なる立法家でもなく、また練達なる行政者でもなく、黨魁でもなく、煽動政治家でもない、しかしてまた世のいはゆる策士の徒でもない。後藤伯には自から後藤流なる一家の風があつた。かれの頭脳は曇り水晶の如く、その透明の部分と、不透明の部分とあつた。桂公が後藤の進言十中、その取る可きものは、僅に二三、然もそれは實に意想外の明案であるといふたのは、尤も伯の長短を盡したる評言であらう。（中略）伯は必ずしも、隨喜者のみにて圍繞せられなかつた。伯を愛する者、もとより多し。伯を好まざる者もまた少くなかつた。しかして伯の言行は時々政恣にして、或は他の好感情のみを挑発したとは思へない。されど伯には一種の天眞爛漫たる稚気ありて、それが却つて伯を世の中と調和せしめ、社会と繋るゆゑんとなつた。伯の発病以前、その少年團員の望みに任せ、故らに大禮服を着けて、かれ等を検閲したりといふが如きは、その事小なるも、亦た以て伯の眞面目を知るに足る。（一部抜粋）

蘇峰は「後藤伯爵の薨去によりて、多くの陥欠を覚えた。いはゞこれがために淋しくなつた。その程度、その意味において、大隈侯の帰幽の時と同一とはいはざるも、やゝこれに類似した。」と後藤の死を追悼している。大隈と比較されることの多かった後藤は、蘇峰のこの哀悼の言葉を受けて嬉しかったに違いない。蘇峰が後藤の頭脳を「曇り水晶の如く、その透明の部分と、不透明の部分とあつた。」と表現しているのは、するどい見方である。

人に大隈先生のことを聞かれると「大好きです。」と答えてしまう。早稲田大学を育てながら、同志社大学設立のために気持ちよく寄付をなさった。同志社だけでなく他の教育機関にも同様であった。自分にできるからというだけでなく、努力をすることによって教育界に尽力する、教育者のあって欲しい姿である。

徳富蘇峰が大隈を好きであったことは、私も史料の端々に気付いていた。大隈が片足を爆弾で失って八年たったとき、友人に招待状を出し、八年間の無事を喜んだ祝賀会を開いたこと、蘇峰が深井英五と新聞事業視察のために欧米に出かけたとき、大隈は「徳富が食べすぎで体をこわさない様に伝えてくれ」と深井に手紙を書き、それに対し蘇峰は「こちらの女性には、食事も量は負けている」と伝えている。大隈重信の家庭料理は東京中で何処よりも美味しいので、大隈の家庭で食事会が多くなされ、また、矢野龍渓も大隈家の料理が美味しくて喰客をしていたという。矢野龍渓の弟子であった森田思軒も大隈の家に喰客していたので喰客の喰客といわれていたという。

■石黒忠悳「若き日の後藤新平伯」

余が後藤新平を知つたのは、随分古い話で、余が明治三年、大学医学部に教鞭をとつて居た頃の教え子で、當時奥州の須賀川病院の院長の職に在つた越前の塩谷退蔵氏から

聞いたのが初めであつた。(中略)
陸軍の巡閲の用件を帯びて名古屋へ行った時、(中略)夕食の膳に向かひながら語り合ったのが、後藤君との初対面であつた。
色々と話し合って居る中に、後藤といふ男は非凡な所があると感じた。これが後藤君から受けた初対面の印象であった。そこで別れる時に、「君は前途有為の材であり、又幸いにローレッツ氏や司馬氏が居られるのだから、此処に居る間にみつしり独逸語の勉強をやつたらいゝと思ふ。」と言ったことを覚えて居る。その時の話に、後藤君は外科と法医学に興味を有つて居たやうだ。明治十年、西南の役が起つて、続々傷病兵が送還されて来た頃、余は大阪で陸軍臨時病院を開いた。この病院は、一時八千余名の患者を収容した程の大規模なものであつた。其処へ或る日突然後藤君が訪ねて来た。
「実際大規模な病院だ。斯ういふ場所で是非自分の好きな外科の実地研究をやつて見度い。御願は出来まいか」と頼んだが、余は言下に「それはいけない。此処に収容してある患者は、陛下の御愛憐を垂れ給ふ士卒である。此処では、一日も早く此等の陛下の赤子を全快さすべきかを専心心掛けるだけで、実験などをやる場所ではない」と退け、その後に、「然し我々の医学は実地にかゝはつて居なければならぬ。若しも傭員でよければ医療に關與させてもよい」と附け足した。ところが「地位は何うでもよいから、是非仕事をやつて見度い」といふ、強つての望みだつたので、余はその学術研究の熱心な志に感激し、直ちに傭員として外科病室に働いて貰うことになつた。
約六ヶ月餘り此処で勉強して、再び名古屋へ還る時には、彼は立派な外科医になつて居た。板垣伯の遭難の際、招かれて往つたのは此後の事である。(中略)
征清の役もだんだんに進むにつれ後送さるゝ患者を始め、海を越えて往来する者が愈々多くなって来た。そこで私は考へた。支那は伝染病の巣窟である。やがて凱旋ともならば、百萬に近い人物が帰還するのだから、内地上陸に先だつて、伝染病の輸入を防止しなければならぬ。その為には是非大検疫所を設ける必要があるので、宇品沖の似の島を選んで、大検疫設置の案を立てた。
然るにこの時余は小松宮殿下に随つて旅順に赴かなければならない事になつた。それで余に代つて此の検疫所を切り廻して行ける適当な人物を物色して見たが、生憎、常時の医界にも、陸軍方面にも人物が居らぬ。（中略）余は児玉次官に向つて「然らば此処に一人の適任者がある。唯今余の宿に泊って居る後藤新平だ。」（中略）其夜直ちに後藤君を児玉次官の許へやつた。（中略）

そして児玉の言はるゝには「昨晩後藤と話して見たが、あの男なら十分やれると思ふから、直ぐ頼むことにしよう」との挨拶であつた。これが後藤と児玉と相逢つた初めであつた。（中略）

後藤君が政治家としての成功の最初は台湾であるが、これは児玉君が後藤君に任せて其の政治を図つたといふ処に、児玉君の偉大さと、後藤君の偉さがある。児玉君は後藤君を得て治を全うし、後藤君は児玉君によつて功を成したと云ふべきである。

石黒の蘇峰宛書簡は九十九通あるが、難解であるので、手がつけられなかった。昭和四年四月七日付石黒忠悳書簡には、児玉が逝き、後藤も危篤と聞き、「児玉君は既に逝去され、後藤君も危篤との事、あまり長生きをすると心細く感じられ候も、自殺もできず、生きながらえばヘラズ口や悪まれ口も叩かざるを得ず困り居り候」とある。

■幣原坦*「喬木の如き後藤伯」

故後藤伯は、枝振りの美ごとな喬木の如き人であつた。近づいて卒然と話して見たところで、別にたいした牽引力を持つて居られるとは見えないが、さて遠方から之を眺めると、何となく花やかさに満ちて、人好きする質であつた。此の點に於ては、故大隈侯に髣髴たるところがある。畢竟これ、着眼高邁にして、器度大きく、常に若々しくて、活動力に富み、人よりズッと上に伸びて、世を導くの概があつたからである。イヤ味のないことは、大隈侯に及ばなかつたけれども、着眼の非凡なことは、時として大隈侯に優るかとも、思はれないではなかつた。

此の非凡なる着眼は、伯本来の天性であらうが、新研究を好まれたことも、亦與つて力があるやうに見えた。伯の研究好きなことは、臺湾に於ても、中央研究所を作り、読書会を起し、満洲に於ても、亦同一の事をせられたので、之を知ることが出来る。

伯が一代の大才を潤色するに、随所即興の詩賦を以てせられたのは、錦上花を添ふるが如き美観ともいひ得る。此の點は故伊藤公に似てゐる。詩は素より伊藤公に及ばないけれども、書は決して遜色あるを見ない。然し何れも才筆であつて、習熟せる能書でないのは、一様である。

共に絶代の大才であるとはいふもの丶、伊藤公の、豪放なるが如くにして細心なるに反し、後藤伯は、細心なるが如くにして豪放であつた。これ業績上の頓挫が、伊藤公に少くして、後藤伯に多く見え、品行上などの累が、後藤伯に少くして、伊藤公に多かつた所以であらう。然し國を思ふの情は、共通であつた。

若しそれ、完全な常識が十分に働いて、寸毫抜け目のないのに至つては、故桂公が後藤伯以上であつたかも知れない。桂公は、この抜け目なき常識によつて、眼前に横溢する大問題を解決するに長じた。後藤伯は、這般眼前の事よりも、寧ろ数十年を見越して、棄石をおろす人であつた。これ後藤伯が、大風呂敷の評を免れなかつた所以であり、又尻クヽリがないなどといはれた所以でもある。然し何れも、我が國の近代が産出した卓越人であつたのは、同然である。

我々日本人は右の如き卓越せる人々を地下に葬り去つて、さて其の壘を摩すべき後継者を得るまでが、なか〳〵待ち遠い。

（全文）

*幣原坦（しではらひろし）［一通］明治三―昭和二十八（一八七〇―一九五三）明治・大正・昭和期の文部官僚・教育者。台北帝大を創立し、総長となる。

幣原が友人後藤を送る後姿がその心の中を表わしている。大隈重信、伊藤博文、桂太郎という卓越した人々と比較し、後藤のもっとも後藤らしい点をうまく評価している。まさに後藤は、大きく枝を伸ばし、はるか遠く先の方まで見通せる喬木の如き人であったのであろう。

■新渡戸稲造「性格上より観た後藤伯」

後藤伯の仕事と性格の幅が頗る広かつた関係から、伯の知遇を得た人々には老若、男女、学徒、政治家、文士、實業家とあらゆる種類の人々があつた、又伯もあらゆる人をわが薬籠に収めた。

私は幸に三十年間親しく交り、伯の外面的事業よりは、むしろ内面の思想の幾分を窺ひ得た。又伯の政治活動の方面よりその活動の動機を窺ひ得て、伯の逝去を悲しむ事恰も眞の知己を失ふた感じを以てする。

人死すれば、友人は益々親切を加へ、敵も寛大な心を以てかれを送る。後藤伯には心からの敵はあつたと思はれない。

伯自身が政治上或は思想上、如何に異論をはさむ者に対しても、議論は議論、説は説、信仰は信仰、各自の向く所に任せて、争へば君子の如く正々堂々、私心無く人に接したから、恐らくあらゆる點について伯と異なるものでも、伯を憎み或は怨む者は無からうと信ずるし、かつて聞いた事は無い。

伯は實に知、仁、勇の三徳を程よく兼備した人と思ふ。かくいふたとて、決して私は伯を以て完全無缺の聖人といふのではない。

伯はたしかに稀世の豪傑であったと思ふ。人間味のたっぷりあった人で、人間的の過も備へて居ったけれども、伯は短所までも純で、混り気がなかった。情深い所から或は過もしたであらう。けれどもその動機に於て私無い所は仁に近かった。否仁に基いた。かの有名な相馬事件の如き、虐待を受けつゝある子爵を救はんとする仁心より起ったことは、裁判沙汰によっても明確であるし、また伯がこの事件を以て誇りとなしたのも無理からぬことである。世の不幸なる者で伯の同情により救はれた者は幾百人であったであらう。伯の涙もろいことは有名な事實であった。(中略)

石黒子爵が曾ていはれた言に、後藤はあれで却々小刀も使ふ男だといはれたので、私はその意味の説明を求めた時、同子爵は外科療法も相富にやれると答へられた。シテ見ると醫術方面においても相富の枝倆のあるものかと思ったけれども、今なほ伯を以て学術研究的の頭脳を有する人とは信じない。純然たる学徒となるには餘りに感情が勝ちまた實行力が多過ぎたと思はれる。即ち伯の智的方面は自ら深き研究をなす種類ではなかったと思ふ。伯の智的特徴は分析よりむしろ構成的建設的であったと思ふ。伯が屡々私に合金に興味ある事を述べられたのは、伯の学術的趣味の性質をよく現はしたものである。(中略)

伯が赴任した場所においては必ず研究所を設けた如きは人の皆知る所であって、普通の行政官の思ひもよらないことであった。今より十一年前欧米の視察に出かけた時の如きは、主として各国の学術研究所の構成維持成績等に時を費されたのは、帰朝後國立の大々的調査機関を設けるための下心であった。伯の学術趣味は一には智的好奇心ともいふべきものであったが、なおその他に國家はいふまでもなく世界人類の幸福は物理化学生物学の應用によって、初めて合理的にまた一般民衆的に實現されるものであるとの人

間救済の心よりわき出たものと思はれる。（中略）
死を見ること帰るが如しとは古人の言にもあるが、この心持こそ大勇あつて初めてなし得ることである。伯が夫人を失つた當時に吐かれた言に「日頃訓練して置いただけに心静かに往生してくれた」と。夫人を訓練した同じ思想が、伯自身の心を鍛錬したものである。世に折々伯を以て単に人間趣味の人、俗界の人とのみ評する者があるけれとも、伯の心底には世俗を超越した信念より起る大勇なるものがたしかに存在してをつたことが、今棺を覆ふて愈々明かになつた。（一部抜粋）

「伯は實に知、仁、勇の三徳を程よく兼備した人と思ふ。かくいふたとて、決して私は伯を以て完全無缺の聖人といふのではない。」と新渡戸は、後藤のことを表現しているが、側にいて後藤新平という人物を見てきた新渡戸ならではの評であろう。

■鶴見祐輔「後藤新平伯の追憶」

後藤伯は七十三歳の齢をもつて去つたのであるから、決して短命であつたといふことは出来ない。しかるにもかゝはらず、「惜しいことをした。もう少し生かして置いたら、もつと何かしたらうに」といふ感じを、人々に與へた。これは必しも贔屓眼ばかりではないであらうと思ふ。そこに後藤新平といふ人の珍しい性格が躍如としていたと思ふ。彼は七十三歳の老人として死にながらも、未完成のまゝで死んだといふ印象を人に與へるのだ。（中略）
後藤新平伯人間的方面を、全部でなくとも、たゞ一局部だけでも、小説家のごとき筆致で素描する人があつたなら、非常に面白かつたであらうと、私はいつも思つていた。（中略）
そんな意味から言って、後藤新平伯の一番大切な方面であつた人となり乃至は人間的方面を、この地上に写し残すことの出来なかつたことを、私は深く遺憾とする。
故人の人間的方面で、一番すぐれたるところは、小さい集まりで雑談しているときであつたと思ふ。
彼は座談の天才であつた。彼の口を迸り出る東北訛りの言葉や、その生き〱した顔の表情や、その独特な身振りや手振りや、またそれ等の一切を通じて流れている人間的情熱は、まことに天下一品の概があつた。ことに彼の大きい素質であつたユーモアが、たぐひ罕れなる輝きを、彼の座談に與へていた。
誰でも彼の前に坐って、その天馬空をゆくごとき座談を聞いていると、すがく〳〵しい明るい心持ちになつて、人生の憂愁を忘れるやうな感を催した。
藤伯が一生を通じ、かくのごとく明るく陽気であつたことは、彼の魂のうちに、非常に強い力があつた證據であると思ふ。この複雑にして波爛多き人生を、あのやうに明るく総会に暮してゆくといふことは、之れ自身に於て一つの道徳であつたと思ふ。（中略）
色々の意味に於て、後藤伯は変つた人であつた。彼の持つていたものも、持つていなかつたものも、非常に鮮明に、外部に露出していた。私のごとき親戚の関係にある者が、彼を批判することは成るべく避けたいと思ふが、たゞ簡単に、概念的に言つて見れば、彼は天才肌の人であつた。
しかし私は、人間の天稟の能力はそんなに差別のあるものとは思つていない。幼少からの努力が蓄積せられて、老境に入つたときに、優れた人と、然らざる人との区別が出来るものと考へている。私は天才は努力の結晶だと思つている。即ち、よき天稟の才を持つた人が、努力してその才を伸ばしたる場合にのみ、天才として光るのだと思つている。その意味から言つて、後藤伯はよき天賦の方を沢山恵まれていた。さうして一生努力して、その才を伸ばしていた人だ。しかしこゝで天才的と私のいふのは、彼の衝動的なる鋭角的なる性格を指しているのだ。彼の天才は、まだ〳〵日本のために使ひ途はあつたのであらうのに、私は深く遺憾とする。
彼は非常に想像力の豊富な人であつた。いつも新しい独創の考が、頭の中に湧いていた。（中略）
彼は恐らくは、彼に親炙したる人々の胸のうちに、非常に天分の豊かな、人間的情味の溢れた懐しい人間として永久に生きてゆくであろうと思ひ且つ祈る。

鶴見祐輔は、後藤新平の娘婿で、昭和期の政治家・著述家である。大正十三年官途を離れ、以来ヨーロッパ・アメリカ・オーストラリア・インド各国の大学などに遊説し、また太平洋会議にも毎回出席し、わが国外交に対する国際的理解を喚起する民間外交推進につとめた。
大正十五年三月二十六日付、蘇峰宛の鶴見祐輔書簡には「御高著日本国民史ハ小生渡米中片身離さず携帯致し日本ノ事情紹介ノ拠典として、重宝仕り候」とある。

後藤の筆跡

最後に蘇峰のために後藤が自作の七言古詩を揮毫した大幅の軸を紹介しよう（次頁、写真版参照）。釈文は省き、読み下しのみ掲げる。

徳富仁兄大人雅嘱　（読み下し）

厭はず　身を児戯の中に投じ
悠然自適して　蒼穹に嘯くことを
舞ふに手莫く　踏むに足無きも
任他　顛倒して西し東せん
千廻万転　渾て管せず
莞爾として躍起し　躬を直くする没し
群童紛々として　愛憎半ばし
力を竭して圧制するも　功無き所
是れ造化は本玄妙なること莫からんや
平陂往復は古今同じきなり
眼前の困厄　問ふ所に非ず
理直く気壮にして　鴻蒙を塞がんや
誠し老天の能く我を識る有らば
年を経月を閲して　双攻に対せん
物立つ所を得なば　自から動かず
人知の処る所　常に窮せず
君聞かずや　事を作すには唯宜しく始終を全うすべしと
浮雲変幻　瞥眼空し
仮令体滅するも　理は長久
愛憎は畢竟一時の風
嗚呼　衆人一たび倒れなば再起し難く
誰か是れ人間の不倒翁なる
明治戊申（四十一年）秋　新平録旧製　押印箇所

後藤のすばらしい筆跡に驚いた。沢山の文字が濃淡鮮やかに力強く、時にかすれている筆勢は、台湾、満州の風を感じさせる。あたりの空気を震わすような力を感じた。広い高原に風と馬が駆けているような、限りない自由と喜びが渦を巻いて、こちらにもあちらにも、風が緑の香りをふりまいていく。感傷的になってしまったが、後藤の漢詩を見た時の感動は忘れない。

後藤はこの詩幅を書き上げるに当り、『草字彙』のような、

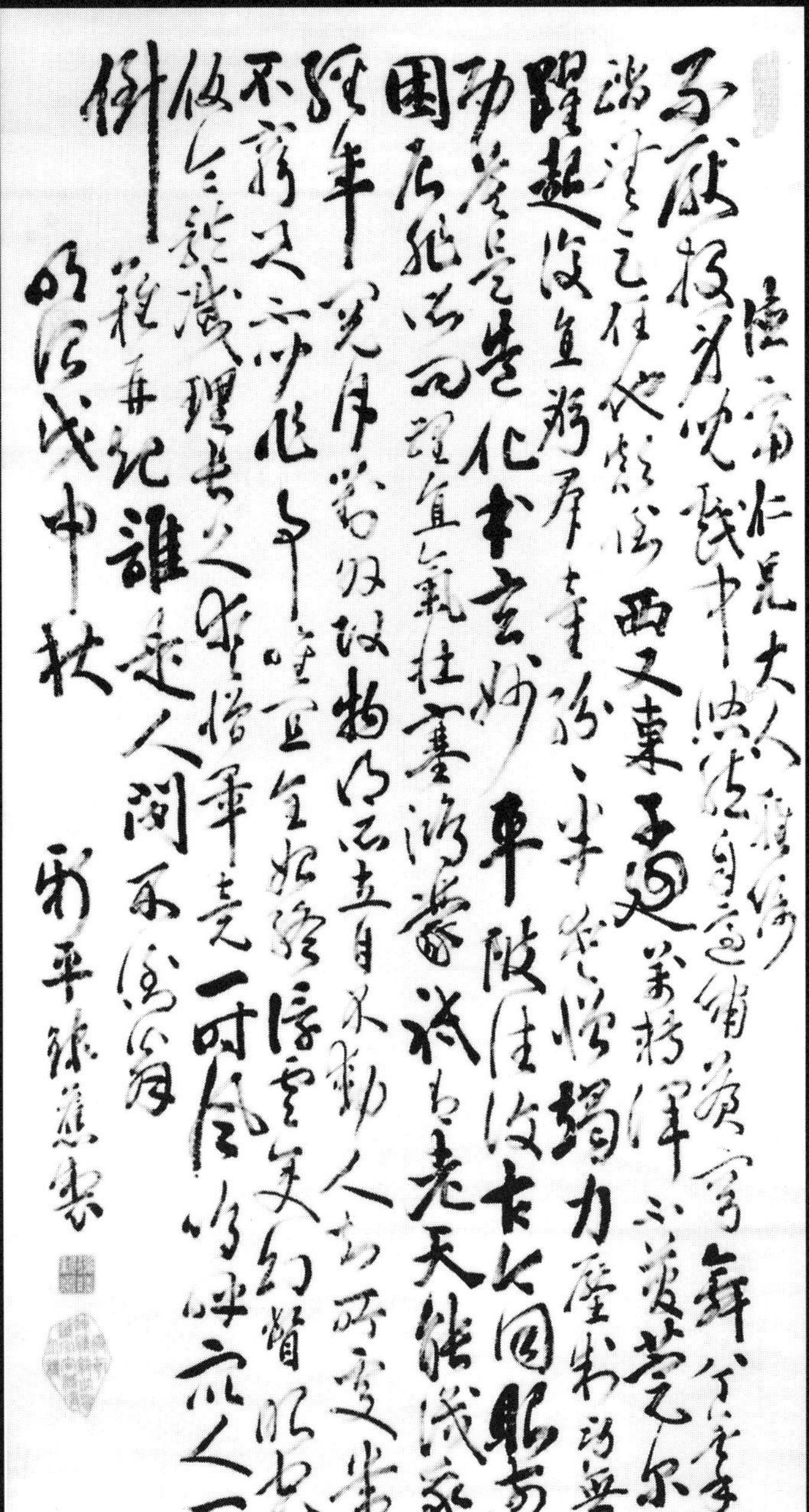

後藤新平が徳富蘇峰に贈った自作の七言古詩
（明治41年揮毫。徳富蘇峰記念館提供）

今の草書崩し辞典に当るものを参考にし、勝手な崩し方を避けると共に、字形の変化をつけるよう努めている。この詩が揮毫されたのは、明治四十一（一九〇八）年秋であるが、同年七月十二日、後藤に桂太郎から初めて入閣の交渉があった。十三日、桂に対して満鉄を逓信省管轄とすることを主な条件として、後藤は逓信大臣就任を承諾した（『正伝 後藤新平』第五巻）。後藤は四十一年の春一月二月は、療養のために日本に帰って、葉山の桂の別邸、修善寺温泉などで休息し、蘇峰と親しく漢詩を交換し、添削を請い、楽しんでいた。七月に逓信大臣になってすぐにまた腎臓炎を再発し、赤十字病院に入院した。八月に退院しているが、明治四十一年は療養が必要なほど後藤は疲れていた。

疲れを癒す安らぎは、漢詩を作り、蘇峰の評を聞き、叱正を乞うことであったようだ。また蘇峰からの書籍の届くのを待ちかねていた。朝早くから、門前で郵夫を待っているほど、蘇峰の漢詩への感想を読むことが楽しみであったのであろう。後藤ほど率直に刪正、叱正を乞い、ただちに推敲して再び意見を求めるという、素直な人物も珍しい。

後藤は児玉源太郎台湾総督に従い、明治三十一（一八九八）年三月、台湾総督府民政局長となり、台湾を治め豊かにした。三十九（一九〇六）年十一月まで台湾に留まり、次に南満州鉄道株式会社総裁となり、一年半満鉄総裁であった。後藤は約十年間台湾、満州で働き日本に帰って来た。十年の間、喜びも悲しみもあったであろうが、この漢詩の中を駆けまわっている後藤は、生き生きとした五十一歳の後藤である。蘇峰に送られた七言古詩が旧製とあるのは、揮毫したのは明治四十一年の秋であるが、詩作したのは、蘇峰と往復書簡の多い、友情の香りの高い四十一年の春の頃と推察できる。私の尊敬する漢学の先生は、「この長編は、筆者の処世の信念を吐露したものと言える。蘇峰が不倒翁（起上がり小坊師、だるま）という三字を好んでいたことを承知して居て、実は最後の二行を先ず作ったのかもしれない」と推察された。蘇峰は自筆のだるま絵に「不倒翁」と書いている。昭和二十五（一九五〇）年、蘇峰八十八歳米寿の時である。明治四十一年から、四十二年後のことである。その両側に「百敗不屈」「九顛十起」とも書いている。

後藤新平の書は、本格的に学んだことが解るような素晴らしい筆であると感じていたところ、熊本の四大書家の一人である土肥樵石（直康　一八四二―一九一五　天保十三―大正四）の書に、後藤が心酔していたことを『熊本県人物誌』（荒木精之著、日本談義社、一九六〇年）により知った。

後藤がいつ土肥樵石に書を学んだかはわからない。土肥樵石は、池辺三山と共に熊本の生んだ当代随一の書家といわれている。同県人の元田永孚の推薦で宮内庁に奉仕し、書道で華族女学校に勤めた。嘉納治五郎の「弘文書院」の卒業証書は、文字の国の支那の人に渡すものだから、その書き手は土肥樵石であったという。清国の張之洞という著名な文人が、日本の漢学者竹添進一郎*に、日本を代表する書家の書を欲しいと所望した。竹添は一も二もなく土肥樵石の書を贈ったという。それほど樵石の書は当代を代表するものであったのである。後藤はいい字が書けると和子夫人を大声で呼び「樵石先生が泣いて喜んでくれる」と満足気であったという。ただ、頼まれると断らずに揮毫するので、夫人は忙しい後藤の身体を気遣った。後藤の筆跡は蘇峰宛樵石の書簡の三通のものと大変似ている。

＊竹添進一郎（たけぞえ・しんいちろう）［一通］天保十二―大正六（一八四一―一九一七）明治時代の外交官・漢学者。号・井々。書誌学者島田翰の師。東京帝国大学で経書を講じる。著書『春秋左氏会箋』。

明治四十一年、東京朝日新聞記者、二葉亭四迷は、初対面の後藤新平について、こう評している。「理想に囚はれず、実際に役せられず、超然として心を物外に置きながらまつしぐらに物内に突入して、活殺自在の働きを為し得る底の真人物は存外少い。否殆ど無いが、僕の見た男爵は則ち其の人たるにちかい」と。改めて二葉亭の鋭い人物評に賛同し、また新渡戸稲造の「後藤さんの政治に入った本当の動機は慈善ということであったのだ」という評にも、うなずけた。後藤の心情は漢詩が伝えてくれた。蘇峰は後藤の漢詩の友であり、信頼された師でもあった。

後藤の先見性の見事さと共に、後藤が当代一流の教養人であり、私利私欲を越えて大きな理想を追った努力家であり、医学的見地から衛生を心がけた政治家でもあったことは、地球規模で人類の幸せを考えるようになってきた現在、大いに見直されるべきである。後藤の業績は、先学に深く研究されているので、私は後藤と蘇峰の友情、特に漢詩を作る友としての友情を書いてみたかった。力不足で後藤に申し訳ないが、後藤の可愛らしさが漢詩と共に心に残る。これは後藤新平と蘇峰の間でやりとりされた書簡と長編の漢詩から読みとれたことである。後藤新平という人物は、「善い人、天真の人」であったという余韻を残して逝った。

参考文献

蘇峰宛後藤新平書簡五十三通
　四十八通（うち一通は新出史料）財団法人徳富蘇峰記念塩埼財団
　五通　徳富敬太郎氏所蔵
後藤宛蘇峰書簡十八通　水沢市立「後藤新平記念館」所蔵
「後藤新平　漢詩」軸仕立て　徳富蘇峰記念館所蔵　明治四十一年蘇峰へ贈る　大幅
酒田正敏・坂野潤治編『徳富蘇峰関係文書』近代日本史史料選書7―2　山川出版社　一九八五年
荒木精之『熊本県人物誌』日本談義社　一九六〇年
北岡伸一『後藤新平　外交とビジョン』中公新書881　中央公論社　一九八八年
郷仙太郎『小説 後藤新平』学陽書房　一九九七年
佐木隆三『伊藤博文と安重根』文藝春秋　一九九二年
関川夏央『二葉亭四迷の明治四十一年』文藝春秋　一九九六年
鶴見祐輔編『後藤新平』全四巻　後藤伯爵伝記編纂会　一九三七―三八年
徳富猪一郎『政治家としての桂公』民友社　一九一三年
徳富猪一郎『国民小訓』民友社　一九二五年
徳富猪一郎『台湾遊記』民友社　一九二九年
徳富蘇峰『蘇峰自伝』中央公論社　一九三五年
徳富猪一郎『我が交遊録』中央公論社　一九三八年
徳富猪一郎『蘇翁感銘録』宝雲社　一九四四年
徳富猪一郎『蘇翁言志録』明治書院　一九三六年
徳富猪一郎『第二蘇峰随筆』民友社　一九二五年
徳富猪一郎『大日本膨張論』民友社　一八九四年
J・ハウズ「新渡戸稲造」『日本のリーダー5　国際交流の演出者』TBSブリタニカ　一九八三年
二葉亭四迷「入露記」『東京朝日新聞』一九〇八年
星新一『明治の人物誌』新潮文庫　一九九八年
読売新聞社編『正力松太郎』一九七一年（非売品）
学海日録研究会編『学海日録九巻』岩波書店　一九九一年
学海日録研究会編『学海日録別巻』岩波書店　一九九三年
三井邦太郎編『吾等の知れる後藤新平伯』東洋協会　一九二九年
御厨貴編『時代の先覚者・後藤新平1857-1929』藤原書店　二〇〇四年
（財）徳富蘇峰記念塩埼財団編『徳富蘇峰宛書簡目録』徳富蘇峰記念館　一九九五年
高野静子『蘇峰とその時代』中央公論社　一九八八年
高野静子『続 蘇峰とその時代』徳富蘇峰記念館　一九九八年
三省堂編修所編『コンサイス日本人名事典　第四版』三省堂　二〇〇一年
芦屋市立美術博物館編『モダニズム再考　二楽荘と大谷探検隊』芦屋市立美術博物館　一九九九年
後藤新平著・中村哲解題『日本植民政策一斑・日本膨張論』日本評論社　一九四四年
岩波書店編集部編『近代日本総合年表　第三版』岩波書店　一九九一年

おわりに

西暦二〇〇〇年に、藤原書店の社長、藤原良雄氏が、学芸総合誌・季刊『環　歴史・環境・文明』を創刊される時、「後藤新平と徳富蘇峰」の交遊の様子を書いてみたら、というお話をいただいた。後藤新平のアッと驚くほど素晴らしい筆跡に出会って感動した日のことが、思い出された。後藤新平に筆跡の魅力がいかなるものかを、教えられた思いであった。蘇峰との三〇年余に亘る交遊、特に二人の間でかわされた手紙に吐露された心情は、尊い友情でもある。

後藤と蘇峰の交遊を軸として、明治二十二年（『国家衛生原理』後藤新平著、初版）から、昭和四年四月十三日、後藤新平が七十二歳で京都の府立病院で亡くなるまでの後藤の業績を、その時々の蘇峰やその周りの人々の書簡を混じえながら、時代を追ってみてきた。その間、両者の私的なまた家族との交流にも触れた。

後藤の楽しみの一つは作詩（漢詩）と、その墨書であると言われるが、その通りであった。たっぷりな墨汁を自由自在に走らせ、ゆるめ、自分の気持ちを伝える筆跡は、決して一定ではない、自由を語っているように見えた。漢詩の添削については、さすが蘇峰の面目躍如というべきか、後藤は蘇峰の斧正を受けることを願い、心待ちにしていたという様子が微笑ましかった。後藤は、明治四十一年の前半は桂太郎の別荘などで療養している。葉山桂候別邸、伊豆修善寺、熱海などから書簡で自分の病状を蘇峰に報告してきている。

当館所蔵の後藤の漢詩と書簡の美しく、それでいて力の込められた墨痕と共に書簡の内容を鑑賞していただきたい。大幅の軸の前に立つと、アジアの高原を駆け抜ける馬や青草の香や風を含んだ情景が髣髴としてくるのである。後藤の揮毫の解釈など、実力不足で充分な描写ができなかったことを反省している。

後藤新平と和子夫人のあたたかな信頼に触れてみたい。
大正七（一九一八）年四月八日に和子夫人が亡くなった時、蘇峰は「故後藤男爵夫人」という追悼文を書いた。

予は通家の友人として、後藤男爵夫人和子を知れり。夫人は故安場保和男の愛嬢にして、其の意気、精神、殆んど乃父に酷肖せり。夫人にして男児ならしめばとは、屡ば吾等同人の語る所にてありき。（中略）世に学問、才芸を以て、秀でたる女性多し。但だ後藤男爵夫人は、巾幗〔美しい婦人で美しい髪飾りが似合う人〕にして、凛然たる丈夫の意気、精神を具有せり。然も謙虚にして、自ら衒はず。（中略）後藤男は、一世の毀誉を、一身に集むるの快男児也。其の生涯の波瀾萬状は、外間より見るも、之を察するに難からず。然も和子夫人は、此際に処して、夷然として其心を動かさず、困厄に素しては、困厄に行ひ、富貴に素しては、富貴に行へり。乃ち其の夫婿を理解し、夫婿を奨励し、夫婿に同情し、夫婿を匡輔したるもの、知る人ぞ知る。固より予が饒舌を容さず。

顧ふに後藤男は、夫人に於て、無二の親友を見出せり。今や其の寂滅によりて、無二の親友を亡へり。予は実に後藤男が、其の中心の寂寞に、同情せざらんとするも能はず。然も和子夫人は、生死の大事に於て、夙に了する所あり、笑を含んで瞑したり。彼女逝くも、其の意気、精神は、長へに朽ちず。

（大正七年四月十日）

（徳富猪一郎著『第一人物随録』に収録）

蘇峰の追悼文にもあるように、後藤新平という人物が政治の世界で荒波を乗り越えることができたのは、妻でもあり、親友でもあった和子夫人がいたからであると感じた。

後藤氏の「死」に対する考えは次の新渡戸稲造の言葉からもうかがえる。

死を見ること帰るが如しとは古人の言にもあるが、この心持こそ大勇あつて初めてなし得ることである。伯が夫人を失った當時に吐かれた言に「日頃訓練して置いただけに心静かに往生してくれた」と。夫人を訓練した同じ思想が、伯自身の心を鍛錬したものである。

生まれたからには必ず死がある。死を迎えたら現世に帰ってくることはできないが、死は決して恐れるものではないというようなことを後藤夫妻はくりかえし、話し合っていたのであろう。夫妻は心の中に「大勇」を持ち、死から目をそらさなかった。お互いに尊敬し、信頼しあっていた夫婦の姿を見た気がした。

後藤が晩年、力を傾けた仕事の一つに、日本少年団の活動がある。集団生活経験を通して、共同互助の精神と規律ある行動を培うボーイスカウトの活動の中心には、「人のお世話にならぬよう。人のお世話をするように。そして報いを求めぬよう。」という後藤の「自治三訣」の精神がある。後藤がボーイスカウトの制服で写っている写真は、姿がとてもすがすがしく、その眼差しはまるで少年の日の後藤新平そのままであるような気がした。二度も脳溢血の発作で倒れ、無理をすると命にかかわる状態であっても、後藤は決して歩みを止めなかった。晩年の後藤のしゃにむな働きは、自分の死に場所を求めているかのようにさえ写った。「死」を恐れぬまっすぐな後藤の「大勇」がそこにあった。

後藤の遺体が東京に運ばれる時、夜行であるにもかかわらず、少年団員たちが、各駅に集まりその送迎をおこなった。「伯の柩が少年団の健児の手によって列車から運び出されると、少年団の音楽隊から『命をすてて』の悲しみの曲が一斉に起った」（鶴見祐輔）。命をすててまで後藤が伝えたかった思いを、少年たちはボーイスカウトの活動を通じて、じかに感じとったに違いない。後藤が百年先を見通して、教育や交通、衛生などに力を入れた思いや願いが、青年たちに伝えられ、人類の平和が実現されていくだろう。大きな計画は若者に希望を与えてくれるだろう。後藤新平の若者に対する優しさが伝わってきた。

後藤新平と徳富蘇峰との友情は、蘇峰を好きであった後藤の天心爛漫な未来の人を信じる力と夢と、それを受け入れる蘇峰の大きさがあったから良いつきあいができたのであろう。

後藤は昭和四年、蘇峰より二十八年早く、和子夫人の待つ故郷に帰った。蘇峰は後藤から贈られた書斎椅子で、後藤の友情の温かみを感じながら、九十四歳まで筆を納めなかった。晩年の蘇峰の描く達磨に、後藤新平の面影のある達磨画がある。いつか記念館の壁に飾りたいと思っている。

この本をまとめるにあたって、多くの方にお世話になりました。

『徳富蘇峰関係文書』一・二・三巻（山川出版社、一九八四年）の編者、伊藤隆先生、坂野潤治先生、故酒田正敏先生、他先生方。伊藤漱平先生、中井義幸先生、広瀬順皓先生。

書簡の複写でお世話になった徳富敬太郎先生、山中湖徳富蘇峰館、水沢市立後藤新平記念館の館長、窪寺さん、国会図書館、二宮町図書館の皆様。

後藤新平宛蘇峰書簡を試読して下さった茅ヶ崎古文書の会「塵外館」の石橋紀美代さん、黒田珠香さん、佐藤悦子さん、習田縫子さん、習田祐子さん、見上都さん。

徳富蘇峰記念館職員の宮崎松代さん、和田千枝さん。

皆様に心から感謝しています。

藤原書店の藤原良雄社長、担当の刈屋琢氏に心からお礼を申し上げます。

二〇〇五年十一月

高野静子

〈資料〉『秘　臨時外交調査委員会要義』

＊後藤新平書簡31（大正六（一九一七）年六月六日）。洋紙印刷二四頁の小冊子。原文はカタカナ。頭注は省略。

諸言

臨時外交調査委員会官制の公布せらるるや世の政治家操觚者流の弁難攻撃するもの其の声頗る高しと雖も之を要するに其の論旨は国法上より見たる異同弁と政策上より論ずる賛否説との二者に大別するを得べし人心の異なる其の面の如し固より深く咎むべきに非ざるも訛伝翼なくして千里に飛び衆口相依て時に金を鑠し竟に其の真意を誤ることあるを怕る政争を離れて冷眼之を評すれば時局多難の今日徒らに口舌を闘はすの甚だ国家に不利なるを痛歎せずむばあらず昨夜後藤男爵翠雨荘を敲き首相の嘱を伝へて卑見を徴す予謭劣敢て当らずと雖も聊か其の信ずる所を叙して高嘱に応へ僭して臨時外交調査委員会要義と命名す素と是れ一夕の坐談蠡測の嘲を免れず幸に同列諸公の垂教を辱くせば庶幾くは以て完璧たるを得べき歟

丁巳地久節　　翠雨荘（伊東巳代治）主人晨亭識

目次

第一　調査委員会特設の趣旨及目的
一　我帝国の境遇
イ　戦局に対する施措
ロ　媾和会議
ハ　戦後の経済戦
二　四隣の形勢
三　国論統一国策確立
四　調査委員会の組織と三政党首領
第二　調査委員会の性質
一　臨時特設の機関
二　至尊啓沃の機関
三　元老と調査委員会
イ　性質上の比較
ロ　委員会組織に関し元老の至誠
四　啓沃の字義及用例
第三　調査委員会と憲法上の責任関係

一　国務大臣と調査委員会
　イ　啓沃機関と施行機関
二　枢密顧問と調査委員会
三　各種の調査機関と調査委員会
四　輔弼と憲法上の責任
　イ　内大臣及宮内大臣
　ロ　枢密院
　ハ　国務大臣
五　内閣の補助機関

第四　調査委員会を以て内閣の上に内閣を設けたるものなりとするの評

一　内閣制と憲法関係

第五　調査委員会と内閣の関係

一　調査委員会は事実上国務大臣に掣肘を加ふるものなりとするの評
　イ　調査委員会の組織
二　調査委員会は外交の機敏と秘密に副はざるべしとするの評
　イ　調査委員会の運用

第六　調査委員会と枢密院との比較

一　調査委員会は憲法上の諮詢機関たる枢密顧問の権限を干犯するものなりとするの評
　イ　憲法上常設の機関と臨時特設の機関
　ロ　審議の受動的と自動的
　ハ　外交関係の区域
二　外交に関連する国防

第七　宮中及側近の意義

一　調査委員会を宮中に特設せられたるは宮府の別を紊るものなりとするの評
　イ　宮中の字義
　ロ　宮中の用例

第八　天皇直隷の意義

一　官制　直隷としたる事例
　イ　統監府官制及朝鮮総督府官制
　ロ　会計検査院官制
二　調査委員会官制の意義

第九　内閣改造論及無任所大臣論

一　今日の急需と内閣改造及無任所大臣設置
二　国務大臣の礼遇特賜

第十　調査委員会委員の資格

一　資格限定と国論統一
　イ　資格限定の趣意
　ロ　現在政党首領と資格限定
二　臨時専門的意見の需要

……………………………………………………

第一　臨時外交調査委員会設立の趣旨及目的に付種々揣摩臆測を為すものあり恭く調査委員会官制の上論文を拝読するに「朕時局の拡大に鑑み永遠の利害を慮り側近に臨時委員会を特設し中外の情勢を考査して応機啓沃の任に当らしむる」とあり又該官制第一条に　天皇に直隷して時局に関する重要の案件を考査審議せしむとありて其設立の趣旨及其審議する所の目的は明晰疑を容るるの余地なしと雖も更に之を詳言すれば今や世界の大変局に際して我帝国の境遇に顧みるときは事態極めて重大にして刻下の戦局に対しては共同作戦の誠意を表現し最後の目的に向ひ全力を傾注するが為に内外百端の施措を要するものあり兵火弭むの日に於ては媾和の会議に班列し樽俎の間に国威の発揚と我要望の主張とを徹底するが為に籌画其宜きを制せざるべからざるものあり既に巴里経済会議に加盟して交戦与国と共に戦時は勿論戦後に於ても経済上の施為実行に毫末の遺算なからしめざるべからざるものあり況んや一旦平和克復したる暁に至ては東洋に関する国際関係は益々紛糾錯綜を極め帝国の安危消長に関すること愈々甚大なるものあるに於ておや試に眸を凝らして四隣の形勢を視よ西隣支那に在りては政変に次ぐに政変を以てし変転極まりなく其の政情安定の日渾沌として期すべからず北隣露国に在りては大革命の後国情未だ綏定に到らず動乱亦朝夕を測り難し若夫れ蒼海万里東隣の米国に至ては往々にして建国以来の国是を跳脱して其行動意表の外に出るものあり一日も之に備ふるを懈るべからざるなり南溟列島に付ては我武力を以て占領したる島嶼の位置英米諸国の所領と碁布点在し将来事端を滋生するの虞益々多きを加ふるものあり彼を思ひ此を考ふるときは帝国の前途確乎たる国策を樹て能く機宜に処し列強に対応せむとする寔に至難の事たらずとせず今や千載一遇の時運に際会し潜思考覈予め之に処するの道を研鑽せざるべからず時運は逸し易く良縁は再び来らず上下須く心を一にし力を協はせ以て国威発揚の道を講ずべきなり徒に党派の異同に泥み区々の感情に拘はり時局の重大なるを顧念せず蕭墻の政争を事として永遠の長計を遺却し遂に列国をして帝国の威信を疑はしむるが如きは識者の断じて与せざる所なり外交及国防は之を政争の外に置き以て国論の統一を図るべきは憲政会の首領と雖も夙に賛成の意を表したるのみならず未だ曾て識者の之を以て不可なりとする者あるを聞かず是れ今日の時局に処し最も適切の施設たることを確認したるに由らずむばあらず乃ち現内閣は之に鑑み玆に外交調査委員会の特設を奏請して上は　聖断の資料に供し奉り下は国論の統一を図り以て内は外交及国防の事項を政争の外に置き外は列国に対して国勢の鞏固を表現せむとしたるの義に他ならず当初調査委員会の組織を奏請するに当り首相は三政党の首領と会同して胸襟を披瀝し赤誠を吐露して予め其の然諾を求

めたるもの畢竟上述の趣旨に依り挙国一致の実を挙げて国家の政策を籌画せむとするの深慮に出たるものなり唯憾むらくは憲政会首領たる加藤子爵のみ首相の誠悃を傾尽したるに拘らず竟に委員の班列に加るを肯ぜざりしが為め聊か初志に違ひ国論統一の目的に欠くる所ありと雖も是れ已むことを得ざるの勢にして而も衆議院に多数の勢力を有する政友会及国民党の両首領が区々一身の毀誉を顧みず報効の赤誠を推し進で委員に列したるが故に調査委員会の目的は之を遂行するに難からずと云はざるべからず

第二　臨時外交調査委員会の性質に至ては乃ち　至尊の側近に在りて外交に関し啓沃を任とする臨時特設の調査機関たること該官制の上諭文中に昭示せらるる所固より一点の疑を容れざるなり蓋時局に対応して籌画すべき要項は概して　至尊大権の発動に由るべきもの多し乃ち特に委員会を以て　聖断に資する　至尊密勿の職と為し之を側近に特設し　天皇に直隷せしめられたるものとす　天皇は固より事項の如何に拘らず何人に詢謀せらるるも　叡慮の儘なるのみならず　天皇は苟くも憲法に違背し若は之に抵触せざる以上は須要に従ひ如何なる官職を設けられ又は如何なる任務を命ぜらるるも亦大権の自由に属し憲法上毫も異議を容れざる所なり

臨時外交調査委員会は上述の如く　至尊啓沃の機関たるが為め世間往々にして其の任務元老に同じと做し或は元老の権威為に調査委員会に推移したりと説く者あり惟ふに上諭文中応機啓沃の重任を与へられたる点に徴するときは恰も元老と異る所なきが如しと雖も元老は個人として啓沃の重任を荷ひ而かも其の事項に付ては一般的にして何等制限を存せず然るに調査委員会は之を組織する個人としては啓沃の任を有せず合議体なる委員会其のもののみ啓沃の機関たるものにして又其の調査事項の範囲は特に外交に限定せらる一概に之を速断するは抑も浅膚の言たるを免れず

窃に以ふに調査委員会の特設は事体重大なるが故に予め各元老に諮詢せられ其の賛襄を待て　聖定せられたるものならむ而して国家非常の変局に際し重臣を簡抜して啓沃の任に膺らしめらるるに際し何等情緒の纏綿たるものなく事の此に至りたるは畢竟元老諸公の一意国家を憂念する赤誠の致す所に他ならずして其の公明の心事に至りては転々敬仰措く能はざるものあり

啓沃の字は書経の説命に「啓イテ二乃ノ心ヲ一沃ク二朕ノ心ニ一」とあり又正義に「当ニ開テ二汝ノ心ノ所ヲ一レ有ル以テ灌二沃ス我心ニ一」とあるに淵源す其の意義は君主に対して奨順匡救の誠を致すの謂なり而して其の用例に至ては明治二十一年四月勅令第二十二号を以て公布せられたる枢密院官制の上諭文に「朕元勲及練達の人を撰み国

務を諮詢し其啓沃の力に倚るの必要を察し枢密院を設け朕が至高顧問の府となさんとす云々」とあるを首とし明治二十五年三月十一日　明治三十三年九月十四日　明治三十六年七月六日　明治四十二年六月十四日の四回故伊藤博文公に賜はりたる勅語並明治三十六年七月十三日山県有朋公及松方正義侯に賜はりたる勅語及明治三十七年二月十八日故井上馨侯に賜はりたる勅語に於て或は「卿が啓沃に頼るを惟ひ」又は「卿の啓沃毗賛に頼るものあらむとす」の語を拝読する所なり顧ふに先朝以来苟くも国家に事あるときは勿論然らざるも事の稍重大なるものあるときは其の国家の公務に関すると将又宮廷の内事に関するとを問はず憲法上の責任を負ふべき輔弼の官に在る者の外猶ほ元老諸公を招致して詢謀せられたるは天下周知の事実とす元老は啓沃の任務に付て素より憲法に認められたるものに非ず又官制に定められたるものにも非ずして畢竟其の個人に対し勅語を賜ふて特に其重任を与へられたるものなり既に国家の政務に付ては国務大臣あり宮廷の事務に付ては宮内大臣ありて各輔弼の責に任ずるに拘らず事あるに際して特に元老に詢謀せられたる事実に対し未だ曾て之を以て憲法の条章に反し又は憲法の精神を紊るものなりと非議したることあるを聞かず殊に今日外交調査委員会を以て憲法違反なりと極論する者は悉く前内閣員たりし者又は其の党与たりし者にあらざるはなし而して前内閣は元老会議の結果其奏薦に因りて成り且其の在任中重要の国務に付き自ら進んで元老に謀議したることは固より隠れなきの事実にして是れ畢竟前内閣は元老の憲法上の機関に非ざるも尚ほ啓沃の重任に在ることを確認したるの事実は今日に於て之を掩ふこと能はず今外交調査委員会を以て元老に比せむ乎啓沃の任其の個人に在ると合議体に在るとの差あり其の権限は官制に依りて定まると勅語に依りて定まるとの別あり又職司の範囲に於て広狭自ら異なる所ありと雖も而も憲法上の輔弼機関に非ずして国務に関し　至尊を輔翼し奉るの性質に至ては両者の問毫も軒輊あるを見ず然るに一議の元老に及ばずして独り外交調査委員会を以て憲法違反なりと論難するが如きは現内閣に反対の態度を取る政客が籍りて以て政争の辞柄とするに過ぎざるのみ

第三　臨時外交調査委員会の設置を以て国務大臣輔弼の責任を罔晦し憲法に違背し憲政の本義を紛更するものなりと非議する者あり然れども調査委員会の性質は官制及上諭文に明示せられたるが如く外交に関する啓沃の機関にして国務を施行する機関に非ず調査委員会は単に考査審議して啓沃に資するに止まり其の施行は依然として国務大臣の職司に属す毫も国務大臣輔弼の責任と相抵触することなし而して憲法第五十五条の規定する所国務の施行は必ず国務大臣の輔弼に待つべきことを定めたりと雖

も決して国務大臣以外に輔弼の機関其他調査機関を置くことを許さざるの義に非ざるなり現に枢密院は　天皇の至高顧問府にして献替啓沃の官たるも以て国務大臣輔弼の責任即憲法上の責任と何等抵触する所なし其他防務会議経済調査会を初め従来幾多の調査委員会等を設置するも皆一として国務大臣の責任に影響を及ぼし憲法問題を惹起するが如きことあるを見ず調査委員会の設置に付ても亦之れと理論を異にすべき謂れなきは多言を要せざる所なり

又調査委員会が国務に付て　天皇を輔佐するは乃ち　天皇を輔弼する所以にして畢竟国務大臣以外に　天皇輔弼の機関を設けたるは憲法の趣旨に悖反するものなりと論ずる者あり然れども調査委員会が外交に関して献替するを以て　天皇を輔弼するものなりと云ふを得べきも毫も憲法の精神に違背するものにあらず凡そ輔弼は国務大臣の輔弼のみに限るべきものにあらず内大臣は常侍輔弼の職にして宮内大臣も亦皇室の事務に付輔弼の任に在り其他枢密院も諮詢に応へて　至尊を輔弼するものたらずむばあらず憲法の精神は国務の施行に付ては憲法上の責任ある国務大臣の輔弼に待つべきことの主義を定めたりと雖も輔弼は此の以外に存することを許さざるの意義に非ず随て輔弼の任に在る者必ずしも憲法上の責任を負ふべきものに非るなり故に外交調査委員会を以て国務輔弼の機関とするも其の国務の施行は必ず憲法上の責任ある国務大臣の輔弼を待つべきものなるに於て調査委員会の特設は毫も憲法の精神に悖ることなし

新聞紙の伝ふる所に依れば往々外交調査委員会の性質を論ずるに当り之を防務会議経済調査会其他従来幾多の委員会等と同一に看做す者あるが如し惟ふに憲法上の関係に於て国務大臣の責任と毫も軒輊することなきは両者其の理を一にすべしと雖も而かも其の性質に至りては実に著しき軽重の差違あるものとす蓋防務会議経済調査会等は皆内閣の補助機関にして内閣に隷属するものなりと雖も外交調査委員会は前に絮述するが如く専ら献替啓沃を任として　天皇に直隷し側近に在りて外交関係の重要事項を考査審議する特設の機関なるが故に決して内閣の補助機関たるべきものにあらず此義は上諭上に昭著せらるる所曷んぞ防務会議等と同一に論ずることを得べけんや之を混同して説く所以のものは要するに深く上諭文を拝読理解せざるの過誤のみ

第四　調査委員会の新設を以て恰も内閣の上に内閣を設けたるに等しと論難する者あり既に絮説するが如く刻下重大の時局に際しては固より平時の常経に依ること能はずして現に変通の途を取れるもの英仏二国を初めとして欧洲諸国に其の例甚だ多きを見る今仮りに調査委員会を以て内閣の上に内閣を置き又は内閣以上の重きを為すものなりと看做すも其の施行に当りて憲法上

の責任ある国務大臣の輔弼に由る以上は憲法上毫も妨ぐる所なし蓋憲法は其の第五十五条に於て「国務各大臣は　天皇を輔弼し其の責に任す凡て法律勅令其の他国務に関る詔勅は国務大臣の副署を要す」と定め乃ち国務大臣輔弼の責任に付て規定するも更に内閣の体制如何に渉り何等規定する所あらず現行内閣官制は一に憲法第十条に基く行政各部の官制を定むる　天皇の大権に由りて勅令の形式を以て制定せられたるものに係り憲法第五十六条の明文に依りて定められたる枢密院官制と其趣を異にす内閣官制の性質此の如きが故に今仮りに其の名称並体制を変改することありとせむ乎利害得失の問題は別として憲法関係に於ては毫も憲法に違背し又は憲法の精神に抵触するものに非ずと論断せざるべからず是れ唯だ法理上の研究として玆に一言するのみ

第五　内閣以外別に　天皇に直属する機関を設けて事実上国務大臣に掣肘を加ふる虞あるが如きは輔弼の責任を厳明にする所以に非ずと論ずる者あり然れども上述の如く毫も国務大臣の輔弼と干格することなきが故に輔弼の責任を厳明云々の問題を生ぜず抑も調査委員会は内閣総理大臣を以て総裁となし外務大臣を以て幹事長となし其他関要最も重き国務大臣を特に委員中に加へて常に内閣との聯繫を保持し而して其の運用の場合に於ける円滑を期したり況んや委員の任に在る者は内閣の班列に在ると否とを問はず専ら心を刻下重大の時局に致し区々一身の毀誉褒貶を顧念せず報効の至誠を以て其の任に膺るに於ておや必ずや内閣との関係に於ても亦極めて円満に進行し毫末の支障なかるべきは固く信じて疑はざる所なり豈国務大臣に掣肘を加ふるものならむや若し仮りに其の虞ありとするも事未来に属し一片杞空の杞憂に過ぎず又外交は機敏と秘密とを要するに拘らず委員会に於て一々之を研究することとせば挙措機宜を誤まり機秘漏洩を来たし所期の目的を達すること能はざるべしと云ふ者あり然れども是れ亦全然杞憂に過ぎずして一に今後に於ける委員会運用の妙否如何に徴せざるべからず由来外交の事たる最も機敏と秘密を要することは夙に首相の慎戒せらるる所にして既に委員会の組織に関し用意周匝の跡歴然たるのみならず其の運用に付ても現に六月十八日第一回委員会の席上に於て首相は調査委員会の実効を挙ぐると否とは一に今後の運用如何に繫り而も籌画其ノ宜に適ふと否とは啻に委員一身の成敗に止まらず実に国家の隆替に関する至重至大の問題なるが故に夙夜銘記すべき旨を声言し委員諸公亦深く此の意を体して拮据事に従ふあり故に其の所期の如く実効を挙ぐべきは固く信じて疑はざる所なり

第六　元勲及練達の士を撰み国務を諮詢して啓沃に任ぜしむるが

為には憲法上既に枢密顧問の在るありて調査委員会の設置は恰も其の権限を干犯するが如く論ずる者なきに非ず然れども枢密顧問は憲法上常置の機関にして一に諮詢に応じ審議を遂げ意見を上奏するものたり而して皇室典範第十九条「天皇久きに亘るの故障に由り大政を親らすること能はざるが為摂政を置く場合」第二十五条「摂政又は摂政たるべき者精神若は身体の重患あり又は重大の事故あるが為め摂政の順序を変更する場合」の如く特に諮詢を待たず自ら発議すべき旨を規定したる場合の外は必ず諮詢を待つて開議すべきものにして随て其の審議の事項は一定の成案あることを必要とす然るに外交調査委員会に在りては刻下の時局に対応し臨時特設せられたるものにして固より常置の機関に非ず而して応機啓沃を以て任とするが故に諮詢を待たず成案の有無に拘らず自ら進んで考査審議を行ひ其の結果を以て可否献替し聡明を稗補するものたり而も枢密院の如く審議の範囲は一般の国務に渉らずして単に外交の一事に限れり殊に枢密院官制第六条に依れば其の末項に「前諸項に掲ぐるものゝ外臨時に諮詢せられたる事項」とありて固より事体重要なるときは如何なる事項も審議せしめらるることを妨げずと雖も常規として外交に関する諮詢事項は「列国交渉の条約及約束」に限定せられ而も事既に内閣に於て議定し成案を得て当に施行せむとするに当り諮詢に応じ可否を審議するものなり調査委員会に在りては考査審議の範囲外交の全局に渉り時に或は内閣に於て既に議を決し案を立てたるものに付審議することもあるべく或は考査審議の結果を齎らし当局者をして起案せしむることもあるべく或は調査委員会自ら案を起して考査審議することもあるべく枢密院の単に諮詢に応ずるが如き受動的の行為に拘束せらるることなくして随時自動的の行為を取り所謂応機啓沃の職を尽すものにして枢密院と自ら其の実質を異にするものあり枢密院と調査委員会の差異概ね以上の如し而して調査委員会の議定に係る事項と雖も其の施行に際し当に枢密院に諮詢せらるべき性質に属するものは該官制の規定に依り当然諮詢に付せらるべきは論を俟たざる所なり

調査委員会の任務は官制上外交に限局するも一たび外交を論ずるに当りては勢ひ国防に渉ることあるべく現に陸海軍大臣を委員に班列せしめられたるに徴するも外交に関聯して其の考査審議海陸の国防に及ぶべきは之を察知するに難からず

第七　臨時外交調査委員会は官制第一条又は上諭文中に宮中に設け若は側近に特設すとあるが為に恰も宮中府中の別を紊るが如く誤解し批議する者なきに非ずと雖も所謂宮中若は側近とは畢寛委員会の所在を示したるものに他ならずして機関所属の系統を称するの義に非ず是れ恰も戦時大本営条例中に「天皇の大纛

下に云々」とあるが如き又軍事参議院条例中に「帷幄の下に云々」とあるが如き其の用字異れりと雖も意義に於ては相同じ彼の元帥府は別に明文を存せざるも現に其事務室は宮中に置かれたり侍従武官東宮武官の如き実際宮中に奉仕するものなりと雖も以て宮府の別を紛更することなし其他古に遡りて宮中の用語を釈ぬるときは明治十七年三月太政官達第二十三号には「宮中に制度取調局を置く」とあり同局は専ら帝国憲法の起草及之に関聯する国家の法制を調査せし機関にして純然たる国務の官庁なり而も之を宮中に置きたるは決して系統的の意義に非ざるなり又明治二十六年三月内閣総理大臣の奏請に基き海軍整理改正の為宮中に臨時取調委員局を置かるる旨を達せられ山県枢密院議長委員長となり時の海軍大臣西郷従道以下内務大蔵文部の各大臣枢密顧問官等其の委員に任せられたり此の委員局は全然軍事国防に関するものなりしに拘らず宮中に置くとあるは是れ亦事務所々在の意義に他ならず其他類例枚挙に遑あらず之を要するに宮中とあるは畢竟有形の機関が宮禁の裏に存在することを指示したるものにして之が為に宮中府中の畛域を侵犯することあるべきの理なし殊に臨時外交調査委員会は前述したるが如く　至尊に対し奉りて啓沃の任に在り其の議する所極めて重大なれば会同審議の際随時　至尊臨御して親しく議事を聞召さるる場合あるべし特に宮中に設けられたる所以を拝察すべきなり

第八　臨時外交調査委員会は　天皇に直隷する機関なること同官制第一条の明定する所なり而して今　天皇に直隷するの意義に付き試に之が用例を他に求めむ乎参謀本部海軍軍令部以下の陸海軍職に付ては多数其の例ありと雖も茲に之を省き其他に在りては明治三十八年勅令第二百六十七号統監府官制に於て統監は天皇に直隷し云々と定め又現行朝鮮総督府官制に於て総督は天皇に直隷し云々と規定したり又会計検査院法に於ては会計検査院は「天皇に直隷し国務大臣に対し特立の地位を有す」と規定す乃ち以上の用例に依て考ふるときは従来二様に用ゐられたるが如し乃ち国務大臣に対立する場合其の一にして国務大臣に対立するものに非ざるも其の職務の重要にして地位権力の至大ならむことを必要とする場合にも亦用ゐられたるものと謂ふべし然るに調査委員会は前に縷述するが如く其の任務の極めて重大なるは言を俟たざる所なりと雖も専ら献替啓沃の為に特設せられたる機関の性質上当然　天皇に直隷するものにして従来普通に用ゐられたるが如く特に国務大臣に対立するの地位を与へむとしたる意義に非ざると同時に又啻に委員会の地位権力をして重きを成さしめむが為の必要に由るにも非ざるなり

第九　真に国論を統一して挙国一致の実を挙げむとせば寧ろ内閣

を改造し政界の有力者を網羅して聯立内閣を組織するか又は無任所大臣を特任して実際上の権力を付与すると共に国法上の責任を厳明せしめざるべからずと極論する者あり然れども前来縷陳するが如く刻下の急需は一に時局に対応する外交の籌画に存し内閣を改造し又は無任所大臣を特任して徒に常務の煩累を滋くするが如きは毫も其の必要なきのみならず復た今日の需求に応ずる道に非ざるなり惟ふに所謂無任所大臣とは内閣官制第十条に「各省大臣の外特旨に依り国務大臣として内閣員に列せしめらるることあるべし」とあるに由りて任ぜらるる大臣を指称するものにして其の国法上の性質に至ては各省大臣と同じく憲法に定むる所の国務大臣なるが故に其の内閣の議に列し憲法上輔弼の責に任ぜざるを得ず之が為国務の全般に渉り刻下の急需以外に日常の国務に関与するの煩累を負荷するの結果を生ずべし況んや政党首領を以て無任所大臣たらしめむか一般の国務に付て憲法上の責任を負はしめざるを得ざるが故に到底其の然諾を得ること能はざるべきは睹易き所なるに於ておや之を要するに内閣改造又は無任所大臣設置の論は現在の政情を顧慮せず実行の如何を考察せざる粗漫の空論たるに他ならず要するに臨時外交調査委員会の特設は今日の情勢に対応して最善の方法を択びたるものと言はざるべからず翻て考ふるに調査委員会成るや国務大臣たらざる委員に対しては特に賜ふに国務大臣の礼遇を以てせられたり而して既に前官たりし大臣の礼遇を受くる者に付ては尚重ねて国務大臣の礼遇を賜ふ旨の特命ありたるに徴するときは啻に宮中儀式上優遇の道を設けられたる意義に非ずして其の地位恰も現任の国務大臣に等しきものあり是れ無任所大臣と其の形を一にするが如しと雖も職司既に外交に関する献替啓沃に止まり而かも国務大臣として閣議に列するの義務を負ひ日常の国務に関与して憲法上の責任に当らざるの点に於て彼此の間に自ら較著の差違あることを認めざるべからず

第十　臨時外交調査委員会の委員たることを得るものは同官制第三条に於て国務大臣内閣総理大臣若くは国務大臣たる前官の礼遇を賜はりたる者国務大臣たりし者又は現に親任官たる者に限定せられたるが故に国論統一の趣旨に副はざるが如く論難する者少らず今其の理由とする所を視るに政党の首領は常に必ずしも大臣たりしもの又は大臣の礼遇る（ママ）賜はりたるもののみにあらず寧ろ然らざる場合多きを普通とす而も斯の如き政党の首領は制度上外交調査会の常任委員に任用せらるることを得ず如何に実際に於て政治的勢力を代表すべき人物なりとするも単に夫れのみにては外交調査委員会の常任委員たることを得ざるに於ては原犬養両氏が大臣たりし閲歴あるが為に偶々委員に任命せられたるまでにて之を以て制度上汎く国民的意見を知るものと為

すことを得ずと云ふに在り惟ふに此論一理なきに非ずと雖も臨時外交調査委員会は刻下世界の変局に処せむが為に国家の常経に由らず臨時特設せられたるものにして素り永遠の定制に非ず乃ち今日の急務に基き現在の国論を統一せんことを目的とす従て現に衆議院に勢力を有する政党の首領を以て委員となし政争を防遏せんと欲したるに他ならず而して各政党の首領は原犬養加藤の三氏共に大臣たりし者又は現に大臣たる前官の礼遇を受くる者にして悉く此資格に依りて任命することを得べきが故に今日の実際に適合して敢て支障あることなし苟くも　至尊啓沃の大任を拝すべき者は地位声望共に崇高なる国家の重臣たらざるべからずして特に委員を親任官以上の者たるべしと限定したるは最も適当の制と謂つべく而も之を以て現在に於る有力なる政治家を網羅し敢て委員の資格を拡張するの必要を認めず若し妄に資格を定むること広汎に失するときは遂に情弊の生ずるなきを保せず之を要するに委員の資格に関して毫も国論統一の精神に悖ることなきは多言を要せざる所なり其他委員会に於て考査塞議上専門的の学識経験を要する場合に際しては特に臨時委員を命ずること官制第六条の定むる所にして当局用意の周匝を察するに足れり

（以上）

後藤新平－徳富蘇峰　関係年譜　1857-1957

西暦（和暦）	後藤新平関連事項	徳富蘇峰関連事項
一八五七（安政4）	**（0歳）** 安政4年6月4日、陸中国胆沢郡塩釜村（現水沢市）吉小路に生れる。後藤左伝治実崇・利恵の第二子長男。父は留守家の家士。	
一八六三（文久3）		**（0歳）** 文久3年1月25日、肥後国上益城郡津守村字杉堂の矢島家に生れる。水俣で育つ。徳富一敬（号・淇水。横井小楠の弟子）・久子の第五子長男。本名猪一郎。代々総庄屋をつとめた家柄。
一八六四（元治1）	**（7歳）** 武下節山の家塾に通い漢学を修める。翌年、立正館にて経史、詩文を修める。	
一八六八（明治1）		**（5歳）** 弟健次郎（蘆花）生まれる。
一八六九（明治2）	**（12歳）** 安場保和大参事（横井小楠の四天王の一人）の学僕となり、三ヶ月後、史生・岡田俊三郎のもとに預けられる。	
一八七三（明治6）	**（16歳）** 福島第一洋学校に入学。	**（10歳）** 熊本洋学校に入学。年少のため退学。
一八七四（明治7）	**（17歳）** 福島・須賀川医学校に入学。	
一八七六（明治9）	**（19歳）** 愛知県病院三等医となる。	**（13歳）** 上京し東京英学校（第一高等学校前身）に通学。満足せず京都の新島襄の同志社英学校に移る。
一八八〇（明治13）	**（23歳）** 愛知病院長兼医学校長心得となる。	**（17歳）** 同志社卒業直前に退学。上京後、熊本に帰る。
一八八二（明治15）	**（25歳）** 岐阜で遭難した板垣退助のもとに県境を越えて駆けつけ、手当てをする。	**（19歳）** 大江義塾を開き、史学、文章学、経済学を教え、共に学ぶ。東京や高知に赴き、板垣退助、中江兆民、田口卯吉らの知遇を得る。
一八八三（明治16）	**（26歳）** 内務省御用係、衛生局照査係副長となる。安場保和の二女和子と結婚。その後一男一女をもうけ、養女を一人とる。	**（20歳）** 家督を相続。

	後藤新平	徳富蘇峰
一八八四（明治17）		（21歳）倉園又三長女ツル（静子）と結婚。その後五男六女をもうける。
一八八六（明治19）	（29歳）内務省三等技師となる。従六位に叙せられる。	（23歳）『将来之日本』を田口卯吉の経済雑誌社より刊行、その好評により一家をあげて上京。活動の場を東京に移す。
一八八七（明治20）	（30歳）『普通生理衛生学』を著す。	（24歳）民友社を設立し、総合雑誌『国民之友』を創刊。平民主義、平民的欧化主義を唱える。
一八八八（明治21）	（31歳）『私立衛生会雑誌』に「職業衛生法」を発表。翌年、『国家衛生原理』を刊行。	（25歳）明治の文壇に最初の文筆家集団である「文学会」を月一回主催する。坪内逍遙、森田思軒、朝比奈知泉、森鷗外、幸田露伴、矢野龍渓など多彩な顔ぶれが揃う（24年春ごろまで続く）。
一八九〇（明治23）	（33歳）医学研究で渡独。	（27歳）『国民新聞』を創刊。同紙は藩閥政治を批判し、その後たびたび発行停止にあう。
一八九二（明治25）	（35歳）帰国。内務省衛生局長となる。	
一八九三（明治26）	（36歳）相馬事件に関与し、収監される。	
一八九四（明治27）	（37歳）東京控訴院、無罪の判決を下し、検事の上告なし。	（31歳）日清戦争には国民新聞社あげて、ジャーナリズム方面から協力。
一八九五（明治28）	**後藤新平と徳富蘇峰、互いに知り合う。** （38歳）中央衛生会を代表し、戦後帰還軍隊検疫に関し、児玉源太郎、石黒忠悳と協議。臨時陸軍検疫部事務官長となる。	（32歳）三国干渉を機に軍備の必要を唱え、富国強兵、国家主義を唱道。
一八九六（明治29）	（39歳）台湾阿片制度施行方法につき意見を求められ答申する。	（33歳）新聞事業視察のため、深井英五と渡欧。
一八九七（明治30）	（40歳）恤救事務局の設置を内務大臣に建議する。勲五等に叙せられ瑞宝章を受ける。	（34歳）帰国後8月、松方内閣の内務省勅任参事官となる。変節漢と非難される。12月、松方内閣総辞職と共に参事官を辞す。
一八九八（明治31）	（41歳）台湾総督府民政局長（のち民政長官）となる。	（37歳）『国民之友』『家庭雑誌』（明治25創刊）『欧文極東』（同29創刊）三誌を『国民新聞』に合併。
一九〇二（明治35）	（45歳）外遊、米国、フランス、ドイツ、ロシアを巡り、帰台。同行者新渡戸稲造。	
一九〇三（明治36）	（46歳）貴族院議員に勅選される。	
一九〇五（明治38）	（48歳）奉天に満洲軍総司令部を訪れ児玉と会談。	（42歳）日露戦争講和条約を支持し、それに反対する民衆によって国民新聞社は焼討ちにあう。

一九〇六（明治39）	**(49歳)** 南満洲鉄道株式会社初代総裁となる。	
一九〇八（明治41）	**(51歳)** 第二次桂内閣逓信大臣となる（満鉄総裁被免）。鉄道院総裁兼任となる。	
一九一〇（明治43）	**(53歳)** 拓殖局副総裁を兼任する。	**(47歳)** 朝鮮の『京城日報』の監督の任につく。以後大正7年まで年二、三回京城に赴く。
一九一一（明治44）	**(54歳)** 郷里水沢公園、台北新公園に寿像除幕式。	**(48歳)** 桂太郎推薦で貴族院議員に勅選される。
一九一二（大正1）	**(55歳)** ロシア訪問中、明治天皇不豫を伝えられ、急遽帰国。年末、第三次桂内閣逓信大臣兼鉄道院総裁、拓殖局総裁となる。	
一九一三（大正2）	**(56歳)** 孫文ら一行を華族会館に招待する。桂太郎の新党設立に努力するが、桂の死で同党を脱退。	**(50歳)** 桂太郎の新政党を支持し、「憲政擁護・桂内閣排撃国民運動」によって国民新聞社は二回目の焼討ちにあう。10月、桂の死後、政界から離れ、新聞事業に専念する。
一九一六（大正5）	**(59歳)** 寺内内閣の内務大臣となり鉄道院総裁を兼ねる。	
一九一八（大正7）	**(61歳)** 春、外務大臣となる。夏、シベリア出兵を決定。米騒動勃発。	**(55歳)**『近世日本国民史』を起稿。
一九一九（大正8）	**(62歳)** 拓殖大学学長となる。春～秋、欧米視察。	**(56歳)** 2月、悪性盲腸のため手術、7月再手術。
一九二〇（大正9）	**(63歳)** 日露協会会頭となる。年末、東京市長となる。	**(57歳)** 教科書調査会委員に就任。
一九二一（大正10）		**(58歳)** 臨時国語調査会の委員に就任。
一九二二（大正11）	**(65歳)** 財団法人東京市政調査会会長となる。少年団日本連盟総裁となる。	**(59歳)**『国民新聞』夕刊の発行を始める。
一九二三（大正12）	**(66歳)** 労農政府極東代表ヨッフェを日本に招き、数多く会談。東京市長を辞職する。9月、関東大震災。山本権兵衛内閣が成り、内務大臣となる。同月、帝都復興院総裁兼任となる。	**(60歳)**『近世日本国民史』中の『織田氏時代』『豊臣氏時代』に対し帝国学士院より恩賜賞を受ける。国民新聞社は震災の被害を被る。
一九二四（大正13）	**(67歳)** 財団法人東京放送局（NHKの前身）初代総裁となる。	**(61歳)** 後継者と期待していた次男万熊チフスのため死去。
一九二五（大正14）	**(68歳)** 満洲・朝鮮の旅。奉天で張作霖と会見。	**(62歳)** 帝国学士院会員に推薦される。
一九二六（大正15）	**(69歳)** 春、脳溢血に。政治の倫理化運動を始める（各地遊説、パンフレット発行など）。	**(63歳)** 国民新聞社財政立直しのため、根津嘉一郎の出資を求め、株式会社国民新聞社としてスタートする。
一九二七（昭和2）	**(70歳)** 夏、再び脳溢血に。年末、訪露、レーニン、ヨッフェの墓参。	**(64歳)** 弟蘆花、療養先の伊香保で死去。

一九二八（昭和３）	**（71歳）** 共産党中央執行委員会にて党書記長スターリンと会談。	**（66歳）** 共同経営者との不和から国民新聞社退社。『大阪毎日新聞』『東京日日新聞』の社賓に。
一九二九（昭和４）	**（72歳）** ４月４日、岡山への講演旅行の途中、発病し、13日、京都で没する。	
一九四一（昭和16）		**（78歳）** 日米宣戦の詔勅の起草に与る。
一九四二（昭和17）		**（79歳）**「日本文学報国会」「大日本言論報国会」の会長となる。
一九四三（昭和18）		**（80歳）** 三宅雪嶺とともに文化勲章を受ける。
一九四五（昭和20）		**（82歳）** 敗戦後、大日本言論報国会会長、毎日新聞社社賓を辞任、自ら「百敗院泡沫頑蘇居士」と誌す。Ａ級戦犯容疑者に指名される。
一九四六（昭和21）		**（83歳）** 持病のため自宅拘禁となる。貴族院議員、帝国学士院会員、文化勲章の辞任を手続き。
一九四八（昭和23）		**（85歳）** 静子夫人没する。（82歳）
一九五二（昭和27）		**（89歳）** 公職追放解除される。『近世日本国民史』百巻完成。
一九五四（昭和29）		**（91歳）**『読売新聞』に「三代人物史伝」を掲載（昭和31年６月まで）。
一九五七（昭和32）		**（94歳）** 11月２日、熱海の晩晴草堂で没する。

写真提供（敬称略）
後藤新平記念館　徳富敬太郎　徳富蘇峰記念館
国会図書館憲政資料室

編著者紹介

高野静子（こうの・しずこ）

1939年東京生まれ。日本女子大学史学科（東洋史）卒業。

1979年玉川大学芸術科にて学芸員の資格を取得。

現在、徳富蘇峰記念館学芸員。

著書に『蘇峰とその時代——よせられた書簡から』（中央公論社、1988年）『続 蘇峰とその時代——小伝 鬼才の書誌学者 島田翰 他』（徳富蘇峰記念館、1998年）。


往復書簡（おうふくしょかん） 後藤新平（ごとうしんぺい）－徳富蘇峰（とくとみそほう） 1895–1929

2005年12月30日　初版第1刷発行©

編著者　高野静子

発行者　藤原良雄

発行所　株式会社 藤原書店

〒162-0041　東京都新宿区早稲田鶴巻町523
電話　03（5272）0301
FAX　03（5272）0450
振替　00160-4-17013

印刷・美研プリンティング　製本・河上製本

落丁本・乱丁本はお取替えいたします
定価はカバーに表示してあります

Printed in Japan
ISBN4-89434-488-2